▶ 交通运输类“十三五”创新教材
▶ 中华人民共和国内河船舶船员适任考试培训教材

主推进动力装置

中国海事服务中心组织编审
主编 ◎ 韩雪峰　陈文彬　张瑜

大连海事大学出版社

图书在版编目(CIP)数据

主推进动力装置 / 韩雪峰, 陈文彬, 张瑜主编. —
大连 : 大连海事大学出版社, 2020.12
中华人民共和国内河船舶船员适任考试培训教材
ISBN 978-7-5632-4096-8

Ⅰ. ①主… Ⅱ. ①韩… ②陈… ③张… Ⅲ. ①船舶推进—动力装置—职业培训—教材 Ⅳ. ①U664.1

中国版本图书馆 CIP 数据核字(2020)第 264527 号

大连海事大学出版社出版

地址:大连市凌海路1号 邮编:116026 电话:0411-84728394 传真:0411-84727996
http://press.dlmu.edu.cn E-mail:dmupress@ dlmu.edu.cn

大连永盛印业有限公司印装 大连海事大学出版社发行

2020 年 12 月第 1 版 2020 年 12 月第 1 次印刷
幅面尺寸:184 mm×260 mm 印张:17.75
字数:433 千 印数:1~5000 册

出版人:余锡荣

责任编辑:苏炳魁 责任校对:刘长影
封面设计:解瑶瑶 版式设计:解瑶瑶

ISBN 978-7-5632-4096-8 定价:50.00 元

中华人民共和国内河船舶船员适任考试培训教材
编委会

前　言

根据《内河船舶船员适任培训和考试大纲(2019 版)》,中国海事服务中心组织在内河船舶运输领域有着丰富教学和培训经验的专家在 2016 年培训教材的基础上重新编写了“内河船舶船员适任考试培训教材”,并组织实践经验丰富的海事管理机构专家和船公司的指导船长、轮机长对教材进行了审定。

在本套教材编写前,中国海事服务中心组织参编专家对内河船舶运输现状进行了广泛的调研和深入的讨论,确保教材内容符合船上实际,反映最新航运技术和与航运相关的最新法律、法规、规范与标准,并在表达方式上通俗易懂,符合内河船舶船员业务学习和技能培训的需要。

本系列教材分驾驶专业和轮机专业两类:驾驶专业包括《船舶操纵》《船舶值班与避碰》《船舶引航》《船舶管理(驾驶专业一类)》《船舶操纵与引航(二、三类)》《船舶管理(驾驶专业二、三类)》;轮机专业包括《主推进动力装置》《船舶辅机》《船舶电气设备》《船舶管理(轮机专业一类)》《船舶机械设备操作与管理(二、三类)》《船舶电气设备操作与管理(二、三类)》《船舶管理(轮机专业二、三类)》。

《主推进动力装置》由重庆交通大学韩雪峰、广东交通职业技术学院陈文彬、重庆交通大学张瑜主编,广东省交通城建技师学院梁金坚、江苏航运职业技术学院陈培红、广西交通职业技术学院曾志伟参编。全书由韩雪峰负责统稿,江苏海事职业技术学院孙长飞、中国海事服务中心陈佳主审。

《主推进动力装置》全书内容共分八章。第一章为船舶柴油机原理;第二章为船舶柴油机主要部件的结构与功能;第三章为船舶柴油机动力系统;第四章为柴油机增压装置;第五章为船舶柴油机日常管理;第六章为船舶轴系;第七章为船舶推进器;第八章为主推进动力装置检修。本教材适用于内河船舶轮机专业一类证书船员适任考试培训,也可供航运企业内部培训使用,还可作为大、中专院校船舶轮机专业或同类专业的教学参考书。

在教材编写过程中得到了各海事机构、航运院校、船员培训机构、航运企业等相关单位的关心和大力支持,特致谢意!由于时间仓促,书中难免存在错误和疏漏,欢迎广大读者和专家批评指正。

中国海事服务中心
2020 年 7 月

目 录

第一章 船舶柴油机原理 …… 1
第一节 柴油机名词术语 …… 1
第二节 四冲程柴油机的工作原理 …… 3
第三节 四冲程柴油机定时 …… 5
第四节 内河常用船舶柴油机类型 …… 6
第五节 柴油机新技术 …… 7
实操训练 1:认知柴油机工作循环训练 …… 12
实操训练 2:定时图绘制训练 …… 13
实操训练 3:压缩压力和爆炸压力测量训练 …… 13
第二章 船舶柴油机主要部件的结构与功能 …… 15
第一节 机座、机体、主轴承 …… 17
第二节 气缸套、气缸盖 …… 24
第三节 活塞组件 …… 28
第四节 连杆组件 …… 35
第五节 曲轴组件 …… 41
实操训练 1:识别柴油机各部件 …… 46
实操训练 2:柴油机曲轴臂距差的测量、分析与判断 …… 47
第三章 船舶柴油机动力系统 …… 53
第一节 船舶柴油机换气系统 …… 53
第二节 燃烧基本知识与船舶柴油机燃油系统 …… 61
第三节 船舶柴油机润滑系统 …… 85
第四节 船舶柴油机冷却系统 …… 90
第五节 船舶柴油机操纵系统 …… 94
实操训练 1:识别柴油机各动力系统 …… 122
实操训练 2:配气系统常见故障的分析判断 …… 123
实操训练 3:燃油系统常见故障的分析判断 …… 123
实操训练 4:润滑系统常见故障的分析判断 …… 124
实操训练 5:冷却系统常见故障的分析判断 …… 124

第四章 柴油机增压装置 …… 125
第一节 柴油机增压的目的及分类 …… 125
第二节 柴油机增压器的结构及原理 …… 127
第三节 废气涡轮增压的分类 …… 132
实操训练 1:废气涡轮增压器日常维护管理 …… 133
实操训练 2:废气涡轮增压器常见故障排除方法 …… 136
第五章 船舶柴油机日常管理 …… 139
第一节 船舶柴油机备车 …… 139
第二节 船舶柴油机运行管理 …… 141
第三节 船舶柴油机停车和完车操作 …… 146
实操训练 1:船舶柴油机备车训练 …… 147
实操训练 2:船舶主柴油机起动后的参数监测和调整 …… 148
实操训练 3:船舶主柴油机修理后的参数监测和调整 …… 148
实操训练 4:船舶主柴油机停车操作 …… 149
实操训练 5:船舶主柴油机完车操作 …… 150
第六章 船舶轴系 …… 151
第一节 船舶轴系作用及组成 …… 151
第二节 典型推力轴承的结构、工作原理、维护管理和检修方法 …… 152
第三节 联轴节结构分类特点及应用 …… 155
第四节 艉管轴承的结构、材料类型及维护管理要点 …… 157
第五节 船舶轴系偏移和曲折值的测量和校中方法 …… 162
第六节 船舶轴系扭转振动的概念及减振措施 …… 164
第七节 主机功率的传递及其效率 …… 170
第八节 船舶齿轮箱的结构及日常管理 …… 170
实操训练:船舶轴系校中 …… 174
第七章 船舶推进器 …… 175
第一节 螺旋桨的功用、结构及各部分名称 …… 175
第二节 螺旋桨的主要技术参数及工作原理 …… 176
第三节 影响螺旋桨推进、转矩及效率的主要因素 …… 178
第四节 螺旋桨空泡的产生原因及其危害 …… 179
实操训练 1:螺旋桨的螺距测量 …… 180
实操训练 2:螺旋桨的静平衡试验 …… 181
第八章 主推进动力装置检修 …… 183
第一节 气缸盖及气阀的检修 …… 183
实操训练 1:气缸盖的拆装与检查 …… 189
实操训练 2:气阀拆装与检查 …… 192
实操训练 3:气阀密封性检验与研磨 …… 193
实操训练 4:气阀间隙的检查与调整 …… 194
实操训练 5:气阀定时检查与调整 …… 196

第二节 活塞连杆组件的检修 …… 197
实操训练 1:活塞连杆组件的拆卸与装配 …… 203
实操训练 2:活塞外径的测量及活塞圆度与圆柱度计算 …… 206
实操训练 3:活塞环的拆卸与装配 …… 207
实操训练 4:活塞环的测量 …… 208
实操训练 5:连杆、连杆大端轴瓦和连杆螺栓的检查 …… 210
实操训练 6:活塞销与连杆小端轴承间隙的测量 …… 212
第三节 柴油机气缸套的检修 …… 213
实操训练 1:柴油机气缸套的拆卸和装配 …… 217
实操训练 2:气缸套内径的测量及圆度与圆柱度的计算 …… 219
第四节 柴油机主轴承、止推轴承及推力轴承的检修 …… 221
实操训练 1:柴油机主轴承的拆装与主轴承间隙的测量 …… 227
实操训练 2:柴油机止推轴承的检查 …… 231
实操训练 3:柴油机推力轴承的检查 …… 231
第五节 高压燃油系统 …… 232
实操训练 1:喷油泵的拆装与检查、密封性的检查与处理 …… 235
实操训练 2:供油定时的检查与调整 …… 237
实操训练 3:喷油器的拆装,密封状态、启阀压力、雾化质量的检查 …… 238
第六节 废气涡轮增压器的检修 …… 239
实操训练 1:增压器 K 值的检查 …… 247
实操训练 2:废气涡轮增压器的拆卸与装配 …… 247
第七节 齿轮传动系检修 …… 248
实操训练 1:柴油机凸轮轴的拆卸与装配 …… 249
实操训练 2:齿轮传动系的拆装与间隙的测量 …… 250
第八节 曲轴的检测 …… 250
实操训练:曲轴的检查 …… 261
第九节 轴系检修 …… 262
实操训练:齿轮箱的拆装与检修 …… 270
参考文献 …… 271

第一章 船舶柴油机原理

第一节 柴油机名词术语

主推进动力装置是保证船舶以一定航速航行的设备，由主机、传动设备、船舶轴系和推进器等组成。

主机是推动船舶航行的动力机械。柴油机自 1897 年问世以来，已经历了一个多世纪的发展，各种性能都有了很大的提高。目前，在内河民用船舶动力装置中，普遍采用柴油机作为推进主机。

柴油机是一种以柴油作为燃料的热力发动机（简称热机），它是内燃机的一种。柴油机燃料的燃烧和热能的释放以及热能转变为机械能都在发动机的内部进行。柴油机具有热效率高、功率范围广、机械损失小、机动性能好等优点。

柴油机是靠压缩空气而发火的，因此称之为压燃式内燃机。柴油机从大气中将空气吸入气缸，依靠活塞上行压缩，使之达到足够高的压力和温度。再将燃油以雾状喷入气缸，并在高温高压的空气中自燃。燃油燃烧后放出大量的热能，使燃气的压力、温度急剧升高，在气缸内进行膨胀，推动活塞并通过曲柄连杆机构对外做功。燃气膨胀做功后变成废气，排出气缸。柴油机的工作过程涉及两次能量转换，即燃料的化学能转化为热能；热能转化为机械能。

由此可见，柴油机一个完整的工作循环是由进气、压缩、喷油燃烧、膨胀做功和排气五个热力过程完成的。

柴油机常用技术名词术语如图 1-1 所示。

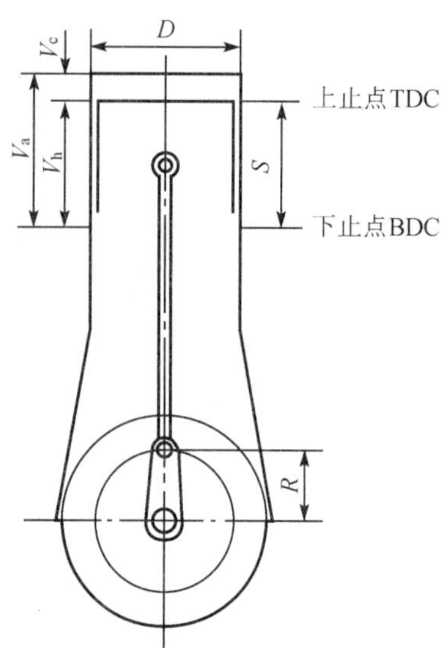

图 1-1　柴油机常用技术名词术语

1.气缸直径 D

气缸直径指气缸套的名义内径。

2.曲柄半径 R

曲柄半径指曲柄的曲柄销轴线与主轴颈轴线之间的距离。

3.上止点 TDC

上止点指活塞在气缸中运动的最上端位置,即活塞离曲轴中心线最远的位置。

4.下止点 BDC

下止点指活塞在气缸中运动的最下端位置,即活塞离曲轴中心线最近的位置。

5.冲程 S

冲程指上、下止点之间的距离。活塞运动一个冲程,相当于曲柄回转 180°,所以冲程等于曲柄半径的两倍,即 $S=2R$。

6.压缩容积 V_c

压缩容积指活塞位于上止点时活塞顶与气缸盖底面之间的气缸空间,又称燃烧室容积。

7.气缸工作容积 V_h

气缸工作容积指活塞从上止点到下止点所扫过的气缸空间,又称活塞排量或冲程容积。

$$V_h=\frac{\pi}{4}D^2S$$

8.气缸总容积 V_a

气缸总容积指活塞在下止点时活塞顶以上的所有气缸空间,它是压缩容积与气缸工作容积之和。

$$V_a=V_c+V_h$$

9.压缩比 ε

压缩比指气缸总容积与压缩容积的比值,亦称几何压缩比。

$$\varepsilon=\frac{V_a}{V_c}=\frac{V_c+V_h}{V_c}=1+\frac{V_h}{V_c}$$

压缩比实际上是空气被压缩前最大体积与被压缩后最小体积之比,它表明了气缸内空气被活塞压缩的程度。压缩比是影响柴油机气缸中压缩终了新鲜空气压力大小与温度高低的最主要因素。压缩比越大,压缩终点时气缸内空气的压力就越大、温度就越高,燃油就越容易燃烧;反之,压缩比越小,压缩终点的压力就越小、温度就越低,燃油就不易燃烧,柴油机起动就困难。压缩比 ε 对柴油机的燃油燃烧、燃油热效率、起动性能和机械负荷等影响很大。柴油机压缩比下限应能保证柴油机冷车起动可靠及低负荷运转稳定。

第二节 四冲程柴油机的工作原理

用四个冲程,即曲轴回转两周完成一个工作循环的柴油机称为四冲程柴油机。四个冲程分别是:进气冲程、压缩冲程、燃烧和膨胀冲程及排气冲程。

如图 1-2 所示的四个简图分别表示柴油机工作循环四个冲程进行的情况及活塞、连杆、曲柄位置的相应变化情况,对应的 p-V 图表示气缸内气体压力随气缸容积的变化情况。

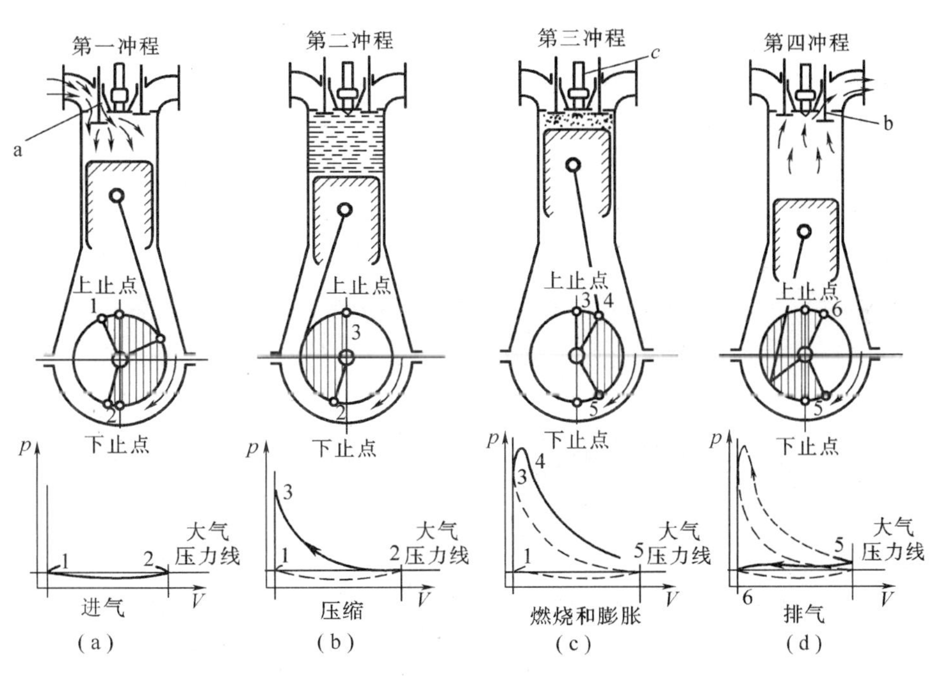

图 1-2 四冲程柴油机工作原理

第一冲程:进气冲程

这一冲程的任务是让气缸内充满新鲜空气。进气冲程开始时,活塞从上止点向下运动,这时进气阀 a 已经打开,排气阀 b 关闭。随着活塞下行,气缸容积增大,缸内压力下降,低于外界大气压力,利用气缸内外的气压差作用,新鲜空气经进气阀进入气缸。由于受流阻等影响,在

进气过程的大部分时间里,气缸内压力低于大气压力,到下止点时,缸内气压为 0.08~0.095 MPa,温度为 30~70 ℃。这时,排气阀和喷油器均关闭。

为了使柴油机做功更完善,必须在进气过程中尽可能多地吸入新鲜空气。为此,整个进气过程是超过 180°曲柄转角的,即曲柄位于上止点前的点 1 时进气阀开始打开,曲柄位于下止点后的点 2 时进气阀才完全关闭。

进气阀开启始点至上止点的曲柄转角叫进气提前角。进气阀提前开启的目的是为了当新鲜空气进入气缸时,进气阀已有足够的开度,可减小进气的阻力。

下止点到进气阀关闭终点的曲柄转角称进气延迟角。进气阀延迟关闭的目的是为了利用进气的流动惯性,尽可能多地向气缸内充入新鲜空气。

整个进气过程所占的总角度 φ_{1-2}(图中阴影线所示的角度)为 220°~250°CA(曲柄转角,下同)。进气热力过程变化如图 1-2(a)中 1-2 曲线所示。

第二冲程:压缩冲程

这一冲程的任务是提高缸内新鲜空气的压力及温度,为喷入气缸的燃油自行着火燃烧及燃气膨胀做功创造条件。活塞从下止点向上运动,自进气阀 a 关闭(曲柄到达点 2)时开始压缩,一直到活塞到达上止点(曲柄到达点 3)为止。

活塞上行,气缸容积减小,缸内气体压力和温度随之升高,到达压缩终点时,压力增高到 3~4.5 MPa,温度升至 600~700 ℃(柴油的自燃温度为 270 ℃左右),通常压缩终了的气体压力和温度分别用 p_c 和 T_c 表示。压缩过程所占的总角度 φ_{2-3} 为 140°~160°CA。压缩热力过程变化如图 1-2(b)中 2-3 曲线所示。

四冲程柴油机当进气阀完全关闭瞬时的气缸容积与压缩容积之比值称为有效压缩比。

第三冲程:燃烧和膨胀冲程

这一冲程将完成两次能量转换,是柴油机对外做功的冲程。在活塞到达上止点前,燃油经喷油器 c 以雾状喷入气缸内的高温、高压空气中,并与其混合,在上止点附近自燃,在上止点后的某一时刻(曲柄位于点 4)燃烧基本结束。

由于燃油的强烈燃烧,使气缸内气体温度迅速上升到 1 400~1 800 ℃或更高,压力增加至 5~8 MPa,甚至 13 MPa 以上。燃烧产生的最高压力称最高爆发压力,用 p_{max} 表示,最高燃烧温度用 T_{max} 表示。高温、高压燃气(即工质)推动活塞下行膨胀做功。到下止点前(点 5)排气阀 b 开启时膨胀过程结束。膨胀终了时气缸内气体压力 p_b 为 0.25~0.45 MPa,温度 t_b 为 600~700 ℃。燃烧和膨胀过程所占的总角度 φ_{3-4-5} 为 130°~160°CA,其热力过程变化如图 1-2(c)中 3-4-5 曲线所示。

第四冲程:排气冲程

这一冲程的任务是尽可能充分地将做功后的废气排出气缸。排气阀 b 也是提前开启,延迟关闭。排气阀开启时,活塞尚在下行,废气靠气缸内、外压力差进行自由排气。当活塞从下止点上行时,废气被活塞推挤出气缸,此时排气过程是在略高于大气压力(为 1.05~1.1 倍大气压),且在压力基本不变的情况下进行的。排气阀一直延迟到活塞到达上止点之后(曲柄位于点 6)才完全关闭,这样可利用气流的惯性作用,继续排出一些废气。

从排气阀开启始点到下止点的曲柄转角称排气提前角。上止点到排气阀关闭终点的曲柄转角称排气延迟角。排气冲程所占的总角度 φ_{5-6} 为 210°~240°CA,其热力过程变化如图 1-2(d)中 5-6 曲线所示。

进行了上述四个冲程，柴油机就完成了一个工作循环，如此循环往复使柴油机得以连续运转。

目前，内河民用船舶动力中，普遍采用四冲程柴油机作为主机和发电原动机。

第三节 ◉ 四冲程柴油机定时

一、柴油机定时

柴油机各热力过程的开始和结束时刻，都可以用该时刻的曲柄位置相对于上、下止点的角度来表示。把用曲柄转角表示的进气阀、排气阀、喷油泵、喷油器、起动阀开始开启和完全关闭的时刻总称为柴油机的定时（正时）。合适的定时是确保柴油机安全性、可靠性、动力性、经济性的基础。

以上、下止点为基准，标注进气阀和排气阀启、闭时刻称为配气定时；相应的进气阀的启、闭时刻称为进气定时；排气阀的启、闭时刻称为排气定时；喷油器的启、闭时刻称为喷油定时；喷油泵的启、闭时刻称为供油定时；起动阀的启、闭时刻称为起动定时。

需要说明的是，由于燃油的可压缩性、高压油管的弹性、压力波传递需要时间等因素的影响，喷油泵开始供油的时刻比喷油器开始供油的时刻要早。对于一台既定的柴油机，其喷油定时是不能用常规方法准确测量和标注的，喷油定时主要通过供油定时来保证。因此，柴油机生产厂家提供的柴油机说明书中标注的“喷油定时”往往指的是“供油定时”。

二、柴油机定时图

把柴油机各定时集中反映在一个圆形图中，这个图称为柴油机定时图。

如图 1-3 所示为 6350C 型柴油机定时图，曲柄转向（自功率输出端看）为顺时针。如图 1-3 所示，在进气上止点前后共 36°CA，进、排气阀同时开启，这段重叠的曲柄转角称为进、排气重叠角。在这一角度范围内，进气阀开度尚小，废气因流动惯性排出气缸，不会向进气管内倒灌，且在惯性排气时，燃烧室内形成低压，可将新鲜空气吸入气缸并更好地将废气扫出，实现燃烧室扫气并降低气缸热负荷。

增压柴油机的进、排气重叠角比同型非增压柴油机要大。

由此可以看出，定时图可以直观、明了、全面地反映柴油机各热力过程开始和结束的时刻及相互关系，因此，柴油机说明书中常以定时图来表示该机的定时，用以指导管理人员操作、管理、拆检和调试柴油机。

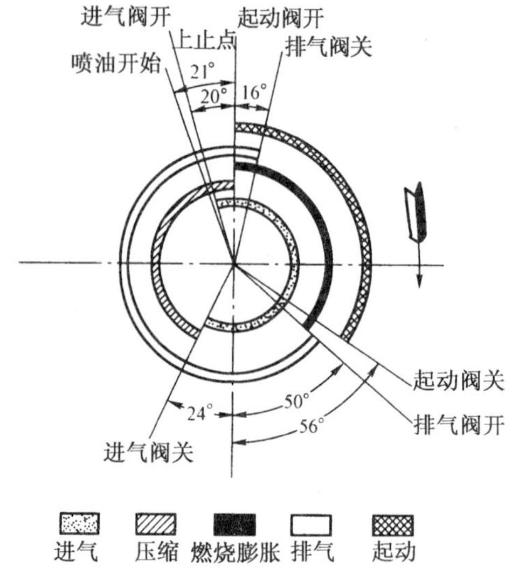

图 1-3 6350C 型柴油机定时图

第四节 内河常用船舶柴油机类型

船舶柴油机分类方法较多,现将主要分类方法叙述如下:

1.按工作循环特点分类

有四冲程柴油机和二冲程柴油机。

2.按柴油机进气压力情况分类

有增压柴油机和非增压柴油机。

3.按柴油机转速和活塞平均速度分类

柴油机的速度可以用曲轴转速 n 或活塞平均速度 C_m($C_m = S \cdot n/30$ m/s,S 为冲程)来表示。现有船舶柴油机的转速范围是:

低速机 $n \leqslant 300$ r/min,$C_m < 6$ m/s;

中速机 $300 < n \leqslant 1\,000$ r/min,$C_m = 6 \sim 9$ m/s;

高速机 $n > 1\,000$ r/min,$C_m > 9$ m/s。

4.按结构特点分类

有筒形活塞式柴油机和十字头式柴油机。

如图 1-4 所示为筒形活塞式柴油机的构造简图。活塞 1 通过活塞销直接与连杆 2 连接,活塞的导向作用由活塞本身下部的筒形裙部来承担,在运动时,活塞与气缸壁之间产生侧推力 F_N。

5.按气缸排列方式分类

直列式(单列式)柴油机,如图 1-5(a)所示;V 形柴油机,如图 1-5(b)所示。

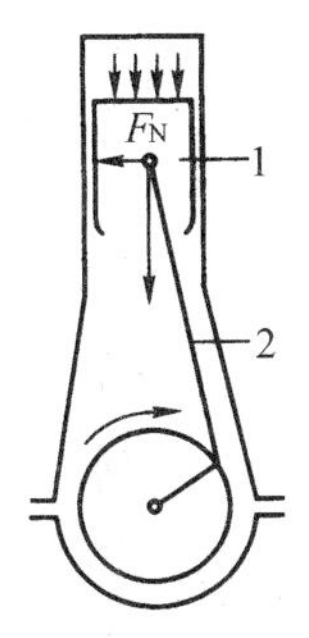

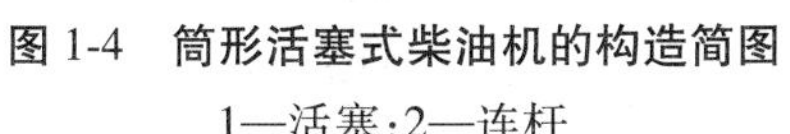
图 1-4 筒形活塞式柴油机的构造简图

1—活塞;2—连杆

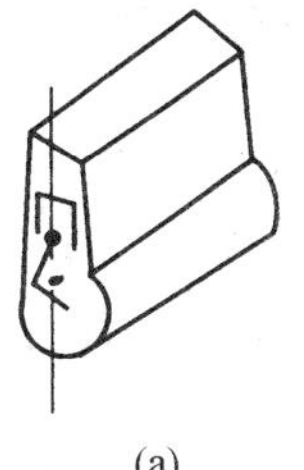

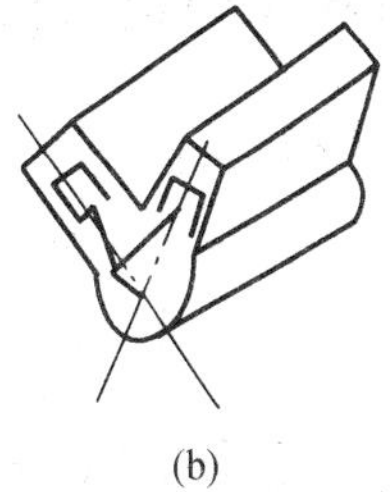

图 1-5 直列式和 V 形柴油机

船用柴油机往往要求有较大的单机功率,若采用单缸形式,必须将气缸直径做得很大,这在结构上难以实现,因此出现了多缸柴油机。多缸柴油机按气缸排列形式分为直列式与 V 形柴油机。V 形柴油机的气缸中心线夹角通常为 90°或 60°或 45°。V 形柴油机主要用于中速机和高速机。

6.按柴油机能否倒转分类

有可倒转式和不可倒转式。

曲轴直接可反转的柴油机称为可倒转式柴油机,它可以直接带动螺旋桨。

曲轴不能反转的柴油机称为不可倒转式柴油机。作为主机使用,它需带有倒顺车离合器或倒顺车齿轮箱或可变螺距螺旋桨装置。

7.按动力装置的布置分类

可分为左机和右机。

内河船舶主推进动力装置通常布置成双机双轴双桨形式,布置在机舱右舷的主柴油机称为右机,布置在机舱左舷的主柴油机称为左机。

内河船舶主机普遍采用筒形活塞式四冲程直列式增压中、高速柴油机。

第五节 柴油机新技术

近年来,现代船舶柴油机技术和管理发展迅速,柴油机各项技术趋于完善。船用柴油机生产厂家经过激烈竞争、淘汰和重组,尤其是国外专利和技术的引进,使得各机型得到不断的调整、改造和升级。各类柴油机均采用各种节能措施降低油耗,通过提高柴油机的有效热效率提高整个动力装置的热效率;在柴油机结构、材料上及加工工艺上不断地改进,以提高柴油机的工作可靠性;先进的电子技术在柴油机监测与控制上的使用,特别是随着计算机和网络技术的飞速发展,使柴油机的管理技术提高到一个崭新的水平。这些方面的发展主要表现在如下方面。

一、四冲程柴油机得到普遍应用

由于内河航道的特殊性，在船舶主机中，普遍采用四冲程柴油机。由于四冲程中速柴油机有着质量轻、尺寸小，通过合适的减速装置可选用最佳螺旋桨转速，经济性好、工作可靠性高，使用寿命长等突出优点，在近年新建的船舶中，得到广泛应用。

二、提高爆炸压力 p_{max} 及提高 p_{max} 与平均有效压力 p_e 的比值

适当提高 p_{max} 可以降低燃油消耗率，提高柴油机的热效率。各生产厂家均把提高 p_{max} 作为降低油耗的一种重要措施，现在各种机型柴油机的 p_{max} 值均有较大提高。但是过高的 p_{max} 会使受力部件应力增加，螺栓预紧力加大，使结构尺寸相应增大，机器的振动和噪声也随之增加，还容易破坏油膜使磨损加剧，这些不利影响随着科技进步、柴油机结构设计的改进、材料性能及加工工艺的提高均已有所改善。目前先进的非增压柴油机的 p_{max} 高达 8 MPa，增压低速机的 p_{max} 在 15 MPa 左右，增压中高速机的 p_{max} 已达 18 MPa。当 p_{max} 一定时，降低 p_e，则 p_{max}/p_e 增高。降功率使用是一种常见的节能措施。

三、提高行程缸径比 S/D 和降低柴油机转速

提高 S/D 能改善柴油机的换气效果，配合适当的燃烧室形状对良好的燃烧十分有利，并能充分利用燃烧的膨胀功，使燃油消耗率下降。现在各种机型柴油机均有提高 S/D 的倾向，目前高速机的 S/D 为 1.01~1.35，中速机的 S/D 为 1.15~1.40，低速机由于采用了长冲程和超长冲程的结构形式，其 S/D 值高达 2.55~3.82。

有些直接传动螺旋桨的中速柴油机，也通过在输出轴系中间加装减速齿轮箱，使输出轴转速由 500 r/min 降至 200 r/min 左右，利用较高的螺旋桨推进效率，使动力装置获得较高的经济性。

长冲程低速化发展趋势会使柴油机尺寸加大、质量增加、造价提高。但通过各种措施，特别是通过强化程度的提高，燃油消耗率降低得到的收益完全可以抵消质量和造价提高带来的不利因素。

四、增大压缩比 ε

增大压缩比 ε 有利于燃油燃烧，能提高柴油机的经济性。特别是在部分负荷使用条件下，能使在压缩冲程终点获得较高的气体温度。原先在增压柴油机中，一直惯用降低压缩比 ε 来限制 p_{max}，以保证部件不承受过大的机械负荷，但由此却降低了经济性，这显然已不符合现代柴油机尽可能提高经济性的发展需求。随着柴油机结构进一步完善，材料性能的提高和零部件加工技术的改进，特别是随着增压度的提高，气缸内空气密度加大，更有利于燃油的喷射雾化，能改善燃烧过程，使燃烧更完全及时，因而在同等的 p_{max} 条件下，增压度高的柴油机运转反而显得平稳和谐；同时较大的空气密度还能强化扫气、加强对气缸壁的冷却，有利于热负荷的改善。

现代新型柴油机，特别是增压度较高的柴油机不仅不减小压缩比，反而采取措施增大压缩比。根据理论循环研究可知这样做能提高经济性，实际使用结果也证实了这一点，这也是近年来柴油机在结构上采取的节能措施之一。

五、增压技术和增压系统的改进与发展

增压是提高柴油机功率、改善经济性和节约能源的一项有效措施，同时还能降低柴油机的噪声及废气中的有害物质，柴油机的增压技术在不断地改进和提高。

1.向高压比、高效率及宽广运行范围发展

四冲程柴油机的 p_e 高达 2.5 MPa，要求压比为 4（增压压力为 0.32~0.36 MPa）才能满足正常运转要求。前些年，有些机型的柴油机曾采用两级涡轮和两级压气机串联组成的两级增压方式来大幅度提高其压比（如第一级压比为 2.5，第二级压比为 2，两级总压比即为 5），使柴油机的工作范围、加速性能及排气污染等方面均有改善，但由于尺寸、质量加大，成本增加，管道布置及维护管理困难等不利因素的影响，使两级增压发展较慢。

目前，单级高压比涡轮增压器研制发展很快，现在涡轮、喷嘴、涡轮叶片及压气机的空气流道，导风轮和扩压器叶片等均经过应力分析、计算机仿真设计比较和优化，柴油机制造商采取各种有力措施，千方百计提高柴油机的工作性能：如有些机型的涡轮采用优质镍合金材料制作轮盘，涡轮叶片根部采用新的形状，并在叶片间用特殊设计的机械减振套圈，取得良好的减振效果；有些压气机采用后弯式主叶片和导风轮叶片整体式的叶轮，并用轻巧的铝合金代替昂贵的钛合金；采用最新设计的推力轴承和复合式弹性轴承，使它们具有极佳的减振特性；所有零件经过特殊的精密加工，并采用专用的合成机油进行润滑，使最新型的增压器在高压比 3.7~4.5 和高废气温度 610~650 ℃下具有良好的效率和可靠性。

目前，世界上较先进的中型涡轮增压器，如瑞士 BBC 公司的 RRl 系列最高压比达 3~3.5，综合效率也达 62%~65%。连小型涡轮增压器也通过提高轮速来提高其压比，如石川岛播磨公司的 RHB3 型径流式废气涡轮增压器，质量只有 2.4 kg，涡轮最高燃气温度允许达到950 ℃，其最高转速可达 270 000 r/min，最高压比达 2.7。

在提高压比的同时，近年来各柴油机制造商很注重开发高性能废气涡轮增压器，使其能在宽广压比范围内都具有较高的总效率及很容易避开喘振区域，很多新型增压器都具备这种性能。

2.增压系统的改进和发展

随着平均有效压力的提高，废气中定压能量所占比例增大，定压增压涡轮效率高、结构简单、系统布置方便等优点更趋突出，故目前柴油机随着增压度的提高均向定压增压系统方向发展。试验证明，在较高增压度条件下，将脉冲增压改为定压增压，柴油机的油耗率可降低至 11~14 g/（kW·h）。目前，高增压柴油机几乎全部采用定压增压。

为了更有效地利用废气能量，在脉冲增压的排气支管和废气涡轮增压器之间增设脉冲转换器和多脉冲转换器，这样既能有效地利用废气的脉冲动能，又能使涡轮有稳定的进气压力和连续的气流，使涡轮效率提高。这种方法兼顾了脉冲和定压两种涡轮增压的优点，使增压效果明显提高，它尤其适合于气缸数不是三的整数倍的柴油机，因这些柴油机排气管的不合理分组会使废气供应断续进行，增大涡轮的压气损失，使涡轮效率明显下降，同时叶片急剧交变受力会造成疲劳裂纹。近年来，随着中速柴油机功率的不断提高，又发展了单管脉冲转换增压系统，它除了兼顾脉冲和定压增压优点外，也不受柴油机缸数限制，并使排气管的布置更为简化，其工作性能也进一步得到提高。

3.开发“动力涡轮”，提高动力装置效率

随着废气涡轮增压技术的改进和柴油机增压度的提高，柴油机排气能量除供应给废气涡轮增压器外，尚有相当的余能。利用一种尺寸小、经济性好的“动力涡轮”接受部分废气能量将其转为涡轮功，再通过机械方法反馈给发动机输出。目前，设计运用较好的一套“动力涡轮”装置利用废气中的15%能量能产生4%～5%的柴油机输出功率。由于该系统投资较大，在功率为3 600 kW以上的柴油机上使用才能显示出经济效果。当输出功率小于50%时，则断开动力涡轮的使用。

4.采用高效的增压空气中间冷却器，降低进入气缸的新气温度

因为在空气被增压的同时，温度也上升了，使空气密度提高的幅度减小，影响增压效果。采用中间冷却提高空气密度的作用非常明显。通过计算可知，如果压气机的压比为2，绝热效率为75%时，若将压缩后的空气分别冷却至90 ℃或65 ℃或40 ℃，其空气密度将分别相应增加8%或16%或25%，压比越大，“中冷”后密度增加的效果越显著，进入气缸的空气量增加，能更多更好地燃烧燃油，明显提高柴油机的功率。

采用高效的“中冷器”已成为提高增压技术的重要措施，采用合理的散热片材料和形状，通过冷却效果更好的气流和液流流动形式，经过冷却器的各种改型设计，使新型中冷器体积更小，效率更高。“中冷”后进气温度的降低使循环平均温度降低，资料表明进气温度每降低10 ℃，循环的平均温度将降低25 ℃，这对降低柴油机的热负荷极为有利。同时因循环温度的降低也使冷却水带走的热量相对减少，使柴油机经济性有所提高。

六、部件结构和使用材料的改进

近年来，柴油机在基本结构不变的前提下，各种机型从不同的角度考虑，一些具体机件构造上有不少改进。随着新机型的出现，各种部件的结构形式和材料的应用还会更加趋向合理。

燃烧室部件中的气缸盖、气缸套和活塞采用高强度结构并在离燃烧室很近处采用钻孔冷却，使较高的结构强度和高效冷却相结合，形成“薄壁强背”结构。这种使热负荷和机械负荷都得以降低的结构，目前在大功率中低速机中被广泛地采用。

气缸盖下部圆柱形壁面加长，使得与气缸套的结合面下移，使接合处不受火焰的直接冲击，使结合面得到保护。

气缸套通过形状的优化来适应工作压力的提高，设计合理的缸套肩部结构能避免热应力和机械应力过于集中；随着p_{max}不断增大，单一材料制成的铸铁气缸套已达使用极限，有的机型采用双层材料制成的缸套用于低速柴油机，其内层为薄的片状石墨铸铁、具有良好的抗磨性，外层则为厚壁铸钢，增加强度，两层金属之间约有2 mm厚的结合层，日本三菱公司在这方面的应用获得了成功。

采用组合式活塞以适应越来越恶劣的工作条件，其活塞顶部用耐热合金钢制成，活塞裙部则用耐磨合金铸铁或铝合金制成；有些机型在两者之间加隔热环，使裙部受热甚微，热变形也相应减少，可以不必制成椭圆形并可适当缩小活塞与气缸套之间的间隙，这无疑对工作是有益的。

七、电子技术在柴油机中的运用

1.随着电子技术的迅速发展，特别是计算机的普及应用，船舶柴油机中的电子控制技术运用得越来越多

使用“喷油器自动调节系统”。柴油机在运行中能根据工况的不同及负荷的差异,自动改变喷油定时和喷油压力,使燃油的雾化和燃烧始终能在最佳的状态下。把提高 p_z 作为节能措施时,更要重视提高柴油机部分负荷下的 p_{max} 值。因为其一,现代船用柴油机的实际使用功率通常均小于标定功率;其二,柴油机在部分负荷运转时 p_{max} 随负荷的减小而降低。如果在部分负荷时能使 p_{max} 值一直保持其标定值,结果是 p_{max} 与 P_e 的比值(p_{max}/P_e)变大,则燃油消耗率降低。采用可变喷油定时(VIT)机构可在柴油机负荷变化时自动调整其喷油提前角,保证在部分负荷(通常为 80%~100%负荷)时柴油机的 p_{max} 基本不变,而在 50%~80%负荷范围内也有较高的 p_{max} 值(与无 VIT 机构比较)。

采用可变压缩比活塞,在不同的工况下能自动选用不同的压缩比,以期获得较佳的燃烧效果和较高的热效率。

涡轮增压器采用可变喷嘴,通过电子控制,能在不同的工况条件下选择最佳的喷嘴角度,使废气涡轮增压器能在不同运行工况中,提供相应的增压空气,满足主机的要求。

采用“电子调速器”,极为灵敏地获得工况变化的瞬时信息,再通过信号的转换,利用电子喷射系统,使燃油的喷射过程始终处于良好的状态。

通过电子控制液力驱动可调式正时配气系统对进、排气定时进行调节,以适应不同工况对配气定时的不同要求。

气缸润滑油利用电子控制,能按起动、负荷变化和气缸过热状态进行设定,随不同的工况自动控制供油率以获得相适应的正常润滑。

此外,起动系统和冷却水系统均能通过电子控制,以便在不同条件下能获得最佳的起动效果和冷却效果。

2.自动遥测监控系统：近年制造的中低速柴油机大多以电子计算机为核心组成自动遥测监控系统

通过对柴油机各个测量点上安装各种不同的传感器,对压力值、温度值、位移值获得信号,经过不同的转换方式转换为计算机能识别的代码,利用通道输入计算机中。再按照计算机事先所存储的各种程序和数学模式,对输入的各种检测数据自动进行分析和综合,并把其结果显示出来提供管理人员分析应用。

利用各种特设的传感器,对柴油机各主要部件及系统的运行情况进行监控,在系统、装置、设备上装设高性能传感器,能随时提供各种想了解的数据和情况。如通过气缸套内表面的传感器来遥测各道活塞环的状况(磨损量、折断情况等);通过气缸套表面的热电偶来遥测、分析气缸润滑和磨损情况;通过测取缸内压力变化,经计算机运算自动输出平均指示压力 p_i、指示功率 P_i 等表征燃烧品质的重要数据;通过喷射系统上的各种传感器得到的信号,经计算机处理后能直观显示出喷射过程中各种有关压力和压力波,用于分析喷射过程;通过安装在废气涡轮增压器上的传感器能从压力变化、温度变化及转子振动情况等信息经计算机处理后对增压器的工作性能做出评估。

利用监控系统自动工作的特点,连续或定期对柴油机各参数进行监测和打印,并能对各个测量值预设报警值,一旦达到此值即能发出声、光信号自动报警,有些还能使相应备用装置或系统自动投入使用,通过监测后在各种不同工况下通过自动调节或人工调节使柴油机始终处于最佳工作状态,使柴油机的经济性、可靠性大大提高,并能防止突发性事故的发生,为无人机舱的实施创造条件。

计算机控制的柴油机能使燃油达到最佳的燃烧效果,满足节能、省油的要求;能简化驾驶台至机舱的操纵设施,易于实现驾机合一,减少管理人员;具有多参数的显示、储存和打印功能;具有自身诊断、预防保护的功能。可以预料,今后将有越来越多的柴油机采用计算机控制技术,这使柴油机的管理进入一个崭新的时代。

随着市场经济的发展和柴油机技术的提高,过去那种由几种机型一统天下的时代已经结束。机型、技术、管理模式不断创新,轮机管理人员必须不断学习、努力实践,才能跟上时代的步伐。

实操训练 1:认知柴油机工作循环训练

1.训练目标与要求

(1)利用柴油机装置分组现场教学,增加对柴油机工作循环的感性认识。

(2)了解柴油机主要机件,掌握燃烧室组件结构和装配关系。

(3)了解配气系统、燃油系统原理,掌握柴油机工作循环进程。

2.训练设备

柴油机装置(通过真机或实体模型)、气缸套、气缸盖、活塞组件、盘车工具、配套挂图等。

3.实操步骤

(1)拆下第一缸气缸盖及曲轴箱道门,拆下喷油泵体上的检测盖板,拆下第一缸喷油泵高压油管接头。

(2)指导教师简要介绍柴油机主要部件,重点介绍燃烧室组件、配气系统和燃油系统组成及功用。

(3)在指导教师指导下,由第一缸进气上止点前开始缓慢盘车,学员注意观察进气阀、排气阀启、闭时刻及喷油泵供油时刻,注意观察活塞所在位置和飞轮指针所指向的刻度,并与配套挂图上的工作原理图和定时图进行对比。

(4)学员间可相互配合重复盘车验证。

(5)指导教师组织学员讨论后进行总结(时间为 20~30 min)。

实操训练 2:定时图绘制训练

1.训练目标与要求

(1)通过给定的已知条件,绘制柴油机定时图,并计算各热力过程所占曲柄转角,从而加深对柴油机定时的理解。

(2)指导教师视情分组给出已知柴油机的定时,请 1~2 名学员到黑板上画定时图,其他各组学员根据已学知识分别在作业本上按要求画出定时图,并计算出各热力过程所占曲柄转角。

2.训练设备

直尺、量角器、铅笔、橡皮擦。

3.实操步骤

(1)已知某柴油机进气阀、排气阀、起动阀、喷油泵(或喷油器)开始打开及完全关闭的时刻相对于上、下止点的曲柄转角,并列表。

(2)以曲柄回转中心为圆点画十字交线(点划线),在垂直线上、下位置分别标明上止点、下止点,并用箭头标示正车转向。

(3)用量角器分别量出各定时的角度,并过圆点画相应直线,标明定时名称。

(4)按进气、压缩、膨胀、排气、起动的顺序,以正车转向由内向外分别画圆弧,连接各热力过程的始、终点,再标明定时角度。

(5)标明各热力过程的图例。

(6)学员讨论、指导教师点评板书定时图,并做示范和总结。

实操训练 3:压缩压力和爆炸压力测量训练

1.训练目标与要求

掌握爆压表的使用要求,掌握压缩压力和爆炸压力测量方法。

2.训练设备

柴油机装置、爆压表、扳手。

3.实操步骤

(1)在测取前,检查校对表指针是否对准零位。

(2)柴油机正常工作后,先打开示功阀,将阀孔内的脏物吹除后关闭(人员不可正对示功阀)。

(3)将爆压表安装到示功阀上,用小扳手轻轻上紧。

(4)缓慢开启示功阀,直至开足。

(5)关闭爆压表针阀手轮,待爆压表指针升到最大值停留几秒钟后即可读取该缸爆炸压力数值,并做好记录。如果对所测数据有疑问,可再复测一次。

(6)关闭示功阀,打开针阀手轮放出气体,爆炸压力测量结束。

(7)停止该缸供油,待柴油机工作稳定后,缓慢开启示功阀,直至开足。

(8)关闭爆压表针阀手轮,待爆压表指针升到最大值停留几秒钟后即可读取该缸压缩压力数值,并做好记录。如果对所测数据有疑问,可再复测一次。

(9)关闭示功阀,打开爆压表针阀手轮放出气体,压缩压力测量结束。

(10)把爆压表清洁后放入仪表箱内,以备下次使用。

(11)指导教师对实操过程进行总结。

第二章

船舶柴油机主要部件的结构与功能

柴油机的基本结构组成如图 2-1 所示，柴油机要按工作原理工作，必须包括以下部件、系统和装置。

1.固定部件

固定部件主要由气缸盖 1、气缸套 3、机体 10、机座 8、主轴承 9 等所组成，构成柴油机本体和运动件的支承，并与有关运动部件配合构成柴油机的工作空间。对于中小型柴油机常将气缸体和机架做成一体称为机体，并省去机座，代之以轻便的油底壳。

2.运动部件

运动部件主要由活塞 2、活塞销 4、连杆 5、连杆螺栓 6、曲轴 7 等所组成。活塞与气缸及气缸盖构成燃烧室，保证柴油机工作过程的进行，同时通过连杆将活塞的往复运动变为曲轴的回转运动，使燃气推动活塞的动力通过曲轴以回转的方式向外输出。它们与固定部件配合完成空气压缩及热能到机械能的转换。

3.配气系统

配气系统包括进气系统和排气系统。

进气系统主要由空气滤清器、进气管件、气缸盖内的进气道、进气阀 16、气阀弹簧 20、摇臂 15、顶杆 13、凸轮轴 11 和凸轮轴传动机构等所组成，用来在规定的时间内向气缸内充入足够的新鲜空气。

排气系统主要由排气阀 19、气阀弹簧 20、摇臂 15、顶杆 13、凸轮轴 11 和凸轮轴传动机构以及排气管 21、排气消声器等所组成。用来在规定时间内将气缸内做功后的废气排入大气。

4.燃油系统

燃油系统包括供应和喷射两个系统。前者由日用油柜、燃油滤清器、输油泵等组成,后者由喷油泵 12、高压油管 17 和喷油器 18 等所组成。其功用是供给柴油机燃烧做功所需的燃油。

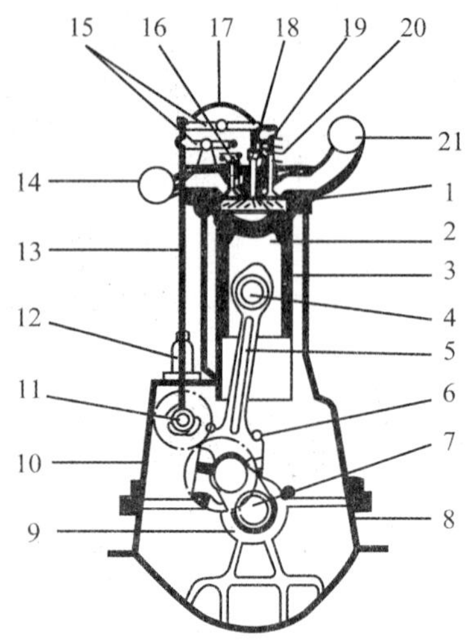

图 2-1 柴油机的基本结构组成

1—气缸盖;2—活塞;3—气缸套;4—活塞销;5—连杆;6—连杆螺栓;7—曲轴;8—机座;9—主轴承;10—机体;11—凸轮轴;12—喷油泵;13—顶杆;14—进气管;15—摇臂;16—进气阀;17—高压油管;18—喷油器;19—排气阀;20—气阀弹簧;21—排气管

5.润滑系统

润滑系统的作用是将清洁的润滑油送至柴油机的各运动部件摩擦表面,起到减摩、冷却、清洁、密封和防锈作用,保证柴油机的正常工作。

6.冷却系统

冷却系统由冷却水泵、冷却器和温控器等组成。船舶柴油机通常以淡水和润滑油为冷却剂在机内流动,将受热零部件所吸收的热传导出去,保证零部件有正常的工作温度。而淡水和润滑油本身被舷外水冷却。

7.起动系统

起动系统是借助于外力带动曲轴回转,并使其达到一定的转速,实现柴油机的第一次着火燃烧,由静止转入工作状态。根据柴油机类型的不同,起动系统可分为两类:一类是借助于外力矩使曲轴转动起来,如人力手摇起动、电动机起动和气动马达起动等;另一类是借助于加在活塞上的外力推动活塞运动使曲轴转动起来,如压缩空气起动。

8.调速装置

调速装置的作用是使柴油机能按外界阻力矩的变化而自动改变喷油泵的喷油量,从而使柴油机在设定转速下稳定运转。

以上部件、系统和装置组成一台柴油机。此外,有的船舶柴油机还设有换向装置,并将起动、调速、换向和停车集中控制组成操纵系统。多数柴油机还设有增压系统,用于进一步提高柴油机做功能力。

第一节 机座、机体、主轴承

一、机座、机体的功用、工作条件和要求

(一)机座

1.机座的功用

机座固定于船体的基座上,位于柴油机的最底部,是柴油机的基础。它的功用是:

(1)承重。承受机体、气缸套、气缸盖、运动部件和其他附件的重量。

(2)受力。承受柴油机在工作时产生的爆炸压力和运动部件的惯性力,以及连接螺栓的预紧力。

(3)集油。构成柴油机的油底壳,收集和储存由摩擦部件和轴承处漏出来的滑油。

2.机座的工作条件

机座除承受机件重力、气体力及惯性力作用外,还直接受到风、浪等因素使船体变形所带来的拉伸、弯曲及扭曲等额外应力作用。

3.对机座的要求

(1)要有足够的强度。所谓强度是指构件抵抗外力以免受力时遭到破坏的能力。

(2)要有足够的刚度。所谓刚度是指构件受力后抵抗变形的能力。机座在纵向和横向都必须具有足够的刚度,使它的变形极小。因为机座变形对活塞、连杆和曲轴的安装位置有极大影响。运动部件的精确位置和良好的配合是由机座的正确支承来保证的。如果机座发生了变形,柴油机运动部件就会失去正确的轴线位置,从而使柴油机运转不正常并加速机件的磨损。

4.机座的结构种类和材料

机座的结构重点是保证足够的强度和刚度,它的左、右两侧通常有两条带有加强筋的箱形或工字型纵梁,它是承受纵向弯曲的主要构件。纵梁之间由几道横梁连接,主轴承座就放置在横梁上。横梁把机座分隔成若干个空间,曲柄就在这个空间回转。各框形空间底部都是相互连通的,以保证船舶在任何情况下都能使滑油顺畅地流至滑油柜。机座与船体基座用地脚螺栓连接。

机座的横断面通常有平底形及凹形,如图 2-2 所示。平底形机座可以很方便地安装在机舱的舱底板上,不需要特设基座。6-160 型柴油机就采用这种平底形整体铸造机座。凹形机座可以减少机器高度,降低柴油机重心,但刚度比平底形机座差得多。6-300 型柴油机采用凹形机座。

机座一般采用 HT200 或 HT250 灰铸铁铸造,经回火处理消除应力后,由机加工制成。

5.机座常见故障的检查和处理

(1)机座安装在船舶基座上时,应保证支承面紧密贴合,防止受力后机座变形过大,影响运动部件的对中。

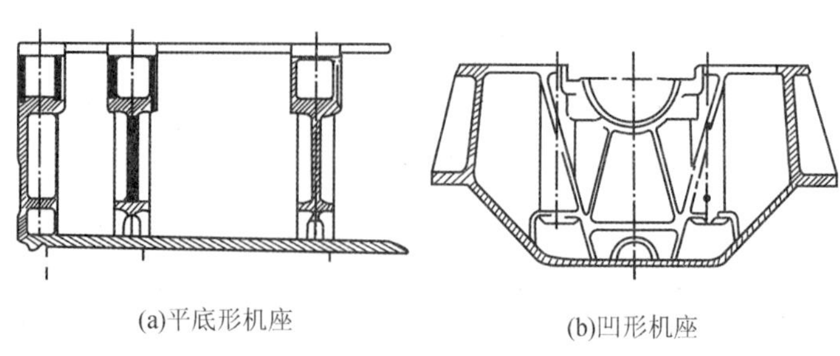

(a)平底形机座　(b)凹形机座

图 2-2　铸铁机座

(2)定期检查地脚螺栓上紧度,以防垫块磨损、螺钉松动而造成事故。及时清除附近的污油水,以免影响地脚螺栓的紧固性。

(3)如果在检查时发现地脚螺栓松动,应进一步检查垫块配合是否正确,地脚螺栓是否疲劳或断裂。

(4)保持机座内清洁,油底壳排油口的过滤网必须畅通,以防堵塞。若积油过多,将引起曲柄及连杆大端打击油面,造成油底壳破裂事故。

(5)机座及油底壳大修时,应清洁并检查有无裂纹和漏泄现象。发现有裂纹时,应予以修补。

(6)检修完毕后,还应检查有无工具等遗留在机座内。

(二)机体

1.机体的功用

柴油机机体是柴油机的骨架,它由安装缸套的气缸体和形成曲轴箱上半部的机架两部分组成。下半部用螺栓固定在机座上。它的功用是:

(1)承受安装在上面的机件如气缸、气缸盖和各种附件的重量。

(2)承受气体爆炸力、惯性力、活塞侧推力和各机件安装的预紧力。

(3)机体下部与机座共同组成曲柄箱作为曲轴的回转空间。

(4)机体的气缸体部分与气缸套之间构成缸套冷却水空间。

2.机体的工作条件

机体承受安装支承与它们所有部件的重力;在工作中承受气体作用力、运动部件惯性力和倾覆力矩;紧固螺栓使其承受安装应力;因各处温度不同使其产生热应力。

3.对机体的要求

(1)要求机体有足够的刚度和强度,避免机体发生变形,影响各运动部件的相互配合关系。

(2)为操作管理和检查修理方便,机体的结构要便于机件的拆装和检修。

(3)为防止柴油机漏气、漏水、漏油,机体与气缸盖、气缸套、机座的结合面及检修道门等要有良好的密封。

4.机体的结构

机体由安装缸套的气缸体和形成曲轴箱上半部的机架两部分组成。机体顶面安装气缸盖,机架内部安装凸轮轴及其轴承等,外侧还装有高压油泵等设备。

如图 2-3 所示为中型柴油机机体、机座实例,其机体为整体铸造的箱形结构,上部六个圆

孔为缸套安装空间，顶面置有缸盖螺栓 8，其右下方为凸轮轴箱，圆孔中安装凸轮轴承，凸轮轴箱顶板面安装高压油泵，箱体外侧有检修道门。在机体左下方有六个防爆道门 5，当曲轴箱内油气压力升高超过规定时，小盖板 4 自动打开，释放油气后又迅速关闭，防止曲轴箱爆炸，并告示轮机人员柴油机运行有异常。弹簧 3 一端被防爆道门 5 中心环板限制，另一端压在薄钢片 2 上，并通过固置于薄钢片螺母中的螺钉将弹力传给小盖板 4，使小盖板盖住防爆道门与外界的通口。旋紧螺钉时小盖板压紧力变大，此压紧力应符合规定，就是要保证曲轴箱内压力不大于 0.02 MPa。机体下平面与机座上平面精密贴合，并垫有密封垫片。机体与机座除用短螺栓连接，更依靠贯穿螺栓 6 紧固。在机体上侧面设有进水孔 O，并设有检查冷却水腔结垢情况的盖板 12，盖板内侧还设有保护机体及气缸套的防蚀锌板。中型柴油机机体通常由铸铁整体铸造。

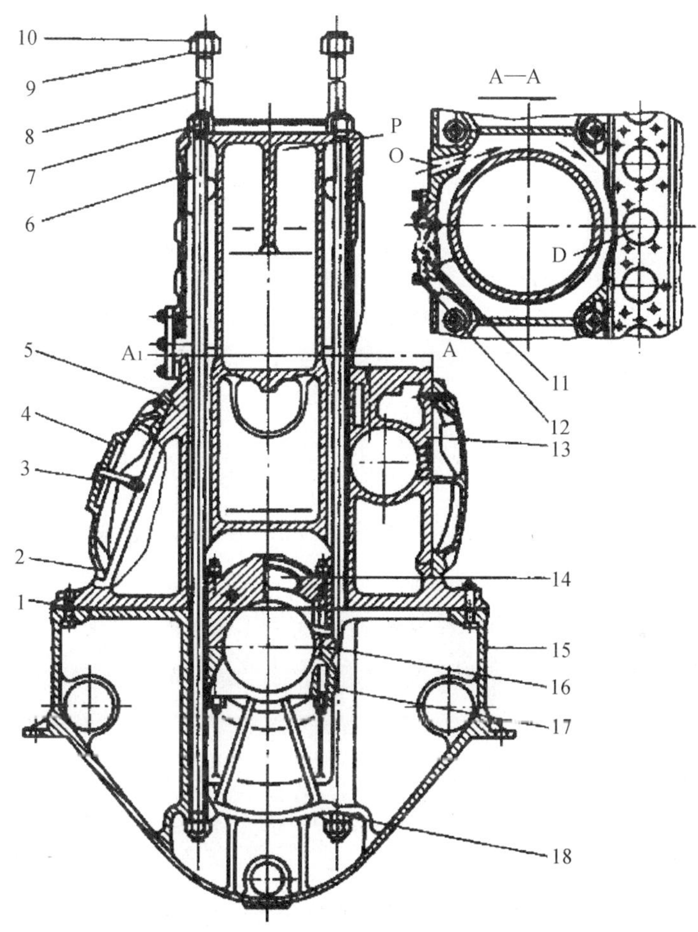

图 2-3　中型柴油机机体、机座实例

1—连接螺栓；2—薄钢片；3—弹簧；4—小盖板；5—防爆道门；6—贯穿螺栓；7—螺母；8—缸盖螺栓；9—垫圈；10—螺母；11—锌板；12—盖板；13—凸轮轴箱；14—主轴承盖；15—机座；16—定位销；17—主轴承螺栓；18—贯穿螺栓垫床；D—挺杆孔；O—进水孔；P—气缸体

5.机体常见故障的检查和处理

1）曲轴箱爆炸

曲轴箱爆炸是指曲轴箱发生剧烈的燃烧并伴随高压的现象，是一种危害极大的事故。曲轴箱爆炸不仅导致机件损坏，而且还可能引起机舱失火，甚至造成人员伤亡。

(1)曲轴箱爆炸的原因

曲轴箱爆炸的主要原因是曲轴箱内空气与油雾的浓度达到了可爆燃的混合比，并且与此同时曲轴箱内出现了高温热源。

(2)预防措施

①避免曲轴箱出现热源。管理中保持正常的轴承间隙及良好润滑，防止轴承过热和烧熔；防止气缸燃气下泄和拉缸故障。

②装设油雾浓度检测器。连续监测箱内油雾浓度，当浓度接近爆炸浓度时发出警报。

③保证曲轴箱透气装置正常。曲轴箱上装有透气管或抽风机，用以将油气引出曲轴箱外，防止油气积聚；应经常检查油气孔，防止被污堵。

④保证曲轴箱防爆门启闭灵活[开启压力根据中国船级社的《内河船舶入级规范》(2016)为 0.02 MPa]，需定期进行功能性检查。

(3)应急处理

①发现爆炸迹象，如曲轴箱过热、透气管冒大量油气和有油焦味或油雾浓度检测器发出警报，说明有爆炸危险。应立即降速，并加强缸内润滑。此时不能立即停车、不能立即停滑油泵和冷却水泵。

②有爆炸危险时，人员不得在装有防爆门的一侧停留，以免造成人身伤亡。

③爆炸发生并将防爆门冲开后，应立即灭火，但不可马上打开曲轴箱道门或检查孔。

④因曲轴箱内某些部件发热而停车，至少停车 15 min 后再开道门检查，以免新鲜空气进入而引起爆炸。

⑤曲轴箱着火，采用 CO_2 灭火剂扑灭。

2)机体裂纹

柴油机机体通常为铸铁材料，发现有裂纹时，可采用金属扣合法或黄铜钎焊予以修补。

3)机体冷却水腔漏水

发现机体冷却水腔漏水，应该及时更换气缸套外的密封胶圈。

此外，注意定期打开冷却水腔检查盖板，检查水腔内结垢情况和盖板内侧防蚀锌板状况，并及时清理水垢、更换锌板。

二、主轴承功用、工作条件和要求

1.主轴承的功用

(1)支承曲轴保持正确的轴线，并有定位和承受轴向推力的作用。

(2)当柴油机运转时，它将承受交变的燃气压力和惯性力作用。

(3)曲轴的主轴颈表面在主轴承轴瓦内回转并产生摩擦和磨损。

2.主轴承的工作条件

柴油机的主轴承是在交变的负荷下工作，故轴承内较难保持均匀恒定的承载油膜；轴承的负荷很大；轴颈与轴瓦之间相对运动速度又高，有的甚至达 10 m/s 以上，加上润滑油中杂质以及润滑油变质等腐蚀破坏，使轴承容易损伤。再则柴油机使用工况复杂，起动、停车频繁，低速工况较多，故轴承极易出现半干摩擦。此外机件变形还会引起轴承表面产生局部应力集中。在这些恶劣的工作条件下，轴承会产生各种损伤。

3.对主轴承的要求

为了提高柴油机工作的可靠性,主轴承应有足够的刚度和强度。主轴承中心线必须和气缸中心线垂直相交,因为它决定着主轴承、曲轴、连杆、活塞和气缸之间的正确位置关系;否则将会导致活塞、连杆失中,致使运动部件迅速磨损。轴瓦要有较高的承载能力和疲劳强度,在工作温度下要有足够的热强度和热硬度,轴瓦表面硬度要低,要有一定的塑性,以适应曲轴的少许失中。

在轴瓦表面还要合理布置油槽,油槽可以使滑油在轴瓦整个工作表面均匀分布。它既可以实现轴瓦的润滑,又可以带走因摩擦产生的热量。

轴瓦与轴颈之间应有适当的间隙,当柴油机运行时使轴瓦与轴颈之间形成液体摩擦。

三、主轴承的材料和定位方法、安装要求

柴油机轴承型式主要是滑动轴承。滑动轴承主要由轴承座、轴承盖、轴瓦及轴承螺栓等组成,如图 2-4 所示为正置式主轴承结构图。主轴承的下轴瓦 4 的座孔由机座横隔板加工而成。

主轴承组各个部分所用的材料:

(1)主轴承盖为灰铸铁或铸钢。

(2)主轴承螺栓为 45 号钢。

(3)轴瓦背壳:巴氏合金轴瓦采用 08、10、15 号钢或铸造青铜;铜基或铝基轴承合金轴瓦则采用 05F、08F、08 号钢。

(4)减磨合金:铜基轴承合金,包括铅青铜和锡青铜轴承合金;铝基轴承合金,有低锡铝合金、高锡铝合金、锑镁铝合金。

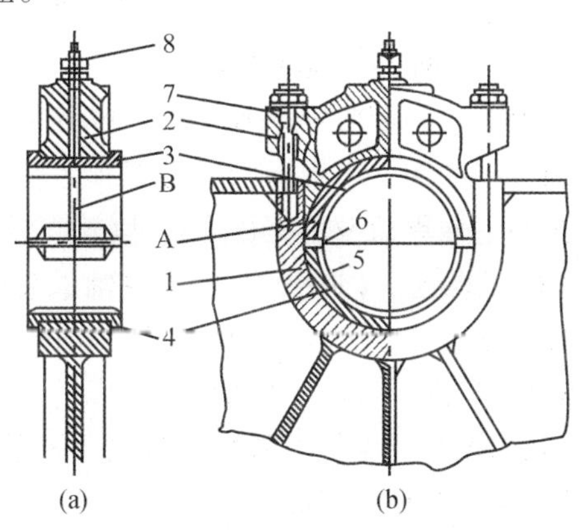

图 2-4　正置式主轴承结构图

1—主轴承座;2—主轴承盖;3—上轴瓦;4—下轴瓦;5—减磨合金层;6—垫片;7—螺栓;8—润滑油管;A—是轴承盖的两个侧面,经过精加工,与轴承座中相应的两个侧面紧密配合;B—是上轴瓦的油槽。润滑油由上部油管引入,通过此油槽流至下轴瓦

主轴承盖与主轴承座孔以两侧垂直平面精加工配合,确保两者同心,并以此精密配合面传递承受曲轴的水平作用力,使主轴承螺栓免受横向切力。上轴瓦 3、下轴瓦 4 以平剖切口相接合,接合面之间有垫片 6。增、减垫片厚薄可以调整主轴承与主轴颈间隙。轴瓦内表均浇铸有减磨合金层 5,具有减摩效果。上轴瓦有进油口和周向布油槽,将润滑油引入轴与轴承之间,以实现液体摩擦。下轴瓦内表面无布油槽,可增大承压面积和保持油膜状态完整。上、下轴瓦

结合面处的内表面制有轴向浅槽，将润滑油分布到轴向方向，同时可储存润滑油中杂质，故又称垃圾槽。主轴承盖与主轴承座材料相同，为增加刚性，采用工字型截面结构并且有筋肋支撑。主轴承螺栓在两侧将主轴承盖、上轴瓦压紧在下轴瓦轴承座上。中央有润滑油管接头，用来引入压力润滑油。

主轴承按主轴承盖布置的情况可分为正置式和倒置式两种。如图 2-4 所示的正置式主轴承盖从上方装配连接。曲轴传递的负荷主要由下轴瓦和下轴承座承受。此种主轴承刚性较好，应用于大多数柴油机中。

如图 2-5 所示为倒挂式主轴承。主轴承座是机架横隔板中央圆孔。主轴承盖 4 从下方用倒挂螺栓 1 装配。主轴承盖呈倒挂形式，承受曲轴所传递的负荷。这种形式适用于不设机座的中高速柴油机中。它们的机架下方只有倒挂安装的钢板冲压的油底壳 7。这种形式使曲轴拆装方便。但曲轴负荷全由主轴承盖和主轴承螺栓承受，因此其负荷重且刚性差。专门设置的横向螺栓 2 将主轴承盖侧面与机架紧固以增加刚性。

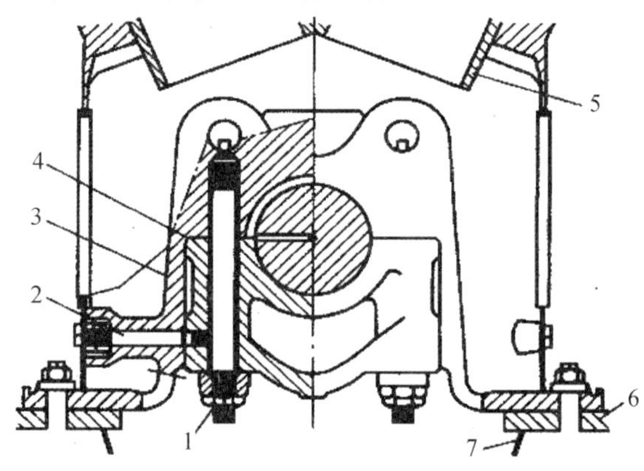

图 2-5　倒挂式主轴承

1—倒挂螺栓；2—横向螺栓；3—机架；4—主轴承盖；5—机体；6—基座；7—油底壳

主轴承盖紧固的方式有两种。如图 2-4 所示为连接螺栓紧固。螺栓布置在主轴承两侧，工作时承受拉伸力。这种连接的主轴承盖及机架横向尺寸较大，致使刚性也较差。

如图 2-6 所示为撑杆式主轴承螺栓。撑杆下端压于主轴承盖圆坑中，上端以液压缸外端顶于机架横隔板中。液压油缸 1 套于撑杆上端凸台上。液压油缸 1 在有油从螺塞 3 处压入活塞顶的油腔时会上升，此时螺母 6 与液压油缸 1 脱离接触，即可向上旋动抵到液压油缸下部，使撑杆伸长，压紧主轴承盖。采用撑杆式主轴承螺栓可提高主轴承刚度，且能减小机架两侧贯穿螺栓之间的距离，使机架横向刚度也得以提高。

四、主轴承常见故障及成因

主轴承常见损坏形式除过度磨损外还有以下几种，至于它们的形成原因，有些已较清楚，但也有一些目前尚未弄清。

1.划伤

划伤是硬质外来物随同滑油进入主轴承造成的。轴颈带动这些硬物旋转，小的颗粒能嵌入软的轴承合金中，大的颗粒则划伤轴承和轴颈。划伤的特征是在轴承表面与轴颈表面出现周向线条，时间久了还会形成带状划痕。

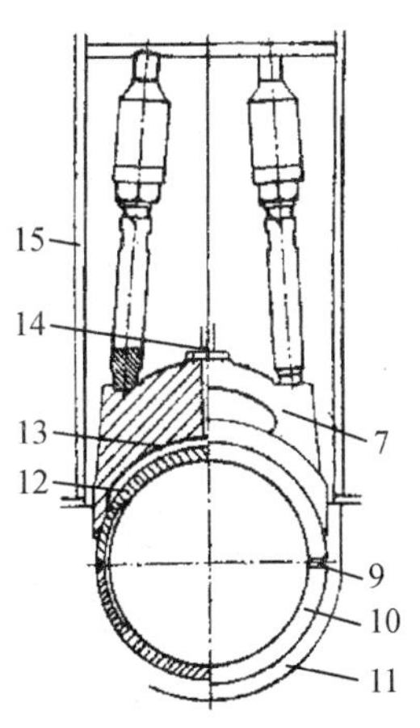

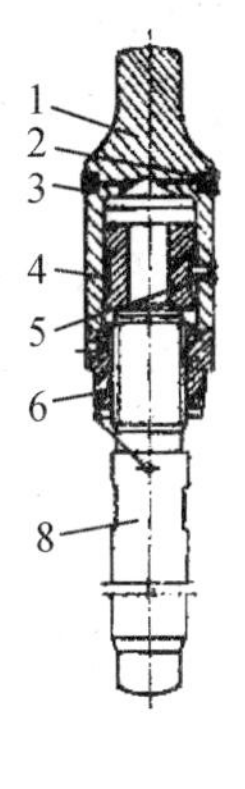

图 2-6 撑杆式主轴承螺栓

1—液压油缸；2—放气阀；3—螺塞；4—液压活塞；5—螺栓；6—螺母；7—主轴承盖；8—撑杆螺栓；9—垫片；10—下轴瓦；11—机座；12—上轴瓦；13—输出油槽；14—滑油管；15—机架

2.擦伤

擦伤的特征是白合金的部分覆盖层（对三层金属轴承来讲）或白合金层被磨毛，变得模糊不清，甚至有部分覆盖层或白合金金属进入油槽或楔形斜面。发展严重时可将楔形斜面和油槽填平，更有甚者会使白合金烧熔而发生抱轴现象。

引起擦伤的原因有轴颈表面太粗糙，装轴时对中不良，滑油失压、变质，轴承间隙过大或过小，以及柴油机超负荷运转等。

3.裂纹

裂纹是轴承受到周期性的交变负荷反复作用的结果。起初往往是很细的、少量的裂纹，称为发裂。以后发展成为网状的龟裂，再发展下去轴承合金会从瓦背上脱落下来，称为脱壳。

轴承裂纹乃至脱壳的原因主要有主轴承座刚度不足，轴承合金与钢质瓦背贴合不牢，安装时轴颈与轴承承压面间接触不均，磨合运转不够，轴颈偏磨与超负荷运转等。一般认为，在其他条件相同的情况下，负荷越大、轴的转速越高，则轴承的疲劳寿命越短。

4.穴蚀

在液体动力润滑的轴承中，在轴承与轴颈最接近点之后，油膜中的滑油压力会突然下降，使溶解在滑油中的空气逸出而形成气泡。由于主轴承承受交变负荷，特别是负荷有冲击性质，气泡被吸附到金属表面会迅速破裂。这样，在轴承的局部区域就产生了空泡效应，使轴承表面产生麻点，出现穴蚀。穴蚀通常发生在油槽和油孔周围，特别是在低压区。

5.腐蚀

轴承有可能遭到化学腐蚀、电化学腐蚀和火花腐蚀。

当润滑油变质而含有机酸时，对于薄壁铜铅合金轴承和铅基合金轴承，容易发生化学作用，使铅析出，形成表面孔穴。锡基白合金虽不易受有机酸的侵蚀，但它的富锡基体表面与氧容易发生化学反应，形成极硬的二氧化锡。这层硬的氧化层外观上呈灰色或灰黑色。表面硬化后使轴承厚度增加，间隙变小，失去白合金原来的适应性和嵌入性，使轴颈易变粗糙。若润滑油中有水和酸时，酸与水结合就成了强电解质，使轴承遭到电化学腐蚀。

若船上电气设备漏电，螺旋桨工作时切割磁场，使主轴承与主轴颈间产生静电动势，这样主轴承和主轴颈就组成了类似于电容的结构，润滑油膜起着电解质的作用。只要油膜厚度相对于静电动势来说是足够大的话，将不会有放电现象。若由于转速的降低或主轴颈的跳动使油膜变薄，就会穿过油膜产生放电现象。放电时的火花使主轴承以点蚀形式造成损坏。随着柴油机的运转，这个过程将重复进行，有可能形成严重损坏，而且主轴颈也将变得粗糙。

第二节 ◉ 气缸套、气缸盖

一、气缸套的功用、工作条件、要求及结构特点

柴油机的气缸是由气缸体和气缸套两部分组成。气缸套是一个圆筒形零件，置于机体的气缸体孔中，上由气缸盖压紧固定。活塞在其内孔做往复运动，其外有冷却水冷却。

（一）气缸套的功用

（1）气缸套、活塞组件和气缸盖共同组成柴油机燃烧室。

（2）气缸套与气缸体之间构成冷却水腔，实现对活塞和气缸套的冷却作用。

（3）对于四冲程柴油机，气缸套还引导活塞做直线往复运动，并承受活塞的侧推力。

（二）气缸套的工作条件

（1）当柴油机在运行时，气缸套始终承受着周期变化的气体压力作用，使气缸套内、外表面都承受拉应力。

（2）由于气缸套内、外表面存在着温差，内表面的温度高于外表面，气缸套内壁的膨胀量必然大于外壁，所以在内壁产生压应力，外表面产生拉应力。

（3）气缸套内表面和活塞环之间还发生强烈的机械摩擦。

（4）气缸套的内表面直接和燃气相接触，所以气缸套内表面承受燃气的化学腐蚀，外表面承受冷却水腐蚀。

（5）对于筒形活塞式发动机，气缸壁还要承受活塞的侧推力，当活塞改变运动方向时对气缸壁要产生撞击。这种交变振动将可能使气缸套冷却水腔发生穴蚀。

（三）对气缸套的要求

（1）气缸套要具有足够的强度和刚度。

（2）气缸套内表面应具有较高的精度和光洁度，要有耐腐蚀性和抗磨性。

（3）气缸套与气缸体、气缸盖之间要有良好的气封和水封。

气缸套一般采用含磷或含硼的耐磨合金铸铁作材料，气缸套的内表面有时还进行镀铬、氮化或磷化等处理，以提高耐磨性能。内表面还应有适当的粗糙度，使其具有一定的储油能力和磨合性能。内表面应有足够的圆度和圆柱度的形状精度，安装支承面对内孔中心应有较高的位置精度。

(四)柴油机的气缸套常见型式

1.湿式气缸套

湿式气缸套的外壁直接与冷却水接触,它的散热条件较好,有利于降低第一道活塞环、活塞槽和气缸套自身的温度。湿式气缸套的更换比较方便。因此,湿式气缸套在船用柴油机中得到广泛的应用。湿式气缸套外壁直接与冷却水接触,它是靠上部凸缘置于机体气缸孔中,下部可以自由膨胀。湿式气缸套的冷却腔密封困难,冷却水对气缸套外壁有腐蚀作用。为了防止水外泄,其上端凸缘与机体配合处常加一个铜质水密压环。在缸套下端处需要安装1~2个橡胶密封环。这种气缸套如图2-7(a)所示。

2.干式气缸套

所谓干式气缸套,就是气缸套不和冷却水直接接触,热量通过气缸套外圆与机体内孔之间的接触面积传给冷却水。冷却水在机体的封闭空间内流动,可以省去冷却水密封装置,也可避免缸套外表面的腐蚀。这种气缸套如图2-7(b)所示。

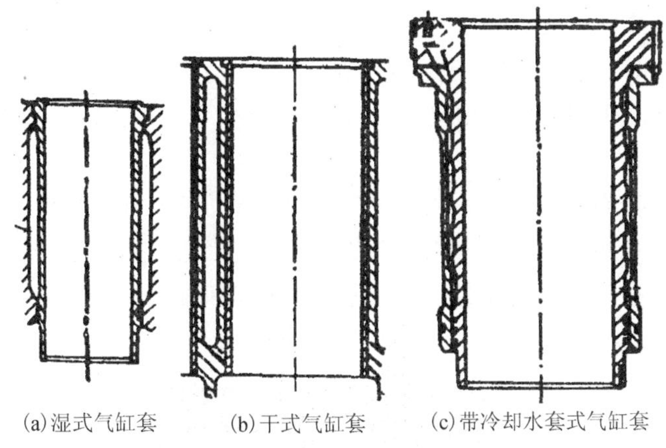
(a)湿式气缸套　(b)干式气缸套　(c)带冷却水套式气缸套

图2-7　柴油机气缸套的常见型式

3.带冷却水套式气缸套

带冷却水套式气缸套,其冷却水腔是在气缸套外壁布置水套而形成。新型低速柴油机开始广泛应用这种型式的气缸套,它可以使冷却水腔得到合理的布置,使气缸套中下部有较高的温度,减少腐蚀磨损,并可大大降低气缸体的高度,简化气缸体结构,减轻了重量,对超长行程柴油机尤其有利。这种气缸套如图2-7(c)所示。

二、气缸盖功用、工作条件、要求及结构特点

1.气缸盖的功用

气缸盖位于气缸套之上,用气缸螺栓与气缸体紧固在一起,在它们之间还装有气缸垫或者安装密封圈,用以保持气密和水密良好。气缸盖的功用是:

(1)同气缸套、活塞共同组成燃烧室和工作空间。

(2)安装进气和排气阀、喷油器、起动阀、示功阀和安全阀等附件。

(3)在气缸盖内还铸有冷却水通道和进、排气通道。

2.气缸盖的工作条件

(1)气缸盖底板承受周期性高温、高压气体作用,它一方面要承受机械应力,还会因各处金属受热不均、温度不同而承受热应力。

(2)由于气缸盖上装有各种阀件,孔道繁多致使各处温度不同、水流速度不同,容易产生腐蚀。

(3)气缸盖在装配时还承受气缸螺栓的安装预紧力。

3.对气缸盖的要求

(1)要求气缸盖有足够的刚度和强度,以保证气缸盖可靠工作,不会发生破坏和变形。

(2)要求气缸盖内的进气和排气通道光滑、通畅,以便减少气体流动阻力。

(3)要求气缸盖底平面有良好的密封性,以保证气缸盖与气缸套良好密封。

(4)安装在气缸盖上的附件要求拆装和维修方便,并易于清除冷却水通道中的水垢。

4.气缸盖的结构

气缸盖的结构形式随柴油机的型式而不同。小型柴油机有用整体式或块状式结构,即将整个柴油机所有气缸的气缸盖或二三个气缸的气缸盖合铸成一体,具有结构紧凑、可增强机体刚性的特点。中型柴油机则大多采用单体式气缸盖,这样可以单独拆装和修换,系列通用化程度高,密封性能好。

气缸盖的结构还与柴油机的尺寸、换气方式、燃烧室的形式和强化程度等因素有关。

如图 2-8 所示为四冲程 6300 型柴油机的单体式气缸盖,现以其为例分析气缸盖结构特点。其中央是喷油器座孔。两侧分别有两个进气阀座孔和排气阀座孔。它们的上方分别套有

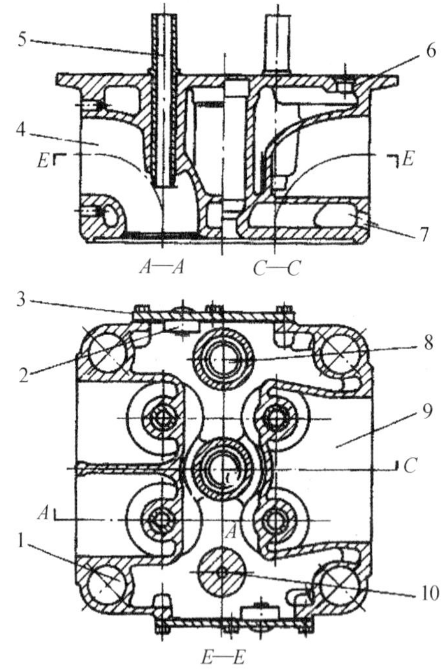

图 2-8　四冲程 6300 型柴油机的单体式气缸盖

1—气缸盖螺栓孔;2—防腐锌块;3—盖板;4—进气道;5—气阀导管;6—螺塞;
7—冷却水孔;8—气缸起动阀孔;9—排气道;10—示功阀孔

气阀导管 5。前后为示功阀孔 10 和气缸起动阀座孔 8。4 为进气道,9 为排气道。为保证进气量充足,进气阀孔、道比排气阀的大。两进气道间有隔板,以减轻进气紊流。阀孔壁和气道壁外侧即为冷却水空间。水平隔板还承受底板的机械负荷,成为底板的背衬。这样使底板的厚度可以减薄,热应力得以降低。隔板与底板形成薄壁强背结构,较好地解决了机械负荷和热应力对气缸盖底板不同要求的矛盾。气缸盖前后侧壁均有盖板 3 覆盖的清洁孔。盖板的内侧装有防止气缸盖电化学腐蚀的防腐锌块 2。整个气缸盖以底面上的凸出圆环压于气缸套顶面环形凹槽的紫铜密封圈上,并用四个螺栓(孔 1)紧固于机体上。

如图 2-9 所示为瓦锡兰 32 型柴油机气缸盖。它是用球墨铸铁铸造的单体式气缸盖,四个角上有气缸盖螺栓孔,气缸盖螺栓液压上紧在气缸体上。图中心孔是喷油器安装孔,4、5 分别是排气和进气阀孔,这种进、排气道左右分布的布置,减少了高温排气对低温进气的加热作用。触火面很薄,并由来自边缘流向中心的冷却水有效地冷却。在各阀中间的鼻梁区,采用钻孔冷却水腔,增强了该处的冷却效果。排气阀座可直接得到冷却。采用较厚的中隔板和较高的气缸盖高度构成了刚度很强的"背部",并通过气道壁对底板的支撑,减小底板所承受的机械应力。气阀座圈由具有良好耐磨性能的合金铸铁制造,进、排气阀密封面镀有司太立合金,阀杆

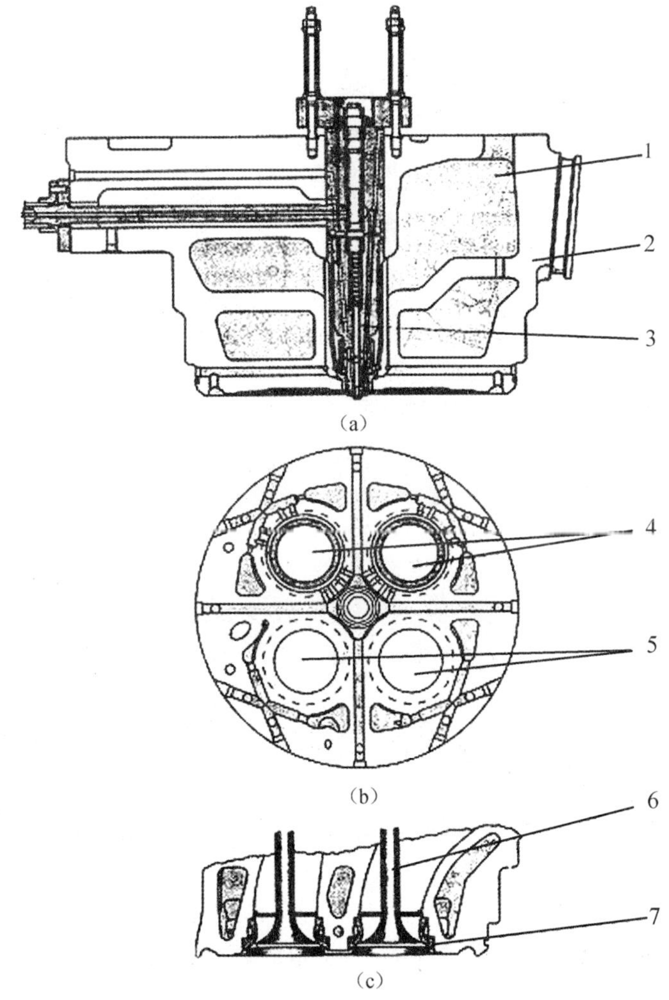

图 2-9 瓦锡兰 32 型柴油机气缸盖

1—冷却水腔;2—气缸盖;3—喷油器;4—排气阀孔;5—进气阀孔;6—气阀;7—阀座

镀铬，如使用重油，可使用镍铝合金的排气阀。气缸盖上采用多管道集合元件代替了传统柴油机上单独元件的结构，可以完成空气进入气缸、废气排至排气系统、冷却水从气缸盖排出等多项功能。

强化柴油机的气缸盖，比较普遍地采用“薄壁强背”、双层底式结构，即采用较薄的火力底板以减小其壁面温差和热应力。

第三节 活塞组件

一、活塞组件的功用、工作条件、要求及结构特点

筒形柴油机活塞组件包括活塞、活塞环、活塞销和卡簧等零件。活塞是把热能转变为机械能的主要零件之一，如图 2-10 所示。

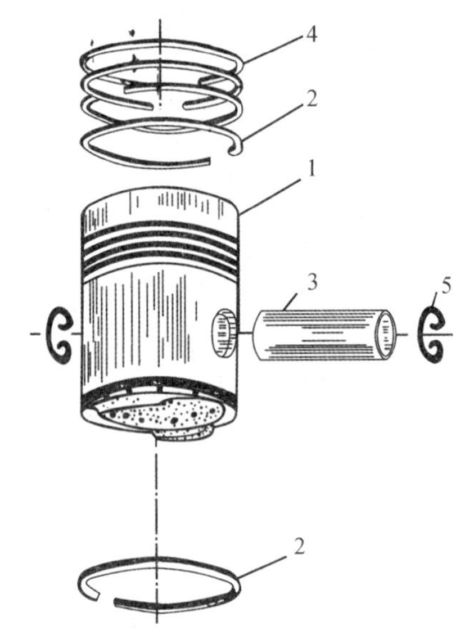

图 2-10 筒形柴油机活塞组件

1—活塞；2—刮油环；3—活塞销；4—气环；5—卡簧

1.活塞组件的功用

(1)活塞组件同气缸、气缸盖共同组成密封的工作空间。当活塞在上止点时构成燃烧室空间。

(2)活塞组件往复运动把燃气的热能转变成机械能，并通过连杆传给曲轴，使曲轴回转对外做功。

(3)筒形柴油机活塞组件在往复运动时还起导向作用并承受侧推力。

(4)活塞组件有密封和传热作用，防止燃气漏到曲轴箱内，同时还将部分热量传给气缸壁。

2.活塞组件的工作条件

(1)活塞组件受燃气压力、往复运动惯性力和侧推力作用，承受很大的机械负荷。

(2)活塞顶直接与高温燃气接触,活塞承受很大的热负荷,同时因温度变化和活塞顶结构的原因,使活塞各部分温度分布不均而产生热应力。

(3)活塞组件与气缸套要发生摩擦,而且润滑不良,容易磨损。

(4)活塞组件在工作期间还要承受燃气的腐蚀作用。

3.对活塞组件的要求

(1)要求活塞组件具有足够的强度和刚度,而且要有较轻的重量。

(2)在保证燃烧室密封的条件下,活塞组件要有最小的摩擦损失和良好的润滑。

(3)活塞顶要有足够的散热能力,能尽快散热使活塞顶部的温度控制在允许的范围之内。

(4)在保证活塞组件与气缸套间隙要求的条件下,要求活塞组件材料的膨胀系数要小,并采取恰当措施控制活塞组件热变形。

二、活塞本体

活塞本体上部主要用于接收气体作用及安装活塞环,称为头部。下部为裙部,主要传递侧推力。中小型柴油机大多采用整体式活塞。通常用铸铁和铸铝制成,而且不采取专设冷却措施。头部一般是指活塞顶至最下一道活塞环槽之间的长度;裙部是指头部以下的圆柱部分。在裙部制有活塞销座。有的活塞在裙部设有刮油环。活塞顶直接与高温、高压燃气接触。

如图2-11所示,活塞顶呈浅盆形,用以构成合适的燃烧室形状。头部缺口为避让坑,用来防止当活塞在上止点位置进、排气阀重叠开启时与活塞顶相撞。活塞裙部要有足够的长度以减少侧推力比压。活塞顶板制得较厚以确保足够强度。在活塞头部有3~4道气环以保证燃

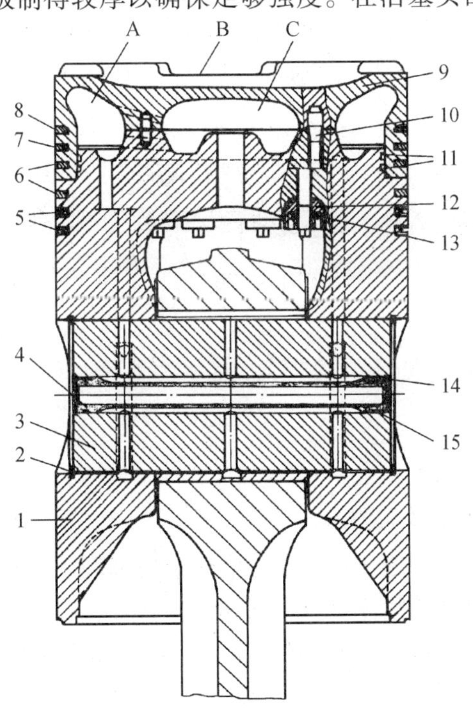

图2-11 筒形活塞

1—活塞裙;2—卡簧;3—活塞销;4—衬管;5—刮油环;6,7,8—密封环;9—活塞头;10—柔性螺栓;11,15—密封圈;12—垫块;13—螺母;14—衬管端盖;A,C—冷却腔;B—避让坑

烧室气密性。活塞头部的热量是通过活塞环传给气缸壁,再由缸套冷却水带走。

由于大多数筒状活塞没有专门装设冷却装置,所以也称为非冷却活塞。它在结构上有两个部位需要考虑热膨胀问题:一是活塞头部,因为活塞头部直接同高温燃气接触,它的热膨胀要比裙部大得多。为了解决活塞头部的热膨胀问题,通常把活塞头部切削成一定的锥度,如图2-12 所示。采用这种结构后可以使活塞头部和裙部的膨胀量趋于一致。另一处是在活塞裙部的活塞销座附近,为了加强活塞裙部销孔处的强度必须加厚销孔座的尺寸,这就导致受热膨胀量的增加,同时在侧推力作用下使在活塞销轴线方向的变形量增大,如图 2-13 所示。为了解决这个部位的热变形,通常把活塞销座附近的裙部制成椭圆形,或将销座处的裙部制成方形的凹陷坑,以消除因热膨胀而出现的失圆。

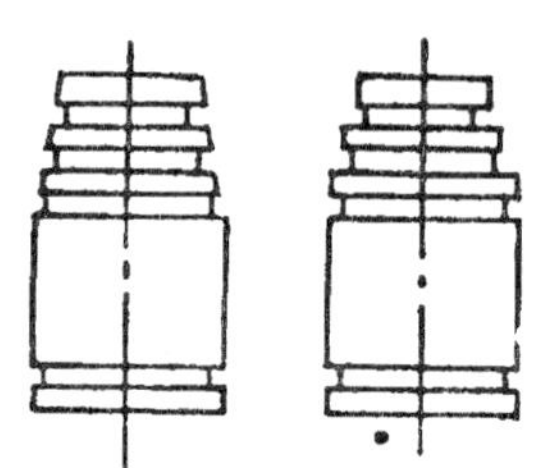

图 2-12　防止热膨胀的活塞头部结构

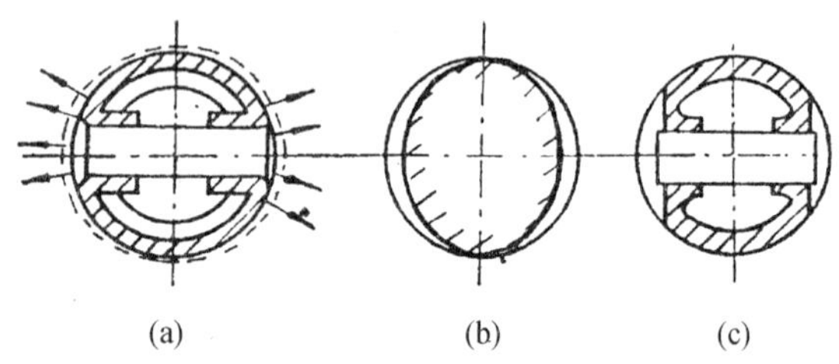

图 2-13　防止热膨胀活塞

对于中小型柴油机,活塞顶形状常有如下几种,如图 2-14 所示。

(1)凸顶活塞顶部受热面大,强度、刚度好。

(2)平顶活塞顶部受热面小,制造工艺简单。

(3)凹顶活塞顶部受热面比平顶活塞大,它能增加空气扰动,在压缩时产生空气涡动,能使雾化的燃油与空气良好混合,有利于燃烧。135 型、160 型和 6-300 型柴油机采用这种结构。

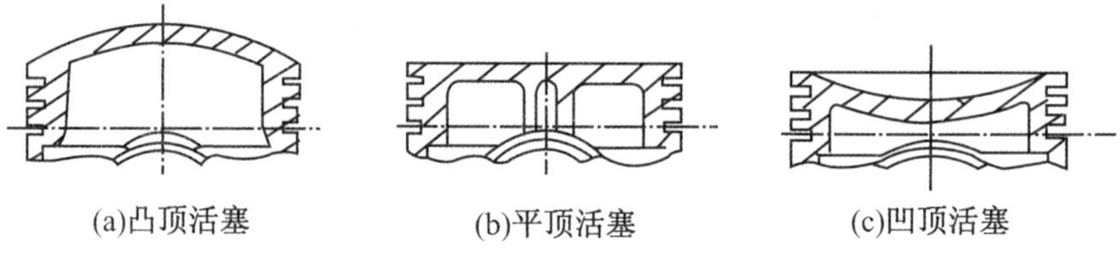

图 2-14　活塞顶形状

三、活塞环

1.活塞环的功用、工作条件与要求

活塞环是活塞组件之一,它是开有切口的扁形金属圆环。因有切口,圆周方向产生弹力。它的工作性能直接影响柴油机的工作性能。根据它的作用不同,筒形活塞的活塞环可分为密封环(俗称气环)和刮油环(俗称油环)两种。活塞环的作用主要是密封、传热、支承和布油(刮油)。

对于气环,它依靠环的自身弹力和环后背隙的气体压力作用实现密封;对于非冷却活塞,活塞头部的热量是通过活塞环传给气缸套冷却水的;柴油机的活塞主要是通过活塞环支承并

保持活塞与气缸对中，所以它对活塞也起支承作用；对于采用飞溅润滑的四冲程柴油机，活塞环（气环）在做往复运动时也起布油作用。为防止润滑油被活塞环的泵油运动带到燃烧室（这一方面要增加润滑油的消耗量，同时在活塞头部形成积炭），通常在四冲程柴油机的活塞上加设一道或两道刮油环。

活塞环的工作条件十分苛刻，尤其是第一道环直接受到高温、高压的燃气作用。对其他环，由于存在切口，燃气经搭口、气缸壁和环槽漏泄到各道活塞环槽，所以也不同程度地承受压力和高温作用。活塞环在工作时随活塞往复运动还会与气缸壁产生摩擦。活塞环在环槽中的运动十分复杂，其中有轴向运动、径向运动、回转运动和扭曲运动。此外，由于气缸套失圆和存在锥度，活塞环在本身弹力作用下还会产生张合的交变运动。活塞环在高温、高压条件下工作，润滑条件恶劣。这些都会导致活塞环的裂纹、折断和失去密封作用，造成燃烧室窜气、活塞窜气致使活塞环损坏。因此，要求活塞环具有足够的弹力以提高密封性能，要有一定的耐磨性，要有足够的强度和热稳定性，其表面硬度要稍高于气缸套的硬度。

2.活塞环的结构

活塞环是具有一定的直径、高度、厚度和开口尺寸的圆环。这些尺寸就决定了它安装在活塞上时的各处间隙。而这个间隙的大小又决定活塞环的工作性能。不同的柴油机，活塞环的尺寸各不相同，各个间隙也就不同。活塞环的各部分尺寸如图 2-15 所示。

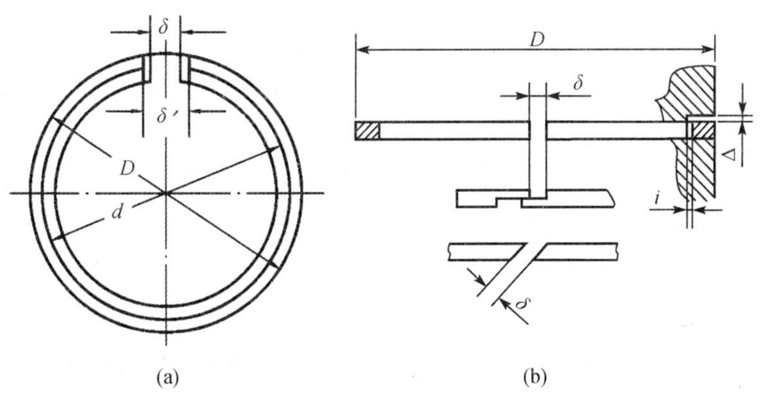

图 2-15　活塞环的各部分尺寸

活塞环的截面形状如图 2-16 所示。如图 2-16(a)所示为矩形环，它容易制造，得到广泛的应用。如图 2-16(b)所示为梯形环，这种截面可促进磨合，可以在弹缩中清除环槽积炭，两锥面配合精度要求高。图 2-16(c)所示为倒角环，它在工作初期承压面积小，容易磨合，适用于气缸壁硬度较高的柴油机，其倒角有利于活塞环与气缸壁油楔的形成，但不宜做第一道活塞环。如图 2-16(d)、图 2-16(e)所示为扭曲环，这种气环在我国中小型柴油机上得到广泛的应用。它在矩形截面上切去一部分，使截面成为不对称形状。当它装入气缸后由于弯曲作用使环的外圆产生拉应力，而环的内圆产生压应力，使环产生扭曲变形。活塞环与气缸和环槽之间出现一定的倾斜角，有利于磨合及密封。扭曲环在装配时存在着方向性问题，若是内切槽，安装时把斜槽朝上装；外切槽安装时把斜槽朝下装。这样安装可加强刮油作用。

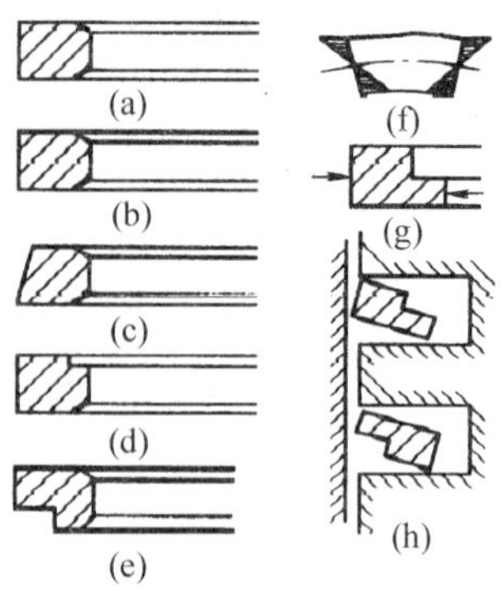

图 2-16　活塞环的截面形状

活塞环的弹性大小除与环的材料有关外，主要决定于搭口形式，环的搭口形式有三种，如图 2-17 所示。如图 2-17(a)所示为直搭口；如图 2-17(b)所示为斜搭口；如图 2-17(c)所示为阶梯搭口。中小型柴油机常用直搭口和斜搭口两种。

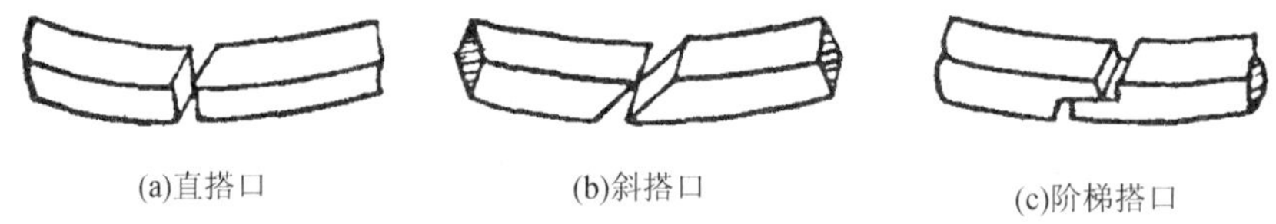

图 2-17　活塞环搭口

当活塞环安装在活塞上时，环与环槽平面之间存在间隙，这个间隙称为平面间隙(俗称天地间隙)。这个间隙过小时，在工作中会使环咬死在槽中而失去密封作用；当间隙过大时，容易发生泵油现象和环的跳动。

环的内圆与环槽底面之间应有一定间隙，这个间隙称为背隙。这个间隙为槽深减去环的厚度，通常这个间隙为 0.5~1.0 mm。若背隙小时可修锉环的内表面(决不能修锉环的外表面)。若没有背隙，环不易装入气缸。即使装入，环受热膨胀会使环密死在环槽中，严重时容易发生拉缸。同时，背隙对环的密封性有一定作用。这是因为高压的燃气通过平面间隙和搭口进入背隙，由第一道环相继窜入各道环槽中，作用在环的内圆面上使环紧贴气缸壁形成所谓第二次密封(如图 2-18 所示为压缩环的密封作用)。

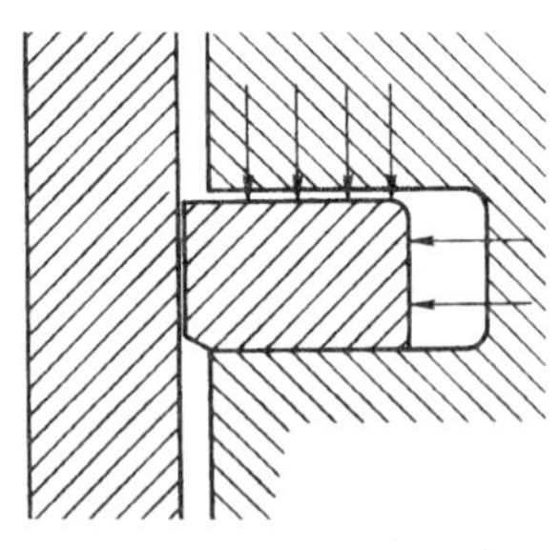

图 2-18　压缩环的密封作用

当环冷态装入气缸后，各环搭口应有一定间隙，此时的间隙值称为环的搭口间隙值。这是为了保证环的热膨胀需要。该间隙值的大小在各种机型的说明书中都有具体规定。若间隙过大会造成漏气；间隙过小当活塞受热膨胀时，会导致环卡死或断环。对于中小型柴油机，气环的数量一般为 4~6 道。装入环槽时，各道环的切口应相互错开一定角度，不可装在同一方向

上，以免漏气影响密封性。

3.活塞环的工作原理

压缩环的主要作用是防止气缸中的气体漏泄和将活塞上的部分热量传给气缸。压缩环的密封作用是依靠本身的弹性和作用在它上面以及漏到环的内侧的气体压力，使环紧紧贴合到气缸壁和环槽壁上，如图 2-18 所示。这样就阻止了气体通过活塞与气缸壁之间的间隙漏至气缸下部空间。但由于活塞环在气缸中要留有搭口间隙，因此正常工作的压缩环也不可能完全阻断燃气的漏泄。再加上活塞环可能出现的失效，为了提高密封效果，一个活塞上要设多道压缩环。但为了减少摩擦损失，压缩环也不能设置过多，通常高速柴油机装 2~4 道，低速柴油机装 4~6 道。每道环的密封作用可由燃气压力在各道环槽中的变化情况看出。第一道环由于高温、高压燃气的直接作用，承受的负荷最大，在新型柴油机上，采用将第一道环加高的方法提高其承载能力，并在环的外侧开设 4~6 道压力释放槽，以使头两道环的负荷更加均匀。

4.活塞环的泵油现象

当活塞装上活塞环后，它保证了气缸的气密，也带走了活塞头部的一部分热量。但是工作时活塞环在环槽内往复运动，由于活塞环与缸壁之间有刮油作用和环在环槽中挤压而出现所谓的泵油现象。现以四冲程柴油机为例来说明泵油现象，如图 2-19 所示。

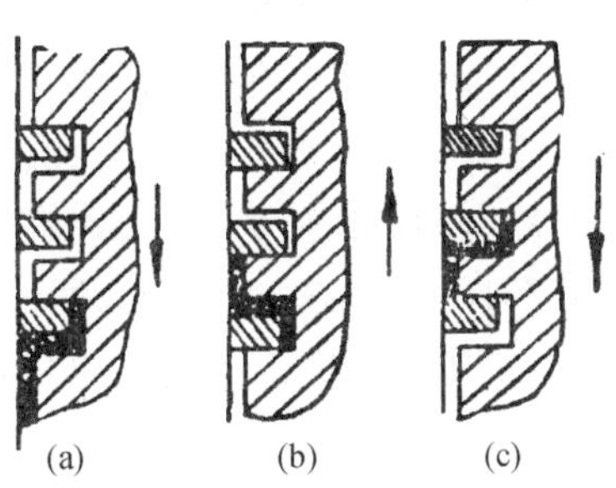

图 2-19　活塞环泵油现象

当活塞下行时，活塞环受惯性和摩擦力作用，活塞环紧紧贴在环槽的上平面。于是活塞环把缸壁的滑油刮到环的下面和背隙。当活塞上行时，活塞环又贴紧在环槽下面，于是环下面和背隙中的滑油都挤压在上面一道环的下面。当活塞再次下行时滑油就被压到上一道环的下面和背隙。这样就使滑油从最下面第一道环移到另一道环，逐渐泵上去，最后由最上面一道环把滑油泵入燃烧室。这种泵油现象会导致滑油消耗量增加。进入燃烧室的滑油因高温而裂化或燃烧形成结炭和胶状物质，这将导致活塞环与气缸套的磨料磨损增加；在活塞环与环槽之间因胶质的增加而使环失去弹力。

筒状活塞式发动机在运行时从曲柄销轴承把滑油飞溅到气缸壁上，完成活塞和气缸壁的润滑，因此，称为飞溅润滑。由于飞溅在气缸壁上的滑油过多，因气环的泵油作用，要增加滑油消耗量。为了防止或减少这种泵油现象，在筒状活塞式发动机压缩环下方装有一道或两道刮油环，以调节气缸壁上的润滑油量，保证气缸良好润滑，并把缸壁上多余的滑油刮下，回流到曲柄箱。

刮油环有三种结构形式，如图 2-20 所示。图 2-20(a)为单刃刮油环，图 2-20(b)、图 2-20(c)为双刃刮油环。采用这种结构的目的是使环与缸壁接触面积减小，增加环与气缸壁的压力，以提高刮油效果。刮油环与环槽的天地间隙要小，以减少泵油现象。在刮油环槽上都开有泄油孔。

刮油环的工作原理如图 2-20(d)所示。刮油环随活塞往复运动,刮下的滑油通过刮油环槽上的泄油孔流回曲柄箱。对于双刃刮油环,在活塞上行和下行时都有刮油作用。

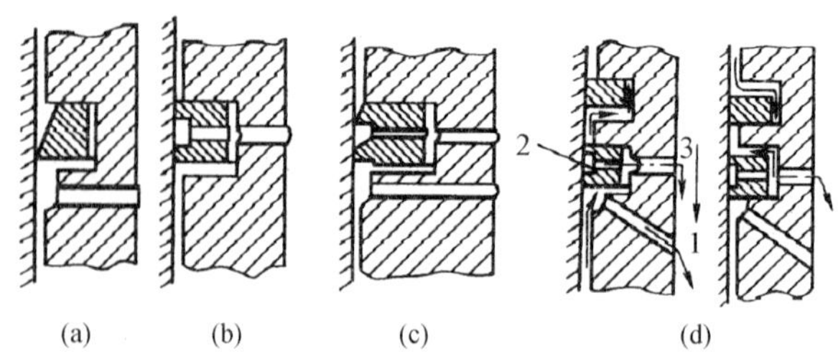

图 2-20　刮油环的结构形式和工作原理

应注意的是,在安装刮油环时(对于有锥面形刃口)应把刃口的尖端放在下方,以实现下行时刮油、上行时布油;否则就会出现上行刮油,使大量滑油进入燃烧室,失去刮油作用。

四、活塞销

1.活塞销的工作条件及要求

在筒状活塞式发动机中,活塞销是活塞与连杆的连接件。在柴油机工作时,作用在活塞上的气体力和往复惯性力通过活塞销传给连杆,再传给曲轴。由于活塞销工作位置的限制,活塞销的尺寸不大,但它所承受的机械应力最大。由于气体力和活塞的往复惯性力都是随曲柄转角变化的,因而它所承受的是脉动冲击的机械应力,使活塞销产生弯曲并发生剪切变形。连杆小端和活塞销、活塞销和活塞销座都是做摆动运动,因此,两者的滑动速度不大,所以润滑条件较差。由此可见活塞销是柴油机中工作条件最恶劣的摩擦付之一。根据活塞销的装配条件,要求活塞销应具有足够的强度和刚度,要求它有良好的耐冲击性和良好的耐磨性。为了满足上述要求,活塞销的材料一般都采用优质低碳钢和合金钢。同时要对活塞销表面进行渗碳和淬火处理。

2.活塞销的结构及连接形式

为减轻活塞销重量,活塞销通常制成中空的圆柱体。为了提高活塞销的表面硬度,在机械加工后,还对活塞销进行金属表面热处理,如渗碳、淬火等,这可提高活塞销表面硬度和耐磨性。

活塞销和活塞、连杆小端的连接有三种形式:固定式、半浮动式和浮动式。

(1)固定式是把活塞销固定在活塞销孔座内,在活塞工作时,连杆小端绕活塞销摆动。这种连接方式使工作冲击减少,但活塞销单边磨损严重。

(2)半浮动式是把活塞销固定在连杆小端上,只是活塞销两端与销座有相对运动。这种连接方式因润滑困难,目前极少采用。

(3)浮动式是活塞销既可相对于连杆小端衬套转动,又可实现相对于活塞销座孔转动。它的表面相对速度低,磨损均匀,拆装方便。这种连接方式要求配合精度较高;否则在工作中会产生冲击。这种连接方式目前被中高速柴油机广泛采用。

如果柴油机的活塞是铝合金活塞,它的热膨胀系数及工作温度都大于活塞销。为保证在热状态下有合适的工作间隙,装配时活塞销与活塞销座孔应有一定的过盈量,所以对于铝合金活塞应加热到 90~100 ℃,再把活塞销推入销座中。值得注意的是,在装配铝合金活塞销时切

忌用硬物敲击,以防破坏活塞销与销座的配合。

活塞销的轴向定位是为了防止活塞销从销座中窜出刮伤气缸。活塞销轴向定位广泛采用的方法是在活塞销两端安装卡簧。如图 2-21 所示为浮动式活塞销的轴向定位方式。

如图 2-21(a)所示为矩形截面卡簧,如图 2-21(b)所示为圆形截面卡簧,如图 2-21(c)所示为尺寸较大的活塞用螺杆拉紧两端盖内侧来限制活塞销的轴向移动。

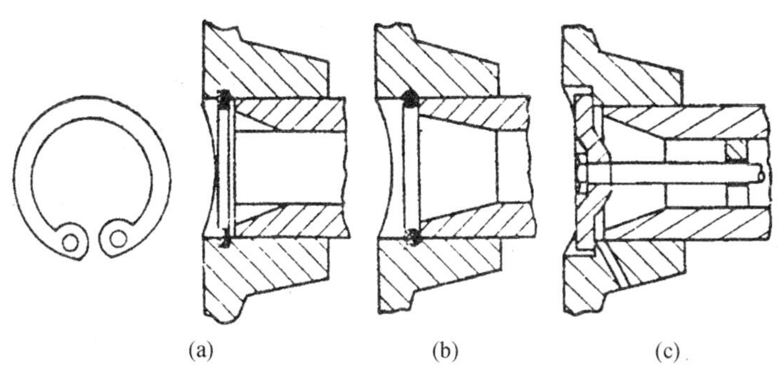

图 2-21　浮动式活塞销的轴向定位方式

在安装活塞销卡簧时应把卡簧开口朝上安装,这样可以避免卡簧因受热失去弹性时从槽内跳出。

浮动式活塞销和销座的配合精度要求高。若间隙过大会导致冲击,间隙过小又不利于润滑导致活塞销与销座咬死。

第四节 连杆组件

一、连杆组件的功用

(1)连接作用:在筒形活塞式柴油机中,连杆是活塞与曲轴之间的连接件。连杆小端通过活塞销与活塞相连,大端直接与曲轴曲柄销连接。

连杆小端做直线运动,大端做回转运动,杆身做平面运动,其杆身中心线不断相对气缸中心线左右摆动。

(2)传递作用:将作用于活塞上的燃气压力传递给曲轴,并把活塞的往复运动转变为曲轴的旋转运动。

二、连杆组件的工作条件及要求

在工作时,连杆受到周期变化的气体力、往复惯性力和摆动惯性力的作用,承受拉伸和压缩载荷以及弯曲应力的作用。在膨胀冲程上止点时,压缩载荷达极值;在进气冲程上止点时,往复惯性力形成的拉伸载荷达极值。周期变化的力使连杆组件易产生疲劳。同时,因拉伸和压缩应力的最大值都出现在连杆小端与连杆杆身过度圆弧处,使连杆小端工作条件恶劣,而连杆大端轴承与曲柄销颈摩擦速度高,极易产生磨损。此外,压缩载荷还使连杆产生纵向弯曲。

为适应受力复杂和运动复杂的恶劣工作条件,连杆组件必须具备足够的刚度和抗冲击疲劳强度,同时尽可能质量轻,连杆轴承应耐磨可靠,连杆螺栓应有较高疲劳强度及连接可靠。为此连杆都用优质钢材模锻后加工制造。

三、连杆组件结构

1.中小型直列式柴油机连杆

中小型柴油机连杆组件的组成如图 2-22 所示。它主要由连杆本体、连杆盖、连杆螺栓和大、小端轴承等组成。连杆小端轴承与活塞销滑动配合。大端轴承与曲轴的曲柄销颈配合,形成曲柄连杆机构,将活塞的直线运动转换为曲轴的回转运动。工作中活塞顶面所受气体压力由连杆传给曲轴,将往复作用力变为曲轴转动转矩。连杆运动形式因此也十分复杂:小端做直线运动,大端做回转运动,杆身做平面运动,其杆身中心不断相对气缸中心左右摆动。

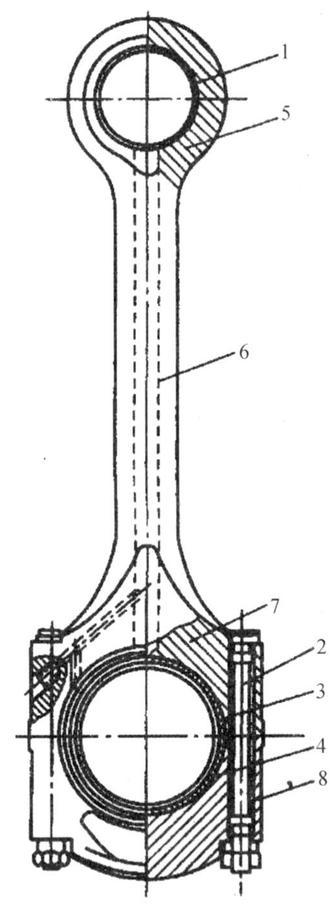

图 2-22　中小型柴油机连杆组件的组成

1—小端轴套;2—连杆螺栓;3—大端上轴瓦;4—大端下轴瓦;5—小端;6—杆身;
7—大端轴承座;8—大端轴承盖

筒形活塞式柴油机连杆小端呈圆环,内孔压有耐磨合金衬套作为轴承。小端内孔一般上、下承压面积相等,但也有些二冲程机的连杆小端下承压面比上承压面大。连杆杆身截面有圆

形和 I 形两种,如图 2-23 所示为连杆杆身截面形状。前者形状简单,加工方便,在中低速机中多用;I 形杆身结构轻巧,运动惯性力小,在相同截面积下比圆形杆身的截面惯性矩大,抗弯能力大。I 形截面的长轴位于摆动平面内,材料强度合理分布,故不仅高速机中多采用,不少中速柴油机也都采用,但其模锻加工较复杂。杆身钻有中心孔,既可布置油道,又减轻重量。连杆大端轴承座孔都制成剖分式。

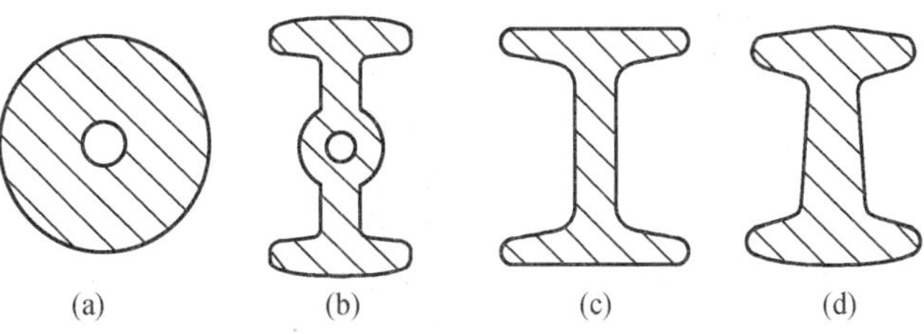

图 2-23 连杆杆身截面形状

如图 2-22 所示中的大端剖分面与连杆中心线垂直,称为平切口形式。其刚性较好,连杆轴承盖与大端定位方便可靠。但随着柴油机工作参数提高,曲柄销轴颈直径要进一步增大。在气缸直径一定时,用平切口大端就妨碍连杆从气缸中吊出,故采用斜切口形式。其剖面与连杆中心线呈 35°~45°倾斜。采用斜切口可使曲柄销直径增大,但工作时,切口角使连杆力在剖分面方向产生切向分力,会对连杆螺栓产生剪切。为此斜切口连杆大端与连杆盖之间都设有能承受剪切力的定位元件。定位抗剪结构形式有如图 2-24 所示的几种。其中如图 2-24(a)所示的为止口定位,简单但可靠性差。如图 2-24(b)所示的为 135 等机采用的销套定位,钢质销套与连杆盖过盈配合,与连杆大端孔为间隙配合,其结构简单,承受剪切力有限。如图 2-24(c)所示的为锯齿定位,其定位可靠,尺寸紧凑,但加工精度高,应用较为广泛。如图 2-24(d)所示的为舌槽定位。

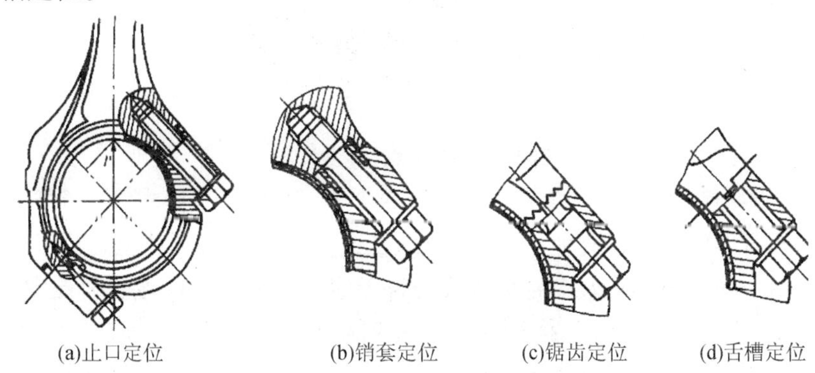

图 2-24 定位抗剪结构形式

连杆大端与杆身为整体结构的连杆称为车用式连杆,是中小型柴油机广泛采用的结构形式。将连杆大端与杆身分开制造的,称为船用式连杆,其结构图如图 2-25 所示。大端与杆身结合平面的中心有定位圆柱,圆柱保持两者同轴度。结合平面间有调整垫片,此垫片增减,可调整压缩比。在吊缸时,只需将大端固定连杆螺栓的水平螺钉旋紧,即可松开连杆螺栓的螺母单独吊出杆身。而连杆大端仍抱套于曲柄销上。

连杆盖为半圆形,外缘一般有圆弧筋肋以增大其刚性。大端轴承座孔是在连杆盖与杆身定位紧固后加工形成的,故盖与杆身在安装时应根据定位记号,确保与加工时一样。

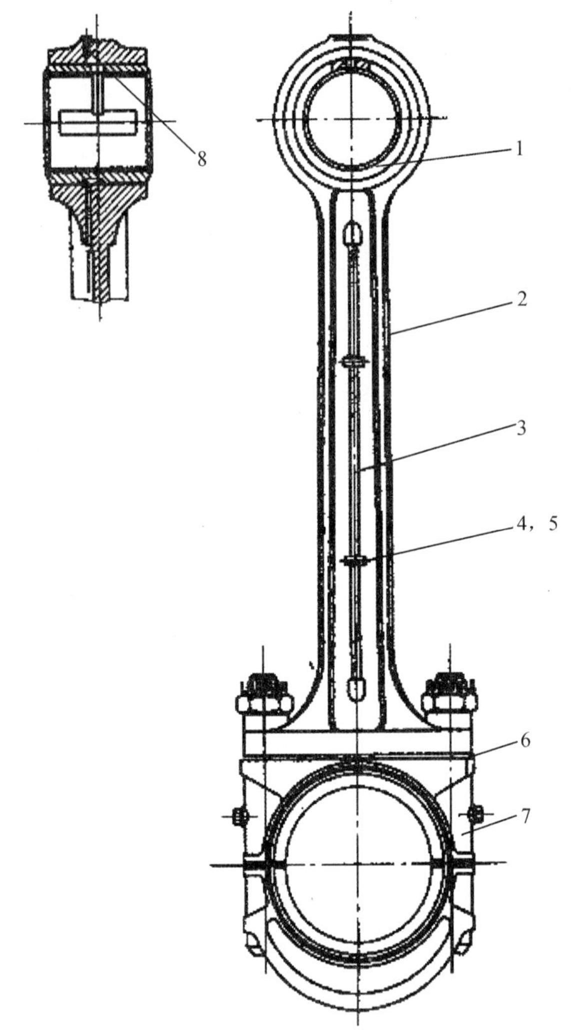

图 2-25　船用式连杆结构图

1—衬套；2—杆身；3—油管；4—夹马；5—螺钉；6—垫片；7—上轴承座；8—螺钉

连杆大端轴承形成方式有两种：一种为减磨合金铸压于钢质瓦背上形成装配式轴承（或叫有轴瓦式轴承）；另一种是将减磨合金直接浇铸于连杆大端与连杆盖的圆孔中再加工形成。前者加工、检修方便，精度较高；后者无轴瓦，可使轴承孔径（曲柄销径）较大些，也有利于轴承散热。但必须保证减磨合金与座孔结合牢固，故座孔中开有燕尾槽。连杆轴瓦有厚壁轴瓦和薄壁轴瓦之分，用厚壁轴瓦时，连杆大端剖分面上有调整轴承间隙的垫片。

在大多数中小型柴油机中，连杆中润滑油都是由曲柄销油孔出来，润滑大端轴承后沿连杆中心孔或另附设油管到达连杆小端的，连杆大端上轴承座的出油口都偏离连杆中心线方向，甚至开在水平两侧，以保证上轴承的承压面完整。

2.V 形柴油机连杆

V 形柴油机中两列气缸共用一根曲轴，每一个曲柄销上安装两根连杆。V 形柴油机的连杆有以下三种形式：

（1）并列式连杆。V 形柴油机的并列式连杆的结构与普通单列式柴油机的连杆相同。每

一排气缸的两根相同的连杆,并列地安装在同一个曲柄销上。

(2)主副连杆。为了缩短气缸间距和整机长度,减小柴油机重量和尺寸,增大曲轴刚性,把同一曲柄销上的两个气缸中心线布置在同一平面内,这种V形柴油机,可采用主副连杆。主连杆直接安装在曲柄销上,副连杆则利用连接销(称副连杆销)旁接于主连杆上。主、副连杆的结构完全不同,副连杆的下端中心线也不与曲柄销同心。如图2-26所示主连杆5用四只螺栓4连接到大端轴承体3上。副连杆7用两只螺栓8与副连杆销9相连。套筒6和10分别为活塞销和副连杆销的轴承。由于连杆受到的压力大于拉力,所以小端采用阶梯形,轴承下部承压面造得比较大。大端轴瓦11为薄壁铅青铜轴瓦,工作面上镀有薄的磨合层。连杆大端轴承盖12由定位销2定位,通过四个螺栓1紧固到大端轴承体3上。大端轴承盖在结合面上与大端轴承体采用舌榫定位方式配合,以避免连杆螺栓受到剪切。这种连杆在拆检活塞时可以不拆大端轴承,或拆检大端轴承与副连杆销轴承时不拆活塞。主、副连杆式连杆结构较复杂,制造困难,副连杆销的连接螺栓底部容易发生裂纹。

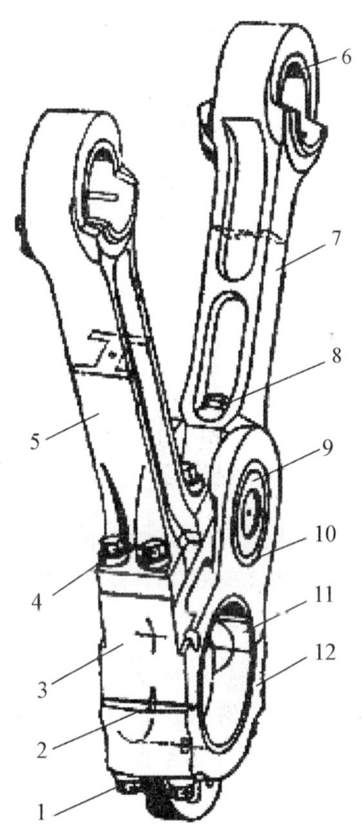

图2-26 主、副连杆大端

1,4,8—螺栓;2—定位销;3—大端轴承体;5—主连杆;6,10—套筒;7—副连杆;9—副连杆销;11—大端轴瓦;12—大端轴承盖

(3)叉骑式连杆。中央连杆的大端插在叉形连杆的中央。由于叉形连杆结构较复杂,轴承润滑条件差,维护不便,因此应用很少。

上述三种形式中,并列式连杆最简单,两列气缸的连杆结构和工作情况相同,有利于制造和互换,维护管理方便,使用可靠,因此在V形柴油机中得到了广泛应用。但是每排两只气缸的中心线必须前后错开,曲柄销的长度需要长一些,曲轴的刚性也将因此而降低一些,柴油机长度也增加一些。

连杆的叉形端和连杆大端的轴承盖是通过连杆螺栓固紧在一起的。四冲程柴油机的连杆螺栓除受预紧力外,还在排气冲程后期和进气冲程前期承受惯性力作用。此外,还受到连杆大端变形所产生的附加弯曲作用。对于四冲程柴油机,因受到曲柄销尺寸和大端尺寸的限制,连杆螺栓外径尺寸将受到限制。为了满足强度要求,选择有足够韧性和高强度的优质碳钢或合金钢材料。

连杆螺栓在结构设计上,采用抗疲劳的柔性结构。连接螺纹采用细牙螺纹,定位环带与螺杆杆身连接处采用大圆弧平滑过渡,以减少应力集中,如图2-27所示。

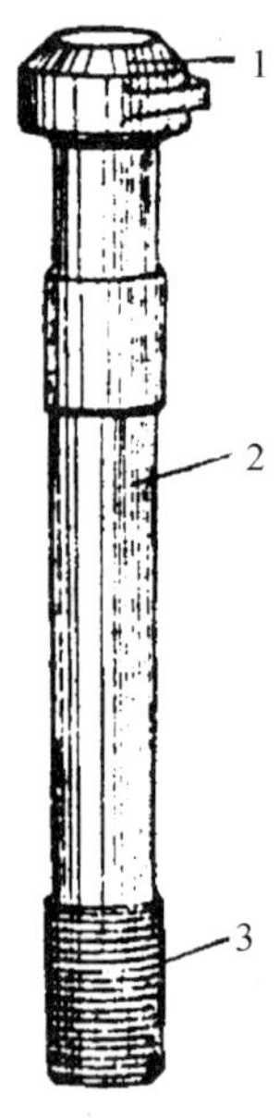

图2-27 连杆螺栓结构

1—头部;2—中间圆柱体;3—螺纹

连杆螺栓在螺栓头部铣出一个平面,在螺栓安装时使该平面与大端瓦盖处的凸台靠紧,以防上紧螺母时连杆螺栓随之转动。连杆螺栓的螺纹是一级细牙螺纹,这种螺纹具有自锁能力,但是上紧螺母必须对正以防乱扣。在连杆螺栓(母)上应设有防松装置,常用的防松装置有开口销、锁紧螺母、串联钢丝和螺纹表面镀铜等锁紧形式。连杆螺栓中间圆柱体部分即定位面,它的直径要比螺纹外径大,形成凸肩。在安装时可把连杆叉形端和连杆大端盖定位对齐,它起紧配定位作用。

连杆螺栓装配时,应根据使用说明书中规定的扭矩上紧(通常用扭力扳手上紧)。扭紧力矩过小,连杆大端结合处不能紧密结合,在柴油机工作时使螺栓承受很大的附加拉力,使螺栓产生疲劳断裂。扭紧力矩过大,使螺栓拉伸变形过大,当超过材料屈服极限时螺栓便失去作用。有的柴油机对连杆螺栓专设一个检验卡规,若连杆螺栓长度超过卡规尺寸,必须换新。

第五节 曲轴组件

一、曲轴的作用、工作条件、要求及结构特点

(一)曲轴的作用

曲轴的主要作用是把活塞的往复运动通过连杆变成回转运动;把各缸所做的功汇集起来向外输出;带动柴油机的附属设备。在曲轴带动的附属设备中,柴油机的喷油泵,进、排气阀,起动空气分配器等均因正时的要求,必须由曲轴来驱动。离心式调速器要根据柴油机转速的变化自动调节柴油机喷油量,也必须由曲轴带动。此外,在中小型柴油机中,为了简化系统、布置紧凑,曲轴还带动润滑油泵、燃油输送泵、淡水泵和舷外水泵,也有少数柴油机曲轴带动空气压缩机。

(二)曲轴的工作条件

曲轴的工作条件是比较苛刻的,这主要表现在以下几个方面。

1.受力复杂

曲轴在工作中承受着各缸交变的气体力、往复惯性力和离心力,以及它们所产生的弯矩和扭矩。

2.应力集中严重

曲轴的形状很复杂,弯头很多,特别是中小型柴油机的曲轴上还钻有润滑油孔。这些因素都将使曲轴内部的应力分布极不均匀,以致在曲柄臂和轴颈的过渡圆角处及润滑油孔周围产生严重的应力集中现象,其中以曲柄臂与曲柄销的过渡圆角处最为危险。

3.附加应力很大

曲轴是一个弹性体,它在径向力、切向力和扭矩的作用下会产生扭转振动、横向振动和纵向振动。当曲轴的自振频率较低时,在发动机工作转速范围内可能出现共振,从而使振幅大大增加,产生很大的附加应力。

4.轴颈遭受磨损

在润滑不良、机座或船体变形、轴承间隙不合适、超负荷运转或经常起、停发动机时,轴颈的磨损会明显加剧。

(三)对曲轴的要求

曲轴是柴油机中最长、最重的部件,直接影响整台柴油机的尺寸和重量。曲轴形状复杂,加工质量要求很高,制造工艺难度大,因此也是柴油机中造价最高的部件。曲轴的工作好坏对整台柴油机有直接影响,它的损坏会导致柴油机瘫痪,而且难以修复,甚至无法修复。航行中若曲轴发生故障会威胁到全船的安全,所以对曲轴要求非常严格。对曲轴的主要要求:疲劳强度高,工作安全可靠;有足够的刚性,工作时变形小,使轴承负荷均匀;有足够的轴颈承压面积,

以保证较低的轴承比压；曲轴的轴颈要有良好的耐磨性能，并允许多次车削修复；曲柄的布置要兼顾动力均匀、主轴承负荷低、平衡性好、扭转振动小、有利于增压系统的布置。

（四）曲轴的结构

1.曲轴种类

曲轴组件包括曲轴、飞轮等。曲轴的结构形式有整体式、套合式和分段式。

如图 2-28 所示为整体式曲轴。曲轴总体构造由中间的若干单位曲柄（曲拐）和自由端及飞轮端组成。单位曲柄是组成曲轴的基本部分，它由主轴颈 1、曲柄臂 2 和曲柄销 3 所组成，它是每缸所对应的曲轴单元。

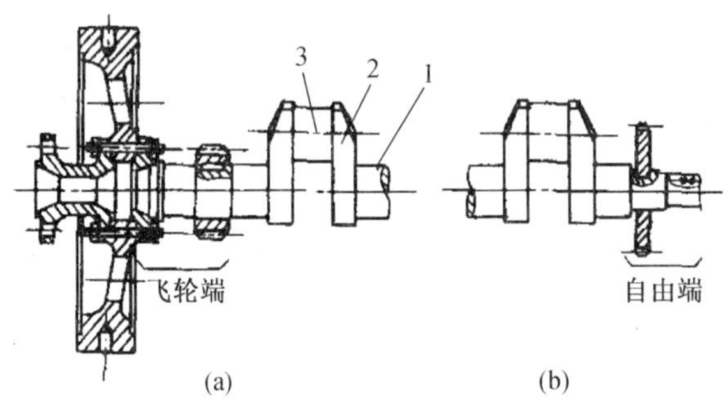

图 2-28　曲轴组件

1—主轴颈；2—曲柄臂；3—曲柄销

（1）整体式曲轴

整体式曲轴的主轴颈、曲柄销和曲柄臂及飞轮端、自由端是一个锻造或铸造的整体。这是绝大多数中速和高速柴油机采用的曲轴形式。锻造曲轴材料内部的晶粒排列方向性好，曲轴承载能力强，但模锻成本高。球墨铸铁铸造工艺性好，成品低，且吸振、耐磨，但承载强度稍低。

（2）套合式曲轴

套合式曲轴又分全套合式和半套合式两种，如图 2-29 所示。全套合式曲轴的曲柄销、主轴颈及曲柄臂都单独加工制造，然后用红套工艺或冷套工艺将它们紧固成一体，三者间靠过盈配合面摩擦力传递扭矩。在船舶大型低速柴油机中多用此类曲轴。半套合式曲轴中，曲柄销与两曲柄臂加工成整体，主轴颈单独加工，再用红套工艺或冷套工艺紧固成一体。因这种形式中套合的工作量减少，在船舶大型低速柴油机中使用渐多。

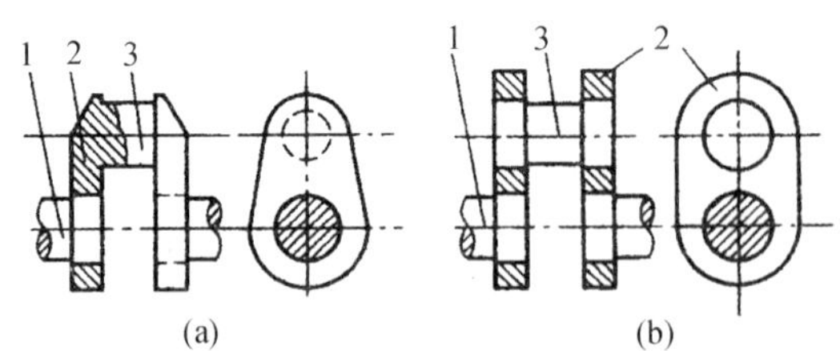

图 2-29　套合式曲轴

1—主轴颈；2—曲柄臂；3—曲柄销

（3）分段式曲轴

分段式曲轴是将整根曲轴分几段加工，然后借法兰、螺栓（或焊接）而成一体。大型低速柴油机有两段连接的曲轴；小型柴油机中有将各单位曲柄分别制造，然后用螺栓组装紧固成整

根曲轴的拼接形式，如图 2-30 所示为 135 系列柴油机曲轴，其各单位曲柄用曲柄臂(亦是主轴颈)处的端平面相互贴合，并共同以外圆面热套压入滚动主轴承内圈中，然后用长、短螺栓将各段轴向紧固。采用这种结构，某一曲柄损伤后可以单独更换。但对装配贴合面要求十分光洁、平整，连接螺栓的旋紧顺序和扭矩都有严格要求；否则将影响各主轴颈的同轴度。

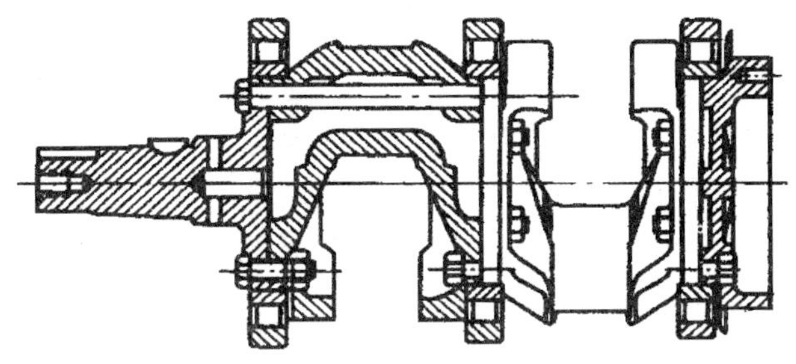

图 2-30 135 系列柴油机曲轴

2.曲轴结构特点

为保证曲轴强度、刚度和轴颈承压面积同时增大，曲轴各轴颈应尽量粗而短，这样在曲柄半径方向，主轴颈与曲柄销有时会出现重叠，这种重叠对提高抗疲劳强度有利。

在某些柴油机中，曲柄臂与主轴颈两者合为一体，主轴颈便又称圆盘形曲柄臂，如图 2-30 所示 135 系列柴油机曲轴。

为缩短曲轴长度，曲柄臂制得尽量薄而宽，如图 2-31 所示，故除简单的矩形外，还有椭圆、圆形曲柄臂，如 Sulzer ATL25 柴油机即采用如图 2-31(c)所示形状的曲柄臂。

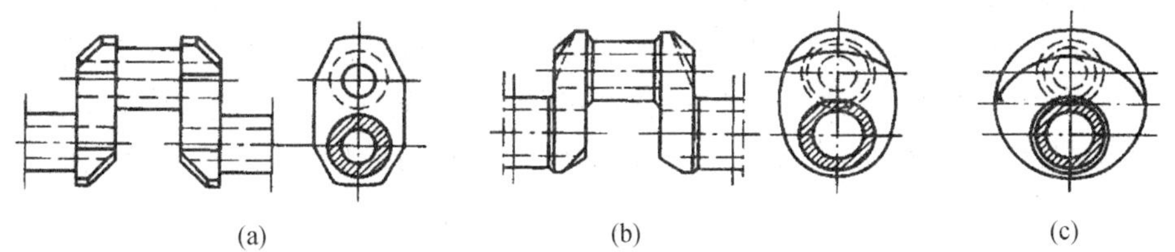

图 2-31 曲柄臂形状

曲轴主轴颈有时为中空状，可减轻重量和减轻材料中央组织缺陷对强度的危害。有些曲轴润滑油道就布置在中心孔中。曲柄销制成中空，更有利于减小其不平衡回转惯性力。主轴颈或曲柄销与曲柄臂连接处均有足够大半径的圆弧过渡且光洁，以降低应力集中。

曲轴通常采用压力润滑。主轴颈(承)润滑油都是由压力循环油系统供应，而曲柄销(承)润滑油供给方式有两种：大部分柴油机由主轴颈向曲柄销输油；在大型低速柴油机中，曲柄销(承)润滑油来自十字头，经连杆中油道向下输送。在前一种供油方式时，在主轴颈和曲柄销之间采用如图 2-32 所示的几种形式钻孔。如图 2-32(a)所示为中小型柴油机曲轴多用的长斜油孔，此法加工简单，但对曲柄臂强度不利。如图 2-32(b)所示为直孔，在大型曲轴中多用。为提高向曲柄销输油能力，主轴颈上的进油孔多开在压力最大区域，而曲柄销上的出油口则开在压力最小区域或与曲柄垂直方向，如图 2-32(c)所示；也有出油口与曲柄中心呈一定角度，如图 2-32(d)所示。在回转离心力下，油中杂质被甩到曲柄销油孔的外壁面，有利于输出油的净化。

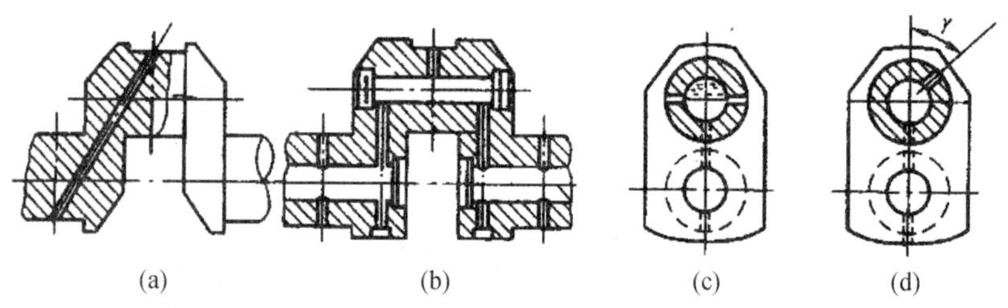

(a) (b) (c) (d)

图 2-32 曲轴润滑油孔

在曲柄臂的曲柄销相反方向往往配有平衡块，利用其回转惯性力来抵消连杆大端及曲柄的回转惯性力。平衡块一般呈扇形或倒楔形，如图 2-33 所示，其质量中心远离曲轴回转中心，用螺栓等与曲柄臂紧固或与曲柄臂一体制造。

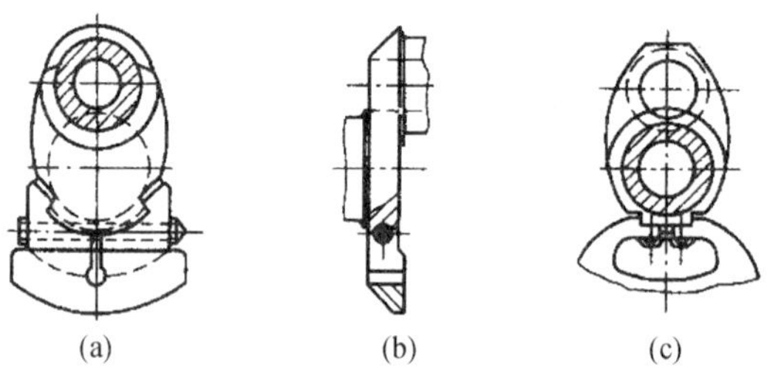
(a) (b) (c)

图 2-33 平衡块

3.飞轮

单缸柴油机的输出力矩是周期变化的。多缸机采用均匀间隔工作使得输出力矩变化间隔缩短，脉动周期减小，但转速波动仍是明显的。这样柴油机曲轴及其驱动装置转速时快时慢，造成传动件的撞击，噪声明显及磨损加剧，加重扭转振动及定时不准等危害柴油机性能及寿命的现象。安装飞轮的目的就是增大曲轴组件的转动惯量，提高转速的均匀性及输出扭矩均匀性。

飞轮是一个轮辐薄、轮缘厚的大圆轮，具有大的转动惯量。当曲轴转速变化时，飞轮则吸收、储存以及释放能量，减弱曲轴转动的不均匀性。柴油机动力不均匀性越大，所需飞轮惯性矩也越大。

在飞轮轮缘外缘表面制有 360°圆心角的角度等分标志线，在机体后端面装有固定指针。当“飞轮”0°刻度（360°）对准指针时，柴油机第 1 缸曲柄（活塞）应在上止点位置，这样飞轮刻度与指针配合能标示出曲轴曲柄的转角位置。可用来检查和校正柴油机各种定时。飞轮外缘还制有齿圈（或凹坑）可用作盘车。电力起动的小型柴油机飞轮齿圈还兼作起动用途。

飞轮与曲轴的圆周相对位置要严格保持正确，一般都由安装定位销来保证。此外对飞轮安装端面的端面跳动及外圆的径向跳动也有严格要求。

二、多缸柴油机曲柄排列的基本原则

曲轴的曲柄都是以气缸的号数命名的。气缸的排号有两种方法，一种是由自由端排起，另一种是由动力端排起。我国和大部分国家都是采用自由端排起的方法。

曲柄的排列是由气缸的发火间隔角和发火顺序决定的，而气缸的发火间隔角和发火顺序又要按照下列原则决定。

(1)柴油机的动力输出要均匀,即发火间隔角要相等。这样,相邻发火的两个缸的曲轴夹角,二冲程柴油机为 $360°/i$,四冲程柴油机为 $720°/i$,i 为柴油机气缸数。

(2)要避免相邻的两个缸连续发火,以减轻相邻两缸之间的主轴承的负荷。为此,最好在柴油机的首、尾两端轮流发火。

如某四冲程六缸柴油机的发火顺序为 1—5—3—6—2—4,曲柄排列如图 2-34(a)所示,较好地满足了这一要求。

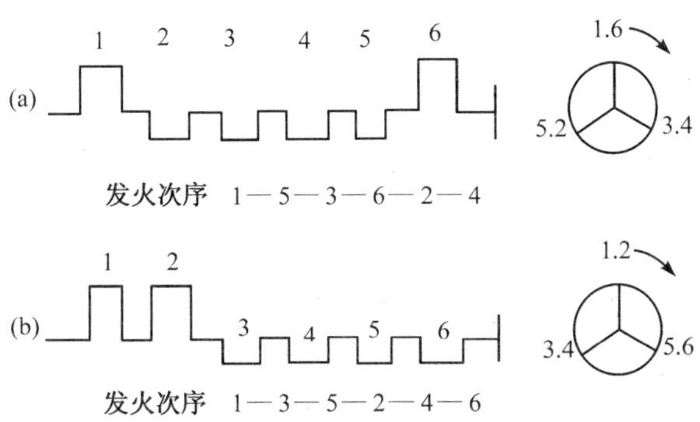

图 2-34 四冲程柴油机的曲柄排列

对于 V 形柴油机普遍采用插入式发火。插入式发火就是两列气缸的发火顺序及发火间隔彼此完全相同,而总的发火顺序则为这两列气缸的发火顺序根据气缸间的夹角关系进行穿插形成。例如,八缸 V 形四冲程柴油机,每列有四缸,每列气缸的发火间隔都是 $720°/4=180°$,发火顺序都是 1—2—4—3。为了避免混乱,第一列用 1_{I}—2_{I}—4_{I}—3_{I} 表示,第二列用 1_{II}—2_{II}—4_{II}—3_{II} 表示。气缸夹角为 γ。如果气缸 1_{II} 比 1_{I} 落后 γ 角发火,其总的发火顺序和曲柄排列如图 2-35(a)所示。假如 1_{II} 比 1_{I} 落后 $360°+\gamma$,也就是 1_{I} 发火后跟随着的是 1_{II} 进气,1_{I} 与 1_{II} 不接连着发火,则对轴承负荷有利。此种情况总的发火顺如图 2-35(b)所示。

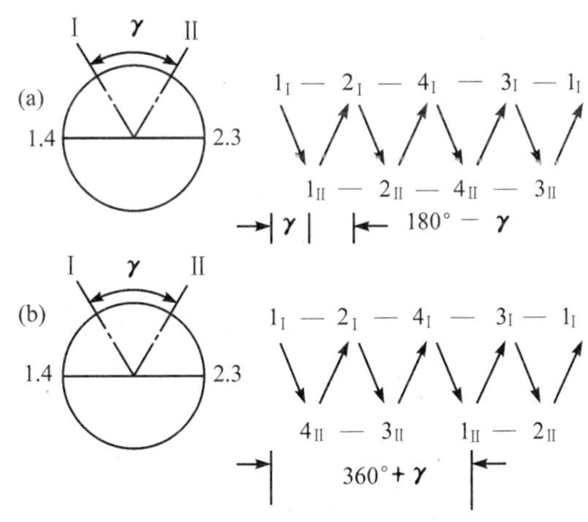

图 2-35 V 型柴油机曲柄排列

(3)要使柴油机有良好的平衡性。柴油机在往复惯性力与惯性力矩、离心惯性力与离心惯性力矩的作用下要产生振动。曲轴合理的排列可使引起振动的力和力矩减至最小。

(4)要注意发火顺序对轴系扭转振动的影响。发火顺序不同,各段轴上扭矩的交变情况

也不同,对轴系扭转振动的影响也不同,要力求减轻扭转振动。

(5)在脉冲增压式柴油机中,为了防止排气互相干扰,各缸的排气管要分组连接。

要同时满足上述要求,往往是不可能的,而只能满足某些主要要求,兼顾其他要求。在有些柴油机公司设计生产的系列柴油机中,为了满足平衡性和减少轴系的振动,甚至出现了各缸发火间隔角不相同的柴油机。

实操训练 1:识别柴油机各部件

1.训练目标与要求

(1)通过柴油机各部件的识别训练,能够清楚活塞组件、气缸盖、气缸套、连杆组件、曲轴组件等在柴油机整体中的各自位置及配合关系。

(2)能够表述柴油机主要部件的构造特点及其主要作用。

2.训练设备

(1)6160 柴油机或者其他内河常见柴油机或柴油机实体模型。

(2)柴油机拆装工具,起吊装置。

3.实操步骤

(1)在整机结构上认识柴油机主要固定部件名称及各系统在整机上的位置、相互位置关系。

柴油机的结构示意图如图 2-36 所示,包括:

①燃烧室组件

燃烧室组件包括气缸套 16、气缸盖 18 和活塞组件 17,它们共同构成密闭的气缸工作空间,是柴油机工质更换、燃气形成和膨胀做功的空间。

②曲柄连杆机构

曲柄连杆机构包括连杆组件 9 和曲轴组件 10,它们将活塞往复运动转变为曲轴回转运动,将作用于活塞的燃气压力转为转矩并由曲轴向外输出。

③支承连接组件

支承连接组件主要有油底壳机座 13、主轴承 12、机体 11 等,它们形成柴油机的骨架,支承和安装运动机件、燃烧室组件以及柴油机各种系统设备。

柴油机的主要机件也可以按工作时运动状态不同分为固定部件和运动部件两大类。

固定部件包括气缸盖 18、机体 11、油底壳机座 13 和主轴承 12 等不动的主要机件和它们的连接紧固件。运动部件有活塞组件 17、连杆组件 9 和曲轴组件 10 等。工作中,运动部件转换运动形式,并将气体对活塞所做的往复功变为转矩输出。

(2)在指导教师指导下,由学员拆下进、排气管,气缸盖,前后端盖,吊出一个活塞及连杆组件。

(3)指导教师提问,学员回答柴油机气缸盖、活塞组件、连杆组件、气缸套、曲轴组件等部件的位置和相互运动关系,并描述其主要作用。

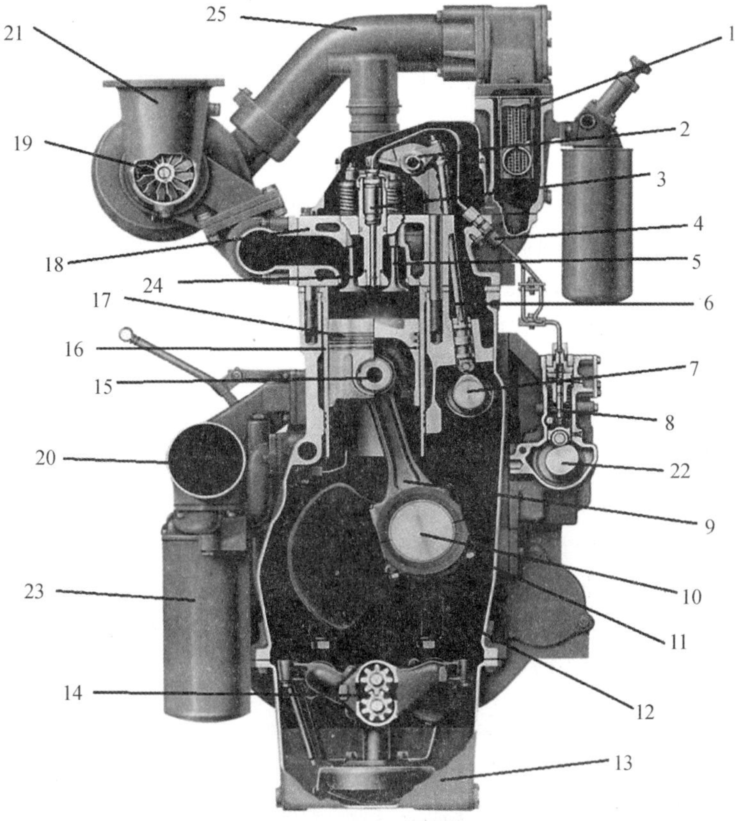

图 2-36　柴油机的结构示意图

1—空气冷却器;2—摇臂;3—喷油器;4—高压油管;5—进气阀;6—气阀顶杆;7—气阀凸轮;8—高压油泵;9—连杆组件;10—曲轴组件;11—机体;12—主轴承;13—油底壳机座;14—滑油泵;15—活塞销;16—气缸套;17—活塞组件;18—气缸盖;19—废气涡轮增压器;20—润滑油冷却器;21—排气管;22—喷油凸轮;23—润滑油滤器;24—排气阀;25—进气管

(4)指导教师点评。

(5)学员在组长带领下装复柴油机,并清理现场。

实操训练 2:柴油机曲轴臂距差的测量、分析与判断

1. 训练目标与要求

(1)熟悉掌握曲轴臂距差的概念。

(2)掌握柴油机曲轴量表(拐挡表)的使用方法。

(3)能够采用曲轴量表进行柴油机曲轴臂距差测量和记录。

(4)能够对测量的数据进行计算、分析与判断,并得出结论。

(5)了解中国船级社《内河营运船舶检验规程》对曲轴臂距差值的要求。

2. 训练设备

适合测量曲轴臂距差的内河柴油机一台，柴油机曲轴量表（拐挡表）一套，盘车工具、手电筒、纸笔等。

3. 实操步骤

1）指导教师讲解柴油机曲轴臂距差（拐挡差）的概念

曲轴装在主轴承上以后，各主轴颈的轴线应是平直的。实际上，由于轴线和机体等长，曲轴刚性较差，加上主轴承和主轴颈的磨损不均或者轴瓦刮研不符合要求，使曲轴轴线局部下沉从而导致曲轴轴线发生挠曲变形。在中型柴油机检修中，要定期测量曲轴臂距差以检查曲轴轴线的挠曲状态和主轴承的磨损情况。

臂距差的定义可由图 2-37 来加以说明。当某缸曲拐的两个主轴承低于相邻两主轴承时，该曲拐的两段主轴颈便弯曲成塌腰形，如图 2-37(a)所示。当曲柄销转到上止点时，该曲拐两个曲柄臂向外张开，使两曲柄臂之间的距离增大，用 $L_{上}$ 表示；当曲柄销转到下止点时，两曲柄臂向内收拢，两臂距间距离缩小，用 $L_{下}$ 表示。当曲柄销转到左平和右平时，同样也存在臂距差，分别用 $L_{左}$ 和 $L_{右}$ 表示。同理，当某曲拐的两个主轴承高于相邻两主轴承时，主轴颈的轴线弯曲成拱腰形，如图 2-37(b)所示。当曲柄销在上止点时，两个曲柄臂收拢用 $L_{上}$ 表示；当曲柄销在下止点时，两个曲柄臂张开用 $L_{下}$ 表示；同样也存在 $L_{左}$ 和 $L_{右}$。

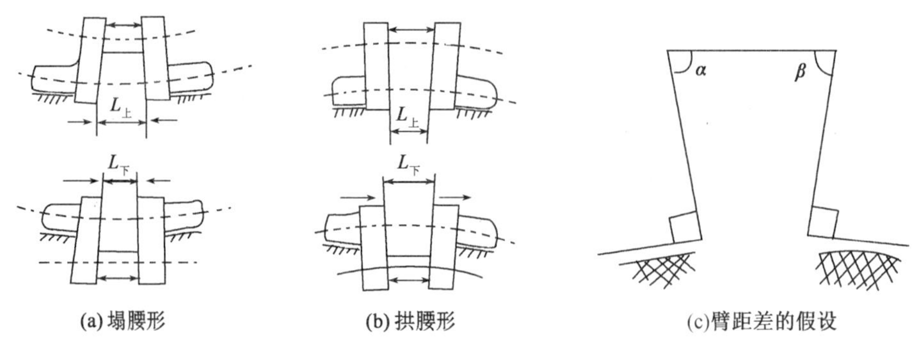

(a) 塌腰形　(b) 拱腰形　(c)臂距差的假设

图 2-37　臂距差的定义示意图

根据上述分析，所谓拐挡差就是曲柄臂在上、下止点位置或左水平、右水平时的臂距值之差。值得指出的是，这里的 $L_{上}$、$L_{下}$、$L_{左}$ 和 $L_{右}$ 是在测量时拐挡表的读数，称为臂距值。

通常用 Δ 表示拐挡差。即

$$\Delta_{垂直}=L_{上}-L_{下}$$

$$\Delta_{水平}=L_{左}-L_{右}$$

如图 2-37 所示可以看出当轴线呈塌腰形时：

$$L_{上}>L_{下}$$

$$\Delta_{垂直}=L_{上}-L_{下}>0$$

规定为正值，称为下叉口。

当轴线呈拱腰时：

$$L_{上}<L_{下}$$

$$\Delta_{垂直}=L_{上}-L_{下}<0$$

规定为负值,称为上叉口。

曲拐在水平位置时,$L_{左}>L_{右}$时规定为正值;$L_{左}<L_{右}$时规定为负值。

不难想象,垂直方向的拐挡差反映主轴线上下弯曲,左右方向的拐挡差反映主轴线在水平方向的弯曲。

曲轴轴线的弯曲形状极为复杂,为了便于讨论,上述分析是在下列假定条件下进行的,这样的假设和实际情况很接近:

(1)假定主轴颈和曲柄臂之间的夹角为90°。

(2)主轴颈和曲柄臂在弯曲时都不改变原来的形状。

(3)曲柄臂在闭拢或张开时只改变曲柄销和曲柄之间的夹角 α 和 β。

这样在曲轴回转时,α 和 β 变大或变小,如图 2-37(c)所示。这样就会在曲柄销与曲柄臂交接处发生拉、压变形。这种交变应力长期作用会导致该处金属发生疲劳破坏,致使该处产生裂纹或折断。所以在安装柴油机、更换主轴瓦和装载之后都必须测量拐挡差,把它控制在规定范围内。

2)柴油机曲轴量表的准备、检查与安装

(1)测量前的准备工作

①将柴油机各缸的示功阀打开,所测缸曲轴箱道门打开。

②确定盘车方向。以柴油机正车运转方向作为测量时的盘车方向。

拐挡差测量是用特制的拐挡表进行的。拐挡表必须安装在统一的规定位置上。目前国内外关于拐挡差的技术标准中,都规定了拐挡差的测量点。测量点距曲柄销中心为$\frac{S+D}{2}$处,其中 S 为活塞行程,D 为主轴颈直径,如图 2-38 所示。

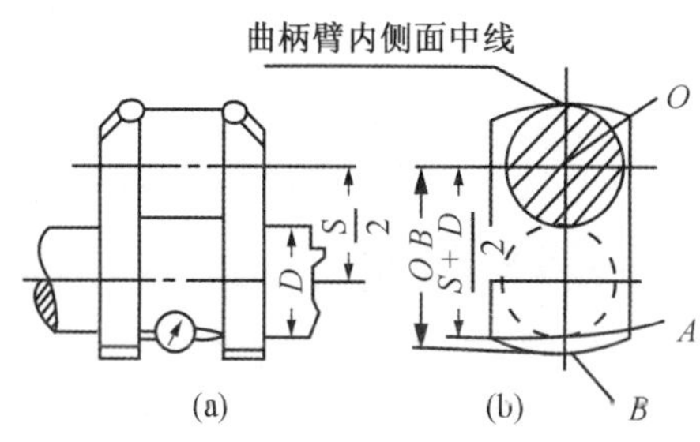

图 2-38　拐挡表安装位置

装表之前要进行曲轴量表的灵敏度检查,用手指按动曲轴量表一端的顶尖,看表上的指针摆动是否灵活,放松后指针能否回到原来的位置,并对配重式拐挡表,将配重装妥。根据所测曲轴臂距的大小,选择一根长度合适的测量杆,使装配长度比臂距大 1~2 mm,将锁紧螺帽带上,并将测量杆旋入曲轴量表的接头上。

在柴油机出厂时,已经在曲柄臂内侧打好测量冲眼,在测量时只需把拐挡表安装在记号处即可。

拐挡表的一端带有磁性吸盘放在曲柄臂上吸住,另一端是可调的。在调整时不能过紧,以防把拐挡表挤坏。也不能过松,以防测不出拐挡值。另外在读数时要注意正、负值。

(2)曲轴量表在曲柄臂上的安装

①确定表的安装位置。根据已经确定的盘车方向,将所测量气缸的曲柄盘车至下止点后

15°左右(带连杆),作为安装表的位置,即第一个测量位置,如图 2-39 所示。

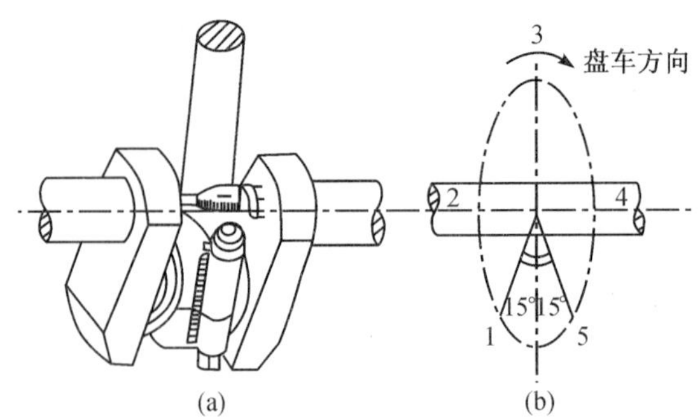

图 2-39　拐挡差测量位置

②找到该缸曲柄臂上测量孔的位置并进行清洁。

③对检查无误的曲轴量表,根据所测曲轴臂距的大小,选择并调整曲轴量表测量杆的长度,使之比臂距大 1~2 mm,并将测量杆锁紧。

④找准曲柄臂上的测量孔,将曲轴量表测量杆两端的顶尖压装入两曲柄臂的测量孔中。确定其稳固后,用手拨动量表使其来回摆动 2~3 次,观察表指针有无摆动。

⑤在确认曲轴量表安装良好后,转动表盘将表上指针调到“0”位。

3)臂距差的测量与记录

沿着转向依次盘车至相应位置并记录读数。只能正向盘车,不能反转。

(1)臂距差的测量

柴油机不带连杆臂距差的测量与记录:未装活塞连杆机构时,曲轴回转一周,测量曲柄销转至 0°、90°、180°、270°四个位置的臂距值并记录读数。

柴油机带连杆臂距差的测量与记录:曲轴已装活塞连杆机构时,由于曲轴转至下止点时,活塞连杆机构位置恰好居中,不能安装曲轴量表。故生产中用曲柄销位于下止点前、后各 15°位置,即 165°和 195°位置的臂距值平均值代替下止点(180°)位置的臂距值。因此盘车至 195°处装表,并将表的指针调至零值后依次测量 195°、270°、0°、90°、165°五个位置的臂距值和记录读数。

(2)臂距差的测量记录

现场记录测量读数依所选用的基准不同有两种方式:

以曲柄销位置为基准记录臂距值(称为销位法),如图 2-40 所示。

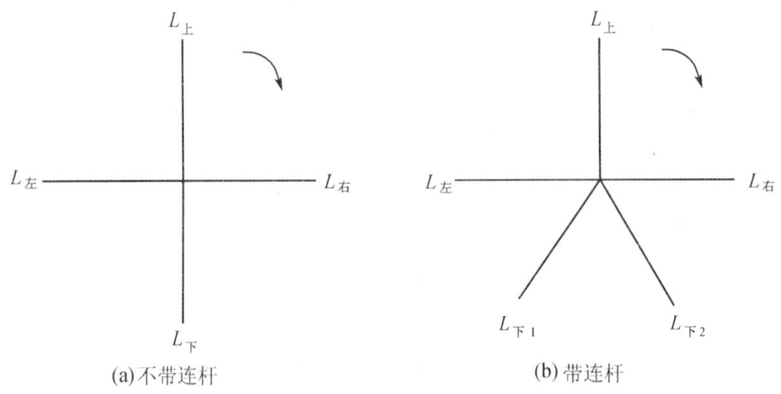

图 2-40　销位法

以曲轴量表位置为基准记录臂距值(称为表位法),如图 2-41 所示。

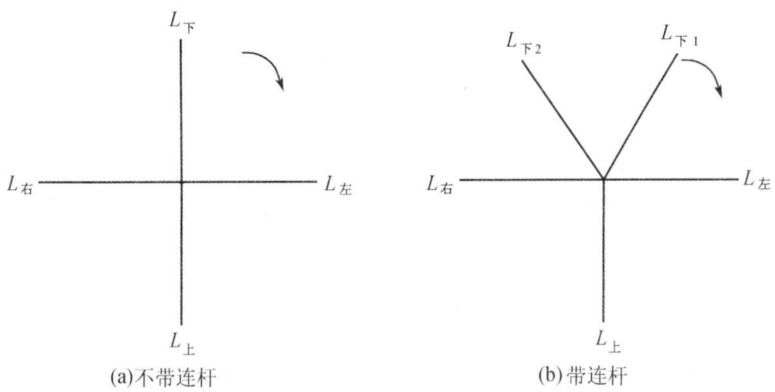

图 2-41 表位法

4)臂距差的计算

曲轴的两个曲柄臂之间的距离大小称为臂距值,用 L 表示,俗称拐挡值。曲轴回转一周中,曲柄销分别在上、下止点位置或左、右水平位置时,曲轴的臂距值变化称为臂距差,俗称拐挡差,用符号 Δ 表示。

(1)垂直平面臂距差的计算,按下列公式进行:

$$\Delta_{\perp}=L_{上}-L_{下}$$

(2)水平面臂距差的计算,按下列公式进行:

$$\Delta_{-}=L_{左}-L_{右}$$

5)曲轴轴线状态分析、主轴承高度判断方法

(1)分析法

利用臂距差、轴线状态和轴承位置的基本关系,分析判断各挡主轴承相对位置。

当测得臂距差 $\Delta\perp>0$,表明该挡曲柄轴线呈塌腰状态,两个轴承低于相邻轴承;$\Delta\perp<0$,表明该曲柄轴线呈拱腰状态,两个轴承高于相邻轴承。

利用上述基本关系判断轴承高低是最基本的方法,可以根据臂距差值的大小迅速做出判断,生产中普遍应用。

(2)经验判断法

我国修船厂根据多年生产实践经验总结出一套判断曲轴主轴承位置高低的规律,不需作图,直接依所测得的臂距差值进行判断。

①对于曲轴自由端曲柄或拆去飞轮的飞轮端的曲柄,当臂距值为“+”值时,一般表示端部主轴承较相邻挡主轴承位置偏高;当臂距差值为“-”值时,则表示端部主轴承较相邻挡主轴承位置偏低。

②若曲轴相邻两曲柄臂距差值均为“+”时,表示中间挡主轴承位置最低,臂距差越大中间轴承位置越低;若臂距差值均为“-”时,表示中间挡主轴承位置最高,臂距差值越大则越高。

(3)作图法

采用简单作图法,利用曲轴各曲柄在垂直平面内的臂距差 Δ 做出曲轴轴线状态图,来判断各挡主轴承位置的高低。以某 7 缸机为例,其臂距差值 Δ⊥ 如表 2-1 所示,如图 2-42 所示为曲轴轴线状态。

表 2-1　曲轴臂距差图表

曲柄号	Ⅰ	Ⅱ	Ⅲ	Ⅳ	Ⅴ	Ⅵ	Ⅶ
$\Delta_{\perp}$	+0.12	+0.02	+0.14	−0.17	−0.12	+0.07	+0.05

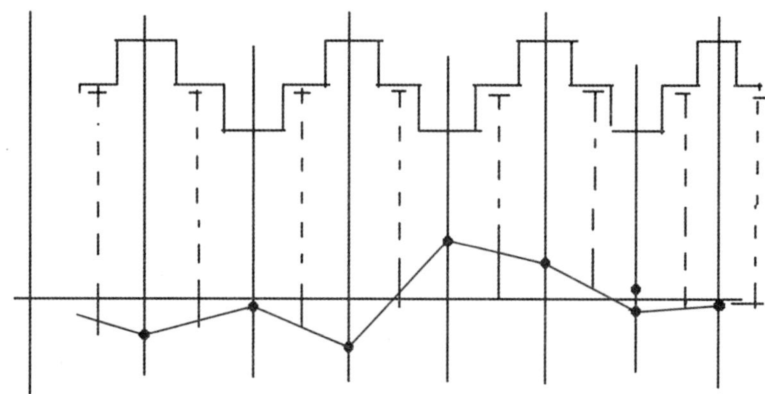

图 2-42　曲轴轴线状态

由图 2-42 可知各挡主轴承的高低情况，图中第五挡主轴承位置最高，第三挡位置最低。

6）对照我国《内河营运船舶检验规程》对臂距差值的要求提出调整方案

测量曲轴臂距差后，应对所测数值进行分析和判断。分析曲轴弯曲变形程度和变形方向，判断臂距差是否超过标准，确定主轴承高低和对其处理。分析和判断的依据就是柴油机说明书和有关标准。

1993 年颁布的《内河营运船舶检验规程》规定：

（1）活塞行程等于或大于 200 mm 的柴油机，应在冷态下测量曲轴臂距差，每米活塞行程的臂距差应符合表 2-2 的要求。

表 2-2　曲轴臂距差

每米活塞行程的臂距差（mm）		
经修理试车后	小于或等于 0.125	
营运中允许使用范围	0.125～0.25	大于 0.25，应限期修理
最大极限	小于或等于 0.30	大于 0.30，应即停航修理

（2）活塞行程小于 400 mm 时，允许每米活塞行程臂距差为 0.15 mm，但不得超过 0.5 mm。对于大重量飞轮且属挠性连接的曲轴，当飞轮及轴系装妥后，近飞轮的第一道曲轴臂距差允许为每米活塞行程不大于 0.175 mm。

（3）臂距差的测量点 ，应在柴油机制造厂规定的位置；无规定位置时应在距曲柄销轴心线的$\frac{S+D}{2}$处（S 为活塞行程，mm；D 为主轴颈直径，mm）。如不在规定的测量点时，应进行修正，测量时，轴应支承在两端的轴承上。

（4）曲轴臂距差在任何情况下不得用调节贯穿螺栓的预紧度进行调整。

（5）经拆出轴承检查、测量臂距差和下沉量并查阅测量记录，如技术情况良好而主机又未经修理时，可不要求吊轴检查。

同时，我国的《内河船舶入级规范》（2016）也做了同样的规范。

第三章 船舶柴油机动力系统

柴油机的主要系统包括换气系统、燃油系统、润滑系统、冷却系统、起动装置、调速装置及换向装置。

第一节 船舶柴油机换气系统

一、换气系统功用、组成及要求

使柴油机按规定顺序和时刻完成进、排气过程的机构称为换气系统，又称配气系统。其功用是保证柴油机在工作过程中按规定的时刻开启或关闭各气缸的进气阀和排气阀，使尽可能多的新鲜空气进入气缸，并使膨胀终了的废气从气缸排净，保证柴油机工作过程连续和完善。换气系统的工作好坏直接影响到柴油机的换气质量，进而影响柴油机的燃烧过程和做功能力。因此，对换气系统的基本要求是及时和正确地开启、关闭气阀，气阀开度足够，气阀关闭时保证气密。

不同类型的柴油机，配气机构的形式也不相同。四冲程柴油机采用的是气阀式配气机构。气阀式配气机构主要由四部分组成，即气阀机构、气阀传动机构，凸轮和凸轮轴及凸轮轴传动机构，如图 3-1 所示为中小型柴油机常见的气阀传动机构，它是由顶头、顶杆和摇臂等零件组成。它的基本动作原理是，曲轴转动时带动凸轮轴传动机构使凸轮轴转动，而凸轮轴上的凸轮则按一定时刻推动气阀传动机构，从而驱动气阀机构，使气阀按时开启、关闭。

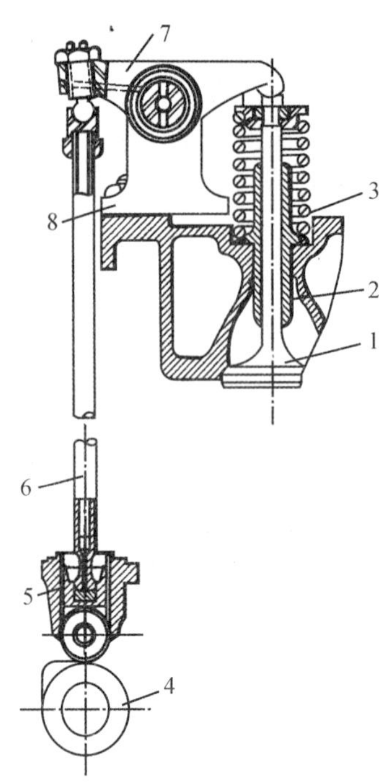

图 3-1　中小型柴油机常见的气阀传动机构

1—气阀;2—气阀导管;3—气阀弹簧;4—凸轮轴;5—顶头;6—顶杆;7—摇臂;8—摇臂座

二、配气机构各组成部分的功用、组成及要求

(一)气阀机构

气阀机构安装在气缸盖上,按其结构可分为不带阀壳式和带阀壳式两大类。

不带阀壳式气阀机构包括气阀、阀座、气阀导管、气阀弹簧、弹簧座及阀杆连接件等,如图 3-1 所示。这种形式的气阀机构结构简单,但是检修时必须拆下气缸盖。此外,若阀座与气缸盖为一体,当阀座损坏无法修复时会导致气缸盖报废,因此都装有可更换的阀座。

大中型柴油机气阀机构常采用阀壳式结构,即将气阀、阀座、气阀导管、气阀弹簧及其连接件组装在一个独立的阀壳中,再把阀壳用螺栓安装在气缸盖上的阀孔中。这样,不拆卸气缸盖就可取出阀组件,使检修气阀较为方便,并使气缸盖结构简化,便于制造,还便于对阀座进行水冷,如图 3-2 所示为四冲程柴油机阀壳式气阀机构。气阀 6 装在阀壳 5 中,然后将阀壳安装在气缸盖上并用螺栓固定。阀壳一般由铸铁制造,内部有冷却水腔。弹簧支承套筒 3 既起弹簧座的作用,又起导向作用。在阀壳下部装有可拆卸的阀座 7,损坏后可以更换。

1.气阀

气阀由阀盘和阀杆组成,为整体锻造加工成形,用来控制气流通道。

阀盘的结构如图 3-3 所示。一般在阀盘和阀杆之间用较大的圆弧连接起来,以增大气阀的刚性,并使气流流动平顺,减小流动阻力。阀盘都制成"菌状",具有一定的阀面锥角,使气阀关闭时对中并与阀座贴合紧密,也利于磨损后修研。如图 3-3(a)所示为平底式阀盘,其形状简单,加工方便,受热面积小,刚性较大,是当前普遍采用的一种形式。如图 3-3(b)所示为

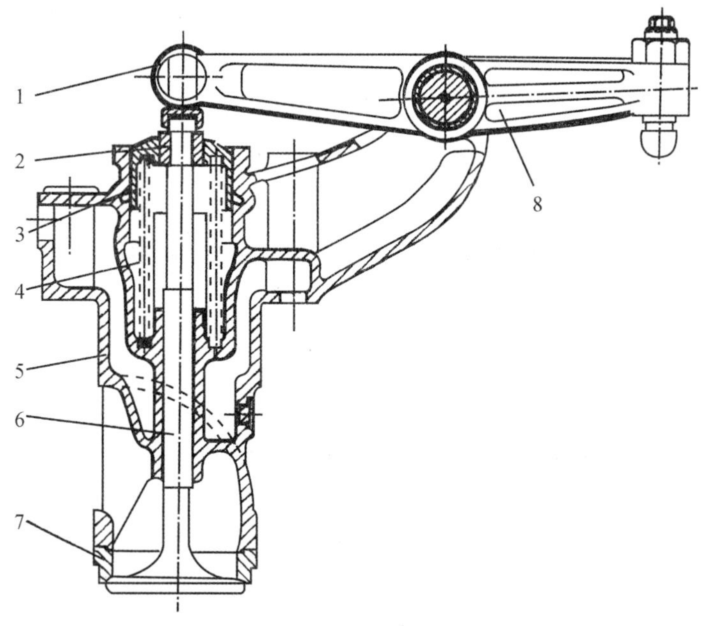

图 3-2　四冲程柴油机阀壳式气阀机构

1—滚轮；2—锥形块；3—弹簧支承套筒；4—弹簧；5—阀壳；6—气阀；7—阀座；8—摇臂

凹底式阀盘，阀盘与阀杆的过渡半径大，有利于进气气流的流动。如图 3-3(c)所示为凸底式阀盘，底面有导流作用，刚度较大，常用作排气阀。如图 3-3(d)所示为冷却式阀盘，能降低气阀温度，减少钒、钠氧化物的沉积和腐蚀，但结构复杂，仅在少数燃用劣质燃油的柴油机上使用。

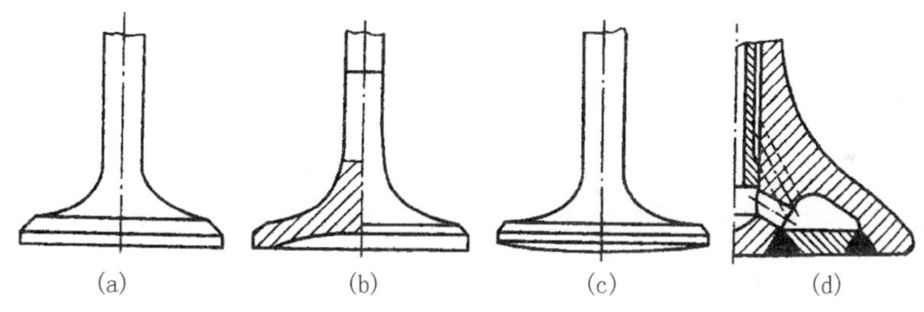

图 3-3　阀盘的结构

气阀上部是圆柱形的阀杆，其外圆以气阀导管为导承，使气阀中心线与阀座锥孔中心线保持一致，同时将气阀的部分热量传递给气阀导管、气缸盖。阀杆上部用连接卡块(锁夹)与弹簧座连接。顶端承受摇臂冲击性的顶动。为保证气阀与阀座很好对中，阀杆与阀盘必须同心而且垂直。阀杆与阀盘一体制造，并在阀杆顶端进行硬化淬火处理或堆焊硬质合金，也有的加装硬质盖帽。

2.阀座

阀座的工作条件与气阀类似，受到高温、高压和具有腐蚀性的气体作用，并承受冲击负荷和干摩擦。为了提高阀座的使用寿命，普遍在气缸盖或阀壳上安装或焊接专用耐热、耐磨材料制造的阀座。如图 3-4 所示为阀座与气缸盖的四种装配形式。其中如图 3-4(a)所示为螺纹连接；如图 3-4(b)所示为柱面过盈配合，装配时采用液态氮或固态二氧化碳冷却阀座后压入气缸盖的阀座孔穴中；如图 3-4(c)所示为锥面压入紧配合，工作时在气阀的冲击下，阀座与阀座孔穴紧密配合；如图 3-4(d)所示也为压入紧配合，但其圆柱外表面上车有凹槽，用于轻质合金气缸盖上，当它压入时，气缸盖金属挤入凹槽，使阀座与气缸盖结合牢固。

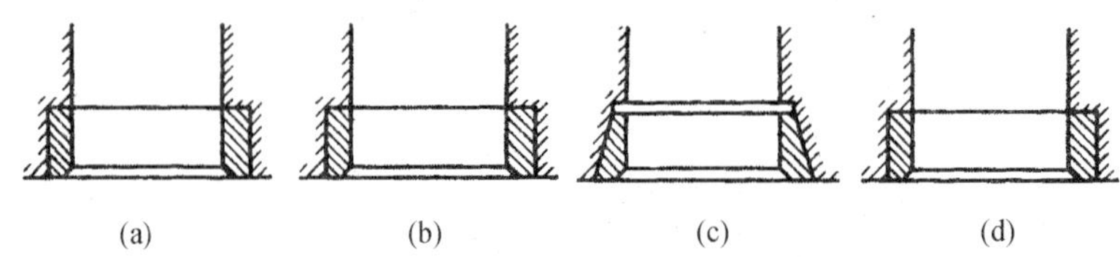

图 3-4　阀座与气缸盖的四种装配形式

3.气阀导管

气阀导管用来引导气阀做往复直线运动，承受摇臂压阀时产生的侧推力，并承担气阀的散热作用，气阀经导管散发的热量约占总散热量的 25%。由于工作温度高(250~300 ℃)，阀杆与导管之间的润滑条件差，以及气阀启闭时所产生的侧推力作用，所以导管的磨损比较严重。为了便于选用耐磨材料和磨损后易于更换，一般把导管单独制造，然后把它压入气缸盖的导管座孔中。导管材料一般采用 HT200~HT400 灰铸铁、合金铸铁和铁基粉末合金等材料制造。在大型柴油机上，为了提高气阀导管的耐磨性，有时在导管内部还镶有青铜衬套。

4.气阀弹簧

气阀弹簧的作用：当摇臂抬起时，使气阀关闭并保证阀盘与阀座的紧密贴合力。气阀弹簧承受频繁的交变负荷作用，还受配气机构弹性系统振动的影响，因此，气阀弹簧采用弹性极限高、抗疲劳性能好的材料，如 65Mn、50CrVA 等冷拔弹簧钢丝绕制成，并经淬火和回火处理。弹簧表面还经镀铜、镀锌、发蓝、发黑处理，防止使用过程中锈蚀引发疲劳损坏。

小型柴油机采用单根气阀弹簧，而大多数柴油机采用双弹簧。其目的是在不降低应有弹力的条件下，可采用较细软的弹簧钢丝，使其工作时动作柔和，抗疲劳强度高，弹簧长度降低，稳定性提高，可避免发生共振，同时当一根弹簧折断时，气阀不致落入气缸内，增加了工作的可靠性。两根弹簧旋向相反，使受力均匀并防止弹簧移动或折断时互相夹插。

5.旋阀器的结构及工作原理

旋阀器也叫气阀旋转机构，它能使气阀在工作中均匀而缓慢地转动，以使气阀温度均匀，阀盘的热应力状态有所改善；有利于消除阀杆与气阀导管的积炭，防止卡住；有利于减少阀面和阀座上的积炭，使之磨损减小且均匀，贴合严密，提高了气阀的使用寿命。因此，气阀旋转机构在多种机型上被采用，燃用重油的大功率中速柴油机更为普遍采用。

如图 3-5 所示为强制式气阀旋转机构。钢球在壳体 4 的月牙凹槽中。在气阀关闭状态时，钢球被回位弹簧 5 推向凹槽的一端。凹槽底面形状如图 *B-B* 剖面所示。在回位弹簧下面部分是平直的，而在另一端是斜面。每当摇臂顶动气阀时，在不断增大的弹簧弹力作用下，碟形弹簧 3 被压平，开始压在钢球 6 上，钢球便沿倾斜面下滑，同时带动着碟形弹簧 3、支承板 2、气阀弹簧 1 和气阀转动一个角度。气阀关闭后，碟形弹簧对钢球的压力消失，钢球在回位弹簧作用下，沿倾斜底面回复到最高的原始位置。当旋阀器的旋转速度降至 1 r/min 后，必须拆洗。

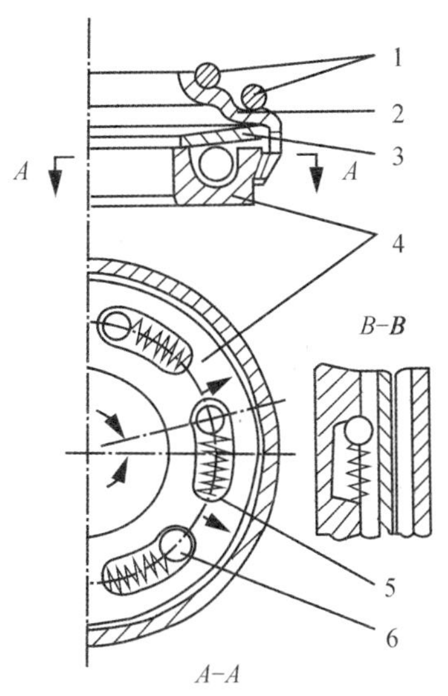

图 3-5 强制式气阀旋转机构

1—气阀弹簧;2—支承板;3—碟形弹簧;4—壳体;5—回位弹簧;6—钢球

(二)气阀传动机构

气阀的启闭时刻和动作规律是由凸轮轴上的凸轮控制的,凸轮通过传动机构来控制气阀的启、闭,这一传动机构称为气阀传动机构。

1.顶头

顶头是位于顶杆下端被凸轮直接驱动的传动件。它的功用是将凸轮的回转运动变为往复运动,把凸轮的推力传给顶杆,把凸轮的侧推力传给机体,顶头的柱面与凸轮的接触面要求耐磨。

顶头的结构形式如图 3-6 所示。如图 3-6(a)为滑动式顶头。滑动式顶头常制成杯形,其内孔下端为球形凹槽,以便与顶杆下端相嵌合;外圆柱面和机体导承孔之间有很小的配合间隙,可相对滑动;底面常制成平面或半径较大的球面,以便与凸轮有良好的接触。当凸轮转动时,顶头随之在导承孔中上下滑动。为使顶头工作时能缓慢转动以改善润滑,减小磨损且磨损均匀,其中心线常和凸轮宽度的中心偏离 1.5~3 mm。这种顶头结构简单,制造方便,成本较低,但摩擦阻力较大,一般多用于小型柴油机。

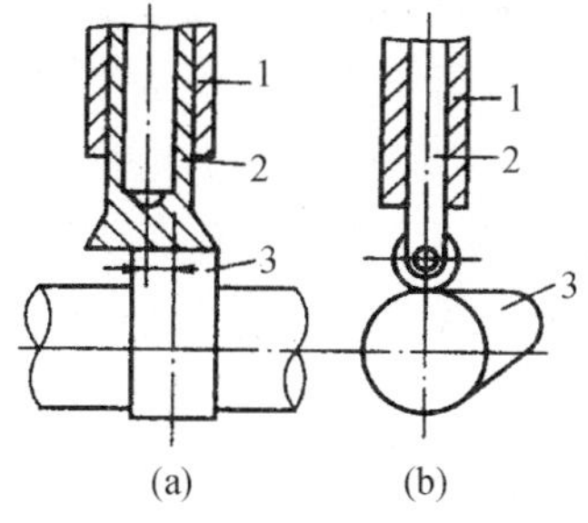

图 3-6 顶头的结构形式

1—导承;2—顶头;3—凸轮

船用柴油机多用滚动式顶头,如图 3-6(b)所示。这种顶头和滑动式大体相同,仅在底部装有滚轮以减小摩擦及侧推力,工作时不允许顶头绕自己轴线转动。为此,要设止转装置,有

的在导承下方铣有直槽，其宽度与滚轮宽度相配合达到止转的目的；还有的在顶头下方外圆铣出一轴向直槽，在导承内壁上固定有直键（或导向销钉），两者配合构成止转装置。

2.顶杆

顶杆是直接顶动摇臂的杆件。为减小运动惯性力，提高抗弯能力，要求顶杆轻、刚性好，故顶杆常用无缝钢管制成，两端铆接或焊接经硬化处理的钢制端塞。端塞的顶面常制成凸、凹球面形，以便和顶头及摇臂形成关节连接。一般顶杆凸球面曲率小于顶头凹球面的曲率，以利形成油楔，还能使顶杆在稍有倾斜状态下正常工作。

3.摇臂装置

摇臂的作用是将顶杆的往复运动传给气阀。如图 3-1 所示，它的摇臂轴安装在摇臂座内，摇臂座固定在气缸盖上。具体结构形式与气阀、摇臂座及凸轮轴的布置有关。摇臂有单臂型、叉型等形式。为减轻质量并保持足够的刚度，其截面常制成“工”字形、“T”字形或长方形等。为减小传动时与气阀之间的摩擦力和侧推力，摇臂和阀杆的接触端（前臂端）常制成圆弧形接触面或装置滚轮、活络头等；摇臂和顶杆接触的一端（后臂端）则装有调节螺钉和锁紧螺母，用来调节摇臂与阀杆顶端之间的间隙——气阀间隙。为实现用较小的凸轮升程使气阀获得足够开度，摇臂的前臂较后臂长。摇臂和摇臂轴上钻有油孔，来自机身的压力润滑油由油管通入摇臂轴，润滑摇臂轴承后流向摇臂两端润滑。工作时，摇臂在顶杆或气阀弹簧作用下，以摇臂轴为支承上下来回摇动，驱使气阀定时启、闭。摇臂一般用 45 号钢锻造，或采用冲击韧性较高的球墨铸铁铸造。两端的工作面易于磨损，故端面常进行硬化处理并磨光。摇臂顶动气阀时，前臂端圆弧面相对于气阀顶端面做既滚且滑的移动，产生严重的摩擦和磨损，使气阀承受偏心负荷，加剧了阀杆和气阀导管之间的磨损。为减小这种相对运动带来的危害，在气阀关闭状态下，阀杆顶端位置应比摇臂轴线高出气阀升程 1/3~1/2。

（三）凸轮轴及其传动机构

1.凸轮轴

凸轮所在的轴称为凸轮轴，它是柴油机上一根重要的传动轴。凸轮轴通过气阀传动机构控制气阀的开启与关闭。在四冲程柴油机中，凸轮轴上安装有各缸的进、排气凸轮和燃油凸轮，有的还装有起动空气分配器凸轮。这些凸轮按照发火顺序和定时要求排列，其作用是准确地控制气阀和喷油泵等的定时，保证柴油机的正常工作。

凸轮与顶头之间的接触为线接触，工作中凸轮要承受气阀的冲击性负荷作用，在凸轮工作表面上产生很大的接触应力，因此凸轮的工作表面必须具有较高的耐磨性和抗疲劳强度；凸轮轴要求具有足够的韧性和刚度，以便能承受冲击负荷，受力后变形要小。

凸轮轴常采用优质碳钢、合金钢或球墨铸铁制作，凸轮表面和凸轮轴的轴颈要进行渗碳、淬火等表面硬化处理，以提高耐磨性。

凸轮轴的结构分为整体式和组合式两大类。整体式凸轮轴是将凸轮与轴本体锻成或铸成一体，多用于小型柴油机；组合式凸轮轴是将凸轮与轴分开制造，然后根据正时要求将凸轮紧固于轴上，而较长的凸轮轴本体也常分为多段制造，然后用螺栓连接起来。这种结构的优点是制造方便，凸轮损坏时可单独更换。

凸轮组可以制成整体的，也可以做成组合式。凸轮在轴上的安装方法分无键连接和有键

连接,如图 3-7 所示。

(1)无键连接[如图 3-7(a)所示]

无键连接是将凸轮通过过盈配合紧固在凸轮轴上。图示凸轮内孔与轴的配合面加工成 1∶35 的锥度,轴与孔之间的尺寸差等于安装过盈量。在凸轮内孔车有一道浅的环形布油槽与油孔相通。装配时,把凸轮套在轴上采用液压扩孔套合的方法将凸轮牢固地安装在凸轮轴上。

(2)有键连接[如图 3-7(b)所示]

在凸轮内孔和凸轮轴上都制有键槽。安装时先在轴上安装好键,再将凸轮加热,装在凸轮轴的规定安装位置上,利用冷却后凸轮内孔和轴颈之间微小的过盈量,使凸轮紧固在凸轮轴上。依靠键对凸轮进行周向定位,靠螺钉对凸轮进行轴向定位。

(3)组合式凸轮[如图 3-7(c)所示]

组合式凸轮是将一组中的各个凸轮分开制造,再与定距套筒一起组成凸轮组。每个凸轮的内端面铣有平面齿,一般是 240 或 360 个齿。定距套筒装在凸轮轴上,用键和螺钉紧固。套筒的两端面铣有平面齿,与凸轮端面平面齿数相等,安装时使它们啮合,然后用压紧螺钉通过套环及止推环(套)把凸轮压紧在定距套筒上。这种结构的凸轮,角度调整比较方便。

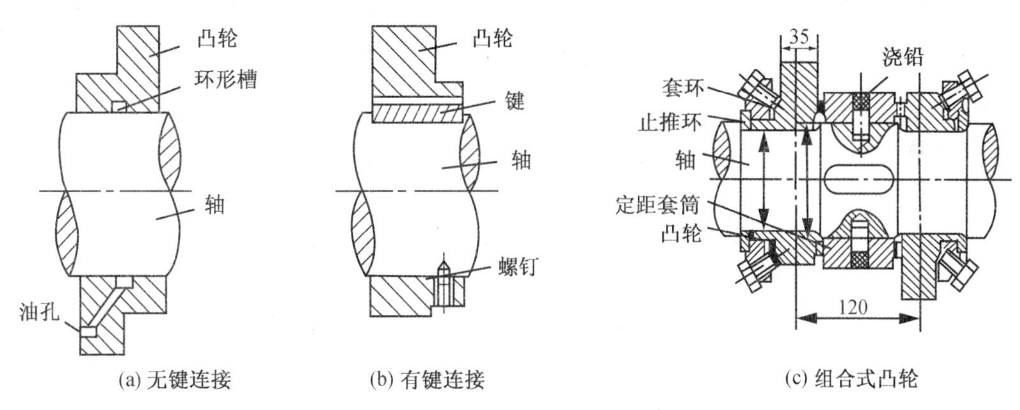

图 3-7 凸轮在凸轮轴上的安装

2.凸轮轴传动机构

凸轮轴传动机构是位于曲轴与凸轮轴之间,用以使曲轴按一定转速比和定时关系驱动凸轮轴回转的机构。在柴油机工作过程中,进气阀、排气阀、喷油泵等每一工作循环动作一次。因此,四冲程柴油机的曲轴与凸轮轴的传动比为 2∶1。凸轮轴的转向取决于凸轮轴的传动机构和凸轮在凸轮轴上的布置情况,可以与曲轴转向相同,也可以与曲轴转向相反。

凸轮轴传动机构的结构形式与凸轮轴的安装位置及所驱动的附件等因素有关。如图 3-8(a)所示为齿轮式凸轮轴传动机构。它常由安装在曲轴上的主动齿轮 1、凸轮轴上的定时齿轮 2 以及介于两者之间的一个或几个中间齿轮 3 所组成。这些齿轮一般制成正齿轮或斜齿轮。为保证柴油机各定时正确,在互相啮合的齿轮上做有标记,安装时必须保证对正记号;否则会使定时改变,影响柴油机的正常运行。为减小磨损,在柴油机润滑系统中常分出一些支路通到各传动齿轮轴承处及其啮合位置进行润滑。

齿轮式凸轮轴传动机构工作可靠,在中小型柴油机上得到广泛采用;但噪声较大,齿轮间隙的积累误差会使定时受到影响。为此有些机型的中间齿轮设有调整轴心位置的装置,可根据需要调整中间齿轮轴心位置,便能获得适当的齿间间隙。

如图 3-8(b)所示为链式凸轮轴传动机构。它是由安装在曲轴上的主动链轮 6、凸轮轴上的定时链轮 5 以及介于两者之间的惰轮、张紧轮、橡胶减振器、链条 4 和专设的润滑装置等组成。常见的型式为单列链传动和双列链传动。

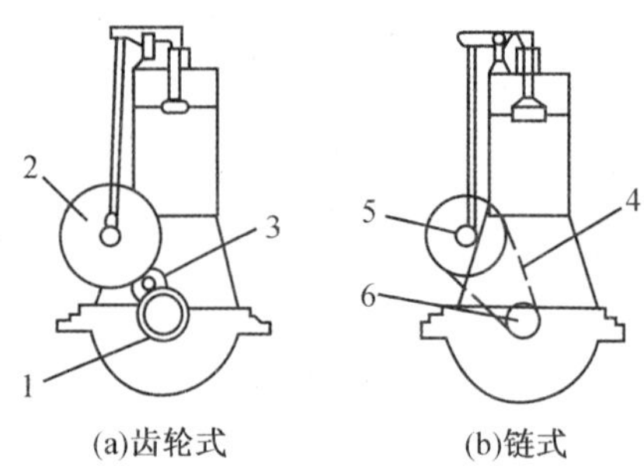

图 3-8　曲轴带动凸轮轴的方式

1—主动齿轮;2—定时齿轮;3—中间齿轮;4—链条;5—定时链轮;6—主动链轮

链式凸轮轴传动机构在曲轴与凸轮轴中心距较大的柴油机上应用较多。其结构较简单而紧凑,布置方便,工作时噪声较小。当链轮轴线稍有偏斜或中心距稍有变动时,对传动的影响也不大。但链条在工作中磨损较快,容易伸长,会影响柴油机的定时。此外,工作时链条容易产生晃动,润滑也不方便。

3.定时齿轮的安装

在齿轮式凸轮轴传动机构中,曲轴上主动齿轮的位置代表着曲轴(曲柄或活塞)的工作位置;凸轮轴上定时齿轮的位置代表着凸轮轴(或气阀)的工作位置。只要曲轴上的主动齿轮和凸轮轴上的定时齿轮相对位置正确,就能符合柴油机配气定时要求。

主动齿轮和定时齿轮在轴上安装妥当后,再将中间齿轮按记号逐个装入,曲轴和凸轮轴的相对位置就确定了。故在安装中间齿轮时除应注意曲轴与凸轮轴的传动齿轮之间保持正确的定时关系外,还必须注意使各齿轮间的啮合间隙均符合要求。

为保证定时正确和安装方便,柴油机厂在各对啮合齿轮之间都标有安装啮合记号,如图 3-9 所示。使用者在安装中间齿轮时只要使各组记号对正,便能得到合格的定时。在拆装时,没有必要在齿轮上另做记号。当中间齿轮拆卸下来后,绝对不可强制盘车,以防气阀在开启位置上与上行的活塞顶面发生撞击。

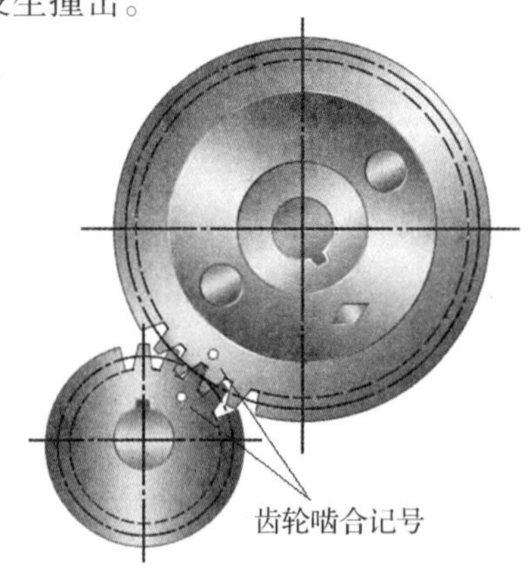

图 3-9　齿轮啮合记号

三、影响柴油机换气质量的因素

每循环中实际留在气缸内的新鲜空气量 G_0 与在气缸外气体状态 p_0、T_0（增压机为 p_H、T_H）下充满气缸工作容积 V_h 的理论空气量 G_h 之比值，称为充气系数，用 η_v 表示。

即

$$\eta_v = \frac{G_0}{G_h} = \frac{V_0 \cdot \gamma_0}{V_h \cdot \gamma_0} = \frac{V_0}{V_h}$$

式中，γ_0——气缸外气体状态下空气的密度；

V_0——实际空气量 G_0 在气缸外气体状态下所占有的容积。

η_v 的大小表征了柴油机换气过程的完善性。η_v 越接近 1，表示换气质量越完善；η_v 越小，则换气质量越差。

实践和理论证明：当柴油机进、排气系统流动阻力增大，则充气系数 η_v 减小；当柴油机转速增高，气流流速增大，流阻增加，压力减小，排气终点压力升高，带来 η_v 减小；当柴油机配气定时不准确时，η_v 也减小。

第二节 燃烧基本知识与船舶柴油机燃油系统

一、燃烧基本知识

（一）燃油的雾化与混合

1.燃油的雾化

进入喷油器的高压燃油在很大的压力差（高达数十兆帕）作用下，以高速（100～300 m/s）由喷油孔喷入气缸。经喷油孔喷出的燃油在燃烧室中与压缩空气发生碰撞和摩擦，被分裂成细小的油滴并在燃烧室空间散布开来，形成一个由许多油粒（直径为 5～250 μm）组成、外形与圆锥体相似的油束，这个过程称为燃油的雾化，如图 3-10 所示为油束的形状。在油束的中间部分，油滴密集，直径较大，前进速度也大；而外围油滴分布较散，直径较小，速度也较小。外部的油粒最易吸热蒸发与空气混合，首先形成可燃混合气。

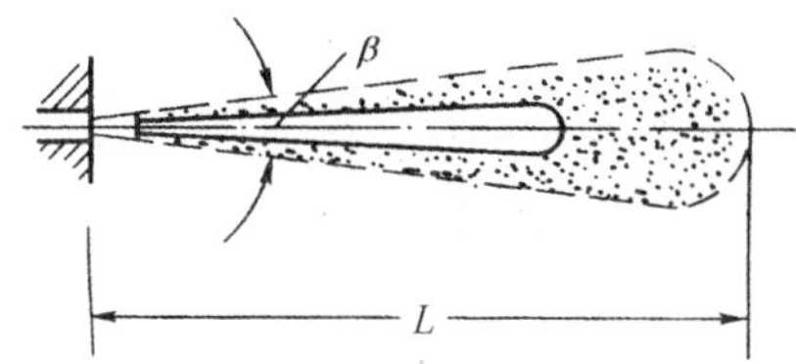

图 3-10 油束的形状

表征油束特征的参数如下：

(1)锥角 β

相交于锥顶的两切线所夹的平面角称为油束锥角,它标志着油束的紧密程度,用 β 表示。β 大,说明油束扩散能力强,油粒细,分布散,有利于混合气的形成。β 的大小与喷油器结构有很大关系。

(2)射程 L

喷油孔出口处至油束顶端最远点的距离称为射程。它标志着油束前端在压缩空气中的贯穿深度,用 L 表示。对空间雾化混合来讲,若 L 过短,油束不能布满燃烧室的整个空间;若 L 过长,部分燃油可能喷到温度较低的燃烧室壁面上,燃烧不完全,形成积炭。这两种情况均会使柴油机的功率和经济性降低。

(3)雾化细度

雾化细度用油束中油粒的平均直径 d 来表示。d 越小,油雾越细。

(4)雾化均匀度

雾化均匀度表示油粒直径的变化范围,它可用油粒的最大直径与平均直径之差来表示。直径差越小,则说明雾化越均匀。

表示雾化细度和均匀度的曲线称为雾化持性曲线,如图 3-11 所示。横坐标为油粒直径,纵坐标为某一直径范围内的油粒数占全部油粒数的百分数。曲线 1 的峰值部分接近纵坐标,表明直径较小的油粒占全部油粒数的百分数大,雾化细度高;曲线的上升和下降均很陡,表明油粒直径的变化范围较小,即均匀度高。曲线 2 的雾化细度和均匀度都差。曲线 3 的雾化细度较差,但均匀度较好。

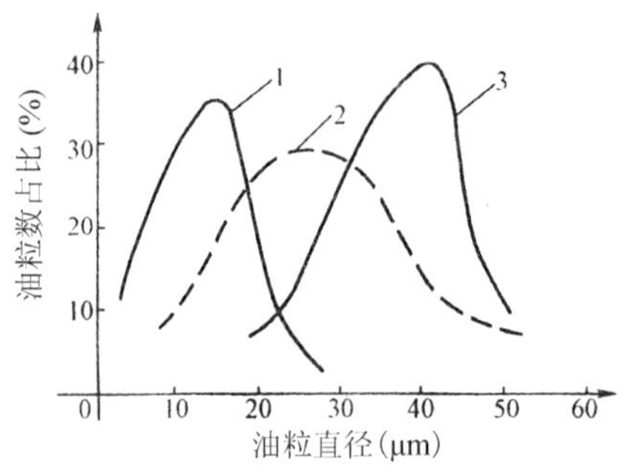

图 3-11　雾化特性曲线

2.影响燃油雾化的主要因素

(1)喷油压力

实验表明,在喷油压力增大时,油束长度和锥角增大,雾化细度和均匀度提高。因为喷油压力增大时,燃油从喷孔喷出的速度增大,动能增高,在空气中受到的阻力也随之增加。但喷油压力过高时,高压油管容易胀裂,喷油孔容易磨损,对喷油器制造要求也高。因此,实际柴油机中所要求的喷油压力只要保证一定的雾化质量即可。所以,应按规定调整喷油器的启阀压力。

(2)喷油孔直径

当喷油孔直径增大时,雾化细度下降,油束长度增加而锥角减小;反之,当喷油孔直径减小时,雾化细度升高,油束锥角增大而长度减小。对于一定的喷油器,油束的分布和形状是与燃烧室形状相配合的。因此,无论当喷油孔由于磨损而增大或者由于部分堵塞而减小时,都破坏了油束和燃烧室的配合，不利于可燃混合气的形成。特别是当喷油孔因结炭而部分堵塞时，总的喷油断面积将减小，致使喷油压力过度增高，喷油持续角延长，高压油管中的弹性波动加剧，因而容易引起重复喷射现象。

（3）燃油的黏度

当燃油黏度增加时，由于流动性变差，分离困难，因而雾化不良。当柴油机使用重柴油，应加热以提高温度降低黏度，并适当提高启阀压力。

（4）喷射背压

背压即气缸内压缩终点的空气压力。背压越高，空气的密度越大，油束受到的阻力增加，雾化细度和均匀度提高，锥角变大，射程减小。若柴油机漏气严重，则背压降低，雾化质量变差，锥角变小，射程增大。

（5）柴油机的转速

柴油机转速增高时，柱塞速度增大，虽启阀压力不变，但喷油压力增大。柴油机在低速运转时喷油压力降低，雾化质量变差，锥角和射程变小，燃烧不良，工作不稳定。

3.两种不同的混合气形成方式

这里所说的混合气，是指雾化了的燃油与空气的一种混合物。若在气缸内能形成较为理想的混合气，必须满足如下三个条件：

①具有足够数量而且有适当扰动的空气。

②具有一定形状和一定容积的燃烧室空间。

③具有良好雾化质量的燃油。

现代柴油机混合气形成基本上有如下两种方式。

（1）空间雾化混合

空间雾化混合是将雾化燃料喷散到空气中，形成燃料与空气混合物。为了充分利用气缸内的空气，要求燃油雾化油粒细小，并在整个燃烧室中分布均匀。必要时配合适当的空气扰动，使混合良好。

因此，根据柴油机中燃油雾化程度和空气扰动强弱不同，此种方式又有主要依靠燃油雾化和主要依靠空气扰动之分。前者多用于大中型低速柴油机，这是因为其气缸热负荷较高、转速较低，在保证燃油雾化良好时，只需微弱的扰动即可形成可燃混合气。后者多用于中小型高速柴油机。

（2）油膜蒸发混合

它是将大部分燃料喷到燃烧室壁上蒸发成油气与空气混合。这种燃烧室的活塞顶呈球形，在强烈的进气涡流作用下，摊布在燃烧室壁上的燃油形成一层很薄的油膜，油膜受热蒸发成油气与空气混合形成均匀的可燃混合气。

柴油机混合气的形成是一个复杂的问题。对于既定柴油机，它的燃烧室形状、空气量和涡流情况已成定局，然而燃油的喷射、雾化特性却随着柴油机的运转工况在变化。

（二）燃烧室的功用与分类

燃烧室是可燃混合气形成和燃烧的主要场所。空气的涡流或扰动的形成与强弱在很大程度上是由燃烧室的结构形式所决定，燃油的喷射、气流的组织和燃烧室的型式三者必须配合良好，才能得到较好的效果。所以，燃烧室的型式直接影响到柴油机的性能。

燃烧室主要分为直接喷射式与分隔式，其中直接喷射式常可分为开式与半开式；而分隔式又可分为涡流室式与预燃室式。

1.直喷式燃烧室

燃油直接喷射进入燃烧室，通常其燃烧室空间只有一个，由气缸盖底面、活塞顶与气缸壁所组成。如果这一空间是一个统一空间，则称为开式燃烧室；如果这一空间是由较大通道连通的部分空间组成，则称为半开式燃烧室。

(1)开式燃烧室

开式燃烧室空间设在气缸盖底部或活塞顶面与气缸壁围合空间。活塞顶面的形状有平顶、凹项和凸顶三种，其中凹顶又有浅盆形、浅 ω 形等，如图 3-12 所示。开式燃烧室混合气主要依靠空间雾化混合，具有形状简单、传热损失和流动损失少，经济性和起动性良好等优点。缺点是工作易粗暴，热负荷和机械负荷高。中低速柴油机广泛采用开式燃烧室。

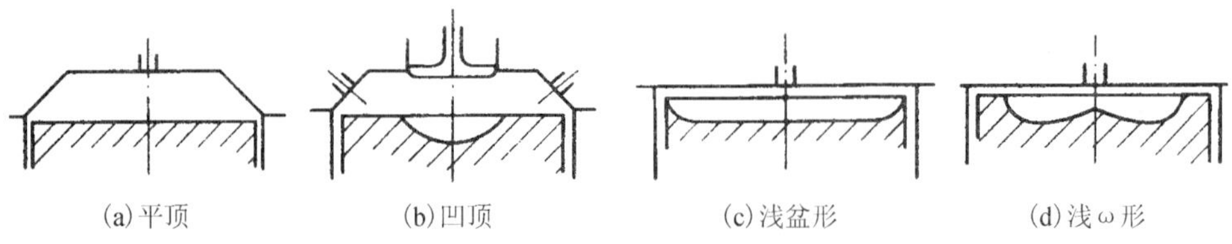

(a)平顶　(b)凹顶　(c)浅盆形　(d)浅ω形

图 3-12　部分开式燃烧室

(2)半开式燃烧室

半开式燃烧室是由较大的通道连通的两部分空间组成。一个是活塞顶上的余隙容积，另一个是活塞头部或缸盖底部的凹坑容积。凹坑容积的截面又可分为 ω 形、倒 ω 形、球形、半球形等。在小型高速柴油机中，混合气形成和燃烧的时间很短，每循环的喷油量又少。若仍主要靠空间雾化混合来保证燃烧良好，则喷油孔直径必须很小，从而降低了喷油器工作的可靠性。柴油机转速高时，气缸充气效率降低。为了充分发挥柴油机的做功能力，要求在较小的过量空气系数下获得较好的燃烧过程，用开式燃烧室难以达到此要求。如图 3-13 所示为几种半开式燃烧室。如图 3-13(a)、图 3-13(b)、图 3-13(c)所示的分别为 ω 形、倒 ω 形和球形半开式燃烧室。其中如图 3-13(a)、图 3-13(b)所示的燃烧室主要靠空间雾化混合，但也有一部分靠油膜蒸发混合，因此对喷射系统要求降低。如图 3-13(c)所示的燃烧室也称 M 形燃烧室，它主要靠油膜蒸发混合，具有排烟少、噪声低、工作柔和等优点，但主要缺点是起动困难，并要求有较强的进气涡流。半开式燃烧室主要应用于小型高速柴油机。

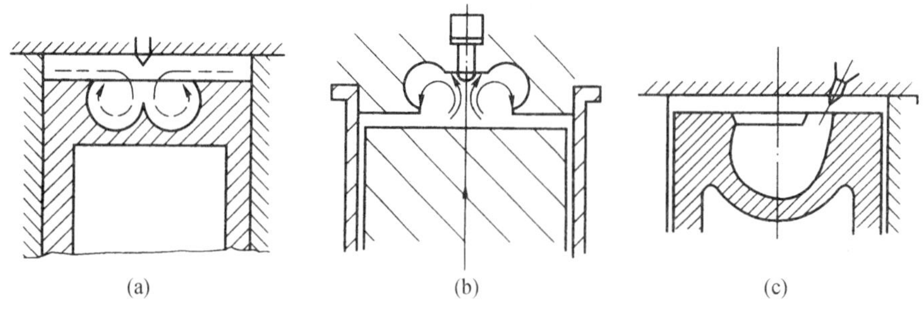

(a)　(b)　(c)

图 3-13　几种半开式燃烧室

2.分隔式燃烧室

分隔式燃烧室由活塞顶部与气缸盖底部之间的主室和以较小通道与主室相连的副室两部分所构成。常用的分隔式燃烧室有涡流室式燃烧室和预燃室式燃烧室。

(1)涡流室式燃烧室

涡流室式燃烧室的构造如图 3-14 所示。它的副室一般作成球形或吊钟形。主、副室之间的连接通道的方向是与活塞顶成一定角度并与涡流室(即副室)相切。涡流室式燃烧室的混合气形成与燃烧过程的进展,主要是利用压缩涡流和燃烧涡流以及燃油雾束与涡流的配合而获得的。在压缩过程中,空气从气缸经通道进入涡流室,形成强烈的回转运动,回转的空气带着从喷油器喷出的燃油一起转动。当燃烧开始后,涡流室内的压力高于主燃烧室内的压力时,没有燃烧的燃油和空气与燃烧产物一起高速地经通道流向主燃烧室。在经过通道时,较大的油粒碎裂为较小的油粒,这有利于进一步燃烧。当这些混合物进入主燃烧室后,便与主燃烧室内的空气混合并继续燃烧。由于它具有强烈的空气运动,因此,柴油机空气利用率大为提高,对喷油装置及油品要求降低。但因其形状复杂,散热量较多,气体流阻增大,所以柴油机热效率较低,起动性也较差。

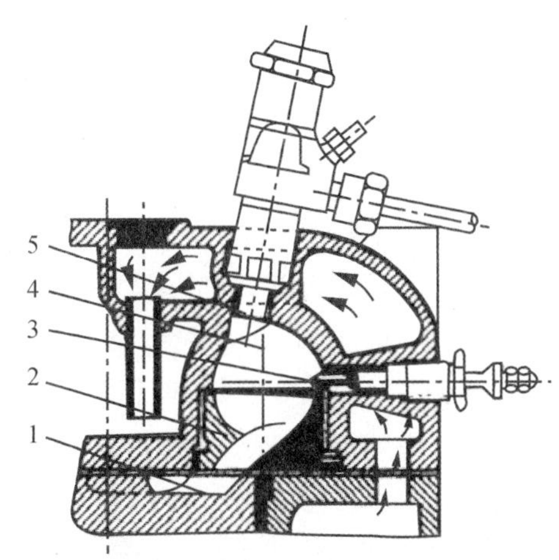

图 3-14 涡流室式燃烧室的构造

1—主室;2—保温块;3—电热塞;4—涡流室;5—喷油器

(2)预燃室式燃烧室

预燃室式燃烧室是由预燃室和主燃烧室两部分组成。两者之间由一个或几个小通道(也称喷孔)相连,利用燃烧扰动促进混合气形成,如图 3-15 所示。在压缩过程中,气缸中的部分气体被压入预燃室并在其中形成扰动。燃油通过喷油器进入该室。燃油的一小部分在其中燃烧,其余尚未燃烧的大部分燃油则因预燃室中的气体压力高过主燃烧室内的压力,便随同已燃烧的气体一起以很高的流速经通道喷入主室。在这种高速流动及高温的作用下,燃油得到进一步雾化和蒸发。同时在强烈扰动的帮助下,燃油便得以与主燃烧室中的空气较完善的混合,并继续全面燃烧。这种燃烧室的特点,就本质上说,基本上与涡流室式燃烧室相类似,只是在程度上存在差别。

综上所述,直喷式燃烧室最突出的优点是热效率高和起动性能好;分隔式燃烧室的突出优点是对高速、变速的适应性好。目前,小型高速柴油机采用直喷式燃烧室的逐渐增多。

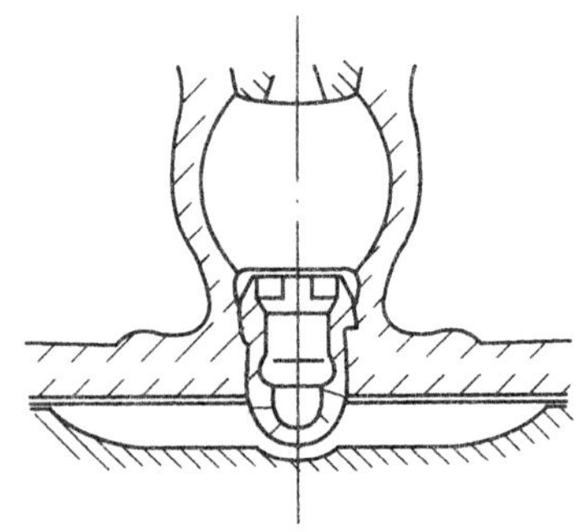

图 3-15 预燃室式燃烧室

(三)燃烧的四个阶段及其影响因素

1.燃烧过程的作用和要求

柴油机燃烧过程是从燃油喷入气缸时开始,至膨胀冲程某一时刻为止。此过程的作用就是把燃油的化学能释放出来,转变为热能,在工作循环中起着加热工质的作用。

对燃烧过程的要求是:燃烧完全,燃烧迅速及时;空气利用率高,过量空气系数 α 小;燃烧压力和平均压力升高速率不能过大。

2.燃烧过程的四个阶段

表征柴油机燃烧过程的重要参数是工质压力和温度,利用测算的 $p=f(\varphi)$ 和 $T=f(\varphi)$ 曲线,人为地把燃烧过程分为四个阶段,以便于研究燃烧过程的规律。

如图 3-16 所示中用示功器测取的燃烧过程气缸内压力 p 随曲柄转角 φ 变化的曲线,即燃烧过程的展开示功图(曲线 1)。为了便于分析燃油喷射过程与燃烧过程的关系,还测取了喷油泵供油压力的曲线 2、喷油器喷油压力曲线 3 和针阀升程曲线 4,曲线 5 为气缸内停止喷油时的纯压缩线。此外图 3-16 中还有气缸内燃油放热速率 $dQ/d\varphi$ 的变化曲线。

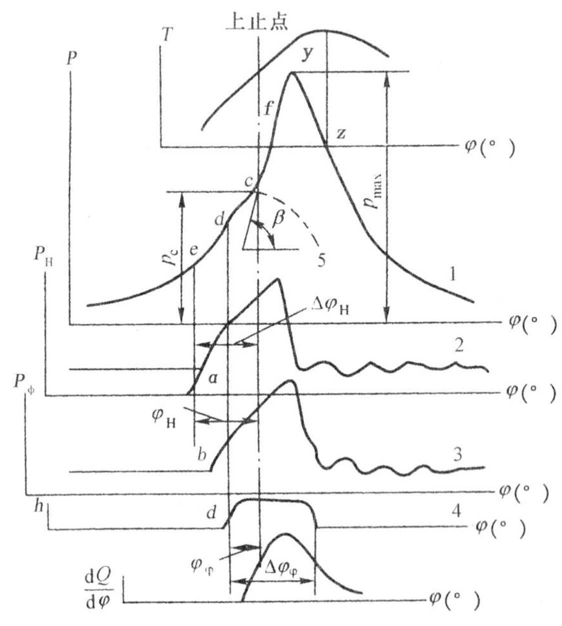

图 3-16 燃烧过程示功图及各种参数曲线

(1)滞燃阶段($d\sim c$)

当曲柄转至上止点前的 e 点时,喷油泵开始供油。点 e 与上止点间的角度即为喷油泵的供油提前角$(\varphi°_{OA})_{H}$,但由于燃油的可压缩性,当曲柄经过喷油延迟阶段转到 d 点时,喷油器针阀才开始升起。点 d 与上止点间的角度即为实际的喷油提前角$(\varphi°_{OA})_{\varphi}$。

当燃油从 d 点喷入气缸后,气缸内的空气温度一般高达 500~900 ℃,这随机型的增压度、压缩比的不同而有所不同。这样的温度已远远超过燃油在当时压力下的自燃温度。尽管如此,以雾状喷入气缸的燃油却不能立即着火。此时的气缸内压力变化曲线基本上与纯压缩线相重合,直到点 c 因压力急剧上升才离开纯压缩线。点 c 是发火燃烧的始点,因此从 d 点到 c 点称为滞燃阶段。此时段可用滞燃时间 τ_i(s)或滞燃角 φ_i(°CA)表示。

滞燃阶段主要进行燃油加热、蒸发、扩散与空气混合等一系列燃烧前的物理准备,同时也进行着一些初步氧化反应,即化学上的准备。虽然这一阶段没有明显燃烧,但这一阶段的时间长短对后续的燃烧过程却有决定性意义。因为在这一阶段结束时气缸中已经积聚了在 φ_i 角度内喷入的油量,在低速柴油机中可达每循环总喷油量的 15%~30%,在高速柴油机中甚至可达 100%,而且经过了程度不同的物理和化学准备。由于可燃混合气的浓度和温度不均,通常是在浓度适当而温度较高的地方形成火源,然后火焰向四周传播。当燃料发火燃烧时,在滞燃阶段内喷入的全部燃油就会立即燃烧。此时活塞接近上止点,气缸容积较小,使气缸内压力急剧增加离开纯压缩线,直至达到最高燃烧压力。

若滞燃期长,积聚的燃油就多,一旦着火燃烧,压力的增速就快,它直接影响燃烧的第二阶段。因此在控制柴油机的燃烧过程时应力求缩短滞燃阶段。

(2)速燃阶段($c\sim f$)

速燃阶段是继滞燃阶段后,燃烧压力急剧上升的阶段,它将在滞燃期中积聚的燃油以及在此阶段喷入的燃油几乎同时燃烧。而此时活塞位于上止点附近,气缸容积较小,可以认为近似等容燃烧,其表现为压力急剧升高,会使柴油机工作粗暴。为了衡量柴油机工作粗暴的程度,通常用平均压力升高速率 $dp/d\varphi$ 来表示。即

$$\frac{dp}{d\varphi}=\frac{p_f-p_c}{\varphi_f-\varphi_c}\quad \text{MPa/1°CA}$$

平均压力升高速率大则柴油机工作粗暴,运动部件和轴承受到的冲击性载荷大,从而影响柴油机的可靠性和使用寿命。为了保证柴油机运转的平稳性,平均压力升高速率不宜超过 4~6 MPa/1°CA。此外,还可以引 c-f 曲线的切线,此切线与横坐标的倾斜角 β 表示柴油机工作的平稳性。β 角大,则平均压力升高率大,表示柴油机工作粗暴。在此阶段中,放热速度 $dQ/d\varphi$ 迅速增加。

(3)缓燃阶段($f\sim z$)

从压力急剧上升终点 f 至温度达最高值的 z 点为止,称为缓燃阶段。在此阶段,燃油一边燃烧放出热量,工质一边膨胀,部分热能转换为机械能,近似于定压燃烧。缸内温度高,燃烧速率和放热速率 $dQ/d\varphi$ 大,但随着燃烧过程的进行,废气浓度增加,氧气减少,活塞下行,气缸容积增大,燃烧速率和放热速率逐渐降低。

速燃阶段和缓燃阶段总称为主要燃烧阶段。在主要燃烧阶段中,气缸内燃烧产物不断增多,氧气逐渐减少,喷入气缸内的燃油不能完善的与空气充分混合进行燃烧,发生燃烧不完全。因此,在主要燃烧阶段的后期,如何加强空气运动,提高喷射压力以改善雾化品质和增大贯穿

深度，促进燃油和空气的混合，对保证迅速而完善的燃烧，从而改善经济性和烟色有着重要作用。

(4)后燃阶段(z点以后)

后燃是燃烧过程在膨胀冲程中的延续。后燃阶段与主要燃烧阶段之间没有明显界限，后燃阶段的长短，主要与主燃阶段的完善程度、柴油机负荷大小有关。如果主燃阶段的燃烧越完善、柴油机的负荷越小，则后燃必然减少。

3.影响燃烧过程的主要因素

由上述对燃烧过程的分析可知，滞燃时间是影响燃烧过程的一个重要因素，它对燃烧过程影响很大。因此为了控制柴油机的燃烧过程，使之运转平稳，应设法控制滞燃阶段。下面就影响燃烧过程的主要因素加以分析。

(1)燃油的品质

在燃油性能指标中，十六烷值对燃烧过程影响最大。十六烷值高，滞燃时间短，燃烧平稳；其次，燃油挥发性差，滞燃时间增长；黏度高，雾化质量差，滞燃阶段增长。

(2)燃油的雾化作用

燃油的雾化质量良好将缩短燃烧前的准备时间，亦即滞燃时间 τ_i 缩短。雾化质量高燃油便能与空气充分混合，容易实现完全燃烧。对于船用大中型柴油机，燃油雾化质量主要取决于喷油设备的技术状态。

(3)气缸内工质热状态

气缸热状态是指在活塞接近压缩终点时气缸内工质的温度和压力状态。若气缸内压缩终点温度 T_c 和压力 p_c 等于给定数值，对于既定柴油机，在使用燃料一定的情况下发动机的工作将是平稳的。若气缸内工质热状态下降，则滞燃时间 τ_i 将增长，而使柴油机燃烧恶化。

(4)喷油定时

这里所说的喷油定时是指喷油器的喷油提前角$(\varphi^\circ_{OA})_\varphi$。若提前角太小，$\tau_i$ 会减小，但整个燃烧过程会后移，使后燃增大。若提前角太大，在喷油时气缸内的压力和温度较低，而使 τ_i 增长，柴油机工作粗暴。若喷油发生在上止点后，则因活塞开始下行，气缸内温度和压力开始下降，结果使 τ_i 增长，并且主燃阶段的燃烧更不充分，使燃烧后移引起后燃造成排气冒烟。

(5)换气质量

换气质量完善将使进入气缸的新鲜空气量增多，燃油燃烧时有足够的氧气与之混合，滞燃阶段缩短，有利于完全燃烧。

(6)运转工况

柴油机的转速和负荷是反映柴油机运转情况的两个主要参数。转速和负荷对整个燃烧过程都有影响。

柴油机转速的升高，气缸漏气的散热损失减少，压缩终点的空气压力和温度升高。与此同时，喷油压力提高，空气扰动也加强。这些因素使滞燃期 τ_i 缩短，有利于燃烧。但转速的升高却使滞燃角 φ_i 增大，从而使速燃期的爆压和压升增大，不利于燃烧。这种不利影响对涡流室式燃烧室要比对开式燃烧室轻些。此外，转速的升高使喷油过程(以曲轴转角计)延长，从而使后燃期加长。这种不利影响将因气缸内扰动的加强而得以减轻。

柴油机的负荷对滞燃期有间接影响。当负荷增加时，由于循环喷油量的增加，气缸内总发热量增加，燃烧室壁温提高，使滞燃期稍有缩短。与此同时，燃烧持续期成比例地增长，爆压提

高,后燃加剧。

二、燃油系统的功用、组成及要求

柴油机燃油系统的功用是将一定数量的合格燃油,以足够高的压力,按照严格的喷油定时,在规定的时间内以良好的雾化状态喷入气缸。燃油系统工作性能的好坏,将直接影响气缸内燃油的燃烧质量,直接影响柴油机的经济性和动力性。

柴油机燃油系统包括供应和喷射两个子系统。供应系统一般由日用油柜、输油泵、燃油滤清器和低压管路等组成,用来向喷射系统提供充足、合格的燃油。喷射系统由喷油泵、高压油管和喷油器组成,用来按照柴油机燃烧过程的要求,按规定时刻、所需的燃油量、规定的喷射压力和供油规律向气缸喷入雾化良好的燃油。

如图 3-17 所示为某中速柴油机的燃油系统,包括轻柴油和重油两个系统。

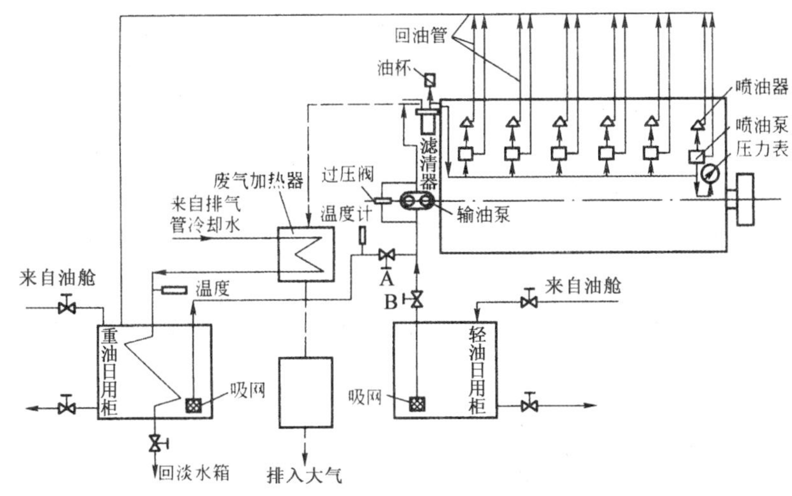

图 3-17 某中速柴油机的燃油系统

使用轻柴油时,关闭重油供给阀 A,开启轻柴油供给阀 B,由输油泵从轻柴油日用柜吸出轻柴油,经燃油滤器过滤后供给喷油泵。改用重油时,开启阀 A,关闭阀 B,输油泵从重油日用柜将加热后黏度降低并已净化的重油吸出压送至喷油泵。

燃油在喷油泵中建立高压后经喷油器以雾状喷入气缸。供给喷油泵多余的燃油流回输油泵进口端。从喷油器泄漏的燃油沿回油管流回日用柜。

燃油日用柜(如图 3-18 所示)只供柴油机日常用油。按所装燃油品种不同,可分为重油日用柜和轻柴油日用柜。一般设置在机舱内较高位置,可保证燃油在重力作用下向柴油机喷射系统供油。此外,日用燃油柜还有加热保温、重力沉淀的作用。

输油泵的作用是将燃油日用柜中的燃油以一定的压力和流量输送给喷油泵。应保证燃油能克服管路、滤器、阀门等的阻力以及输油泵和喷油泵之间的位差,并以一定的压力送入喷油泵,使各缸喷油泵入口处有足够的油压。

一般输油泵供油量为柴油机全负荷需油量的 2~4 倍,以免喷油泵吸油时引起低压油路中的压力波动。

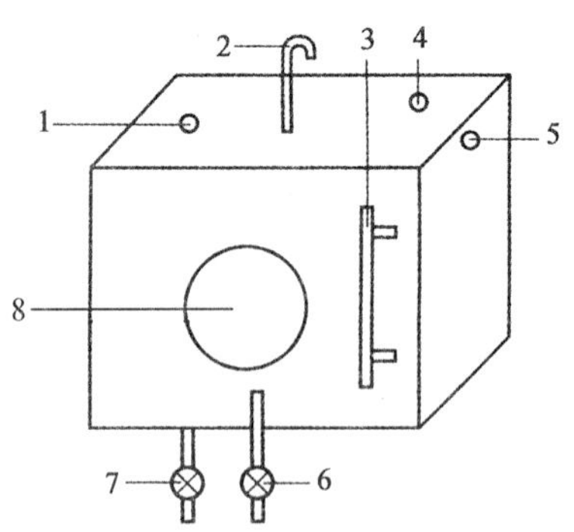

图 3-18 燃油日用柜

1—进油管口;2—空气管;3—液位管;4—柴油机回油管口;5—溢流管;6—出油阀;7—放油阀;8—清洁孔

大中型柴油机的输油泵常用齿轮泵和叶片泵,小型柴油机则用活塞泵。大型柴油机的输油泵常由专设的电动机驱动,中小型柴油机的输油泵则常由柴油机直接驱动。

燃油滤清器用来滤除燃油中的杂质。实践证明,燃油系统的故障很大部分是由于燃油不清洁所引起的。燃油的清洁程度对燃油系统各部件的使用寿命和工作可靠性有直接关系,因此,燃油必须经过精细的过滤。滤清器有多种型式,按其过滤能力不同分为粗滤器、细滤器和高压滤器三种,粗、细滤器的区别在于滤芯。常用的滤芯型式有表面式和缝隙式两种。船舶柴油机的滤清器要求能在不中断供油的情况下清洗或更换滤清器元件。因此,滤清器多做成双联式,用三通旋塞控制交替使用。

对供应系统的基本要求是:以可靠的工作、适当的压力向喷油泵提供清洁、足量的燃油。

三、喷油泵

喷油泵的功用是在柴油机工作时使燃油产生高压,并按照发火顺序和负荷大小,将燃油定时、定量地送至喷油器。由于喷油压力要求很高,喷油泵都采用柱塞式结构。根据喷油泵的油量调节机构型式不同,可以分为回油孔调节式和回油阀调节式两大类。前者在沿海及内河船舶各类中、小型柴油机上获得广泛应用,后者主要用于大型柴油机。

(一)回油孔调节式喷油泵的结构及工作原理

1. 回油孔调节式喷油泵的结构

回油孔调节式喷油泵又称波希泵(Bosch),如图 3-19 所示为回油孔调节式喷油泵。

1)柱塞与套筒偶件

套筒 2 置于喷油泵本体 4 内,由排油阀座 3 和出油管接头 5 压紧定位。套筒上部对径方向钻有两个孔,左侧的圆形孔为进油孔,右侧的圆形孔为回油孔,进、回油孔使套筒外部的低压储油室与套筒内腔连通。回油孔外表面呈腰圆形,由定位螺钉 8 周向定位。定位后回油孔仍能进、回油,但套筒不能转动;否则会引起供油混乱。安装时切记不能将两孔装反,若定位螺钉堵住圆形进油孔,会造成油量调节机构失效。

柱塞的上部圆柱面有直槽 a、斜槽 b 和环形槽 c,如图 3-20 所示。这些槽与套筒上回油孔相配合,用来控制柱塞的有效行程,以获得不同的供油量。

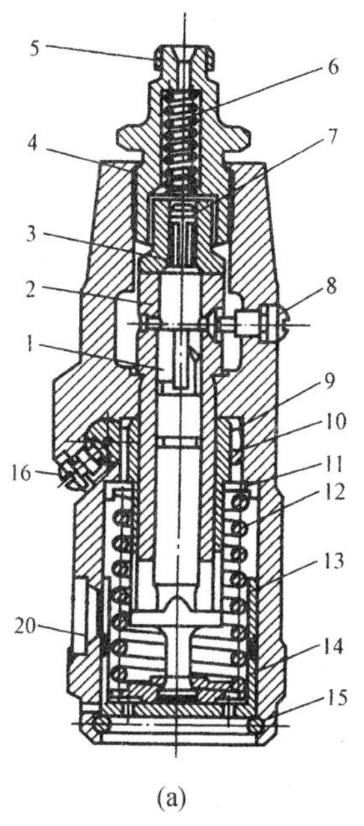

(a)

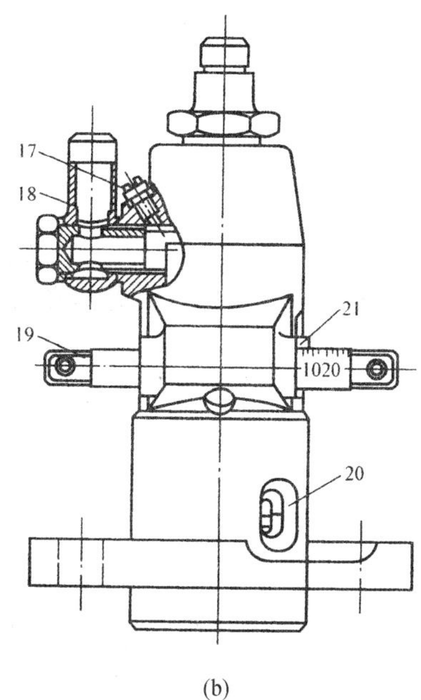

(b)

图 3-19 回油孔调节式喷油泵

1—柱塞；2—套筒；3—排油阀座；4—喷油泵本体；5—出油管接头；6—排油阀弹簧；7—排油阀；8—定位螺钉；9—调节齿套；10—齿圈；11—弹簧上座；12—弹簧；13—导程筒；14—弹簧下座；15—卡簧；16—导销；17—放气螺钉；18—进油管接头；19—调节齿条；20—观察窗孔；21—指示片

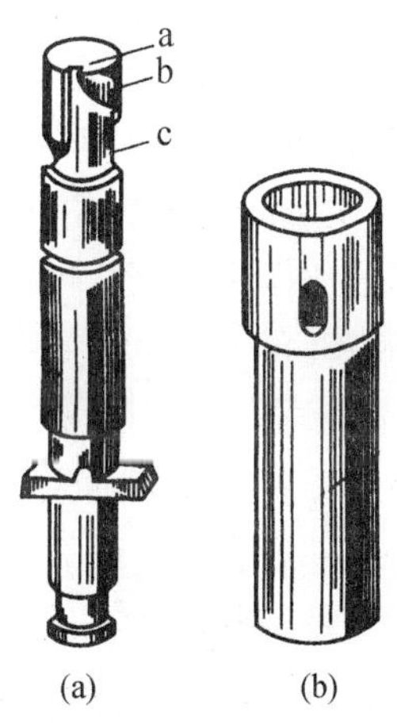

(a) (b)

图 3-20 柱塞与套筒

2）油量调节机构

如图 3-19 所示，喷油泵的油量调节机构由调节齿套 9 和调节齿条 19 组成。齿套滑套在套筒的下部。齿套下部对径方向开有斜槽，柱塞中下部的槽销按对中记号滑嵌其中并能上下移动。调节齿套的上部紧固着小齿轮（又称齿圈）10 与调节齿条相啮合。导销 16 插入齿条背部的长槽内起导向作用，以防止齿条歪斜和齿圈卡阻。拉动齿条，调节齿套随之转动并带动柱塞相对套筒转动，改变了柱塞上部斜槽与套筒上回油孔的相对位置，从而改变了供油量。当齿条位置一定时，柱塞斜槽边与回油孔的相对位置也就确定，即柱塞的有效行程和供油量也就确定。安装时应确保齿套上的齿圈与齿条按标记对正啮合;否则会造成各缸供油量不一致,如图3-21所示。

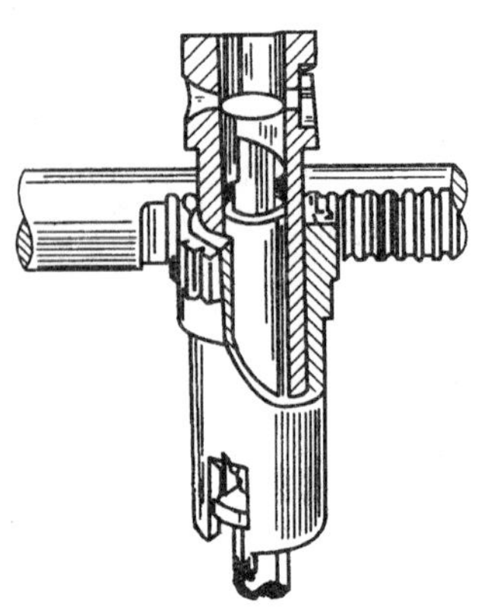

图3-21　齿条式油量调节机构

齿条上有刻度线,在喷油泵本体上固定有指示片21(见图3-19),用来指示喷油泵的供油量,喷油泵调节齿条与油量调节杆相连,油量调节杆受油量操纵手柄或调速器控制,在各齿条与油量调节杆的连接处,可单独调节移动齿条,使各喷油泵的零油位和最大油位的齿条位置一致。

3)柱塞弹簧组件

如图3-19所示,柱塞弹簧组件包括弹簧上座11、弹簧下座14,弹簧12、导程筒13和卡簧15。弹簧上座滑套在齿套上,带有斜槽的弹簧下座装于柱塞下端凸圆台上。弹簧上、下座应能保持柱塞弹簧的中心线正确,弹簧张力使弹簧上座紧靠本体,并通过弹簧下座使柱塞下行。导程筒13从柱塞下端向上装入喷油泵本体4内,与弹簧下座相接触并与柱塞下端凸圆台间留有间隙,以保证柱塞能在上下运动的同时,可按油量调节的需要灵活转动。导程筒对柱塞和弹簧起导向持中作用,其下端的两个孔,在安装时插入导销防止柱塞转动,使柱塞横销容易按标记装入齿套斜槽。卡簧15对导程筒起限位作用,使整个喷油泵形成一个独立的组件,并防止拆卸或搬运喷油泵时柱塞和弹簧组件脱落。

4)排油阀偶件

如图3-19所示,排油阀又称出油阀,是装在喷油泵内控制高压燃油排出的单向阀。它由排油阀座3和排油阀7组成,两者为偶件配合。出油管接头5将排油阀弹簧6压缩,使排油阀关闭并将排油阀座紧压在套筒的顶部,排油阀座3和出油管接头5之间有一个密封垫圈,用以防止高压燃油向下漏入低压油腔和沿管接头螺纹间隙渗漏到泵外。

(1)排油阀偶件基本结构及工作原理

如图3-22所示为等容卸载式排油阀。排油阀头部有圆锥形密封面,它与排油阀座的锥面配合起密封作用。中间为起减压作用的减压凸缘。它与阀座孔之间的间隙极小(为0.01~0.02 mm),其下部为开有四条槽的导向柱面。排油阀在排油阀弹簧和高压油管中的燃油残余压力作用下与阀座紧密贴合。这样,在柱塞吸油行程中,排油阀能阻止高压燃油倒流回喷油泵的泵油腔,使高压油管中始终充满燃油。当柱塞上行关闭回油孔,泵油腔内油压迅速升高到足以克服排油阀弹簧弹力和高压油管中残余压力的作用时,排油阀被推起至减压凸缘脱离座孔后,燃油进入高压油管,使喷油器迅速喷油。当供油结束,油压下降时,排油阀受弹簧作用而迅

速回落，减压凸缘先进入阀座孔，把高压油管与喷油泵泵油腔分隔开。当排油阀再下降减压凸缘高度 h 时，给高压油管让出了 $1/4\pi d^2 h$（d 为减压凸缘外径）的容积，即相当于高压油管增大一个卸载容积，使管中燃油压力因容积增大而迅速降低，加速喷油器针阀的关闭。我们把排油阀的这一作用称为减压作用。

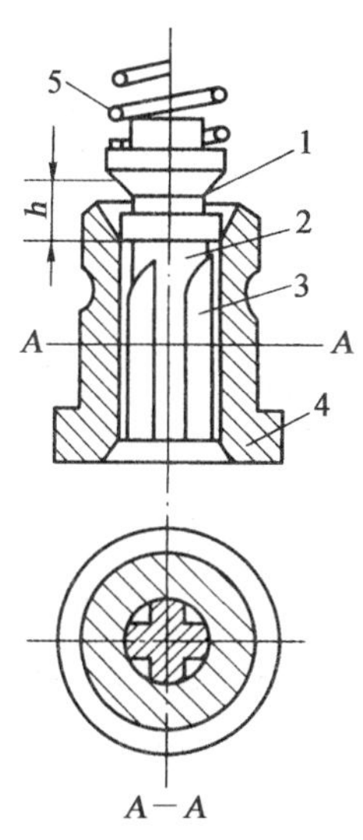

图 3-22　等容卸载式排油阀

1—排油阀；2—导向柱面；3—排油槽；4—排油阀座；5—排油阀弹簧

（2）排油阀的作用

①蓄压作用：柱塞在泵油行程中使喷油泵的供油压力逐渐积累；由于出油阀上停油边缘的作用，使出油阀真正开启时刻延迟到升程达到 h 之后，从而使喷油泵获得较高的初始供油压力。

②止回作用：柱塞在下行吸油行程中，有效地防止高压油管中燃油的倒流，能缩短喷射延迟阶段，并有利于排除喷射系统中的空气。

③减压作用：通过排油阀上适当的卸载容积来有效地控制喷射过程结束后高压油管中的剩余压力，有助于消除因高压油管剩余压力过高而引起的重复喷射和燃油滴漏现象。

排油阀按其卸载方式不同，可分为等容卸载和等压卸载两种型式。

（3）等容卸载式排油阀

等容卸载式排油阀是使用最多的一种排油阀，如图 3-22 所示，其作用原理如前述。这种排油阀在柴油机任何转速工况下，其卸载容积都不变，故称为等容卸载。

等容卸载式排油阀易在颈部断裂，如果导向孔间隙夹有杂质，减压凸缘易被卡在导向孔内；排油阀落座过程中，高压油管中空出的卸载容积会使燃油压力急速下降，导致喷油器针阀下降速度过大而产生严重撞击。

如图 3-23 所示为杯式等容卸载排油阀，它可以避免上述缺点。杯式等容卸载排油阀呈杯状，杯中有弹簧将阀压在阀座上，密封锥面在阀的下端。如图 3-23（a）所示是泵油腔内油压克服高压油管内残余压力及弹簧弹力的作用将阀顶开，燃油从泵油腔经排油阀锥面及两个出油孔从排油阀四周向高压油管输油的情况。如图 3-23（b）所示为柱塞打开回油孔，泵油腔油压下降，排油阀下落到刚刚封闭两侧出油孔，将泵油腔与高压油管分隔开时的情况。如图 3-23

(c)所示为排油阀继续下降一个距离 E 后落座，为高压油管让出了 $1/4\pi d^2E$ 的等容卸载容积，供燃油膨胀卸载，避免了喷油器出现重复喷射及滴漏等现象。杯式等容卸载排油阀落座过程中将两个出油孔逐渐关闭，对燃油的回流产生节流作用，使喷油器针阀在下降关闭时得以缓冲，这对保持喷油器针阀及其阀座的可靠性是有利的。

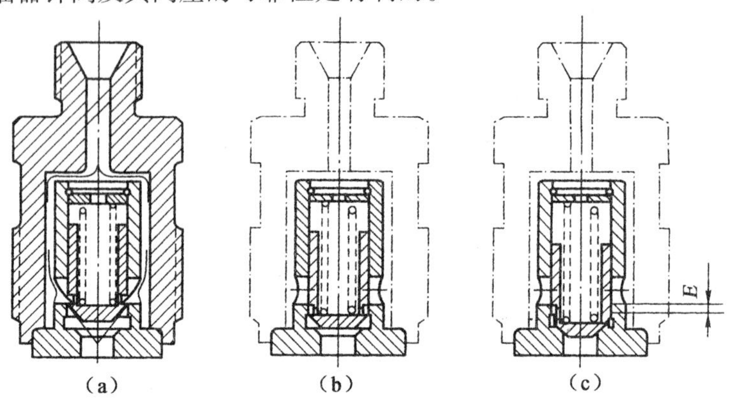

图 3-23　杯式等容卸载排油阀

(4)等压卸载式排油阀

等压卸载式排油阀在增压高速、中速大功率柴油机上使用较多，随着柴油机增压压力和单缸功率的不断增大，每循环喷油泵的供油量增大，为了降低高压油管中的残余压力，排油阀的卸载容积必须随之增大。但过大的卸载容积易在高压油管系统中产生零压区、负压区或气泡，导致油管穴蚀。要把卸载容积调整得既不使卸载过度，也不使残余压力过高较为困难。此外，采用等容卸载使得高压油管内的残余压力将随工况而变。为解决上述问题，研制了等压卸载式排油阀。它可以使高压油管内残余压力保持恒定，避免了穴蚀，延长了油管的寿命。

等压卸载式排油阀的结构如图 3-24 所示。排油阀上没有减压凸缘，但在排油阀 3 的内部设有锥形卸载阀 2、卸载弹簧 1 和调节压力的螺钉(或带有螺纹的闷头)。在喷油泵供油期间，燃油压力将排油阀顶起，燃油进入高压油管。此时，卸载阀由于单向作用处于紧密关闭状态。当供油结束，排油阀落座后，如果高压油管中残余压力过高，卸载阀将在残余压力的作用下克服卸载弹簧的张力和泵油腔燃油压力的共同作用而下行开启，使燃油流回泵油腔，至一定残余压力后，由卸载弹簧将卸载阀关闭，使高压油管中保持了一定的残余压力，通过调压螺钉改变卸载弹簧的预紧力，即可控制高压油管中的残余压力。

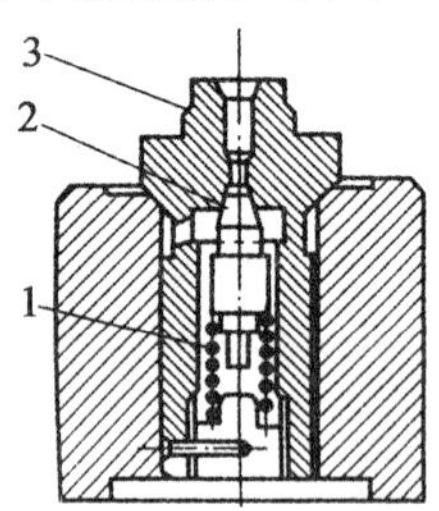

图 3-24　等压卸载式排油阀的结构

1—卸载弹簧；2—锥形卸载阀；3—排油阀

等压卸载式排油阀可以避免高压油管内产生空泡、穴蚀以及重复喷射。若高压油管残余压力调整得比最高爆发压力还高一些，还能防止燃气窜回喷油嘴而引起过热或结焦。

5）喷油泵传动机构

喷油泵传动机构如图 3-25 所示。它由凸轮轴 1、凸轮 2、顶头滚轮 3、顶头 4、顶头调节螺钉 5 和锁紧螺母 6 等组成。其功用是驱动柱塞上行压油，柱塞的下行吸油则是靠柱塞弹簧弹力来完成的。

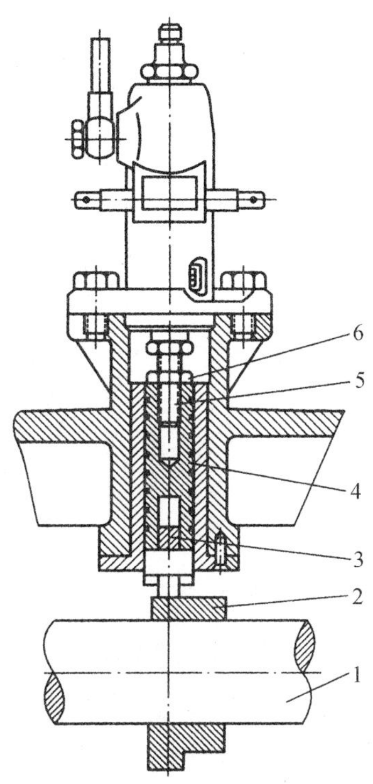

图 3-25 喷油泵传动机构

1—凸轮轴；2—凸轮；3—顶头滚轮；4—顶头；5—顶头调节螺钉；6—锁紧螺母

喷油泵的供油提前角是指柱塞上行关闭回油孔开始供油时，该缸曲柄距上止点的相应转角。这一角度的大小，主要取决于凸轮在凸轮轴圆周方向的安装位置、传动齿轮（或链条链轮）的安装情况、泵座垫片厚度和顶头调节螺钉的旋出高度等。此外，柱塞下端与导程筒之间的间隙，弹簧下座与柱塞下端面之间、导程筒与调节螺钉之间、凸轮与顶头滚轮之间、凸轮轴与轴瓦之间等的磨损也都影响供油提前角。

顶头调节螺钉主要用来调整柱塞前导程，也可用以微量调节供油提前角，以补偿喷油泵各零件因制造、安装及磨损造成的差异，确保供油提前角相同。但应注意，切勿使顶头的高度增加过大；否则柱塞上行时会撞击到排油阀座造成损坏。

2. 回油孔调节式喷油泵工作原理

如图 3-26 所示为回油孔调节式喷油泵工作原理图。当柱塞下行至最低位置时，进、回油孔处于开启状态。燃油自低压油腔被吸入泵油腔内，如图 3-26（a）所示。当柱塞在喷油凸轮作用下从最低位置上行时，部分燃油经回油孔回流到低压油腔，直至柱塞上端面将进、回油孔关闭，如图 3-26（b）所示，燃油才开始被压缩，此刻即为喷油泵的几何供油始点。柱塞从最低位置至此点的这一段行程被称为“前无效行程”，也称为“前导程”。

柱塞从如图 3-26（b）所示位置继续上行，泵油腔内压力迅速升高。当燃油压力大于高压油管中的残余压力与排油阀弹簧压力的合力时，排油阀开启，高压燃油经高压油管流向喷油器。当柱塞上行至头部的斜槽边开启回油孔，如图 3-26(c)所示位置时，泵油腔的高压燃油经柱塞头部的直槽、斜槽以及回油孔回流到低压油腔，燃油压力迅速下降，排油阀自动关闭，喷油泵停止供油，这即是喷油泵的几何供油终点。

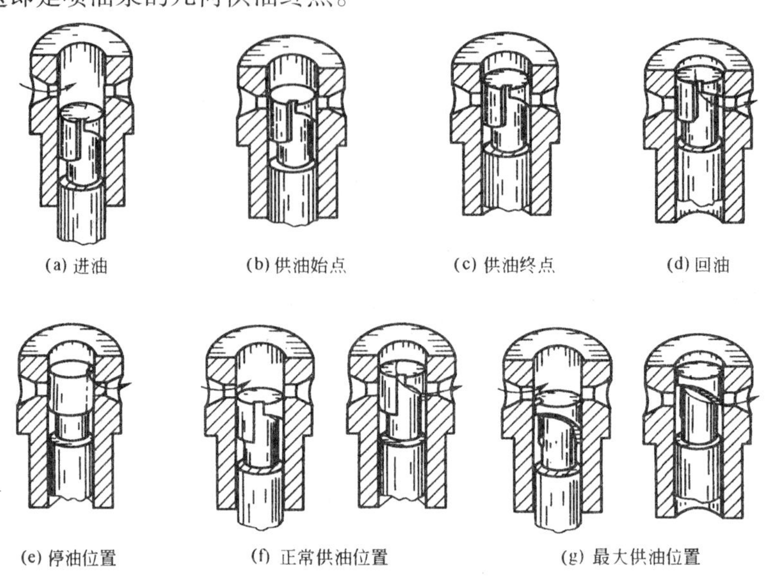

图 3-26　回油孔调节式喷油泵工作原理图

柱塞从上端面刚好关闭进、回油孔到斜槽边刚刚开启回油孔的行程被称为有效行程。柱塞以如图 3-26(c)所示的位置继续上行至如图 3-26(d)所示的最高位置的行程称为“后无效行程”，也称为“后导程”。此间，泵油腔的燃油回流到低压油腔。

柱塞从如图 3-26(d)所示的最高位置下行至如图 3-26(c)所示位置的过程中，泵油腔容积增大，压力下降，燃油经回油孔、斜槽和直槽充入泵油腔。在柱塞由如图 3-26(c)所示位置下行至如图 3-26(b)所示位置时，回油孔被遮闭，燃油不能进入泵油腔。在柱塞从如图 3-26(b)所示位置继续下行至最低位置时，进、回油孔又被打开，燃油经进、回油孔进入泵油腔。

(二) 回油孔调节式喷油泵油量调节的方法及特点

1. 油量调节原理(如图 3-26 所示)

柱塞的斜槽边与套筒回油孔的相对位置，决定着柱塞有效行程的长短，即决定着喷油泵的供油量的大小。转动柱塞就改变了柱塞斜槽边和回油孔的相对位置，也就改变了柱塞的有效行程，喷油泵的供油量和供油时间即被改变。

柱塞转至如图 3-26(e)所示位置时，柱塞上的直槽正对回油孔，燃油在整个泵油行程中都经回油孔回流到低压油腔，喷油泵供油量为零。拉动调节齿条使柱塞顺时针(俯视)转动，则有效行程逐渐增大，供油量逐渐增多。如图 3-26(f)所示为中间供油位置，如图 3-26(g)所示为最大供油位置。

2. 三种油量调节方式及特点

喷油泵的供油量取决于供油的始、终点。供油始点取决于柱塞上端面遮闭套筒回油孔的时刻；供油终点则取决于柱塞斜槽边开启回油孔的时刻。当柱塞头部的结构改变时，油量调节

方式亦改变。如图3-27所示为三种油量调节方式(终点调节、始点调节及终始点调节)的喷油泵柱塞头部结构。图中A、A_1、A_2、A_3代表供油始点;B、B_1、B_2、B_3代表供油终点;S_1、S_2、S_3为柱塞的有效行程;β、β_1、β_2、β_3为几何供油提前角。

(1)终点调节式。由第一排图可见,终点调节式喷油泵柱塞头部为平顶,柱塞斜槽在下面。不论供油量多少,曲柄转到A点(柱塞上行至上端面关闭进、回油孔)就开始供油,即供油提前角θ不变,而供油终点则随供油量的增加而延后。这种调节方式适用于转速不变的发电柴油机。

(2)始点调节式。由第二排图可见,柱塞斜槽在上面。不论供油量多少,曲柄转到B点就停止供油。但供油始点随供油量的增加而提前,即供油提前角增大。这种调节方式适用于转速经常变化的船舶主机。

(3)终、始点调节式。如第三排图所示,这种油量调节方式的柱塞头部上、下各有一个螺旋斜槽。供油始点和终点都随供油量的变化而改变。供油量减少时,始点滞后,终点提前;供油量增大时,始点提前,终点滞后。这种调节方式适用于高增压船舶主机。

在采用单体式喷油泵的多缸柴油机上,各喷油泵的油量调节齿条都连接在一根共同的油量调节杆上,通过操纵台上的油量手柄控制供油量。拉动油量手柄,各缸喷油泵的供油量同时改变,实现了柴油机的油量总调。为保证各缸喷油泵的供油量相同,一般在各喷油泵调节齿条和油量调节杆的连接处装有调节螺钉。旋转调节螺钉就能对某缸的供油量进行单独的增减调节。

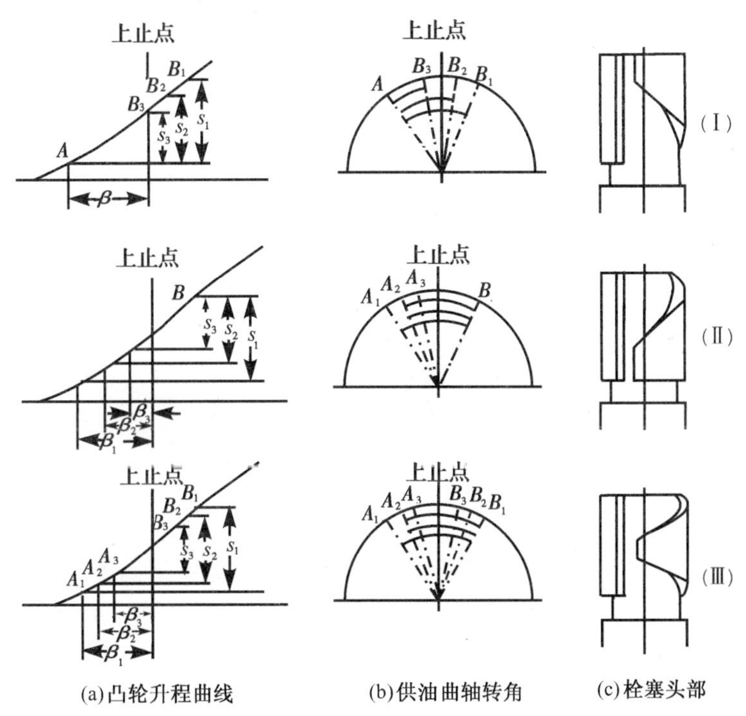

图3-27 三种油量调节方式的喷油泵柱塞头部结构

四、喷油器

(一)喷油器基本结构及工作原理

喷油器的作用是将来自喷油泵的高压燃油雾化并均匀地按一定方向喷入燃烧室。

喷油器的种类较多，现代柴油机广泛采用液压启阀式喷油器，按喷孔数目不同，喷油器又可分为多孔式和单孔式两种。

如图 3-28 所示为国产 135 型柴油机喷油器。它由本体 4、精密偶件针阀 1 和针阀体 2、推杆 13、弹簧下座 12、针阀弹簧 11、弹簧上座 9、调节螺钉 8、锁紧螺母 10 以及高压滤芯 15、进油管接头 5、保护帽 7 等部件组成。

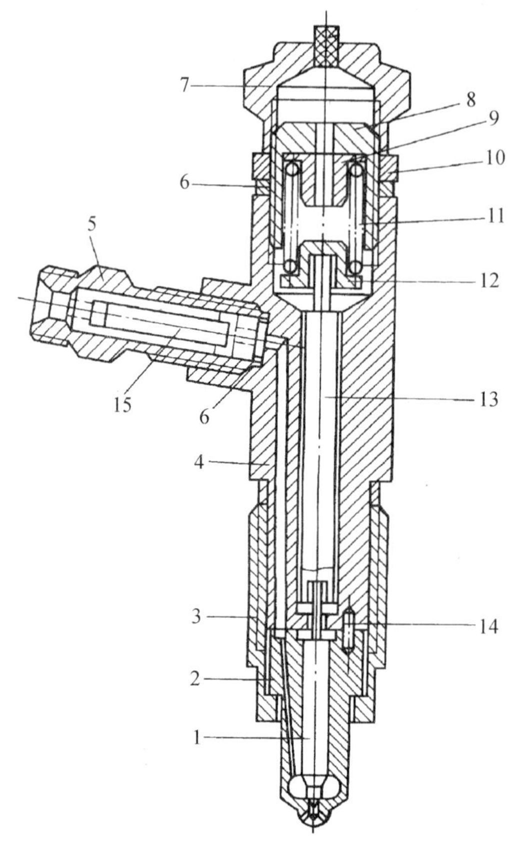

图 3-28 国产 135 型柴油机喷油器

1—精密偶件针阀；2—针阀体；3—紧固螺母；4—本体；5—进油管接头；6—垫片；7—保护帽；8—调节螺钉；9—弹簧上座；10—锁紧螺母；11—针阀弹簧；12—弹簧下座；13—推杆；14—定位销；15—高压滤芯

高压燃油自进油管接头经本体内孔进入储油腔作用在针阀的锥面上，克服弹簧的预紧力将针阀抬起。当针阀一旦离开阀座，其承压面突然增大，使针阀快速升起，减少了节流损失，使燃油断然地经喷孔喷入气缸。喷油泵停止供油后，储油腔油压突然降低，针阀在弹簧的作用下迅速关闭，喷油便断然停止。此时，针阀把高压油空间与燃烧室隔开，所以把这种喷油器称为闭式喷油器。燃油喷射过程的压力不会低于某一个最低燃油压力，这就消除了喷射过程始末的低压喷射现象。燃油油压抬起针阀的最低压力叫启阀压力。

(二)喷油器发生不正常喷射的原因及影响因素

由于燃油的可压缩性、高压油管的弹性及压力急剧变化，在喷射过程中，高压系统中会发生压力波动现象。压力波动的存在，不仅使喷油器的喷油状况和喷油泵的供油状况产生差异，而且还会引起一系列的不正常喷射，使燃油喷射系统的某些零件发生破坏。

由于燃油的可压缩性和高压油管的弹性,使燃油喷射系统成为一个弹性系统。在喷油泵开始供油使出油阀打开的一瞬间,高压油管在泵端的燃油就受到来自喷油泵燃油的冲击。但由于燃油的惯性和可压缩性,喷油泵柱塞所排挤的燃油量与高压油管中流动的燃油量之间的不平衡造成燃油瞬时堆积,致使压力继续上升,这种局部压力的瞬时升高,以压力波的形式沿高压油管向喷油器一端传播,传播速度为当地音速。

造成喷油器异常喷射的根本原因是高压系统中的压力波动现象。异常喷射主要有重复喷射(二次喷射)、断续喷射、不稳定喷射及隔次喷射等。异常喷射将使喷油规律严重偏离供油规律,进而使燃烧规律失控,最终影响柴油机的性能。

1.重复喷射(二次喷射)

当喷油泵供油结束、喷油器针阀落座后又重新被油压抬起的喷射现象称为重复喷射,又叫二次喷射。这种现象在柴油机高转速大负荷的工况下最易产生。其内因是压力波的反射;而外因则为:喷油器喷孔部分堵塞,排油阀卸载容积不足,换用了内径和长度较大或刚性较小的高压油管及喷油器启阀压力较低等。

重复喷射的危害是一方面会使喷油持续角变大,另一方面由于后期在低压下喷油,致使雾化质量降低、燃烧恶化、后燃严重、排温升高、机件过热、燃烧室结炭,排气冒黑烟等,从而降低了柴油机的经济性和可靠性。

2.断续喷射

在喷油泵的一次供油期间,喷油器针阀断续启闭(频繁地起落)而且升程不足、喷射无力,这种现象称为断续喷射。

断续喷射容易在低转速时发生。其内因仍是压力波动的存在;而外因是喷油泵的供油量低。在油泵的供油量过小的情况下,针阀在压力波的作用下开启后,由于喷油孔的流通能力过大,造成局部压力迅速下降,针阀迅速下落关闭。但在完全落座后,新的压力波经多次反射后又能将针阀再次抬起。这样,使喷油系统在一次供油过程中产生多次喷油,处于断断续续的喷射状态。

3.不稳定喷射及隔次喷射

不稳定喷射是指喷油泵虽能持续工作,但各循环喷油量在喷射时不断变动的情况。其极端情况是隔次喷射,即喷油泵每供两次油喷油器才喷一次油。这种情况也是发生在柴油机低速低负荷工况时。通常当柴油机低速运行而出现断续喷射时,高压油管剩余压力在各循环中不相等,当某循环喷油造成剩余压力过低时,下一循环的所有供油量进入高压油管后仍不能达到启阀压力,则无油进入气缸;等下一循环的供油进入高压油管后,方能开启针阀。当发生隔次喷射时,一个循环不发火,故怠速运转不稳定。

五、燃油喷射过程的三个阶段及其影响因素

(一)喷射过程的三个阶段

如图 3-29 所示为喷射过程的示波图。如图 3-29(a)所示为喷油泵出口压力曲线;如图 3-29(b)所示为喷油器进口压力曲线;如图 3-29(c)所示则为喷油器针阀升程曲线;横坐标均为曲柄转角。按喷射过程的特征可将其分为喷射延迟、主要喷射及滴漏三个阶段。

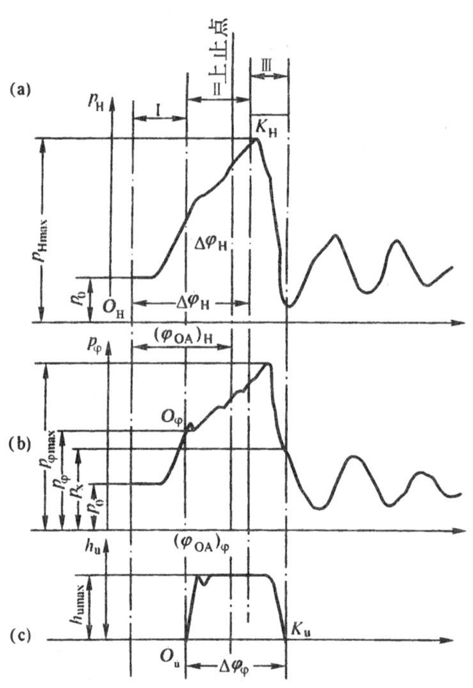

图 3-29　喷射过程的示波图

1. 喷射延迟阶段

从喷油泵供油始点(O_H)到喷油始点(O_u)为止的第Ⅰ阶段为喷油延迟阶段。

喷油器向气缸喷油的时刻比喷油泵内压力开始上升的时刻要落后一段时间。造成这种现象的主要原因,首先是由于出油阀上的卸载容积作用,当油泵压力开始上升时,必须等到卸载容积与高压油管相通后,燃油方能进入高压油管;其次,是在高压下因燃油可压缩性(压力变化 0.1 MPa,燃油体积变化 1/25 000~1/20 000)和高压油管的弹性作用,燃油被压缩而高压油管内的容积在增大,故压力上升较缓慢。

所以在喷油泵供油开始后,高压系统中的油压升高,直到喷油器内压力升高到针阀的启阀压力 p_φ时,针阀才能开始升起,使燃油喷入气缸。

2. 主要喷射阶段

从喷油始点(O_u)到供油终点(K_H)的第Ⅱ阶段为主要喷射阶段。在这一阶段中,喷油器中的压力较高,大部分燃油在此阶段喷入气缸,而且是在不断增高的压力下喷入的,其雾化效果较理想,这一阶段的长短取决于柴油机的负荷,负荷越大,此阶段越长。

3. 滴漏阶段

从供油终点(K_H)到喷油终点(K_u)的第Ⅲ阶段为滴漏阶段。在这一阶段中,喷油器中的压力从最高喷油压力 $p_{\varphi max}$一直下降到针阀落座压力 p_x。要注意当回油孔开启后,喷油泵内压力迅速下降,而喷油器端压力的下降较泵端较为迟缓。这是因为高压油管中泵端的压力先降至剩余压力(p_o)时,喷油泵的排油阀将落座切断高压油管与喷油泵的通路,针阀在油管中压力的支持及其自身惯性作用下并不立即关闭。此时由于喷油器内压力不断下降,喷油量减少,雾化变差,甚至有滴漏现象产生。当喷油器端压力下降到低于针阀落座压力 p_x时,针阀关闭。

因此应力求使针阀断油迅速，将此阶段缩短到最小限度。

(二)供油规律和喷油规律

几何供油规律是指从几何关系上求出的单位凸轮转角(或单位时间)喷油泵供入高压油管中的燃油量随凸轮转角 φ(或时间 t)的变化关系，即 $dg_p/d\varphi=f(\varphi)$ 或 $dg_p/dt=f(t)$。它完全由柱塞的直径和凸轮形线的运动规律决定。

喷油规律是指在喷油过程中，单位凸轮转角(或单位时间)喷油器喷入气缸中的燃油量随凸轮转角(或时间)的变化关系，即 $dg_n/d\varphi=f(\varphi)$ 或 $dg_n/dt=f(t)$。如图 3-30 所示为实际测得的某柴油机供油规律与喷油规律比较。

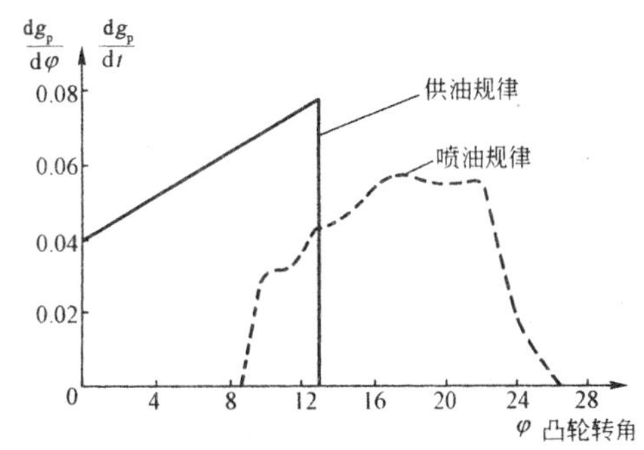

图 3-30 实际测得的某柴油机供油规律与喷油规律比较

供油规律可根据喷油泵几何参数计算得出，而喷油规律则由喷射系统的几何参数和燃油在高压作用下的液力特性综合作用所决定，它们之间有一定的内在联系，喷油规律受供油规律的影响，喷油始点迟于供油始点，喷油持续时间大于供油持续时间，喷油速率的峰值小于供油速率的峰值。

喷油规律在一定程度上控制着燃烧过程，对柴油机性能有重要影响。借助喷油规律曲线可分析、判断：①喷油始点、终点和喷油持续角是否合适；②有无二次喷射、断续喷射等不正常喷射现象；③喷油规律是否符合理想的燃烧过程和放热规律的要求。

(三)影响喷油规律的因素

喷油规律与燃油喷射系统的构造及柴油机的运转工况等很多因素有关，其中主要影响因素有：

1. 凸轮形线和有效工作段

油泵凸轮形线决定了柱塞运动规律，而柱塞的速度变化规律决定油泵的供油规律，从而影响喷油规律。

在柱塞有效行程和供油始点相同的情况下，凸轮外形越陡，油压上升越快，供油速率越大，喷油延迟角和喷油持续角就越小。

当凸轮外形确定后，就要选择凸轮有效工作段的位置。为了获得较短的喷油时间和必需的喷油压力，一般将凸轮的有效工作段选在柱塞运动的高速部分，以减小喷油持续角，提高雾化质量。

2. 柱塞直径和喷孔直径

在不改变柱塞行程而增大柱塞直径时，供油速率增大，喷油延迟角和持续角均减小，有利于燃烧在上止点附近结束，柴油机经济性变好。但初期的喷油速率提高，会使燃烧开始时参加燃烧的油量增多，工作粗暴。

当喷油器的喷孔数不变而喷孔直径减小时，由于喷油阻力的增加使喷油持续角增大，而每度凸轮转角的喷油量减小。此时，由于高压油管中的压力增高，容易产生重复喷射。

3. 高压油管尺寸

高压油管越长，喷油延迟角越大而喷油持续角基本不变，也就是随着高压油管长度的增加，其实际喷油提前角却变小了。如果各缸高压油管长度不相等，则将使各缸喷油规律有所差别，这也是影响多缸柴油机工作转速不均匀的原因之一。为了使各缸喷油规律一致，应尽可能使各缸的高压油管长度相同。

油管内径越小，燃油流动阻力越大，喷油延迟角也越大。

4. 柴油机负荷与转速

当柴油机转速及喷油定时不变时，若增大负荷，其喷油始点基本不变而喷油终点改变（终点调节式），并且增加了后半期的喷油量。

当柴油机负荷及喷油定时不变而改变转速时，随着转速的增加，相应每度凸轮转角的时间缩短，故喷油延迟角和喷油持续角均加大，而每度凸轮转角的喷油量减少。

六、燃油系统维护管理要点及常见故障的处理方法

1.定期装油、驳油和分油

必须定时补充柴油机的燃油。装油量要根据柴油机的耗油量、船舶续航时间、航线情况等原则来确定。装油时每个油舱的存油量不应大于该舱容积的 95%，以防风浪中或温度升高时溢油。在柴油机运行过程中，应定期进行驳油和分油，保证日用油柜有足够量的清洁燃油供应使用，防止燃油不洁净或无油供应而发生事故。驳油时要注意各油柜的油位变化，把日用油柜的油位控制在限定刻度之内（装满后难以区别柜内有无燃油），并通过溢油管上的观察镜监视是否溢油。使用分油机时，应注意防止净油从分油机排水管中跑出。

2.油柜定期放水排污

燃油在运输和储存过程中要严防机械杂质和水分混入。

在沉淀油柜和日用油柜的底部都设有排污阀。应定期开启此阀，把沉积在油柜底部的杂质和水分排出，防止沉积的杂质和水分进入燃油管系造成停车。此外，还应定期清洗油柜，除去污垢。燃油在注入日用油柜前至少要经过 12 h 以上的沉淀。

3.定期清洗燃油滤清器

燃油通过滤器时，燃油中的杂质将被滤出残留在滤网上。为防止杂质过多堵塞滤器，需要定期清洗滤器（特别是燃用重油时）。一般在滤器的进、出口两端装有压力表，可以根据燃油流经滤器进、出口两端时的压力差来判断滤器的工作情况。若压力差超过规定值，说明滤器堵塞严重，需要立即清洗；若无压力差或压力差过低，则说明滤网破损或滤芯安装错误，也须立即拆检。

4.注意喷射系统的充油驱气

系统中存有空气将使柴油机起动困难或在运转中突然停车。在喷油泵、喷油器或高压油管经过拆卸或检修以及燃油滤器经过清洗重新装复时均需要充油驱气。

喷射系统的充油驱气方法视设备和有无气缸检爆阀而定。一般按如下程序进行。

首先，旋开滤器放气螺钉，利用燃油重力或手动泵进行充油排出滤器前的气体。然后，通过喷油泵放气螺钉或排油阀，利用燃油重力或手动泵向泵内压油排出泵内的空气。为将套筒内气体排净，充油排气时应将柱塞停于压油零行程的位置。最后，通过喷油器放气螺钉并撬动喷油泵柱塞向高压油管内供油来驱出高压油管和喷油器内的气体。若柴油机有气缸检爆阀，则此部分放气不必单独进行，可在冲车过程中同时完成。

放气时，应使放气口溢出燃油，至油中不带气泡时为止。然后将放气螺钉关闭。

5.严防喷油泵柱塞在套筒内卡紧

在起动前，应逐个检查各柱塞的活动情况，以防在停车期间，特别是长期停车和套筒内燃油流尽时柱塞在套筒内发生呆滞和卡紧或引起磨损加剧。

喷油泵更新后，为防止新偶件因配合过紧发生卡死现象，应先在低负荷下工作一段时间后再转入高负荷工作。

在柴油机工作中需暂时中断某缸供油时，不应关闭喷油泵进、出口阀，而应该用专门提升机构抬起柱塞；或打开该缸喷油器上的回油阀，使燃油回流。防止因缸内燃油的润滑和冷却使柱塞过热而卡死。重油改轻油时，应注意防止油温的突然变化，以免柱塞和针阀因油温突变而咬死。

6.注意高压油管的脉动情况

在柴油机运行期间，应经常检查高压油管的脉动情况。若发现高压油管脉动突然增强，且喷油泵有“砰砰”的响声，多数原因是喷孔或高压滤器堵塞所致。若高压油管脉动无力且排气冒黑烟，则可能是喷油器启阀压力过低或弹簧折断，喷孔直径过大，针阀卡死或关闭不严，针阀导向部过度磨损；柱塞与套筒严重磨损或排油阀座与套筒结合面密封不良，排油阀关闭不严及减压凸缘过度磨损等原因所引起的。若脉动时强时弱，则可能是柱塞卡滞所致。遇到上述的不正常情况应立即停车检修。

7.经常注意燃烧情况的变化

在柴油机运行期间，应注意气缸内燃烧情况的变化。通常可通过排气温度、排气颜色、爆发压力和转速的变化以及测取示功图等进行综合分析。排气温度是一个十分重要的参数。若排气温度升高，排气冒黑烟，可能是燃油雾化不良、供油提前角过小、喷油量过多等原因所引起燃烧不良的结果。这会使柴油机和增压器的热负荷增大，耗油率增加。在任何情况下，排气温度均不许超过规定限度。

若排气温度和功率下降，转速波动大，可能是某缸喷油量过少，甚至为零，造成各缸供油不均匀所致。其原因大致有：喷油器喷孔堵塞、针阀卡住、高压滤器堵塞、喷油泵柱塞卡住、排油阀不密封、弹簧折断或卡住等；高压油管严重漏油或喷射系统进入空气等。对此，可用前述单缸断油法加以判别。在未查明喷油量下降原因之前，不可盲目增大喷油泵供油量。在查明并排除了故障之后，排气温度仍不正常时，才可调整喷油泵供油量；否则若是因空气汇集或阀面被细小杂物卡住所致，而喷油泵由于燃油将空气或杂物带走而自行恢复原供油后，会使该缸严重超负荷。

爆发压力也是一个重要参数，也反映了缸内燃烧情况，应定期测量。若爆发压力过高、排气温度正常、缸内有过大而不规则的敲击声，当停止该缸泵油后敲击声减小或消失，则说明该缸供油提前角太大；若爆发压力偏高，排气温度偏高，说明该缸供油量过多；爆发过低，排气温度正常，说明供油提前角过小；爆发压力偏低，排气温度偏低，通常是供油量过小；若爆发压力偏低，排气温度偏高，属燃烧不良，后燃严重，应检查喷油泵和喷油器。

根据示功图能更好地分析判断喷射系统工作情况。

8.注意控制最低稳定转速

在多缸柴油机中，由于各缸喷油泵柱塞偶件、喷油器针阀偶件的间隙和喷孔孔径间的差别，以及喷油泵调节杆安装间隙的不同，使得柴油机在低速（低负荷）运转时，各缸供油量显著不均。严重时个别缸不能发火而使转速不稳定，甚至自动停车。因而任何柴油机都有一个各缸能够均匀发火的最低转速，称为最低工作稳定转速（按 GB1833－1989 规定，最低工作稳定转速指柴油机油门在出厂的标定功率位置上带负荷运转所达到的稳定转速。船用主机则指按推进特性运转时的最低稳定转速）。

按我国有关规定，船用低速主柴油机的最低稳定转速不高于标定转速的 30%，中速柴油机不高于 40%，高速柴油机不高于 45%。

9.喷油器常见故障的处理方法

喷油器是燃油系统中工作条件最为恶劣的部件，发生故障的可能性也最大，管理中应引起高度重视。

（1）针阀和阀座密封面磨损

针阀与阀座严重磨损将使燃油漏入气缸，造成燃烧不良。此外，油滴还将附着在喷油嘴下端并在高温下结炭，这种现象叫喷油嘴滴漏。如图 3-31（a）所示，t 为针阀与阀座的正确配合间隙。当阀座因过度磨损而下沉（下沉量为 S）时，如图 3-31（b）所示，燃油须在针阀上升 S 距离后才能通畅喷出。在针阀上升 S 的过程中，少量燃油经阶梯形狭缝流出。这时因节流损失太大，油压很低会造成燃油雾化不良，引起燃烧不良和结炭。再者由于针阀下沉，针阀升程过大，针阀与阀座的撞击加剧。因此要限制针阀升程的增加量，一般规定不得超过 0.15～0.2 mm。针阀磨损的主要原因是燃油中机械杂质的冲刷、燃油的酸性腐蚀和针阀与阀座的撞击作用产生的。严重时应换新。

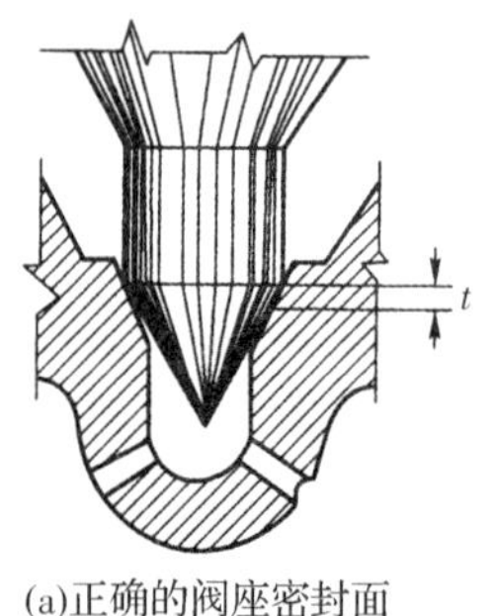

(a)正确的阀座密封面

S

(b)不正确的阀座密封面

图 3-31　针阀与阀座配合状态

（2）针阀偶件导向部磨损

针阀偶件导向部的磨损是由于两者的相对运动产生的。磨损导致两者间隙增大，漏油量增加，引起喷油压力下降和雾化不良。当各喷油器针阀偶件磨损不相同时，各缸喷油量便不均匀。这种现象在低负荷时尤为明显，因而影响柴油机低负荷运行时的稳定性。严重时应换新。

（3）针阀体与本体配合端面渗漏

针阀体与本体配合端面的渗漏主要是由于腐蚀或安装时不洁净造成的。这种渗漏会引起

雾化不良和燃烧变差。发生渗漏时，会在水冷式喷油器的冷却水循环箱中发现燃油；非冷却喷油器将有燃油从紧帽螺纹间隙渗出。检修时应仔细研磨两端面，使其接触贴合恢复良好。

(4)针阀在针阀体中卡阻或咬死

针阀在针阀体中卡阻会造成针阀不能按时启、闭，使整个喷射过程滞后和延长，造成雾化不良、燃烧恶化。此时高压油管脉动减弱，甚至无脉动(针阀完全卡紧时)。

当针阀在针阀体中咬死时，针阀根本不能正常启、闭，喷油器不能工作，咬死在关闭位置会造成该缸停油熄火，柴油机转速降低；喷射系统中的油压迅速升高，高压油管脉动强烈，油管接头处会发生漏油或破裂，导致高压油管和喷油泵发热。咬死在开启位置则会造成雾化不良，燃烧恶化，后燃严重，排气冒黑烟。高压油管脉动减弱。

产生卡阻或咬死的主要原因是燃油中的机械杂质进入针阀偶件导向部的间隙中、喷油器冷却不良、针阀偶件在高温时发生变形以及安装不正等。发现这种情况必须换新。

(5)喷孔磨损、阻塞、结炭和裂纹

喷孔的磨损是由于燃油高速冲刷作用致使喷孔直径增大，当燃油中含有杂质和硫酸时会加速喷孔磨损。喷油器喷孔因受液体磨损，孔径扩大10%以上应更换。

喷孔阻塞主要是由于燃油中含有杂质以及结炭所致。喷孔的磨损和阻塞使燃油雾化不良，破坏了油束与燃烧室形状的正常配合，导致燃烧恶化。若喷孔严重阻塞时，各缸喷油量将不均匀，柴油机低速运行不稳定，高压油管脉动增强、喷油时间延长，后燃加剧。

喷孔内部或外周结炭主要是由于喷油嘴过热所致。若喷油器冷却不良或燃油燃烧距喷油嘴太近，则喷油嘴温度升高。燃油流经喷孔时，喷孔内可能形成一层炭，使喷孔直径减小，造成喷射距离缩短，使燃烧更靠近喷油嘴，形成恶性循环，导致喷孔堵塞。喷孔外周结炭则主要是由于针阀密封不良或关闭不及时所致。因为附着在喷油嘴外面的油膜或油滴会在高温下焦化形成结炭。在燃用重油时，结炭质地坚硬，不易破碎，堆积在喷油嘴外表面，阻碍着燃油的喷射，使燃油油束失去正确的形状和方向，将严重影响燃烧过程。

喷油嘴的裂纹主要是长期高温作用产生的，必须换新。喷油嘴结炭或堵塞时，可用积炭清洗剂浸泡并用探针清通。

(6)喷油器弹簧折断

喷油器弹簧经长期使用后可能因疲劳或腐蚀而折断，新弹簧也可能因调整不当而折断。当喷油器弹簧折断时，启阀压力降低，雾化不良，喷油提前，燃烧粗暴。需换新弹簧。

第三节 船舶柴油机润滑系统

柴油机各摩擦副的适当润滑，对于柴油机工作的经济性和可靠性，以及延长使用寿命具有极为重要的作用。润滑油在各摩擦副工作表面之间形成一定厚度的油膜，保持润滑作用；同时循环滑油可带走部分热量及金属颗粒等杂质，起到冷却、清洗作用；另外滑油还能起到防锈、密封、减振等作用。

根据摩擦表面所处的位置和工作情况，供给摩擦表面润滑油的方法常有：用人工将滑油定期加注到某些摩擦表面；利用连杆大端等零件在高速旋转时的飞溅作用使滑油溅到某些摩擦部位；利用润滑油泵把滑油强压循环输送到柴油机所需的润滑部位；以及通过专门注油器建立高压供给滑油。

由于柴油机各机件的工作条件差异很大（如热负荷、机械负荷、相对运动速度等），必须针对其工作条件的差异，选择合理的润滑方法和适合的润滑油。

一、润滑系统的作用、组成及要求

（一）润滑系统的作用及要求

润滑系统的主要作用是向柴油机各运动部件输送足量的、温度适宜的清洁滑油，保证运动件间的液体摩擦，减少零件的磨损和摩擦功的消耗。因此，对润滑系统的基本要求是：确保润滑油的质量和足够的供油量，确保润滑油的压力和温度在规定范围内。

（二）润滑系统的型式及组成

润滑系统按照润滑油储存的位置不同，可分为湿曲轴箱式（湿油底壳式）润滑系统和干曲轴箱式（干油底壳式）润滑系统两大类。

1. 湿曲轴箱式润滑系统

润滑系统没有专门的润滑油箱，油底壳起着循环油柜的作用。润滑油泵直接从油底壳中把滑油输送到各摩擦表面，润滑后的滑油全部流回油底壳中。

如图 3-32 所示为国产 135 系列柴油机湿曲轴箱式润滑系统，滑油的流动路线如下：

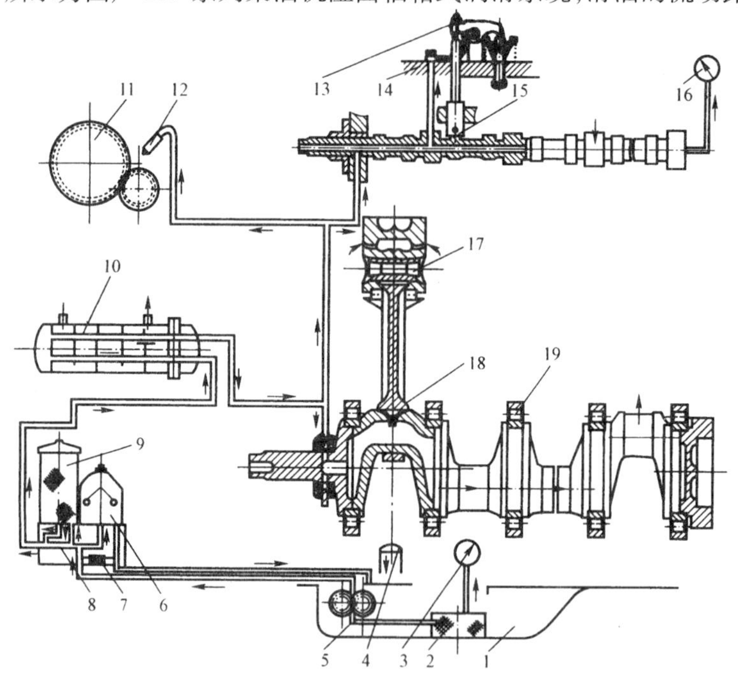

图 3-32　国产 135 系列柴油机湿曲轴箱式润滑系统

1—油底壳；2—粗滤网；3—油温计；4—加油口；5—滑油泵；6—离心式滑油精滤器；7—调压阀；8—旁通阀；9—金属刮片式或绕线式滑油粗滤器；10—水冷式滑油冷却器；11—齿轮系；12—装于盖板上的喷嘴；13—摇臂；14—气缸盖；15—顶杆套筒；16—压力表；17—活塞销；18—曲轴；19—主轴承

滑油泵5从油底壳1经粗滤网2和吸入管将滑油吸入，再压送到滑油滤器底座，在此分为两路：一路滑油进入离心式滑油精滤器6滤清杂质后流回油底壳进行循环过滤；另一路则经金属刮片式或绕线式滑油粗滤器9、水冷式滑油冷却器10后进入柴油机。

滑油泵一般采用能保证滑油压力稳定和流动均匀的螺杆式或齿轮式泵。泵的吸入端管上多装有真空表，真空度不超过33.3 kPa，排出管上装有安全阀和调节压力、流量的旁通阀。

湿曲轴箱式润滑系统结构简单，在小型高速柴油机中普遍应用。但此系统的润滑油与燃烧气体接触机会多、时间长，会使其氧化变质，使用寿命短；当船舶摇摆较大时润滑油泵吸油口易露出油面，不易保证连续供油；对油底壳清洗或更换润滑油也不方便。

2. 干曲轴箱式润滑系统

干曲轴箱式润滑系统设有专门的润滑油箱和两只润滑油泵，它克服了湿曲轴箱式润滑系统的缺点，在船舶柴油机上广泛应用。如图3-33所示为6300ZC型柴油机干曲轴箱式润滑系统示意图。

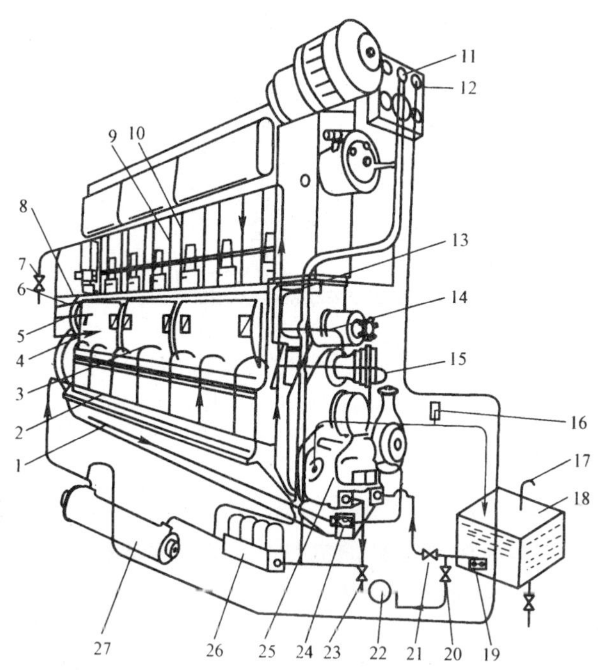

图3-33　6300ZC型柴油机干曲轴箱式润滑系统示意图

1—吸油管；2—主油管；3—主轴承油管；4—凸轮轴传动齿轮油管；5—中间齿轮轴承油管；6—传动齿轮油管；7—放气阀；8—调速器传动装置油管；9—凸轮轴承；10—挺柱油管；11—压力表；12—温度表；13—换向机构油管；14—燃油输送泵油管；15—传动齿轮油管；16—温度计；17—通气管；18—循环油柜；19—滤网；20，21，23—阀；22—电动泵或手摇泵；24—滤网；25—滑油泵；26—润滑油过滤器；27—润滑油冷却器

二、润滑系统主要设备的结构及工作原理

1.滑油滤清器

按照滤清方式划分，滑油滤器可分为过滤式滤器和离心式滤器两种。过滤式滑油滤器种类很多，常见的有：绕线式滑油滤器，滤芯是钢丝或特殊形状的钢带或黄铜带在圆筒骨架上绕

制而成;金属片缝隙式滑油滤器,滤芯是由滤片和中间垫片组成;金属网式滑油滤器,滤芯一般用黄铜或磷青铜丝布,贴在带孔的波纹隔板骨架上;纸质滤芯式滑油滤器,滤芯采用微孔滤纸,并折叠成菊花形和波纹形来增加滤芯面积;锯末滤芯式滑油滤器,滤芯由红松木的锯末和纸浆加石碱压制而成。另外还有自净式滑油滤器等。

离心式滑油滤器的工作原理如图 3-34 所示。它主要由转子组和壳体两部分组成。滑油从进油口 6 进入转子轴内孔,通过空心转子轴侧壁上的油孔进入转子组 2 的内部密封空间。充满在转子组内具有一定压力的滑油通过滤网 3 上油孔压送到喷嘴 4 处。滑油从喷嘴上的喷孔喷出,产生高速喷射油流,并产生切向反作用力,作用于转子组上。转子组上的两个喷嘴喷孔方向相反,两股喷射油流形成一个力偶,于是推动转子组高速旋转(可达 5 000 r/min 以上)。这样,转子内的滑油也随之转动,于是滑油中的机械杂质在离心力的作用下,被甩向转子内腔壁上,而清洁的滑油通过滤网从喷嘴喷出,经过出油口 7 流回油底壳中。离心式滑油滤器滤清效果好,但流通阻力大,出油压力很低,故只能并联在润滑系统中,常用作细滤器(精滤器)。

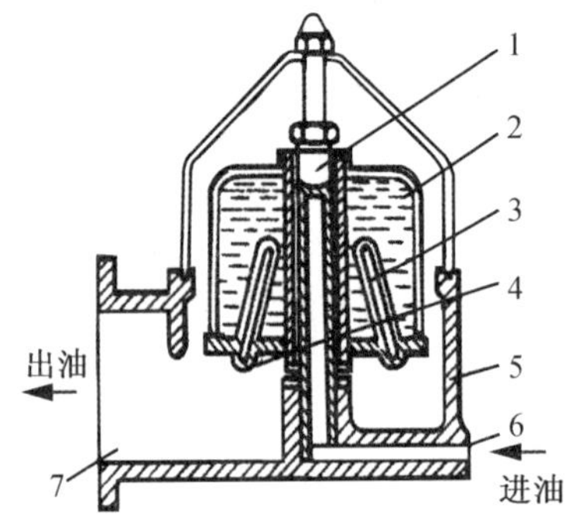

图 3-34　离心式滑油滤器的工作原理

1—转子轴;2—转子组;3—滤网;4—喷嘴;5—滤清器座;6—进油口;7—出油口

2.滑油冷却器

船舶柴油机的滑油冷却器绝大多数都采用水冷式,按不同结构形状可分为管式、板式和螺旋铜管式三类。如图 3-35 所示为 6135 型柴油机的管式滑油冷却器。滑油自进油管接头 18 进入,因受隔板 8 限制而在管外呈曲线状从左至右流动,以增大滑油速度和流程,提高冷却效果。

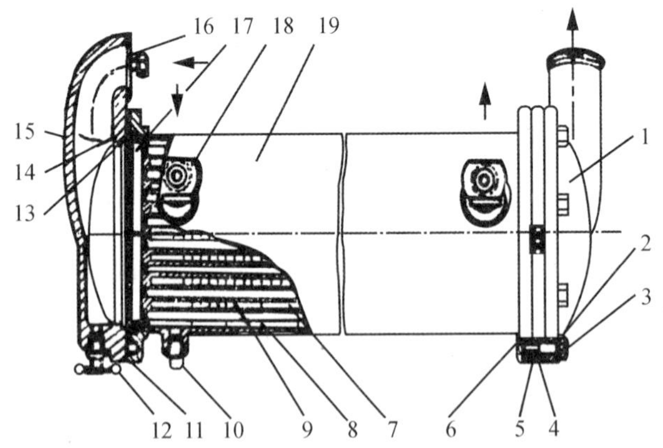

图 3-35　6135 型柴油机的管式滑油冷却器

1—前盖;2—弹簧垫圈;3—螺钉;4—芯子法兰;5,11,16—垫片;6,19—外壳;7—冷却管;8—隔板;9—散热片;10—方头螺塞;12—放水阀;13—封油圈;14—封油垫圈;15—后盖;17—芯子底板;18—接头

三、润滑系统维护管理要点及常见故障处理方法

（一）确保润滑油压力在规定范围内

滑油压力应按说明书规定值进行调节。滑油压力应高于海水压力，以防冷却器漏泄时冷却水漏入滑油中。滑油压力可借压力调节阀调节。

1. 滑油压力的缓慢变化

柴油机起动之初，滑油压力很高，但随着滑油温度的升高，压力逐渐下降；滑油滤器滤芯逐渐变脏，滑油进机压力便逐渐下降；滑油使用期较长后，黏度和压力都逐渐下降；摩擦件工作时间较长后随着油膜间隙的逐渐增加，滑油压力也逐渐下降。上述现象是自然而正常的。

2. 滑油压力的急剧变化

滑油压力的急剧变化是润滑系统工作不正常的表现，发现后应立即检查，直至停车，找出原因并尽快消除。其主要原因是：

（1）滑油从冷却器漏入冷却水中或从破裂的油底壳等处外泄，造成循环油量不足而引起滑油压力急剧下降。

（2）滑油泵工作不正常或失灵，如吸入端滤网堵塞、吸入管道漏泄而吸入空气、吸入阀损坏，使吸油量减少甚至吸不进油；排出端漏泄严重，如油泵装配的端面间隙太大、安全阀或调压阀失灵，滑油压力表管道堵塞等。所有这些都会引起滑油泵出口压力急剧下降，甚至压力表指示不出油压。

（3）滑油泵排出端油道或滤器堵塞，引起滑油压力急剧升高。

（二）确保滑油温度在规定范围内

滑油进口温度应保持在40~55 ℃，最高温度不允许超过65 ℃，冷却器进、出口温差一般为10~15 ℃。滑油温度可通过冷却器旁通阀进行调节。

滑油温度偏高，可能是滑油泵工作不正常、系统堵塞、冷却器旁通阀开启过大或失灵而造成冷却器的流量不足；冷却水泵工作不正常，系统漏泄，造成冷却水流量不足；滑油冷却器的水腔和油腔积垢或堵塞，造成滑油冷却器效率降低；柴油机外负荷过大等。

（三）保证正常的工作油位

经常检查循环柜油位，保证正常油位。油位过低，滑油温度将会升高加速氧化变质，油中杂质无法在循环油柜中得到充分沉淀，严重情况下将有断油危险；油位过高将可能造成溢油危险。运转中，油位突然降低可能由油底壳或管系漏油引起；油位突然升高可能由冷却系统漏水所致。出现这些现象，均必须查明原因，加以排除。

（四）确保滑油质量

（1）保持滑油清洁。轮机管理人员在航行过程中应定期用分油机进行连续旁通分离；定期取油样化验分析，以便于找出滑油变质规律，正确确定滑油使用期限；定期检查清洗滑油滤清器、冷却器。若柴油机或滑油系统经过解体拆修，柴油机工作几个小时后就应拆洗滤清器一次。

（2）防止燃油漏入曲轴箱，并保证曲轴箱通风良好。

（3）严防冷却水和柴油漏入滑油中。

(五)备车暖机

备车时应对滑油柜加温,使滑油预热到 38 ℃左右,以便于杂质的分离和防止油泥沉淀在管壁上,并可减轻滑油泵负荷。加热后即可起动滑油泵,使滑油在系统中循环,防止柴油机起动时出现干摩擦。

第四节 船舶柴油机冷却系统

一、冷却系统的功用、组成及要求

(一)冷却系统功用及要求

冷却系统的主要任务是保证柴油机在最适宜的温度状态下工作,达到既能避免零件的损坏和减小其磨损,又能使柴油机充分发出它的有效功率。目前,柴油机的冷却方式分为强制液体冷却和风冷两种,船用柴油机普遍都采用前者。液体冷却介质通常有淡水、海水、滑油三种。

对冷却系统的基本要求是,向柴油机冷却空间输送连续、足量、规定压力和适宜温度的冷却水。

(二)冷却系统组成

1.开式循环冷却系统

开式循环冷却系统是直接利用舷外水(海水、河水或湖水)冷却各受热部件,然后再排至舷外。如图 3-36 所示为 6300C 型船用柴油机开式循环冷却系统线路图。柴油机前端盖板上装有可逆转离心式冷却水泵 5,由曲轴齿轮直接传动。舷外水经机舱通海阀 1、进水阀 2、海水过滤器 3 和止回阀 4 由冷却水泵 5 吸入后,经三通旋塞 20 被输送到滑油冷却器 18 冷却滑油,再经柴油机的进水总管 6 进入机件冷却水腔,冷却气缸套后由弯管接入气缸盖,最后经调节旋塞 11 转入排气总管的冷却水腔,汇集于出水总管 16 排出舷外。

在滑油冷却器后,有一支路冷却水通往单环式推力轴承底部的滑油冷却器,推力轴承因摩擦产生的热量经滑油传给冷却水带走。开式循环冷却系统的优点是装置简单、方便维护、水源充裕;缺点是水分中含有大量杂质或盐分,易生成水垢,为防止海水盐分大量析出,出水温度不得超过 55 ℃。

2.闭式循环冷却系统

为了克服开式循环冷却系统的缺点,闭式循环冷却系统用经过处理的淡水冷却柴油机受热部件,并在冷却系统内形成封闭循环线路。做封闭循环的冷却淡水再由进行开式循环的舷外水通过淡水冷却器进行冷却。

闭式循环冷却系统可以保持最适宜的冷却水温度,减少了热损失和受热机件的热应力,提高了柴油机的经济性。同时,结垢现象和与冷却水接触的机件的腐蚀情况都要比开式循环系统有显著的改善。

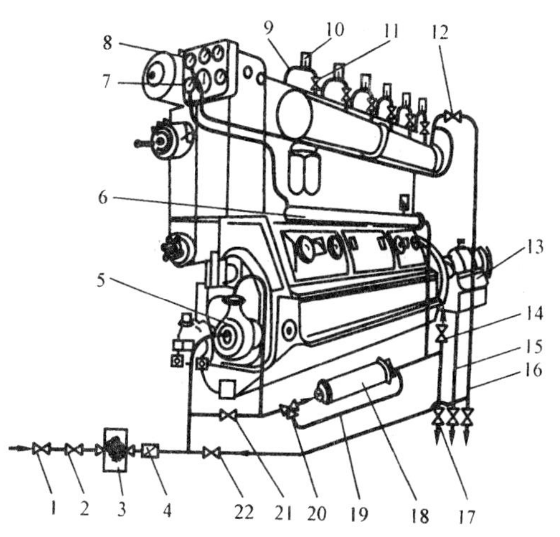

图 3-36 6300C 型船用柴油机开式循环冷却系统线路图

1—通海阀;2—进水阀;3—海水过滤器;4—止回阀;5—冷却水泵;6—进水总管;7—压力表;8—遥测温度计;9—出水支管;10—水银温度计;11—调节旋塞;12—出水观察器;13—单环式推力轴承;14—调节阀;15—轴承出水管;16—出水总管;17—放水阀;18—滑油冷却器;19—旁通管;20—三通旋塞;21—调压阀;22—调温阀

如图 3-37 所示为船用柴油机闭式循环冷却系统的示意图。

淡水由离心式淡水泵 7 泵入柴油机的进水总管 8,经过柴油机各处冷却水腔对各受热机件冷却后,进入出水总管 10,再通过自动调温器 11 进入淡水冷却器 6,被海水冷却后,又由淡水泵吸入重新进行循环。

辅助循环系统是由离心式海水泵 3 将海水经过通海阀 1、海水过滤器 2 吸入,并输送到滑油冷却器 5 和淡水冷却器 6,最后经过阀 15 排出船外。

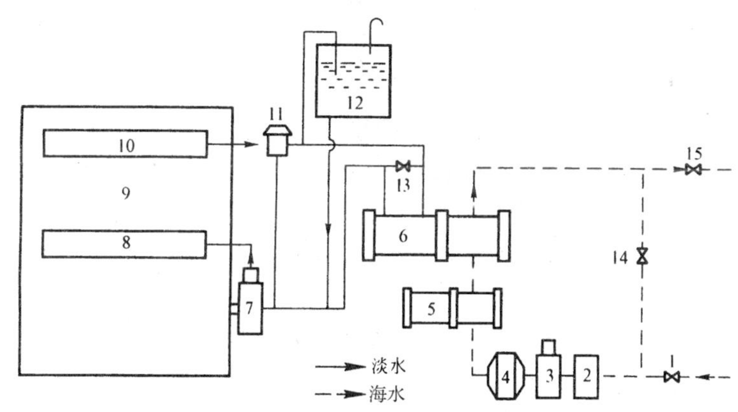

图 3-37 船用柴油机闭式循环冷却系统的示意图

1—通海阀;2—海水过滤器;3—离心式海水泵;4—空气冷却器;5—滑油冷却器;6—淡水冷却器;7—离心式淡水泵;8—进水总管;9—柴油机;10—出水总管;11—自动调温器;12—膨胀水箱;13,14,15—阀

冷却系统的主要设备有淡水泵、海水泵、滤器、淡水冷却器、自动调温器、压力表、温度表、膨胀水箱以及阀门和管路等。

膨胀水箱设置在淡水系统的最高处,各冷却水管系出口的最高处均有细管与膨胀水箱相通,水箱底部用管子与淡水泵的进口相通。膨胀水箱是闭式淡水系统中的重要机件,它有如下功用：当系统中的淡水受热后膨胀或冷却后收缩时，它能提供膨胀与收缩的余地；它能及时排出系统中的气体；当淡水蒸发或系统有漏泄时能及时给系统补水；高置的膨胀水箱还保证了淡水泵具有一定的吸入压力；膨胀水箱还可作为水处理的投药处；暖缸时也可通过它对淡水进行加热。

二、温度调节器结构、功用及工作原理

温度调节器亦称调温器，它是柴油机冷却系统中的温度自动调节设备。柴油机运转时，要求冷却水温能维持在一定范围内。然而冷却水温是随柴油机的负荷大小和转速高低而变化的，要想维持恒温，必须随时调节冷却水的进口温度。具体方法是根据冷却水出机温度的变化，不断调节冷却水进口处冷水与热水的混合比例，从而调节冷却水的进口温度，达到控制冷却水温的目的。目前调温器的型式较多，但较常用的是波纹管调温器和蜡质调温器。

如图 3-38 所示为波纹管式调温器工作原理图。在波纹管型密封容器 2 内装有易于挥发的乙醇或乙醚与蒸馏水混合溶液（比例为 1∶2）。波纹管浸在冷却水的出水流中，感受着出水温度的高低，并产生不同的伸长或收缩。当水温低于所要求的数值时，主阀 6 关小或关闭，旁通阀 3 打开，使得一部分或全部冷却水直接流向循环冷却水泵的入口，不通过冷却器。如果水温达到最大值时，波纹管膨胀到使主阀全开，旁通阀全关，致使冷却水全部流向冷却器，经冷却后再流至循环泵入口。国产 135 系列柴油机用的波纹管式调温器，其初开温度为 70±2 ℃，全开温度为 83±3 ℃。波纹管式调温器结构简单，但是由薄金属片做成的波纹管工作可靠性差，使用寿命也短。

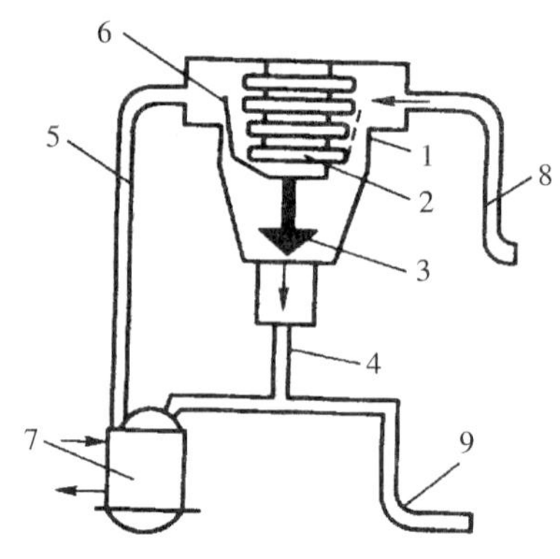

图 3-38　波纹管式调温器工作原理图

1—壳体；2—波纹管型密封容器；3—旁通阀；4，5—水管；6—主阀；7—冷却器；8—柴油机冷却水出水管；9—冷却水泵进水管

如图 3-39 所示为蜡质调温器结构型式。它的感温元件是由感应器体 8 及密封在其中的石蜡组成。为了提高导热性能，常在石蜡中加铜粉。石蜡在 82.5～83 ℃熔化为液体时体积膨胀特别大，通过胶管 6 推动推杆 4，控制与推杆相连的主阀 1 和旁通阀 2。当水温达到最高值时，主阀 1 全开，通往循环冷却水泵入口的旁通阀关闭，冷却水全部进入冷却器经冷却后至水泵入口。这种调温器对冷却系统中的工作压力不敏感，工作可靠，使用寿命较长，但结构比较复杂。

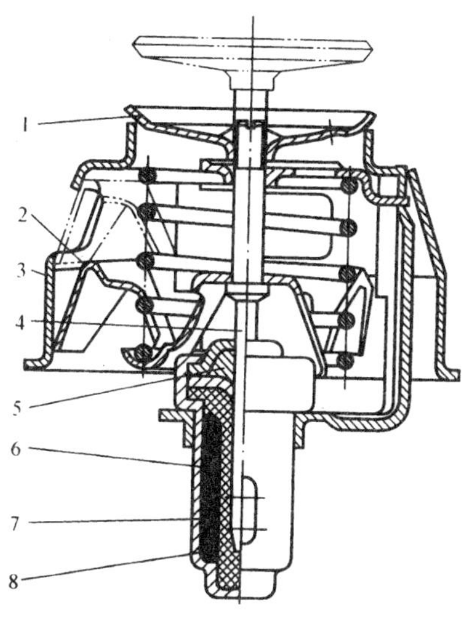

图 3-39 蜡质调温器结构型式

1—主阀;2—旁通阀;3—壳体;4—推杆;5—密封器;6—胶管;7—石蜡;8—感应器体

三、冷却系统的使用特点

柴油机工作时燃气温度高达 1 800 ℃左右,使与燃气直接接触的气缸盖、气缸套、活塞、气阀、喷油器等部件严重受热。机件严重受热的后果有:①材料的机械性能下降,产生较大的热应力与变形,导致上述部件产生疲劳裂纹或塑性变形;②破坏运动部件之间的正常间隙,引起过度磨损,甚至发生相互咬死或损坏事故;③燃烧室周围部件温度过高,使进气温度升高,密度降低,从而减少进气量,增压后的空气温度也会升高,并影响进气量;④润滑油的温度也逐渐升高,黏度下降,不利于摩擦表面油膜的形成,甚至失去润滑作用。因此,必须对柴油机受热机件加以冷却。

然而,柴油机冷却也会带来负面影响:①从能量利用观点来看,柴油机的冷却带来热量损失;②过分冷却导致燃油滞燃期延长,产生爆燃和燃烧不完全,增加能量损失;③机件内外温度差过大,以致热应力超过材料本身的强度而产生裂纹,润滑油黏度变大而增加摩擦功的消耗;④在燃用含硫量较高的重油时,将产生低温腐蚀,使气缸套严重腐蚀等。

因此,在管理中应既不使柴油机因缺乏冷却而导致机件过热,也不使柴油机因过分冷却而造成不良后果,应有所兼顾。基本原则是:按柴油机说明书的规定,确保冷却水进机温度、出机温度及进、出机温差在规定范围内。在保证有效冷却的前提下,适当提高冷却水温度,有利于提高柴油机的热效率。

四、冷却系统的维护管理要点及常见故障处理方法

柴油机工作中,只有确保冷却系统各设备、管路正常工作,才能使柴油机处于良好的工作状态。冷却系统在使用中必须注意以下几点:

1.淡水泵出口压力应调整在正常工作范围

淡水压力应高于海水压力,防止冷却器漏泄时海水漏入淡水中,引起其变质。流量的大小

一般是通过水压来反映的。从水压的变化情况往往可判断系统某些设备发生了故障,如压力下降表示吸入口堵塞或漏入空气,或者水泵效率降低。压力逐步上升则表示内部水垢增厚而使通路狭窄,或者是由于循环路线上的阀门未开足,使得管路阻力增加。

2.淡水温度应根据说明书的规定调整至正常工作范围

勿使淡水出口温度过低(造成热损失增加、热应力增大、低温腐蚀)或过高(使缸壁润滑油膜蒸发,缸壁磨损加剧,冷却腔内发生汽化,缸套密封圈套迅速老化)。对于中高速柴油机,一般出口温度可控制在 70~80 ℃,低速柴油机可控制在 60~70 ℃,进、出口温差不大于 12 ℃。一般淡水出口温度以接近允许上限为宜。在管理维护中,当个别气缸出现水温不正常时,首先应结合排烟温度判明该缸的热负荷情况是否正常,当断定供油量和喷油器正常后,可调整该缸的出水调节阀,改变其循环水量使水温达到正常值。当柴油机已出现过热时,应先减小或卸掉负荷,使水温逐渐下降,切不可立刻停止运转,更不得将热水放掉加入冷水,以免机件骤冷收缩而将活塞咬住,甚至引起炸缸事故。

3.及时检查各缸冷却水的流动情况

如需调整冷却水流量,应调整淡水泵的出口阀,调节速度应尽量缓慢。淡水泵的进口阀应始终处于全开位置。

4.注意膨胀水箱和淡水循环柜的水位变化

如水位降低过快应迅速查明原因,加以排除。

5.在备车时应开动淡水泵进行冷却系统驱气

一般使淡水在系统内循环 15~30 min。在需要时,还应同时进行暖缸,使水温达到 45 ℃左右。暖缸有利于缸内发火,易于起动,还可使滑油均匀布散,防止气缸套严重磨损,并可降低缸壁的热应力。

6.平时应注意检查海底阀是否被杂物堵塞

在寒冷地区航行时应注意海水管系的管理,防止海底阀被冰块卡死。

此外,应定期对水泵加注滑油,检查其水封;定期清洗冷却系统的杂物、水垢;定期检查调温器等。

第五节 ◉ 船舶柴油机操纵系统

船舶柴油机的操纵系统通常由起动装置、换向装置和调速装置等组成,用来满足船舶在各种工况下航行时对船舶主机的起动、换向、调速等机动操纵的需要。

操纵系统中的起动装置、换向装置和调速装置等通过传动机构把它们连成一个统一的整体。传动机构一般有机械式传动、气力-油压式传动、电力式传动或采用混合式传动等型式。近年来,由于气动、液压和电子技术的迅速发展,船舶机舱自动化水平得到迅速提高。操纵系统逐步由机旁的人工操纵发展为在驾驶台或集中控制室进行遥控,实现操纵系统的自动化、集成化和遥控化。

一、起动装置

(一)电力起动装置

1.电力起动装置的功用与组成

电力起动装置采用电能,使柴油机实现起动。其基本原理是:用蓄电池向装在飞轮端的起动电动机供电,电动机再通过同轴上的小齿轮带动轮缘上装有齿轮圈的飞轮,使曲轴转动来起动柴油机。因此,对电力起动装置的基本要求是:保证柴油机活塞在任何位置时,都能可靠起动柴油机。

电力起动的电气系统由蓄电池组,直流起动电动机,接通或断开电动机主电路的电磁开关和控制电磁开关的起动按钮等组成。为向蓄电池充电,通常还装有由曲轴前端通过三角皮带轮带动的直流发电机和调节器,调节器能自动调节发电机的工作电压和防止电流从蓄电池向发电机倒流。可用比重计检查电解液比重的方法检查起动蓄电池电量是否充足。

电力起动装置简单、紧凑、起动方便,广泛用于高速小型柴油机,但起动能量受蓄电池容量的限制,故只适用于300 kW以下的柴油机。船上小型电站和救生艇的柴油机,大多数采用电力起动。

2.对电力起动的要求及起动时的注意事项

(1)电力起动的要求:电动机必须在较低的电压下(一般是12 V、24 V或36 V)具有较大的起动转矩。《内河营运船舶检验规程》规定:起动用的蓄电池组的容量应在不充电的情况下,从冷机连续起动每台主机不少于12次。

(2)起动时的注意事项:按起动电钮延续时间不应超过10 s;两次起动之间的时间间隔应大于1 min;连续三次不能起动时,应查明原因。

3.起动机维护管理要点及常见故障及处理

(1)起动按钮放松后,小齿轮仍不退回(齿轮发出尖锐噪声)

主要原因:电磁开关接触片烧熔、粘牢,电磁开关复位弹簧失灵;螺旋套管与起动机轴之间油污过多、卡牢;拨叉复位弹簧折断或啮合的一对轮齿上有毛刺。

处理:千万不能再按起动按钮;否则相当于重载起动,蓄电池会冒烟,摩擦片“吱吱”响。应先敲打电磁开关外壳,或脱开附近一根电线,停车后再检修。

(2)起动机不转

若蓄电池、连线均无问题,故障就在起动机或电磁开关。用粗导线将电磁开关两个接线柱短路,若起动机此时运转正常,则故障在电磁开关。若此时起动机仍不转,则应拆开检查。若在短路两接线柱时有强烈火花,但起动机不转,说明起动机内部线圈有短路或接铁,因此不能限制电流了。此外应检查电刷架是否接铁而造成短路。

(3)起动机空载时可运转,但无力起动柴油机

可能由于轴承过松而使电枢和磁极碰擦;电刷磨损过多,电刷弹簧压力不足,换向器过于脏污使电刷接触电阻过大;励磁或电枢绕组有局部短路;摩擦片打滑;电磁开关接触不良;起动机轴弯曲;蓄电池容量不足等。应查明原因后排除。

(4)小齿轮与飞轮齿圈不啮合且有撞击声

电磁开关行程不对,闭合过早,此时小齿轮与飞轮齿圈尚未啮合,电枢已经高速回转。应调整偏心螺钉。当轮齿打坏或由于起动机轴与曲轴中心线不平行亦可引起此故障。

(5)啮合后起动机空转

一般因摩擦片严重打滑引起。

(二)压缩空气起动装置的作用、组成及要求

压缩空气起动装置的作用是:将压力为 1.5~3.5 MPa 的压缩空气,按柴油机的发火顺序和规定的起动定时在气缸处于膨胀冲程时引入气缸,以压缩空气代替燃气推动活塞运动,带动曲轴旋转,当达到起动转速后自行发火燃烧,完成柴油机的起动过程。因此,对压缩空气起动装置的要求是:柴油机在各种环境状态下都能可靠迅速起动、消耗功率小,且能确保在短时间内多次起动。此外,人们还希望起动系统操作简便、维修保养方便且易于实现遥控。对于船舶主机,要求曲轴处于任何转角位置和机舱温度低达 5~8 ℃的条件下不需暖机,就能迅速和可靠地起动。

压缩空气起动可提供很大的起动能量,起动迅速可靠,正、倒车均可起动,有时还能用于柴油机的紧急制动,帮助主机刹车。压缩空气起动普遍用于大中型柴油机,船用可直接倒转的柴油机毫无例外地采用这种起动方式。

1.压缩空气起动系统的两种型式

按气缸起动阀的开启方式,压缩空气起动系统分为直接启阀式和间接启阀式两类。

(1)直接启阀式压缩空气起动系统。

该系统主要特点是进入气缸的起动空气全部经过空气分配器,并由它按发火顺序依次送入各缸的气缸起动阀,直接作用在阀盘上推阀开启、进入气缸使柴油机起动。

如图 3-40 所示为直接启阀式压缩空气起动系统图。准备起动时,先打开空气瓶 5 瓶头上的总停气阀 2 和停气阀 3,压缩空气抵达起动旋塞 4。起动时,按动起动手柄使起动旋塞开启,压缩空气即进入空气分配器 6,按起动需要将起动空气送往处于膨胀冲程气缸的气缸起动阀 7,利用压缩空气自身的压力直接压开气缸起动阀后冲入气缸,推动活塞下行使曲轴旋转,同时带动起动凸轮转动,按起动顺序和起动定时依次打开各气缸起动阀向各气缸充入起动空气,让柴油机转动不断加速,达到起动转速并发火运转使柴油机起动。起动成功后,松开起动手柄,主起动阀(起动旋塞)复位关闭,切断气路。支管中的起动空气余气通过空气分配器泄放到大气中,起动过程结束,各气缸起动阀在弹簧力作用下自行关闭。

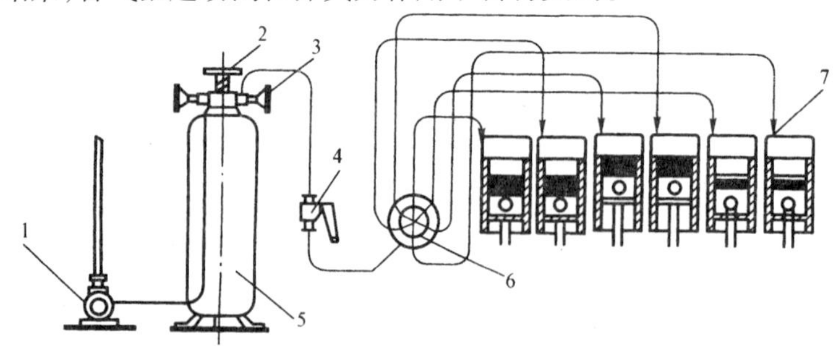

图 3-40　直接启阀式压缩空气起动系统图

1—手摇压气机;2—总停气阀;3—停气阀;4—起动旋塞;5—空气瓶;6—空气分配器;7—气缸起动阀

直接启阀式起动装置的优点是管路布置简单；当气缸内压力大于起动空气压力时，气缸起动阀会自动关闭，防止燃气倒流入空气管。缺点是空气分配器尺寸较大、节流损失较大、起动空气耗量也大。它多用于缸径小于 200 mm 的柴油机上。

(2)间接启阀式压缩空气起动系统

该系统的主要特点是气缸起动阀的起动工作由两路压缩空气配合来完成。一路是由空气分配器来的控制空气，按起动定时启闭各气缸起动阀；另一路是起动空气，当气缸起动阀开启后即进入气缸起动柴油机。

如图 3-41 所示为间接启阀式压缩空气起动系统图。准备起动时，先打开出气阀 8 和截止阀 3，压缩空气抵达主起动阀 4 和起动控制阀 9。起动时，通过起动手柄 10 压开起动控制阀 9，利用压缩空气使主起动阀 4 迅速开启，压缩空气进入起动空气总管 5。再分成两路：一路经各支管到达各气缸起动阀 11 等候在阀的下部；另一路压缩空气通过减压阀减压为 0.4 MPa 后作为控制空气进入起动空气分配器 7，再按起动定时和发火顺序依次送至处于膨胀冲程的气缸的气缸起动阀上部，将气缸起动阀打开，等候在该阀下部的大股起动空气即冲入气缸，推动活塞下行，曲轴旋转使柴油机起动。起动完成后，松开起动手柄，起动控制阀和主起动阀随即关闭，留在管路中的起动空气和控制空气分别通过主起动阀和空气分配器的泄放孔泄放大气。

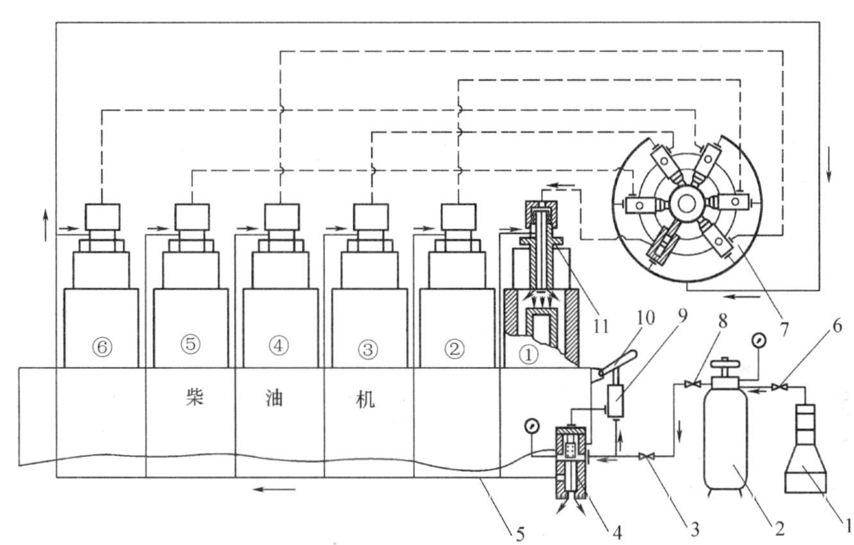

图 3-41 间接启阀式压缩空气起动系统图

1—空气压缩机；2—空气瓶；3—截止阀；4—主起动阀；5—起动空气总管；6—充气阀；7—空气分配器；8—出气阀；9—起动控制阀；10—起动手柄；11—气缸起动阀

间接启阀式起动装置的优点是：气缸起动阀的开启迅速、可靠；因起动空气不经过空气分配器，小股控制空气流经空气分配器时节流损失小，空气耗量少，能满足连续多次起动的要求。它的缺点是装置较为复杂。目前，船舶大中型柴油机广泛采用这种起动装置。

2.对压缩空气起动系统的要求

(1)压缩空气要具有一定的压力和足够的储量

为了保证柴油机迅速起动，压缩空气必须提供足够的能量，也就是要具有一定的压力。船舶柴油机的起动空气压力一般应保持在 2.5~3.0 MPa，最低起动空气压力与柴油机的构造型式、柴油机磨损程度，起动时的气缸及环境温度、起动装置的完善性等因素有关。起动时所需

压力并不一定非要到 3 MPa，条件理想时不到 1 MPa 就能使柴油机起动。

压缩空气要有足够的储量，《内河营运船舶检验规程》规定，可换向的主机，每部主机的起动空气瓶容量必须在不充气的情况下，应能保证冷车时连续倒、顺车交替起动不少于 12 次；对不可换向的主机，每部主机的起动空气瓶容量必须在不充气的情况下，应能保证冷车时连续起动不少于 6 次。

（2）供气要适时并有一定的延续时间

压缩空气进入气缸有一定的起动定时要求。因为这种起动方式是用压缩空气代替燃气推动活塞使曲轴转动的，所以它必须按照一定的时间规律送入气缸，即在活塞处于膨胀冲程开始的某一适当时刻才进入气缸并延续至排气阀开启前停止进气。柴油机的起动定时（即空气分配器定时）及供气的延续时间（以曲柄转角计）与柴油机的型式、气缸数目、起动空气压力及柴油机的标定转速等因素有关。合适的起动定时既有利于起动，又能节约空气耗量。一般中高速四冲程柴油机，空气分配器在上止点前 5°～10°曲轴转角开启，供气延续时间一般不超过 140°CA。

（3）必须保证最少的起动气缸数

为了保证曲轴处于任何位置都能随时起动，必须满足柴油机在任何位置停车时至少有一个气缸处于起动位置，气缸数过少就不能满足这个要求。例如单缸柴油机，若停车后活塞刚好处于下止点附近，此时即使充入压缩空气也无法使柴油机起动，只好先盘车使活塞处于膨胀冲程适当位置，才能充气起动。

为确保停车在任何位置均能顺利起动，还要求按发火顺序的相邻缸之间进气角度有一定的重叠时间，在此重叠时间内，会有两缸在同时进气，前一缸进气的末尾与下一个缸的进气开始相重叠，这样可保证向各缸充气的连续性，有利于加速起动。

对于四冲程柴油机，在 720°曲柄内各缸要有一次供气，供气延续时间为 120°～140°曲柄转角。为了保证各缸起动供气时间能衔接，它的最少起动缸数为 6 缸。

（4）要按一定的发火顺序向各缸供气

多缸柴油机起动时，压缩空气不应同时进入各个气缸，而应按着发火顺序的要求依次进入各缸。这个要求由空气分配器和起动凸轮来保证实现，因此空气分配器和起动凸轮应正确安装和调整。

3.辅助起动装置及低温起动装置

（1）辅助起动装置

①起动减压装置：用于人力起动，起动时利用减压装置将进气阀的顶杆抬离进气凸轮，使进气阀开启，保持气缸与大气相通状态。起动时就避开了较大的初始压缩阻力，到柴油机飞轮和曲轴达到足够的空转转速后，再通过装置突然落下顶杆，使进气阀复位封闭气缸，利用飞轮惯性克服第一次压缩过程的阻力，使气缸内气体温度陡增，燃料自燃而完成起动过程。

②起动加浓装置：在起动过程加大喷油量，使气缸内混合气中的油分变浓，更易发火燃烧，这就是起动加浓。

有的机型在调速器外部装有起动加浓按钮或拉杆，供起动时使用；有的机型（如国产 135 系列柴油机使用的Ⅱ号喷油泵）调速器内设置的起动弹簧能在起动过程中起自动加浓的作用；一般柴油机在起动时适当加大供油量，起动成功后立即恢复相应转速的正常供油量也是一种起动加浓。

(2)低温起动装置

在严寒环境中,气缸散热严重,气缸内空气压缩后,较难达到所需的温度,为使低温时起动顺利,常用不同的低温起动装置供低温环境下起动时使用。

①冷却水预热装置:通过加水口或专门的加热水管路,向冷却水系统输入热水,使水充满气缸冷却水套,提高气缸温度,减少气缸散热。这是改善低温时起动性能最方便、最有效的方法。

②进气空气加热装置:这种装置用在电力起动系统中。起动时同时按下加热按钮,既能使插入气缸中的电热塞通电,使电阻丝红热来加热缸内空气,同时还能利用电阻丝产生的高温点燃喷入气缸内的燃油,加快新鲜空气的加热。采用这种装置的柴油机,在-10 ℃的环境下,15 s内能顺利起动。

严寒天气起动时,应急情况下可拆除进气滤清器,将燃着的油棉纱放在进气管边,进气时气缸在吸入新鲜空气的同时还吸入了“火焰”,能使柴油机很快起动成功。这种进气加热方法要注意使用场合。

③润滑油预热装置:低温起动时,由于冷机温度低,润滑油黏度过大,使柴油机起动摩擦阻力增大,造成起动困难。有些柴油机在滑油系统(或油底壳)内装有加热器,起动前备车时先通入蒸汽或热水,使滑油温度升高,黏度减小,使起动能较顺利地进行。

4.压缩空气起动装置定时检查及调整方法

压缩空气起动装置的定时是由起动空气分配器定时来决定的。由于起动空气分配器种类不同,控制方式有别,没有统一的检查和调整方法,应按说明书的要求分类调整。对于安装于同轴、由不同起动凸轮控制的单体式分配器,当分配器挺杆与起动凸轮基圆接触,观察孔的刻线应与滑阀下部刻线重合。若不正确,可根据说明书的要求,通过改变装于分配器滑阀下面的调节杆的装配长度,实现单缸调整。对于圆盘控制式分配器,则是将某缸活塞转至起动位置时,使分配器盘上的腰形孔与分配器体上通往该缸的气孔全部打开,然后固紧螺母装好分配器盖即可。

5.压缩空气起动装置维护管理要点及常见故障处理方法

(1)经常检查系统中的部件,对各种阀件要定期保养、清洁、润滑,防止部件锈蚀、卡阻或漏气。检查时要注意各部件动作是否灵活、是否气密。各气路、气孔和余气泄放孔是否通畅,以防止起动时动作混乱,起动困难。

(2)平时要定时泄放空气瓶及各阀件中的残水,定期清洗空气过滤器。保持压缩空气的洁净、干燥可减少运动件生锈、卡阻的可能。

(3)对有定时要求的机件,如空气分配器、起动凸轮等应按要求调整准确,并可靠锁紧,不得随意变动,运转中也应时常进行检查。

(4)对工作条件恶劣的气缸起动阀要加强检查和保养,倘若发生漏气,则运转时会使高温燃气倒流,使空气管发热并使其他机件受到损害。

6.压缩空气起动系统常见故障及排除

(1)柴油机不能起动

①盘车机未脱开。只要脱开盘车机,即能起动。

②空气压力不足。检查空气瓶压力及出气阀、主停气阀的开启情况,根据检查情况补充空

气和开足有关阀件。

③起动控制阀芯咬死或磨损。可清洗或换新。

④主起动阀卡阻在关闭位置,起动空气不能进入气缸。可改为手动进行应急起动,停车后再停气拆检使阀能灵活动作。

⑤起动空气分配器滑阀咬阻和磨损漏气或定时不准,不能使相应气缸起动阀开启。应查明原因予以排除。

⑥气缸起动阀卡阻或严重漏气。可用专用手柄将阀压动或更换阀芯。

(2)起动时曲轴能转动,但达不到发火起动转速

①起动空气压力太低。应补充空气和将阀开足。

②环境温度较低,柴油机暖缸不足、润滑油黏度太大。应暖缸提高气缸温度。

③起动操纵动作过快。应重新起动。

④个别气缸的空气分配器或气缸起动阀咬死或动作不灵活。应拆检清洗。

(3)某一缸起动空气管发热。应检修该缸气缸起动阀,防止漏气造成燃气倒灌。

(三)气动马达起动装置

1.气动马达起动装置的功用

气动马达是一种做连续旋转运动的气动执行元件,是一种把压缩空气的压力能转换成回转机械能的能量转换装置,其作用相当于电动机或液压马达,它输出转矩,驱动执行机构做旋转运动, 从而实现柴油机的起动。

2.气动马达起动装置的组成

(1)气压发生装置。用来获得压缩空气的装置,由电动机、空气压缩机与储气瓶组成。它将原动机提供的机械能,通过空气压缩机转变为气体的压力能。

(2)执行元件。由气动马达、减速齿轮、输出轴和输出齿轮等组成。它以压缩空气为工作介质,把压缩空气的压力能转换为机械能,从而实现旋转做功的能量转换装置。

(3)控制元件。由气控制阀、油控制阀、继气器和起动按钮等组成。起动装置在这些元件的控制下,按照预定的程序实现柴油机起动。

(4)辅助元件。由分水滤气器、减压阀和油雾器组成,用于净化压缩空气及润滑控制元件和执行元件,以及调整气动马达的工作压力。

3.对气动马达起动装置的要求

(1)可以实现无级调速。只要控制进气阀或排气阀的开度,即控制压缩空气的流量,就能调节马达的输出功率和转速。

(2)具有连续工作的性能,可反复进行多次起动。

(3)有过载保护作用,不会因过载而发生故障。

(4)具有较高的起动力矩,可以直接带载荷起动。

(5)安全可靠,操纵方便,维护检修容易,能适用于恶劣的工作环境。

4.气动马达管理维护要点

(1)每次起动前,应观察油雾器内是否有足够的润滑油,不得少于其容积的1/3,同时油面不得超过加油塞的下面。

(2)起动时,应首先接通气源,再打开气开关,使气路畅通,待完成起动后,迅速关闭气开关。

(3)系统工作时,必须保证油雾器对系统的正常润滑。

(4)应经常检查气动马达各部分紧固螺栓,不得有松动;检查各接口处密封,不得有漏气现象。

(5)注意油雾器及继气器进、出口方向,不得反装。

(6)气动马达不可在工作气压下长时间无负荷运转。

5.气动马达常见故障处理方法

(1)气动马达的故障分析及处理

气动马达的故障主要是由于本身技术状态恶化而产生的,但辅助元件或者控制元件工作不正常,也会导致气动马达不能正常运转,如表 3-1 所示为气动马达的故障及处理方法。

表 3-1 气动马达的故障及处理方法

故障现象:气动马达不工作		
故障可能原因		处理方法
1	气动马达叶片被油垢黏附,卡滞在定子里	拆开气动马达,用工具将叶片从槽内取出并清洗
2	气动马达因内部锈蚀卡滞。新机首次起动或长期停用后再起动时易发生此故障	拆开马达,清除内表面上的锈蚀,在定子内表面及转子外表面加少许润滑油,使转子转动自如
3	继气器活塞卡滞,压缩空气不能进入马达	拆检继气器并清洗,必要时更换活塞上的密封胶圈
4	气控制阀的活塞卡滞,压缩空气不能进入气动预供机油泵组的气马达,致使预供机油泵不能运转,油控制阀、继气器均无信号输入	拆检气控制阀并清洗,必要时更换活塞上的密封胶圈
5	油控制阀活塞卡滞,密封座圈不能离座,控制气不能通过出气口进入继气器	拆卸油控制阀并清洗。检查活塞上密封胶圈及回位弹簧,必要时更新配件
6	油控制阀密封座圈卡滞不能落座,使控制气从放气口泄出,引起并联进入气控制阀的气压下降,活塞不能上移	拆检油控制阀,清洗后装复
7	油路中进入空气,气动预供机油泵虽然运转,但不泵油,致使油控制阀、继气器均无信号输入	拆开润滑油路上的单向阀,按下起动按钮,使预供机油泵运转,排出油路中的空气

(2)控制元件的故障分析及处理

气控制阀、油控制阀、继气器等故障的主要表现是动作失灵和漏气。大部分故障是密封件技术状态恶化和压缩空气质量低劣造成的,如表 3-2 所示为控制元件的故障及排除方法。

表 3-2 控制元件的故障及排除方法

故障现象:活塞卡滞、动作失灵		
故障可能原因		处理方法
1	活塞上 O 形密封圈泡涨	拆卸清洗,更换失效密封圈
2	灰尘及锈末在活塞和导向部分之间	拆卸清洗,清除灰尘、锈末等,检查分水滤气器工作是否正常
3	润滑不良,摩擦阻力增大	检查油雾器工作情况是否正常
故障现象:密封不良,漏气或漏油		
故障可能原因		处理方法
1	活塞上 O 形密封圈老化、收缩或密封座圈的胶圈老化	拆卸清洗并换新件
2	弹簧弹力减弱	更换新件或调整弹簧弹力

(3)分水滤气器的故障分析及处理

压缩空气质量的好坏,主要取决于分水滤气器的工作情况是否正常。当分水滤气器技术状态恶化时,压缩空气净化程度将急剧下降,应及时防水和清洗滤芯,如表 3-3 所示为分水滤气器的故障及处理方法。

表 3-3 分水滤气器的故障及处理方法

故障现象:压力降过大		
故障可能原因		处理方法
分水滤气器的滤芯堵塞		拆卸分水滤气器、清洗滤芯,必要时更新配件
故障现象:输出端排出冷凝水		
故障可能原因		处理方法
水杯内存水已满		放出杯内存水
故障现象:漏气		
故障可能原因		处理方法
1	密封胶圈老化、失效	更换密封胶圈
2	水杯损坏	更换水杯

(4)油雾器的故障分析及处理

油雾器的故障主要是不滴油和漏气,大多是使用不当造成的,如表 3-4 所示为油雾器的故障及排除方法。

表 3-4 油雾器的故障及排除方法

故障现象:不滴油		
故障可能原因		处理方法
1	油雾器装反	改变安装方向,使油雾器上箭头指向与气流方向相同
2	油道堵塞	拆卸清洗,疏通油道
3	通往油杯的气道堵塞,致使油杯内油面未加压	拆卸清洗,疏通气道
4	加油过多,使气腔内充满了油,加压作用消失	放出多余的润滑油
故障现象:漏气		
故障可能原因		处理方法
1	密封胶圈老化失效	换新胶圈
2	视油窗下 O 形密封圈未压紧或失效	压紧密封圈或换上新件
3	油杯失效	更换油杯,切忌用丙酮、甲苯等清洗

二、调速装置

(一)船用柴油机调速器的作用和工作原理

1.调速器的作用与类型

1)调速器的作用

柴油机的不同转速是通过改变每一循环的喷油量获得的。在一定的外界负荷条件下,供给柴油机一定燃油量,使柴油机发出的功率与外界负荷相平衡,柴油机就在某一转速下稳定运转。

船用柴油机的外界负荷是经常变动的,欲使柴油功率与新的外界负荷相适应,就应及时改变喷油量。为了使柴油机在选定的转速下稳定运行,必须装有专门的调速装置——调速器,通过它自动地改变柴油机的循环喷油量,以适应外界负荷的变化。

船舶主机和发电柴油机的运转条件和要求不同,当外界负荷变化时,其自身的适应能力也不同,因而对调速的要求不同。

发电柴油机要求在外界负荷(用电量)变化时能保持恒定的转速,以保证发电机输出的电压和频率恒定,满足并车及供电需要。如果不装调速器,会出现两种倾向:当用电量增加时,柴油机原有喷油量所发出的功率就小于电网负荷的功率,柴油机转速会下降,导致输出功率的减小,使输出功率与负荷之间进一步不平衡,最后导致柴油机停车;反之,当用电量减小时,也会由于输出功率与负荷之间不平衡,导致柴油机转速不断提高,直至“飞车”。所以发电柴油机必须装设定速调速器,确保外界负荷变化时,柴油机的转速基本不变。

用作船舶推进的主柴油机,受装载、风力、波浪及水流等影响,外负荷(船舶阻力)会忽大忽小。若外负荷减小,而喷油量不变,柴油机就会增速,但增速后又使它的阻力矩迅速增大(与转速二次方成正比),因而在一个较高转速时自动达到功率平衡,柴油机即在较高转速自行稳定运转;反之,若外界负荷增加而喷油量不变,则柴油机就会自动在一个较低的转速下稳定运行。

由此可见，主机具有自动调速性能来适应外界负荷的变化，因而如果不要求主机恒速运转，按理可以不装设调速器。但为了保证主机在特殊航行条件下（风浪中螺旋桨露出水面、断轴、掉桨）的安全，根据中国船级社《内河船舶入级规范》有关规定，必须装极限调速器（简称限速器），当主机转速增至115%标定转速时自动切断燃油供给。另外，为了避免因风浪、水流等变化而造成的主机转速上下波动，提高柴油机的工作可靠性和工作寿命，通常都在主机上装设全制式调速器，使转速不随外界负荷变化而产生波动。

2）调速器的种类

（1）按转速调节范围分类

极限调速器（限速器）：用以限制柴油机的最高转速，以防止柴油机发生事故，只有当转速超过某一规定值时才起作用，柴油机正常运转范围内不起调节作用。按船舶规范要求，台架试验时，当转速增至103%标定转速时，它自动减油，当转速增至115%标定转速时，它能自动切断燃油供给。这种调速器只用于船舶主机，但目前已很少使用。

定速调速器（单制式调速器）：它可以使柴油机保持在所规定的转速范围内稳定运转。这种调速器通常用于发电柴油机上，在调节系统中，通过调节手轮可在规定转速上下调节5%，以满足并车操作要求。

全制式调速器：可在柴油机全部转速范围内任意选定不同的转速，并能自动调节燃油量，保持选定的转速稳定不变。这种调速器广泛应用于船舶主机和发电柴油机。

双制式调速器：它有高、低两个转速控制点，用以限制最高转速及改善柴油机怠速工况的稳定性。其中间的转速工况由人工直接控制。它用在带有离合器（船用齿轮箱）或对低速性能要求较高的船舶柴油机上。

（2）按作用原理分类

机械调速器（直接作用式）：它直接利用飞铁（飞重）产生的离心力与调速弹簧张力之间的不平衡力去移动油量调节机构来稳定柴油机的转速。其结构简单、工作可靠、维修方便，广泛用于中小型柴油机。其缺点是工作能力较小，不能实现恒速调节。

液压调速器（间接作用式）：它利用飞铁产生的离心力与调速弹簧张力之间的不平衡力去操纵液压伺服器（油压放大器），利用液压作用产生更大的动力去移动油量调节机构来调节柴油机的转速。液压调速器转速调节范围广、调节精度高、稳定性好、通用性强，但其结构复杂、调试及维护所要求的技术较高，它广泛应用于大中型柴油机。

电子调速器：信号监测或执行机构采用电气方式的调速器称电子调速器。

此外，船用柴油机除按规定和使用要求安装上述的调速器外，为了确保柴油机运转安全，防止在调速器损坏时造成柴油机的超速损坏，按中国船级社《内河船舶入级规范》有关规定，凡标定功率大于220 kW的船用主机和船用发电柴油机还应分别装设超速保护装置，以防主机超过120%标定转速和发电柴油机超过115%标定转速。

超速保护装置与调速器不同，它只能限制柴油机的转速，本身无调速能力，在柴油机正常运转范围内不起作用，只在转速达到规定值时才动作，使柴油机立即停车或降速，故它是一种运转安全装置。按相关规定，超速保护装置必须与调速器分开而独立运行工作，其保护动作必须迅速可靠。

2.机械离心式调速器工作原理

如图3-42所示为机械式调速器原理图。转轴1通过齿轮传动由柴油机曲轴驱动，飞铁座

架2与转轴一体。飞铁3铰接在飞铁座架上。滑动套筒4滑套在转轴的上段,其下端压在飞铁推脚上,上端受调速弹簧5的张力压制(调速弹簧张力大小可通过调节螺钉7进行调节)。9为直角形杠杆,左端活动地插入滑动套筒的环槽内,可随套筒上下移动而摆动,其上端与油量调节杆8相铰接。

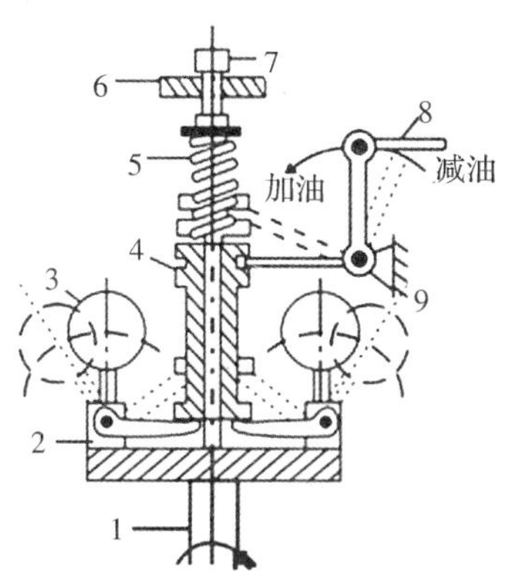

图3-42 机械式调速器原理图

1—转轴;2—飞铁座架;3—飞铁;4—滑动套筒;5—调速弹簧;6—本体;
7—调节螺钉;8—油量调节杆;9—直角形杠杆

柴油机运转时,飞铁座架和转轴一同旋转,飞铁便产生离心力,通过推脚向上作用在滑动套筒下端,滑套的上端受调速弹簧向下的张力作用。当柴油机发出的功率与外界负荷刚好平衡时,其转速稳定,飞铁的离心力与弹簧张力相等,柴油机稳定运转。

若外界负荷减小,则柴油机发出的功率会大于外界负荷而使转速增加,这时飞铁离心力将大于弹簧的张力而使滑动套筒上移,通过直角形杠杆迫使油量调节机构向减油方向移动(如图3-42中虚线所示)。随着喷油量减少,柴油机转速便下降,飞铁离心力减小,直到其离心力与调速弹簧张力又平衡为止,此时柴油机又重新稳定运行。

从图3-42中虚线可以看出,新的滑动套筒位置稍高于原来位置,调速弹簧稍被压缩。因此,外负荷减小后,在新的稳定位置,飞铁的离心力比原先的大,经调速器自动调速后的转速比原来梢高。出现转速差,是机械式调速器难以避免的固有特性。

同理,当外界负荷增加时,调速器的动作与上述相反,柴油机在飞铁离心力与弹簧作用力都彼此减小的情况下稳定工作,重新稳定的转速比原转速稍低。

另外,若想提高柴油机的转速,可将调整螺钉向下旋动,加大调速弹簧5的张力,使油量调节机构向加油方向移动;若想降低转速,将调节螺钉旋出,减小调速弹簧张力,使油量调节机构向减油方向移动即可。

机械调速器直接利用飞重的离心力与调速弹簧之间的不平衡力来移动油量调节机构实现调节柴油机的转速,所以也称为直接作用式。该调速器的结构简单,维护方便,但因其工作能力较小,灵敏度和精度均较差,因此多用于油量调节机构阻力不大的中小型柴油机上。

3.液压调速器工作原理

对于大功率柴油机,油量调节机构的阻力较大,调节油量所需要的力较大。为了使调速器具有一定的灵敏度和足够的工作能力,则需要在感应机构和油量调节机构之间布置液压放大机构。由于柴油机油量不是直接依靠飞重的离心力与调速弹簧之间的不平衡力来调节,而是利用液压油缸的作用力来实现,所以这种调速器也称为间接作用式调速器。

液压调速器利用飞铁产生的离心力与调速弹簧张力之间的不平衡力去操纵液压伺服器(油压放大器),利用液压作用产生更大的动力去移动油量调节机构来调节柴油机的转速。液压调速转速调节范围广、调节精度高、稳定性好、通用性强,但其结构复杂、调试及维护所要求的技术较高,它广泛应用于大中型柴油机。

1)无反馈简单的液压调速器

如图 3-43 所示为无反馈液压调速器动作原理图。当柴油机稳定运转时,飞重的离心力与弹簧的预紧力相平衡,此时滑阀封闭液压伺服器的上、下控制孔;伺服器的动力活塞静止不动,喷油泵齿条不动,柴油机保持稳定转速。

若外界负荷减少,柴油机转速升高,飞重离心力增大,飞重外张,带动滑套上移。使 AB 杆以点 A 为支点逆时针转动,B 点带动滑阀上移,上、下控制孔打开,压力油进入伺服油缸下侧而上侧空间与低压空间相通。在油压差的作用下,动力活塞上移并带动喷油泵齿条向减油方向移动,使转速降低。当转速恢复到原设定转速时,AB 杆和滑阀又回到原平衡位置,切断伺服油缸工作油通路。动力活塞停止在新的位置上不动,调节过程结束;反之,当柴油机负荷增加时,转速降低,调节过程按相反方向进行。

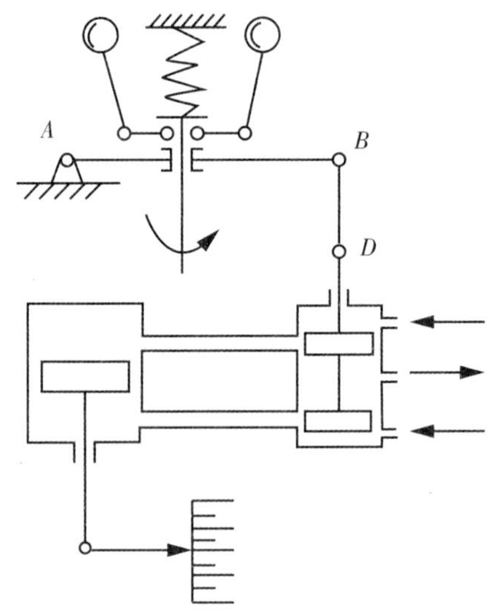

图 3-43　无反馈液压调速器动作原理图

但是,这种无反馈装置的简单调速器,在调速过程中,由于惯性使滑阀和动力活塞的运动总是滞后于发动机转速的变化,因而其油量的增减不可能根据负荷的变化而做到适可而止地调节,调节总是位移过度,而又总是企图维持原速,最终使转速连续波动而不能稳定工作,甚至有可能发生急剧波动而根本不能工作。

2)带有反馈装置的液压调速器

为了使上述调速器能稳定调节,具有实用价值,在调速器中必须加入一种装置,其作用是在动力活塞移动改变油量的同时对控制滑阀产生一个反作用,促使其向平衡位置的方向移动,减少柴油机转速波动的可能性,这种装置称为反馈机构。

在液压调速器中使用的反馈机构主要有刚性反馈机构和弹性反馈机构。

(1)刚性反馈液压调速器

如图 3-44 所示为刚性反馈液压调速器结构原理图。与前述无反馈的简单液压调速器不同之处是,杠杆 AB 上端 A 不安装在固定的铰链上,而是改为销轴与伺服活塞的活塞杆相连。这样动力活塞的位移就通过杠杆反馈至滑阀上,反馈环节采用机械连接,故称为刚性反馈。

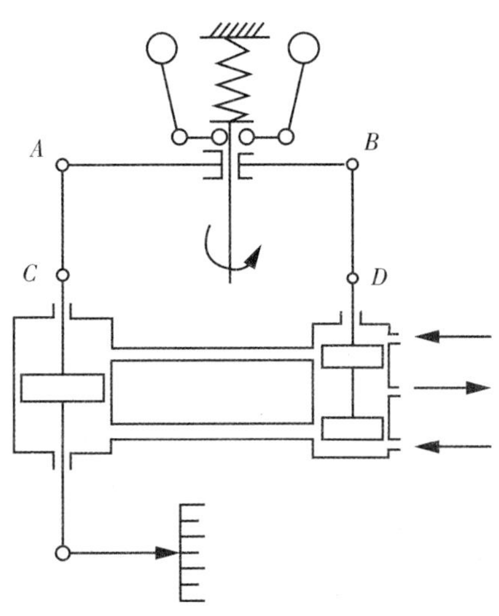

图 3-44 刚性反馈液压调速器结构原理图

当外负荷突减时,柴油机转速增加,飞重离心力增大压缩弹簧,此时动力活塞尚未动作,反馈杠杆 AB 以端点 A 暂时作为固定点,杠杆 AB 绕 A 点反时针转动,带动滑阀上移,把控制孔打开,高压油便进入动力缸的下腔,上腔与低压油路相通。这样高压油便推动动力活塞带动喷油泵调节杆向上(减油方向)移动,按照新的负荷减少燃油供给量。

在动力活塞上移的同时,杠杆 AB 顺时针摆动带动与 B 点相连接的滑阀向下移动。与此同时,由于减油后,发动机转速下降,飞重回收,滑阀向下移动,在这两个力的共同作用下,滑阀迅速回复原来位置,防止供油量减少过头,使转速尽快稳定;反之,当柴油机负荷增加时,转速降低,调节过程按相反方向进行。

但是这种调速器调速终了时,滑阀回到原位,伺服活塞(连同油量调节杆)移动了一个新的平衡位置,故 A 点已不在原位,而随着外负荷大小而变动。与滑阀相连的 B 点在任何稳定工况下均回到原来位置,所以 AB 杆相连的滑套的位置也发生了改变。滑套位置的改变使弹簧弹力发生改变,从而导致稳定转速的变化。如图 3-44 所示的情况分析可知,当外负荷减小时(弹簧又稍被压缩),新的稳定转速将比原来转速升高;反之当外负荷增加时,新的稳定转速将比原速稍有降低。其结论是:刚性反馈液压调速器不能实现无差调速。

(2)弹性反馈液压调速器

如果要求负荷变化时,调速过程既要稳定,又能保持发动机转速恒定不变,就必须采用带有弹性反馈系统的液压调速器,如图 3-45 所示。

这种反馈形式是在刚性反馈的基础上增加了一个弹性环节,由缓冲器 K、补偿弹簧 S、节流针阀 C 组成。补偿弹簧的一端同固定的支点相连,另一端则与缓冲器 K 中的活塞相连。缓冲器的油缸与伺服器的动力活塞成刚体连接。缓冲器 K 油缸两个空间通过管道与节流针阀 C 接通,当缸体受力时,缸内液体从一个空间流向另一个空间,由于节流针阀的节流作用,使活塞的移动比缓冲器油缸的移动滞后，起到缓冲作用。

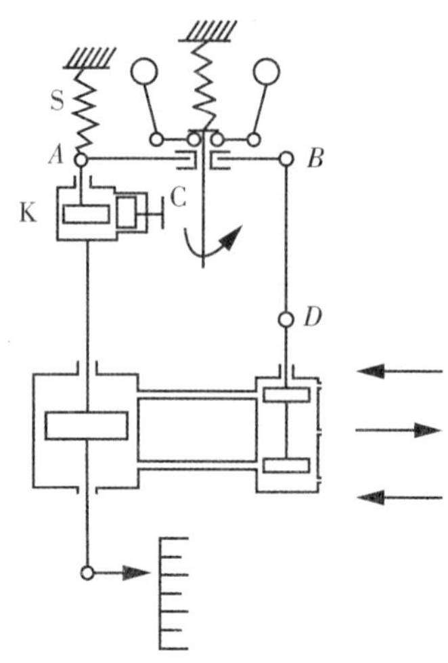

图 3-45　弹性反馈液压调速器结构原理图

S—补偿弹簧；K—缓冲器；C—节流针阀

当发动机负荷减小时，转速增大，飞重离心力增加。同样使滑阀上移，动力活塞也上移，减少喷油泵的供油量。随着动力活塞的上移，由于缓冲器 K 中滑油的阻尼作用（节流针阀开度小，滑油来不及溢出），缓冲器油缸和缓冲活塞就像一个刚体一样随着动力活塞的上移，杠杆 AB 上的 *A* 点也向上移动，在促使滑阀复位的同时，压缩了补偿弹簧 S。这一过程和上述刚性反馈系统的调速器相同。但当调速过程接近终了时，滑阀回到原来的位置，切断了通往伺服油缸的油路，此时缓冲器 K 和动力活塞停留在与新负荷相应的位置上。由于被压缩的补偿弹簧 S 有弹性复原的作用，因此使 *A* 点带动缓冲器活塞相对于缓冲器油缸移向下方，回到原来的位置。缓冲活塞下方油缸中的油经节流阀流到上方。于是，弹簧和杠杆 AB 上的各点都恢复到原来的位置，此时调速器的套筒亦因转速复原而回到原来的位置。这样，发动机的稳定转速就保持不变。当负荷增加时，动作过程相反。

稳定运行时，飞重产生的离心力与调速弹簧的张力相等，滑阀处于关闭位置，油泵齿条稳定在图示某供油量位置。

这种调速器没有静速差（即能够将转速调到原转速）。但要保证其正常工作，关键在于缓冲器 K 中节流针阀 C 的开度。若节流针阀开度过大，节流针阀节流作用下降，动力活塞移动时，缓冲器缸体移动，缓冲器活塞移动距离会缩短，反馈作用就会减弱，即促使滑阀复位能力减弱，而滑阀迟迟不回位关闭控制油孔，则动力活塞油量调节就会过度；极端情形是针阀失去节流作用，动力活塞移动时，缓冲活塞不动。换句话说，当动力活塞移动改变油量时，若失去了对控制滑阀的反馈作用（相当于无反馈液压调速器），调速器将会失去稳定性。若针阀开度过小或关闭，会因反馈作用增强，促使滑阀很快复位，使油量调节不足，转速稳定的时间将延长。故节流针阀开度应按要求，保持适当开度。

目前，船舶上很多液压调速器同时采用刚性和弹性两种反馈机构，故称为双反馈液压调速器。这种调速器具有广阔的转速调节范围，且稳定性好，调节精度高，灵敏度高。

液压调速器常见有杠杆式和表盘式（旋钮式）两种型式，前者多用于主机，后者多用于发电柴油机，均为全制式。

(二)调速器的性能指标

调速器的性能好坏直接影响着柴油机运转的稳定性和可靠性,调速器装机后要对柴油机进行突变负荷试验,同时通过仪器记录柴油机的转速随时间变化的曲线,以此来分析调速器性能。评定调速器性能的指标有静态指标和动态指标两种。

如图 3-46 所示突卸、突增负载时转速调节过渡过程曲线,是对柴油机进行突变负荷试验时测得的。将操纵手轮置于标定供油位置不变,先让柴油机处于空载状况以最高空载转速 n_{omax} 运行(有微小波动),再突增全负载,转速立即下降,最低瞬时转速达到 n_{min},以后经过几次收敛性波动后,经过 t_s 秒时间在标定转速 n_b 下稳定运行(仍有微小波动);然后突卸全部负载,转速又立即上升,最高瞬时转速达到 n_{max},再经过几次收敛性波动后,经 t_s 秒时间以最高空载转速 n_{omax} 运行。曲线清楚地反映出柴油机的调速器在突卸和突增负载时转速调节的过渡过程。

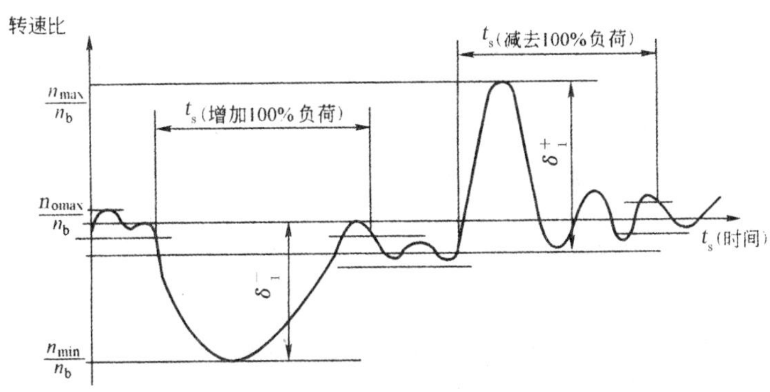

图 3-46　突卸、突增负载时转速调节过渡过程曲线

1.调速器的静态指标

柴油机在运转过程中,由于某种原因使原来的平衡转速被破坏,在调速器作用下,经过一段时间后又在新的平衡转速下运行。调速器起作用前和起作用后,在稳定转速状态下反映的调速系统特点称为调速器的静态特性。调速器常采用以下三项静态指标。

(1)稳定调速率 δ_2

调速器标定工况下的稳定调速率 δ_2 是根据标定工况突卸全部负载求得的。它是指当操纵手柄在标定供油位置不变,柴油机在标定工况稳定运行时突卸全部负载,调速器起作用使柴油机重新稳定运行后,其最高空载转速(空车稳定转速)n_{omax} 与标定转速 n_b 之差同标定转速 n_b 比值的百分比,即

$$\delta_2=\frac{n_{omax}-n_b}{n_b}\times 100\%$$

例如,某柴油机在标定转速 1 500 r/min,标定功率 100 kW 的工况下稳定运行,固定操纵手柄后突卸全部载荷,其突变后的空车转速为 1 530 r/min,此柴油机的稳定调速率为:

$$\delta_2=\frac{1\ 530-1\ 500}{1\ 500}\times 100\%=2\%$$

稳定调速率 δ_2 用来衡量调速器的准确性。调速器存在调速率(也称静速差)说明当外界负荷变化时,柴油机的转速会有少量波动,其值较小就表示准确性好;如果 δ_2 过大,不仅对被

带动的工作设备的稳定工作不利，即便对空转时柴油机零件的磨损也是有害的。

稳定调速率的大小应根据柴油机的用途和要求而定，中国船级社《内河船舶入级规范》规定，船用主机的稳定调速率 δ_2应不大于 10%；船舶交流发电柴油机的稳定调速率 δ_2应不大于 5%。对于单台柴油机允许 $\delta_2=0$，它表示柴油机的转速不会随外界负荷变化而保持恒速运转。但在几台柴油机并联工作时，为了按比例均衡分配负载，各柴油机的稳定调速率 δ_2必须相等且不为零。

（2）转速波动率 Φ 或转速变化率 φ

柴油机在稳定运转时，转速也会产生微小的波动，转速的变化程度可用“转速波动率 Φ”或“转速变化率 φ”来评价，两者定义不同，均用来衡量调速器的稳定性。一般让柴油机在某转速稳定运行 15 min，测定其间的转速波动情况。

$$\text{转速波动率 } \Phi=\left|\frac{n_{\text{cmax}}(\text{或 } n_{\text{cmin}})-n_{\text{m}}}{n_{\text{m}}}\right|\times 100\%$$

$$\text{转速变化率 } \varphi=\left|\frac{n_{\text{cmax}}-n_{\text{cmin}}}{n_{\text{m}}}\right|\times 100\%$$

Φ 表征在稳定工况下转速波动的大小；φ 表征其转速变化的大小。

式中，n_{cmax}——稳定运转时的最高转速，r/min；

n_{cmin}——稳定运转时的最低转速，r/min；

n_{m}平均转速，$n_{\text{m}}=\frac{1}{2}(n_{\text{cmax}}+n_{\text{cmin}})$，r/min。

为保证柴油机可靠运转，一般规定在标定工况时，$\Phi\leqslant 0.25\%\sim0.5\%$，$\varphi\leqslant 0.5\%\sim1\%$。如果超过规定范围，其就表示调速系统的工作不正常。

（3）不灵敏度 ε

调速器在工作时，因为调速器内的运动元件之间存在摩擦阻力，从调速器到喷油泵之间的传动件（拉杆、杠杆、销轴等）之间有间隙，部件运动时有摩擦阻力和惯性力。因此当柴油机外界负荷有点变化并引起转速微量增加或减少时，调速器不会立即做出改变供油量，而要到转速变化量足够大时，调速器才开始起到喷油量的调节作用。这种现象称为调速器的不灵敏性，通常用不灵敏度 ε 来表示不灵敏性的大小：

$$\varepsilon=\frac{n_2-n_1}{n_{\text{m}}}\times 100\%$$

式中，n_2——柴油机转速增加，调速器开始起作用的转速，r/min；

n_1——柴油机转速减小，调速器开始起作用的转速，r/min；

n_{m}——柴油机的平均转速，$n_{\text{m}}=\frac{1}{2}(n_1+n_2)$，r/min。

例如，某柴油机在 1 000 r/min 稳定运行，当外界负荷有变化时，转速在 980～1020 r/min 范围内，调速器未起作用。这台柴油机的调速器在 1 000 r/min 时的不灵敏度为：

$$\varepsilon=\frac{1\,020-980}{1\,000}\times 100\%=4\%$$

不灵敏度过大会引起柴油机转速不稳定，严重时会导致调速器失去作用，甚至产生“飞车”事故。不灵敏度 ε 随柴油机转速高低会有差异，当柴油机转速较低时，因调速弹簧预紧力

较小，产生张力也小，而传动机构的阻力却反而增大造成不灵敏度加大。

一般规定在标定转速时 $\varepsilon \leqslant 1.5\% \sim 2\%$，在最低稳定转速时 $\varepsilon \leqslant 10\% \sim 13\%$。

2.调速器的动态指标

调速器的静态指标，只考虑了调速器起作用前后稳定运转时的一些特性。而由调速器与柴油机组成的调速系统中，即使油量控制手柄保持不动，让机器处于所谓稳定转速运转，由于各种因素的影响，实际转速是有微小波动的。如果外负荷突然变化，调速器起作用进行相应的油量调节后，会有一段时间产生较大的转速波动，然后才能达到新的稳定状态，在新的稳定转速运行时，仍会有微小的转速波动。

由一个平衡转速过渡到另一个平衡转速之间所反应的调速系统的特性，称为调速器的动态特性，用作评定调速系统调节过渡过程性能的动态指标，通常采用下列两项。

(1)瞬时调速率 δ_1

根据试验时负荷的突卸与突加，可分为突卸负荷瞬时调速率 δ_1^+ 和突加负荷瞬时调速率 δ_1^- 两种。

①突卸负荷瞬时调速率 δ_1^+：指柴油机先在标定工况下稳定运行，然后突然卸去全部负荷，测定转速随时间的变化关系，如图 3-46 所示。

$$\delta_1^+ = \frac{n_{max} - n_b}{n_b} \times 100\%$$

式中，n_{max}——标定工况时，突卸全部负荷后出现的最高瞬时转速，r/min；

n_b——标定转速，r/min。

②突加负荷瞬时调速率 δ_1^-：与突卸负荷情况相似，当柴油机在最高空载转速 n_{omax} 下稳定运转时，突加全部负荷，转速也会突然下降，最低瞬时转速为 n_{min}，再经几次收敛性的波动后，才会稳定在标定转速 n_b 下运行。

$$\delta_1^- = \frac{n_{min} - n_{omax}}{n_b} \times 100\%$$

式中，n_{min}——空载工况时，突加全部负荷后出现的最低瞬时转速，r/min；

n_{omax}——最高空载转速，r/min。

中国船级社《内河钢船入级规范》规定，船舶交流发电柴油机在突卸全部负荷时，其瞬时调速率 δ_1 应不大于 10%；船用主机一般要求 $\delta_1 \leqslant 10\% \sim 12\%$。

(2)稳定时间 t_s

过渡过程的稳定时间是指突卸(或突加)全负荷后，转速从开始波动到转速达到新的稳定范围(指转速波动率 Φ 不大于规定值)为止的时间，表明消除过渡过程中波动现象的快慢，以秒计。

稳定时间 t_s 越短，说明转速波动消除得越快，调速器的稳定性越好。t_s 一般限制在 5～10 s，对于船用柴油发电机，要求 $t_s \leqslant 5$ s。

一个好的调速系统，其调速过程应满足三个条件：一是过渡过程的转速波动是收敛的，即转速波动的幅度随时间增长而减小；二是过渡过程中转速瞬时波动的幅度不应过大，以免柴油机超速而影响其可靠性；三是过渡时间不应过长，转速应迅速达到稳定状态。

(三)调速器的维护管理及常见故障处理

调速器是柴油机的重要组成部分，它直接影响柴油机的运转性能。一旦调速器发生故障，就会使柴油机转速不稳，甚至发生熄火或“飞车”等故障。因此对调速器及其系统应细心、正确地加以管理和维护。

1.调速器的维护管理

各种调速器的具体结构不相同，故调速器的维护管理应按说明书的规定和要求执行。

(1)注意调速器内部润滑油情况

①选用合适的滑油：滑油应严格按说明书要求选用。一般可使用22号汽轮机油；若工作场合温度较高，可选用30号汽轮机油。理想的滑油应不含杂质、不起泡沫、不产生泥渣或胶状物、不溶解空气、无腐蚀作用并具有较高的黏度指数。

②注意液面高低：要经常注意调速器内的滑油量。加油时超过规定刻线，活动元件会把空气卷入油中，液面过低油道内也会混进空气。若液面下降过快，说明调速器漏油或渗油，应立即仔细查找和处理。

③注意调速器油道内是否有空气：调速器经过拆检或换油，液面过高、过低等都会使油道内掺混空气。油道内一旦有空气会影响油流连续性和降低补偿作用的敏感性，引起柴油机转速不稳定。

排除空气的方法是使柴油机怠速运转，将补偿针阀打开几圈，让柴油机产生严重的约2 min转速波动，以迫使油道中空气排出，再仔细关小调整补偿针阀直至满意。

④确保滑油质量：使用过的滑油会逐渐变质，正常情况下，每半年应换油一次。换油时可将调速器拆下，倒净旧油并用柴油清洗后，换入新油再装复。若不拆下调速器，则应趁滑油热时，将旧油从放油塞处放掉，并充入清洁柴油；把补偿针阀开大两圈以上，起动柴油机让调速器波动工作30 s，利用柴油自行清洗，然后停车放掉柴油换入新油，调整好补偿针阀即可。最好待柴油机短时间运转后，把新换的滑油再放掉，重新注入新油。

(2)检查调速器输出轴到喷油泵之间的拉杆、杠杆等传动件的连接情况

是否有卡阻或间隙过大现象，若发现应及时处理；否则会引起油泵齿条动作不及时造成柴油机转速不稳定。检查各连接处的开口销和保险销有否断落倾向，一旦保险件失落，柴油机将会失控。

(3)定期检查调速器有关机件，并根据检查情况及时处理

①补偿针阀螺母是否松动。

②弹簧的各部分尺寸及弹力是否正常。

③各阀与套筒、活塞与缸体及其他机件有否过度磨损情况。

2.调速器的常见故障及处理

1)转速持续波动或油量调节机构不停地摆动

柴油机转速波动的原因是多方面的，要仔细观察，认真分析。在未找到确切原因之前，不要轻易断定是调速器的故障，不要急于拆检调速器。有条件的话，可以用一台同型号的正常调速器换装试验，便可帮助我们得出结论，判断出是调速器本身的故障还是调速器以外的原因所造成。

(1)调速器以外的原因

①负荷激烈的变化，超出柴油机的功率范围。

②各个气缸负荷严重不均或个别气缸熄火。

③调速器与喷油泵之间的油量调节机构卡阻或松动。

④调速器驱动轴传动齿轮啮合不良，过紧或过松。

⑤调速器负荷指针的零位与喷油泵的零位不一致。

(2)调速器本身故障

①调速器油脏污变质：这是最常见的故障原因，应清洗调速器及更换新油。

②调速器反馈系统发生故障：表现在外负荷发生变化时，柴油机转速大幅度波动，且需长时间才能恢复正常转速，应对调速器进行稳定性调节。

③调速器其他零部件故障：如轴承磨损、控制滑阀与套筒、伺服活塞与油缸、补偿活塞与缸体的配合间隙不合适等都会造成故障。应仔细检查，调换元件或送厂修理。

2)外界负荷降低时，柴油机的转速增高超过了规定范围

(1)调速器与喷油泵之间的传动杆件卡阻，使喷油量减不下来。

(2)稳定调速率δ_2(速度降)调节过大，在外负荷降低时，调速弹簧的压缩量随之增大过多，使柴油机调速时产生的转速增高量过大。

(3)调速弹簧预紧力过大使供油量增大。

3)调速器不能使柴油机达到全速运转

(1)调速器与喷油泵之间的传动杆件卡阻或间隙过大出现空动使喷油量加不上去。

(2)喷油泵的“零位调节”负值过大，调速器输出轴供油量已达全速需要值时，喷油泵达不到相应的供油量。

(3)调速器调速弹簧预紧力调节不足，未达到设定转速的要求。

3.调速器试验和调整方法

1)稳定调速率δ_2的调节

(1)几种调速器的稳定调速率δ_2

机械式调速器由于本身的结构特点，其调速的准确性差，只能进行有差调速，它的稳定调速率$\delta_2 \neq 0$。除非更换调速弹簧或飞重等零件，其δ_2值一般不能调节。

安装弹性反馈装置的液压调速器，具有很高的调速准确性，可以实现恒速无差调速。可使柴油机转速非常稳定，在单机运行时可采用。

为了柴油机并联运行的需要，在液压调速器内人为地增设一套静速差机构，使它具有可调节的静态速度差(稳定调速率δ_2)，满足在加油的同时稍稍降速的要求。通常是通过调节其刚性反馈作用的大小来获得所需δ_2的值。

(2)并联运行的柴油机对稳定调速率δ_2的要求

调速器的稳定调速率可用图3-47中调速特性曲线的斜率来表示：

图3-47(a)表示稳定调速率$\delta_2=0$的调速特性，为恒速无差调节，调速前后无论工作点1、2、3点，其转速均为n_b。

图3-47(b)表示稳定调速率$\delta_2>0$的调速特性，为有差调速，特性曲线斜率越大，调节后转速的差别也越大。

如果两台标定功率相同并联运行的柴油机，其稳定调速率δ_2均等于零时，其调速特性如图3-47(a)所示，是一根垂直n轴的直线。此时总功率虽然一定(0~1)，但两台柴油机之间的负载分配却是任意的，能随时自动地改变，可以是(0~3)与(3~1)的分配，也可以是(0~2)与

(2~1)的分配等等,这样两台柴油机的工况均不稳定,显然这种δ_2均为零的两台柴油机是不能并联运行的。

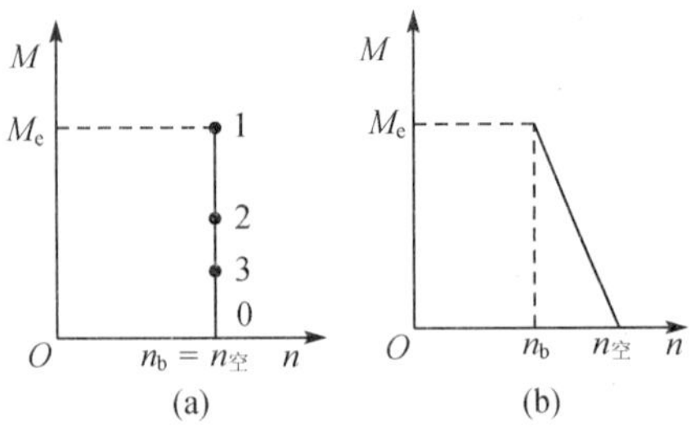

图 3-47 柴油机的调速特性曲线

若让它们均具备一定的稳定调速率δ_2,使它们进行有差调速,就能满足多台柴油机的并联运行要求。

对于并联运行的多台柴油机,要求每台柴油机承担的负荷份额与其标定功率(或转矩)之比均相同。若标定功率相同,则每台机承担的负荷亦相同。若彼此的标定功率不同,则承担的负荷与标定功率之值成比例,即标定功率大者多承担负荷,小者少承担负荷。当总负荷增加至全负荷时,大小两者应同时达到全负荷。

两台柴油机调速特性曲线如图 3-48 所示,为两台柴油机并联运行,其δ_2值相等并都大于零。两台柴油机有重合的调速特性,$M_合$为两台机合成的调速特性曲线。当$n=n_1$时,每台机都在 2 点运行,合成工作点为 1,两机负荷均匀分布。当外负荷增加时,两台机同时加油,但两者转速也同时下降到n_2,每台机运行点为 2′,合成工作点为 1′。其负荷分配仍然均匀。

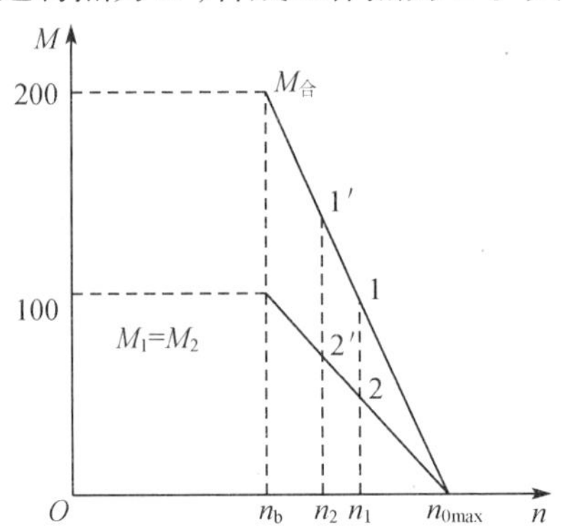

图 3-48 δ_2 相同负荷均匀分配

若两台机的δ_2不等,设$(\delta_2)_1<(\delta_2)_2$(如图 3-49 所示),两条调速特性曲线具有不同的倾斜度,δ_2小者陡峭。当转速为n_a时,两机的运行点分别为 1 和 2,其负荷分配占各自标定功率的份额不等,即负荷分配不均匀,δ_2小者(陡峭)多承担负荷。若此时调节调速器的设定转速,使两台机同时运行在点 2(如图 3-50 所示),即让其调速特性曲线沿 n 轴平移后的两线交点 2,这时两台机负荷虽然相同,但这种均衡只是暂时的,只要外负荷一有变化,均衡即遭破坏。如外负荷增加,转速降为n_e,则两台机的工作点就分别为 3 和 4,负荷分配又不均匀了,严重时会一台机超负荷而使全船失电。

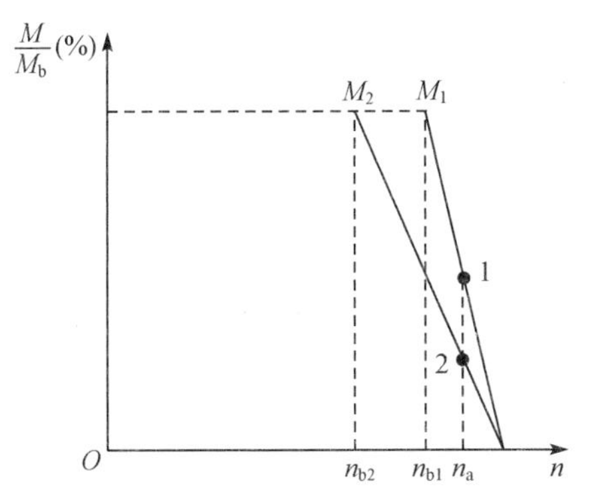

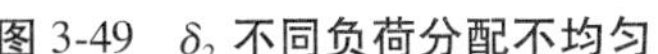
图 3-49 δ_2 不同负荷分配不均匀

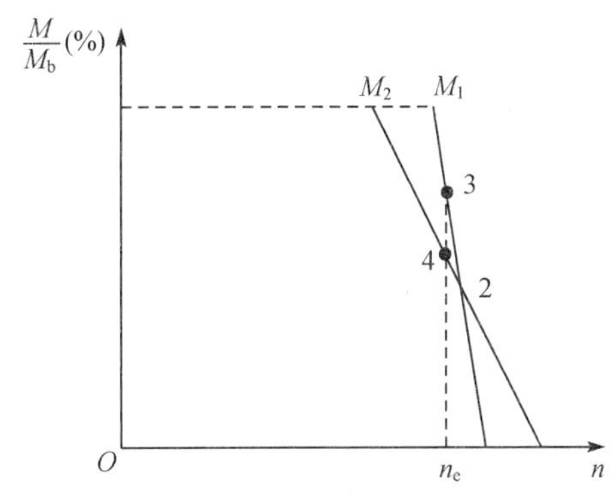

图 3-50 并联运行负荷分配的特性曲线

综上所述，调速器的 δ_2 决定了并联运行的柴油机间的负荷分配情况，对于单台的柴油机 δ_2 可以为零。但并联运行的各台柴油机的 δ_2 值必须相等且均大于零，在满足调速系统稳定性要求的前提下，尽量选用小的 δ_2 值。

(3) δ_2 的调节

液压调速器 δ_2 可以通过静速差机构来进行调节：杠杆式调速器可打开顶盖，调节凸轮在杆上的紧固位置来获得不同的 δ_2 值，调节幅度为 0~12%；表盘式调速器可通过表盘上的静速差旋钮来进行调节，通常旋至刻度 30~50 之间，即 $\delta_2=3\%\sim5\%$。

机械式调速器自身具有一定的 δ_2 值，不可进行调节。

2) 稳定性调节

为了使调速过程的稳定性好（由调速器的 δ_1 和 t_s 衡量），可利用反馈系统进行综合调节，以获得尽可能小的瞬时调速率 δ_1 和尽可能短的稳定时间 t_s。当调速器换新或修理后装机时，对稳定性进行调节更是必不可少的工序。

(1) 反馈系统的两个调节环节

①反馈指针。借改变反馈连杆的摆动支点位置来调节反馈行程的大小。反馈指针指向“最大”位置时，反馈行程最大，会使控制阀过早地提前复位而使供油量调节不足；指向“最小”位置时，则会因反馈行程过小而使供油量调节过度。调节时应让指针处于某合适位置才能获得较理想的稳定性。

②补偿针阀。利用针阀的开度大小来调节反馈速度。针阀开度过大，使反馈作用过分减弱，造成供油量调节过分，稳定性不好。针阀开度过小，使反馈作用过分增强。造成供油量调节不足，稳定性也不好。调节时应让针阀开度处于某合适位置才能获得理想的稳定值。

(2) 调整的基本原则

应综合调节反馈指针和补偿针阀，在尽可能小的反馈指针刻度下，保证补偿针阀的开度符合说明书的规定，一般为 1/4~1/2 转值时，机器具有良好的稳定性。

(3) 稳定性调节步骤

①调节前的准备

柴油机空车运转，待转速和调速器滑油温度正常后方能进行调节。此时应有专人守住燃油调节杆，以备转速失控时人工切断燃油。

②调速器滑油驱气

将反馈指针放在“最大”位置，再将补偿针阀旋出几转，让机器处于游车状态，并将调速器上的透气塞松开。人为加、减油使柴油机转动 1~1.5 min 进行驱气，直至调速器内各油路中的空气从透气塞溢放空后再上紧透气塞。

③进行无负荷调节

将反馈指针置于刻度“3”处，人为使柴油机转速波动，同时逐渐关小针阀直至转速波动刚好消失为止。检查此时针阀开度是否为 1/4~1/2 转，若开度适宜则调节完毕。如调节中波动不止或针阀开度不正确，则应增大反馈指针两格，重复上述调节。

若反馈指针增至刻度“7”后还不稳定，则应调节静速差机构，增大稳定调速率 δ_2，再重复以上调节，直至满意为止。

④进行有负荷调节

使柴油机承受负荷，突增或突减负荷，让柴油机在所需的各种转速下运转，检查和仔细调节其稳定性，调节步骤与无负荷时相同。只要无负荷时调整得当，一般只需要稍微调节一下反馈指针或补偿针阀，便能使有负荷状态下的调速器得到较好的稳定性。

⑤调节结束工作

调节完毕后，记下反馈指针位置、针阀开度和静速差数值，锁紧反馈指针和针阀。当清洗调速器、更换滑油后，一般无须变动反馈指针位置，只须重新调节针阀开度即可。

(四)电子调速器的工作原理及组成

电子调速器是一种电子控制系统。凡转速感测元件或执行机构采用电气方式的调速器，习惯统称为电子调速器。

1.电子调速器的类型

(1)全电子调速器：信号感测与执行机构均采用电子方式。此种电子调速器工作能力较小，多用于小型柴油机。

(2)电-液或电-气调速器：信号监测采用电子式，而执行机构采用液压或气力式。如 Woodward 2301 电子调速器，其执行机构使用液压伺服器；而 DGS-8800 数字式调速器，其执行机构采用气压式。此类调速器的伺服执行器工作能力较大，可满足各种柴油机的使用要求。

(3)液-电双脉冲调速器：在普通的液压调速器上加装电子式负载信号感测装置。此类调速器当电子部分发生故障时，可自动转为液压调速器工作。国产 TYD-40 型调速器即为此类调速器。

电子调速器能够采用双脉冲调节，即将转速变化信号和负荷变化信号这样两个单脉冲信号叠加起来调节燃油量，此种调速器亦称频载调速器。这种双脉冲调速器能在负载一有变动而转速尚未明显变化之前就开始调节燃油量，因而有很高的调节精度，适用于对供电要求特别高的柴油发电机组。

电子调速器不使用机械机构，动作灵敏，响应速度快，响应时间只有液压调速器的 1/10~1/2；动态与静态精度高；无调速器驱动机构，装置简单，安装方便；便于实现遥控与自动控制，是近代发展起来的精密调速器，已经被多数新型船用柴油机所用。

2.电子调速器的基本组成

如图 3-51 所示为双脉冲电子调速器的基本组成框图。图中电磁式转速传感器 3，用于监

测柴油机轴系转速的变化,并按比例产生交流电压输出;负载传感器5监测柴油机负荷(如电压、电流、电位)的变化,并按比例转换成直流电压输出;速度控制单元是电子调速器的核心,它接受来自转速传感器和负荷传感器的输出电压信号,并按比例转换成直流电压后与转速设定电位器7的设定转速(电压)进行比较,把比较后的差值作为控制信号送往执行机构1。执行机构根据输入的控制信号以电子方式或液压方式拉动柴油机的油量调节机构进行调速。

当柴油机在某一负荷下稳定运转时,其工作转速等于转速设定电位器7的设定转速。电磁式转速传感器3的输出电压作为负值信号在转速控制单元6内与正值的设定转速的信号相互抵消。转速控制单元6输往执行机构1的控制电压信号使执行的输出轴静止不动,柴油机供油量固定,转速稳定。

若柴油机负荷突然增加,负载传感器5的输出电压首先发生变化,此后转速传感器的输出电压也相应变化(数值降低)。此两种降低的脉冲信号在转速控制单元6内与设定转速(电压)比较,输出正值电压信号,在执行机构中使其输出轴向加油方向转动,增加柴油机的循环供油量。

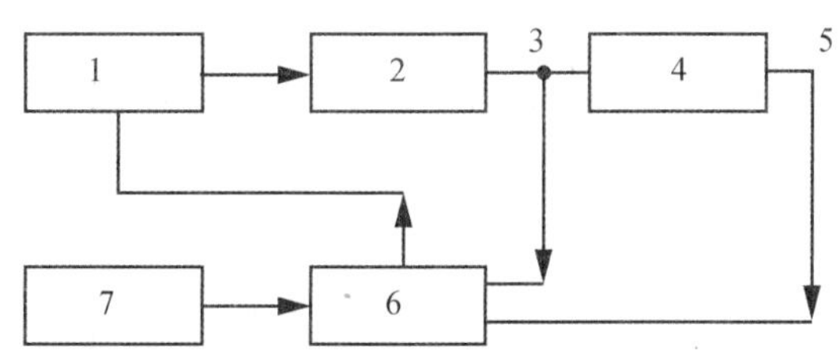

图3-51 双脉冲电子调速器的基本组成框图

1—执行机构;2—柴油机;3—电磁式转速传感器;4—柴油机负载;5—负载传感器;6—转速控制单元;7—转速设定电位器

如图3-52所示为单脉冲型电子调速器外形图,其正面面板上有四个调节旋钮,自左至右分别是:

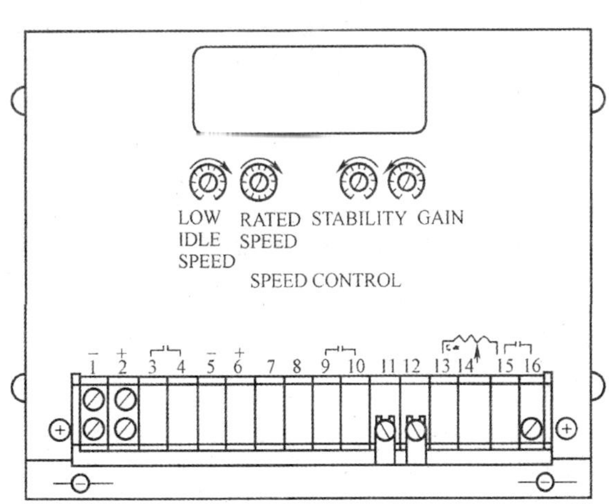

图3-52 单脉冲型电子调速器外形图

(1)怠速(Low idle speed)调节旋钮——用于调节滑油低压,保护运转时的最低转速。

(2)设定速度(Rated speed)调节旋钮——用于调节设定转速。

(3)稳定度(Stability)调节旋钮——用于稳定性调节。

（4）增益量（Gain）调节旋钮——用于稳定性调节。

三、换向装置

（一）柴油机直接换向装置的结构及工作原理

1.柴油机换向原理和换向方法

采用直接换向的柴油机，均采用压缩空气起动。从正车换成倒车或从倒车换成正车工作必须具备如下的条件：

（1）柴油机换向时，首先应停车，然后将原是膨胀冲程进入起动空气，改为原转向的压缩或排气冲程进入起动空气，使活塞和曲轴反向起动运行。因此，在换向时必须首先改变空气分配器凸轮与曲轴的相对位置，才能反向起动。

（2）换向后与换向前，每个气缸内工作循环的热力过程不变，仍按进气、压缩、喷油燃烧、膨胀和排气的顺序及定时要求进行。因此，换向时还必须同时改变进气、排气和喷油凸轮与曲轴的相对位置。

（3）换向前后，柴油机本身所驱动的附属设备，如润滑油泵、冷却水泵、燃油输送泵和增压器等都要确保其油、水、空气等流体的输送方向不变。这些设备由于没有定时方面的要求，能在设备或传动装置结构上得到解决。

2.船用柴油机换向装置功用、类型及要求

如前所述，柴油机换向装置的作用就是通过改变各种凸轮相对于的曲轴位置，来改变曲轴的转向，从而改变船舶运动方向。因此，柴油机的直接换向集中在正确地改变空气分配器、喷油泵和进、排气阀的凸轮与曲轴相对位置问题上。四冲程柴油机普遍采用双凸轮换向方式。

1）对换向装置的基本要求

（1）应能准确、迅速地改变各种需要换向设备的正时关系，以保证换向后工作可靠。

（2）换向装置与起动、供油装置间应有必要的连锁机构，以保证柴油机的安全。

（3）需要设置防止柴油机在运转过程中各凸轮“正时”机件相对于曲轴上、下止点位置发生变化的锁止装置。

（4）换向过程所需的时间应符合规范要求。

2）双凸轮直接换向

双凸轮换向的特点是：凸轮轴上每个气缸要进行换向操作的空气分配器、喷油泵，进、排气阀等均配置两个凸轮，一个供正车用，另一个供倒车用。正车时所有的正车凸轮处于工作位置；倒车时轴向移动凸轮轴使倒车凸轮处于工作位置。这样便可使柴油机各缸的有关定时和发火次序符合换向运转的需要。

（1）四冲程柴油机的换向原理

由于四冲程柴油机的进气、压缩、喷油燃烧、膨胀和排气等五个过程在四个冲程内完成。假如正车时某缸活塞正在下行进气，这时要求柴油机换向就必须将活塞由下行改为上行。对四冲程机而言就有两种方案可选择：改为倒车排气冲程或改为倒车压缩冲程。如表 3-5 所示为四冲程柴油机换向方案表。

表 3-5 四冲程柴油机换向方案表

<table>
<tr><td colspan="2">正 车</td><td>↓进气→↑压缩→↓膨胀→↑排气</td></tr>
<tr><td rowspan="2">倒 车</td><td>1</td><td>↑排气←↓膨胀←↑压缩←↓进气</td></tr>
<tr><td>2</td><td>↑压缩←↓进气←↑排气←↓膨胀</td></tr>
</table>

注:表中↑表示活塞上行;↓表示活塞下行;→表示正车转向;←表示倒车转向。

因为四冲程柴油机曲轴和凸轮轴转速比为 2∶1,所以四冲程机完成一个工作循环,曲轴要转两转,凸轮轴只转一转。

(2)正车进气冲程换成倒车排气冲程(换向方案 1)的双凸轮换向图。

如图 3-53(a)所示为正车某缸活塞处于进气冲程上止点时所对应的凸轮排列端视图,从排气和进气凸轮所处位置很清楚地看出此时排气过程还未完全结束(还要走过一段排气延迟角),而进气过程已提前开始了(已转过进气提前角),喷油凸轮所处位置表示若凸轮轴再转 180°(曲轴再转 360°)活塞处于压缩上止点时,燃油已提前供油。

如图 3-53(b)所示为倒车凸轮图,虚线所示的转向和凸轮布置情况可看出,其进气、排气和喷油的倒车凸轮均与其同名正车凸轮对称于垂直轴。当柴油机按倒车方向运行时,其规律和定时完全与正车时相同,满足倒车运行的要求。

如图 3-53(c)所示为图 3-53(a)、图 3-53(b)两图的叠合,是活塞(和曲柄)处于正车进气冲程上止点时,按第一种换向方案的单缸各正、倒车凸轮相互位置关系的排列图。如图 3-53 所示可知:正、倒车各同名凸轮对称于上止点轴(垂直轴)。

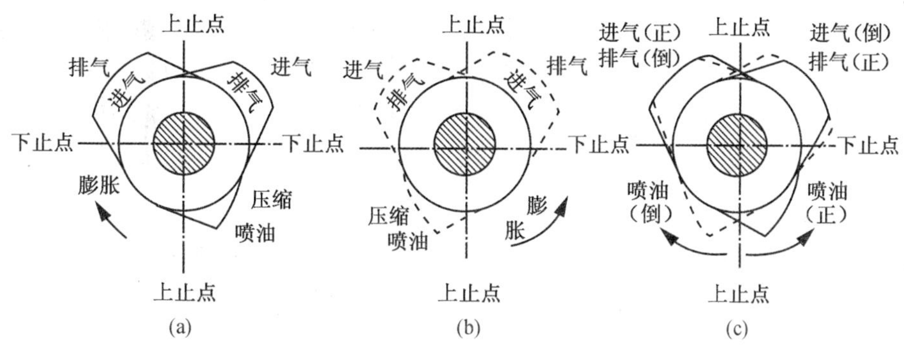

图 3-53 四冲程柴油机正车进气冲程换成倒车排气冲程的双凸轮换向图

(3)正车进气冲程换成倒车压缩冲程(换向方案 2)的双凸轮换向图。

如图 3-54(a)所示仍为正车某缸活塞处于进气冲程上止点时所对应的凸轮排列图。

如图 3-54(b)所示为倒车凸轮图。从虚线所示的转向和凸轮图可看出,原先正车时的进气上止点变成倒车运行时的压缩上止点,喷油凸轮所处位置表示已提前供油,其位置正好与正车时的喷油凸轮对称于下止点轴(水平轴)。同理,其进气、排气的倒车凸轮也与其同名正车凸轮对称于下止点轴。

如图 3-54(c)所示为图 3-54(a)、图 3-54(b)两图的叠合,是活塞(和曲柄)处于正车进气冲程上止点时,按第二种方案换向时的单缸各正、倒车凸轮相互位置关系的排列图。如图 3-54 所示可知:正、倒车各同名凸轮对称于下止点轴(水平轴)。

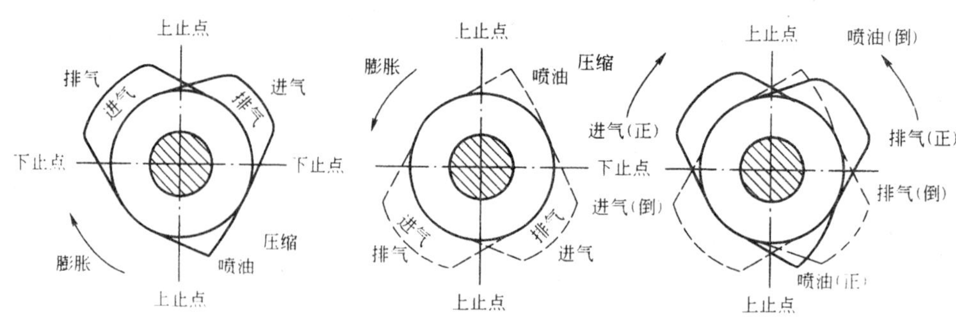

图 3-54 四冲程柴油机正车进气冲程换成倒车压缩冲程的双凸轮换向图

两种换向方案的关系是:两种倒车凸轮组彼此相差 180°凸轮角,即两个活塞行程,相当于凸轮轴不动时,把按第一种换向方案排列的各倒车凸轮,顺着倒车转向旋转了 180°,即为第二种换向方案的倒车凸轮。

按哪一种方案换向是设计时已定好的,柴油机一旦制造出来,换向方案就不能再自行变更。

3)双凸轮换向机构(移轴装置)

(1)轴向移动凸轮轴的方法

双凸轮换向时,通过轴向移动凸轮轴来使正车(或倒车)凸轮处于工作位置,也就是让相应凸轮分别处于各顶头(滚轮)的正下方。

根据轴向移轴所用能量的不同,双凸轮换向装置有人力、气力、气力-液压等类型。如图 3-55 所示为某型柴油机采用的气力-液压式双凸轮换向装置,如图 3-55 中所示为倒车位置。换向操作时,有一股压缩空气经换向阀进入正车油瓶 2,油被压入换向油缸内换向活塞 4 的右方,推动活塞带动凸轮轴 5 向左移动;活塞左端的油液被压入倒车油瓶 1,上方的空气经管路和换向阀泄入大气。当活塞移至左极端位置时,各正车凸轮正好位于各顶头滚轮的正下方。

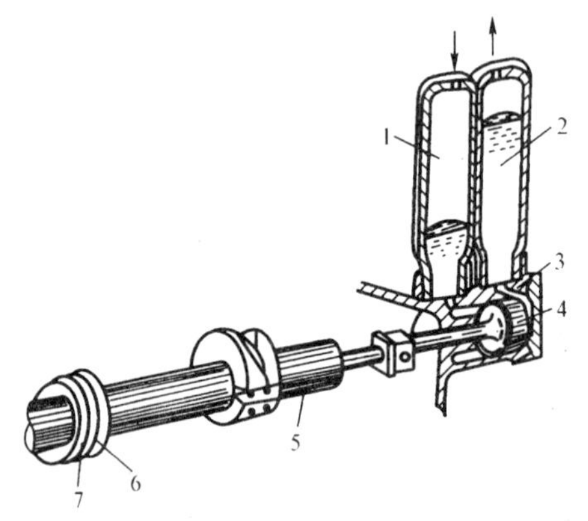

图 3-55 某型柴油机采用的气力-液压式双凸轮换向装置

1—倒车油瓶;2—正车油瓶;3—换向油缸;4—换向活塞;5—凸轮轴;6—正车凸轮;7—倒车凸轮

8350ZC 等型柴油机采用气力式移轴装置:利用压缩空气直接进入换向气缸推动换向活塞移动,结构较为简单,但因无油液在系统内吸振,换向时撞击较大。

一般船舶柴油机只在应急情况下才使用人力移轴装置。

(2)顶升机构

如图 3-55 所示机型的正、倒车凸轮之间采用斜面过渡,因而换向时无须顶升机构,凸轮轴移动时,滚轮能沿着斜面滑到所需的凸轮工作表面上去。

当柴油机的正、倒车凸轮之间直接紧靠,无斜面过渡时,为了使各顶头的滚轮不妨碍凸轮轴的轴向移动,防止与凸轮端面相碰,就要设置专门的顶升机构。此时的换向操作就分成三个步骤:第一步通过(气动)顶升机构将各个顶头连同滚轮顶升至不妨碍凸轮移动的高度;第二步是换向活塞轴向移动凸轮轴;第三步是顶升机构将各顶头向下落位至各换向后的凸轮上。

(3)凸轮轴锁紧装置

为了防止凸轮轴在运转过程中由于振动或其他原因而发生轴向窜动,因此通常设有凸轮轴锁紧装置。装置的型式随机型而异。有的采用气动插销,换向开始前先从凸轮轴的销孔中自动拔出定位销,换向移轴结束后自动插入定位销;有的采用机械式挡板,换向后的位置由挡板进行限位防止轴向移动。

4)换向连锁与紧急制动

(1)换向连锁

为了得到迅速和可靠的换向,在换向操作时,避免由于操作失误造成的机损事故,换向机构中设有安全保护装置或程序控制的换向连锁机构。通常有两种换向连锁要求:

①一般换向连锁。在机动操作时,常频繁地从正车换向到倒车,再从倒车换向到正车。在换向过程中,如果凸轮轴尚未达到换向后的极端位置,由于有连锁机构的作用,就不能对主机进行起动操作,也不能对主机进行给油加速。

②紧急制动的连锁。在紧急制动过程中,主机在尚未停止转动之前,气缸内仍可能发生着火燃烧,出现正车给油运行的错误。为了避免出现这种情况,连锁机构的另一个作用是当主机转向与车钟指示转向不一致时,使喷油泵停止供油。特别是对那些在起动过程中采取油气并进(起动时压缩空气和燃油同时进入气缸)的柴油机更为重要。

(2)紧急制动与紧急换向操作

随着船舶大型化和高速化的发展,为了安全航行和船舶避碰,要求柴油机有迅速而可靠的制动和紧急换向能力。

船舶在全速航行或机动操作时,如果发现前面附近有障碍物存在,在异常紧急的情况下,驾驶台车钟指令从“前进三”马上要求开“后退三”,这表明船舶必须立即后退避碰。这时轮机人员应迅速操车使主机停油,立即操纵柴油机的换向装置,由正车位置改变为倒车位置。但是,因船舶有巨大的运动惯性,仍会迅速向前冲去,其滑行的距离约等于船长的五倍。这段过程中水将冲击在螺旋桨的背面而相当于一个水轮机在工作,带动螺旋桨发出负转矩,螺旋桨和轴系以及曲轴仍继续沿正车方向回转而不能停止转动。这时出现了车钟指示的转向与主机的转向不一致的情况。这种水涡轮转矩要相当长的时间才能消耗尽,如果等到那时再换向后退,恐怕船舶碰撞事故早就发生了。

为了能在这种紧急情况下迅速使船舶后退,首先必须要求主机迅速停止转动,这就要采取制动措施来达到。所谓制动就是将空气分配器凸轮换向(由正车控制改为倒车控制)并拉动起动杆进行起动操作。这时,在空气分配器倒车凸轮控制下,压缩空气由原正转时向膨胀冲程充气改为正转时向压缩冲程的气缸中充气。同时,在起动阀的作用下,使柴油机变为压气机,由于对气体的压缩功大于活塞越过上止点后的气体膨胀功,消耗了螺旋桨的负转矩,迫使主机迅速停止转动。一旦主机被制动,即可实现反转起动(主机转向与车钟指示转向一致,喷油泵开始供油),船舶后退航行而完成避让。

(二)直接换向装置的日常维护要点及常见故障及排除方法

换向装置的常见故障是柴油机不能换向,即换向手柄(手轮)已从正车位置推至倒车位置(或相反),但柴油机未能开出倒车(或正车)。此时,应根据换向装置的特点及船舶所处的环境综合分析判断,并做出相应处理。

1.换向装置故障

(1)个别阀件卡阻或咬死。

(2)换向油缸、换向伺服器故障:如油管堵塞、漏油,检修时油管装错;换向活塞或转板发生卡阻或在极端位置咬死,或不能达到另一极端位置。

(3)气力或气力-液压式换向装置中有关部件漏气、漏油而使换向活塞不能正常轴向移动。

(4)空气分配器发生卡阻,不能正常分配空气。

(5)顶升机构发生故障:顶头、滚轮不能正常顶升和落位。

(6)凸轮轴锁紧装置发生故障:换向前未能解除锁紧或换向后未能正常锁紧。

2.操作不当

(1)操作过快:换向手柄(手轮)虽已到位,但凸轮轴尚未达到另一极端位置就急于起动,使换向失败。

(2)换向手柄(手轮)虽已到位,但由于主机惯性或水流作用使螺旋桨仍按原转向较高速转动。此时急于反向起动,易造成换向失败。

(3)在紧急刹车时过于性急,当主机转速未有较大降低时,就强压制动,因时机不当而使换向失败。

实操训练1:识别柴油机各动力系统

1.训练目标与要求

通过柴油机各动力系统的识别训练,能够掌握进气系统、排气系统、起动系统、燃油系统、润滑系统、冷却系统和操纵系统的功用,表述各系统的特点及其主要作用。

2.训练设备

柴油机装置及各系统的配套模拟挂图。

3.实操步骤

(1)指导教师对照柴油机动力系统实物及动力系统挂图,分系统简要介绍各动力系统的作用、工作原理及特点。

(2)学员在指导教师指导下,按照各系统工作原理描述各动力系统的工作流程。

(3)指导教师组织学员讨论后进行总结(时间为20~30 min)。

实操训练 2:配气系统常见故障的分析判断

1.训练目标与要求

掌握柴油机配气系统故障分析的要领。

2.训练设备

柴油机装置及配套配气系统挂图。

3.实操步骤

(1)指导教师结合实物及挂图讲解:

①配气系统脏堵造成进气不良、排气不畅的原因、危害及处理方法。

②气阀间隙、配气定时不正确的可能原因、危害。

③气阀传动机构磨损的原因、危害及处理方法。

④气阀阀盘与阀座磨损的特征及非正常磨损的原因。

⑤气阀断裂、阀杆卡死、阀杆与导管磨损、阀盘与阀座磨损的原因及危害。

⑥气阀断裂通常发生的部位、原因及气阀断裂的危害。

(2)学员分组讨论。

(3)学员代表分析配气系统常见故障。

(4)指导教师结合工作实际进行讲评。

实操训练 3:燃油系统常见故障的分析判断

1.训练目标与要求

掌握船舶柴油机燃油系统故障分析的要领。

2.训练设备

柴油机装置及配套燃油系统挂图。

3.实操步骤

(1)指导教师结合实物及挂图讲解:

①燃油中含有水分或燃油滤器脏堵的危害及预防措施。

②燃油系统中存有空气对柴油机起动及运转的影响,燃油系统充油驱气的步骤。

③柴油机各缸供油量不均匀的原因、危害及一般调节方法。

④高压油管脉动的原因及应急处理措施。

(2)学员分组讨论。

(3)学员代表分析燃油系统常见故障。

(4)指导教师结合工作实际进行讲评。

实操训练4:润滑系统常见故障的分析判断

1.训练目标与要求

掌握船舶柴油机润滑系统故障分析的要领。

2.训练设备

柴油机装置及配套润滑系统挂图。

3.实操步骤

(1)指导教师结合实物及挂图讲解:

①起动时和运转中滑油压力缓慢变化的可能原因。

②滑油压力急剧变化的可能原因及处理措施。

③滑油温度偏高的可能原因及处理措施。

④运转中滑油油位突然升高或突然降低的原因及应急处理措施。

(2)学员分组讨论。

(3)学员代表分析润滑系统常见故障。

(4)指导教师结合工作实际进行讲评。

实操训练5:冷却系统常见故障的分析判断

1.训练目标与要求

掌握船舶柴油机冷却系统故障分析的要领。

2.训练设备

柴油机装置及配套冷却系统挂图。

3.实操步骤

(1)指导教师结合实物及挂图讲解:

①淡水泵出口压力偏低或逐步升高的原因及处理方法。

②某缸冷却淡水出口温度偏高或偏低的可能原因及处理措施。

③膨胀水箱水位急剧升高或急剧降低的原因及处理措施。

(2)学员分组讨论。

(3)学员代表分析润滑系统常见故障。

(4)指导教师结合工作实际进行讲评。

第四章 柴油机增压装置

第一节 柴油机增压的目的及分类

随着生产的发展,要求船舶的运输能力进一步提高,这就需要增加柴油机功率以适应生产发展的需要。增加柴油机功率的途径很多,如增加柴油机缸径、冲程等结构尺寸,增加柴油机缸数和转速等。结构尺寸和气缸数的增加,这一措施会加大柴油机总质量和总尺寸,使造价增加,并给维修工作带来困难。增加柴油机转速也可以增加功率,是因为增加单位时间内的工作循环次数,但是,此措施会导致柴油机机械负荷和热负荷的增大,影响零件的寿命和换气质量。增加柴油机功率最好的办法是向气缸内喷射更多燃油,提高工作压力从而达到增加功率的目的。若使多喷入的燃油在气缸中完全燃烧,就必须有足够的空气量,直接从大气中吸气很难满足需要。在气缸容积不变的条件下,增加气缸的进气量就必须提高空气压力。所谓增压,就是提高进气压力,增加每循环的气缸充气量。提高进气压力必须用专门的机械设备,我们把提高进气压力的机械设备称为增压器。

增压技术是提高柴油机功率最有效的措施之一,目前已广泛应用于船舶柴油机上。

中小型柴油机根据驱动增压器所用能量不同,可分为两种增压方法:机械增压和废气涡轮增压。

一、机械增压

机械增压是由柴油机曲轴通过传动齿轮直接驱动增压器,如图 4-1(a)所示。这种增压方法要消耗一部分有用功,因此限制增压压力的提高。当增压压力达到某一限度时,压气机所消耗的功率完全抵消了柴油机增加的功率。这种增压方法只用于小型高速或特别用途的柴油机,已逐渐被淘汰。

二、废气涡轮增压

如图4-1(b)所示为废气涡轮增压。它是利用柴油机排气的剩余能量来驱动废气涡轮高速回转,同时带动与它同轴的增压器也高速回转。空气被吸入增压器,并在其中被压缩使空气压力升高。空气压力升高,温度也会升高,所以可以经过冷却后再进入气缸。所谓“中冷”,即将压缩的空气,在进入气缸前进行冷却,以降低进气温度,增大进气密度。中冷配合增压,进一步增大气缸充气量。中冷器(即增压空气中间冷却器)往往以舷外水作为冷却介质。柴油机运转中对增压系统中间空气冷却器的调节原则是:在保证起动和低负荷时气缸壁温度不低于燃烧产物露点温度的前提下,尽可能降低进气温度,以确保足够的进气量。这种增压方法是利用废气能量实现增压,不消耗柴油机有用功率,是柴油机增压最经济、最可靠的方法,为现代柴油机广泛采用。

在废气涡轮增压中,根据废气能量的形式,可分为定压增压和脉冲增压两种。

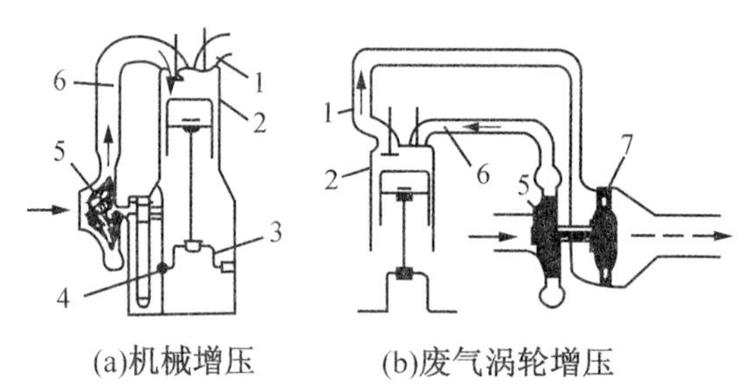

图4-1 柴油机增压的两种方法

1—排气管;2—气缸;3—曲轴;4—传动齿轮;5—增压器;6—进气管;7—废气涡轮

1.定压增压

定压增压柴油机,它是利用废气比较稳定的压力能量驱动涡轮机,所以这种增压称为定压增压。定压增压柴油机在结构上,是把各缸的排气管都与一个较大容积的排气总管相通。由于排气总管容积足够大,因此各缸排气进入总管时,迅速膨胀,降为管内压力,只引起总管中微小的压力波动,废气涡轮前排气管内压力基本是稳定的,如图4-2(a)所示。

2.脉冲增压

脉冲增压柴油机,可以对脉冲能量加以利用来驱动废气涡轮机,以提高对能量的利用率,所以这种方法称为脉冲增压。

脉冲增压柴油机在结构上,是各缸排烟管分别和废气涡轮相连,如图4-2(b)所示。为防止各缸排气压力波动发生干扰,必须把各缸排气管分组。分组的原则是,同一组内各缸的进、排气时间互相不重叠(或有较小的重叠)。排气管分组是脉冲增压必须采取的措施。

根据上述分组原则,可以求出一组中的最多缸数。在四冲程柴油机中,一个工作循环需要720°,排气延续时间为240°曲柄转角。所以同一组的最多气缸数为:$i=720°/240°=3$。

由此可见,在四种程柴油机中,每组的最多允许缸数为3。若多于3个气缸,排气压力波动就会发生干扰。若少于3个气缸,固然不会发生干扰,但由于废气不能连续供给,会使废气涡轮工作不稳定。

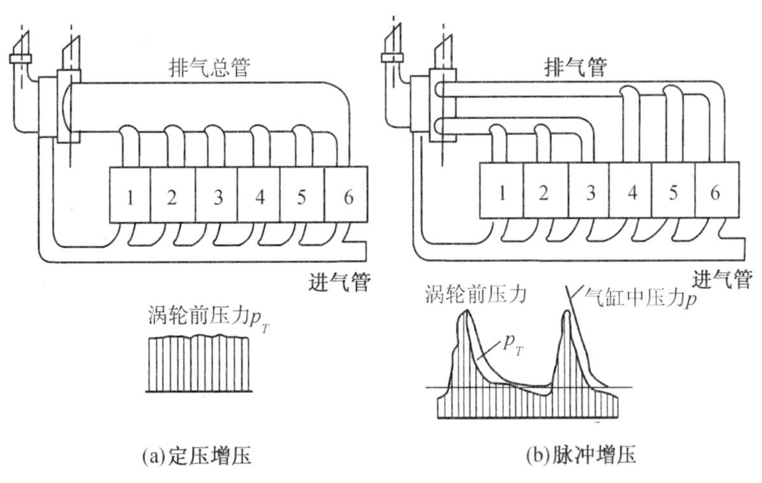

(a)定压增压　　　(b)脉冲增压

图 4-2　废气涡轮增压的两种型式

对于低增压和中增压，增压压力小于 0.2 MPa 时常采用脉冲增压，适用于中小型柴油机。当增压压力大于 0.3 MPa 时采用定压增压，适用于大型低速柴油机。

第二节 柴油机增压器的结构及原理

一、废气涡轮增压器的结构

废气涡轮增压器由压气机和涡轮机两个主要部分及支承装置、密封装置、冷却系统、润滑系统所组成。其分类方法通常有三种：

(1)按涡轮壳体是否进行冷却分为水冷式和非水冷式涡轮增压器。

水冷式将涡轮壳体做成夹层结构，以通水冷却，防止壳体向外散热及变形，从而保证轴承对中良好，增压器运转稳定。而非水冷式则任其向外散热或在壳体外面包扎隔热材料。通常大型涡轮增压器多采用水冷式，小型的则多采用非水冷式。

(2)按涡轮型式分类，分为轴流式涡轮增压器和径流式涡轮增压器两种。

大型涡轮增压器多采用轴流式涡轮(即废气在涡轮内的流动方向平行于转子轴方向)，如图 4-3 所示。小型涡轮增压器则采用径流式涡轮(即废气在涡轮内沿垂直于转子轴轴线的径向流动)，如图 4-4 所示。

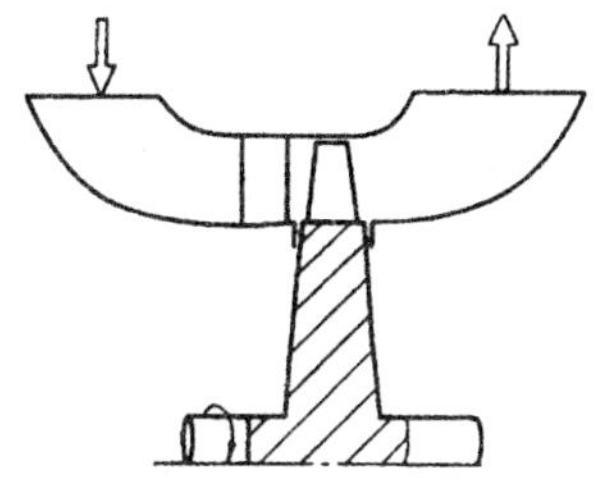

图 4-3　轴流式涡轮示意图

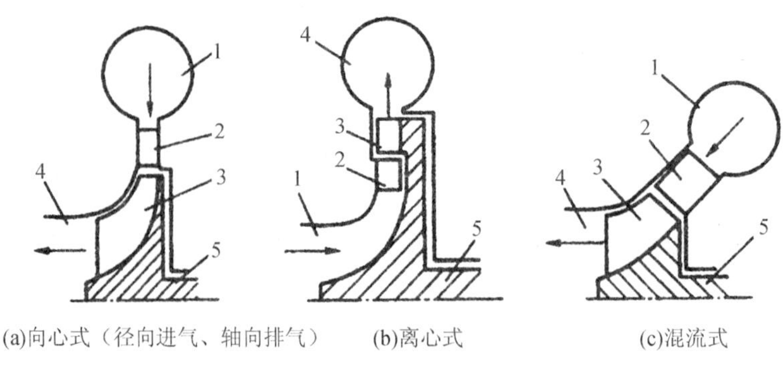

图 4-4　径流式涡轮示意图

1—进气壳;2—喷嘴环;3—工作轮;4—排气壳;5—涡轮轴

(3)按轴承布置形式分为外置轴承、内置轴承、内外置轴承和悬臂式轴承等四种型式,如图 4-5 所示。

废气涡轮增压器的压气机多采用离心式压气机。

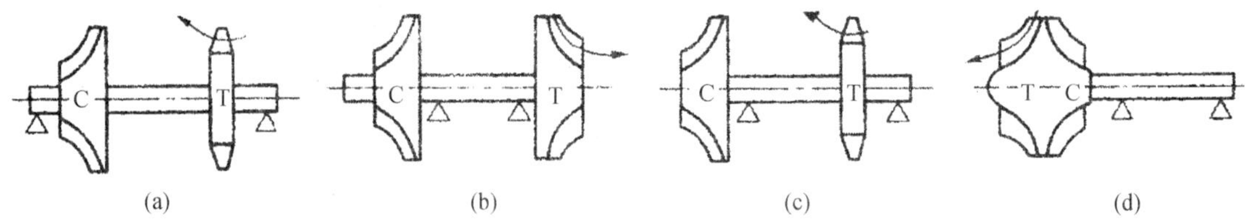

图 4-5　轴承布置形式

废气涡轮增压器结构形式繁多。如图 4-6 所示为 VTR4 系列增压器剖视图(节选)。它由右侧的单级轴流式废气涡轮和左侧的单级离心式压气机组成。废气涡轮的叶轮和压气机的叶轮装在同一根轴上构成废气涡轮增压器的转子,由两端的轴承支承。

1.轴流式废气涡轮

废气涡轮由涡轮进气箱 51、喷嘴环 56、工作叶轮 29、隔热墙 23、排气箱 61 等组成。进、排气箱内腔用水冷却。进气箱与排气箱之间用螺钉紧固。进气箱右侧布置着轴承箱。排气箱下面装有增压器支架。柴油机排出的废气由进气箱 51 下面引入涡轮,由排气箱上面排出。隔热墙 23 用绝热材料制成,避免废气对压气机叶轮和空气加热。

柴油机排出的废气经进气箱 51 送至喷嘴环 56。喷嘴环由喷嘴内环、外环和喷嘴叶片组成,如图 4-7 所示。喷嘴叶片形成的通道从进口到出口呈收缩状,其作用是将柴油机排出的废气的压力能部分转变为动能,并使气流具有工作叶片所需要的方向。工作叶轮由轮盘和工作叶片组成,工作叶片轴向安装在轮盘边缘的槽口中。叶根有枞树形和球形两种。叶身为叶片的工作部分,其形状由气体流动情况决定。它沿着高度逐渐扭转。这是因为废气通过喷嘴进入叶轮时,气流的参数如压力和速度的大小和方向等均沿叶片的高度而变化。为了减少气流流过叶片时的能量损失,要求叶片的形状与气流参数沿叶片的变化相适应,以提高涡轮效率。高速流动的气流进入工作轮的叶片通道,其中一部分能量转变为机械功,最后经排气箱排往大气。

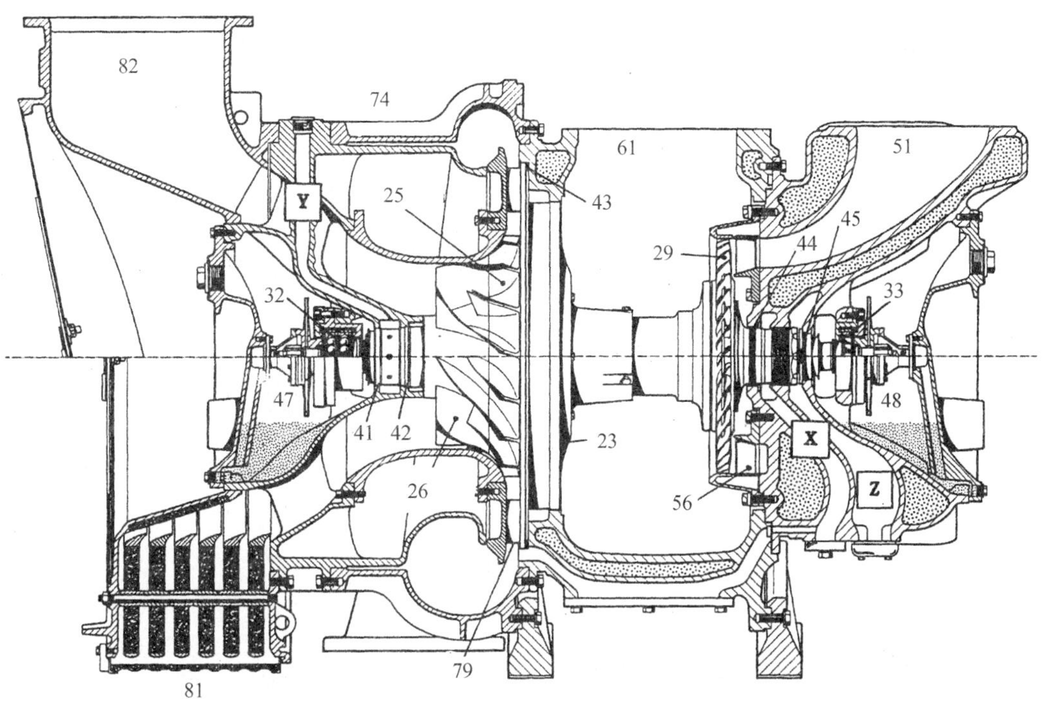

图 4-6 VTR4 系列增压器剖视图(节选)

23—隔热墙;25—半开式工作轮;26—导风轮;29—工作叶轮;32,33—滚动轴承;41,45—油封;42,43,44—气封;47,48—滑油泵;51—进气箱;56—喷嘴环;61—排气箱;74—排气蜗壳;79—扩压器;81—消声器;82—进气箱

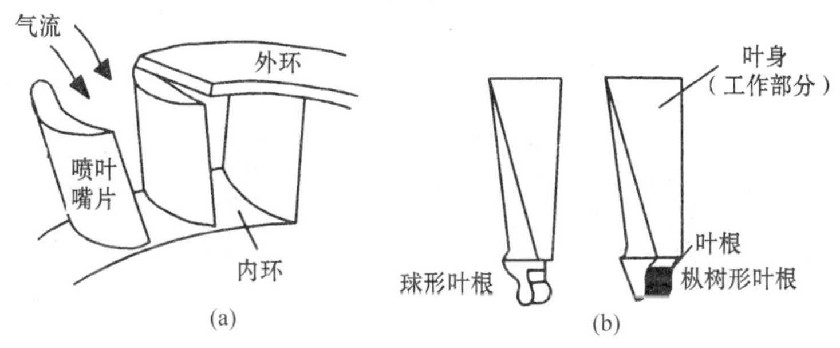

图 4-7 喷嘴环与工作叶片

2.离心式压气机

增压器的压气机主要由进气消声器 81、进气箱 82、压气机叶轮、扩压器 79、排气蜗壳 74 等组成。空气从消声器空气滤网处进入。消声器 81 中的空气滤网、导流环对空气起滤清、导流、吸音(导流环由吸声材料制成)作用。进气箱由内、外进气壳共同组成进气通道,对吸入的空气起导流定向作用。进气箱的左侧布置着轴承箱。工作叶轮是压气机的主要部件,如图 4-8 所示。它是由前弯的导风轮 26 和半开式工作轮 25 组成的(如图 4-6 所示)。导风轮的扭曲方向和角度应适应气流进入叶轮的相对流动方向,使气流平顺地从轴向转到径向,以减少进气流动损失;在工作叶轮上沿径向布置着直叶片,各叶片间形成气流通道。两部分分别装在转轴上。扩压器 79 用焊钉固定在排气蜗壳 74 上,其叶片间的气流通道呈扩张形。它将把压缩空气的动能变成压力能,以提高空气的排出压力。叶片环一般比圆环形平板圈窄一些,无叶片的圆环

段同样起扩压作用,通常称之为无叶扩压器。一个工作叶轮与相邻的扩压器组成一个级。压气机排气蜗壳74的主体是一个蜗壳状的管道,其流通截面由小到大。它一方面收集从叶片扩压器流出的空气,一方面继续起着扩压作用。空气从蜗壳排出后经空气冷却器进入柴油机的进气管。

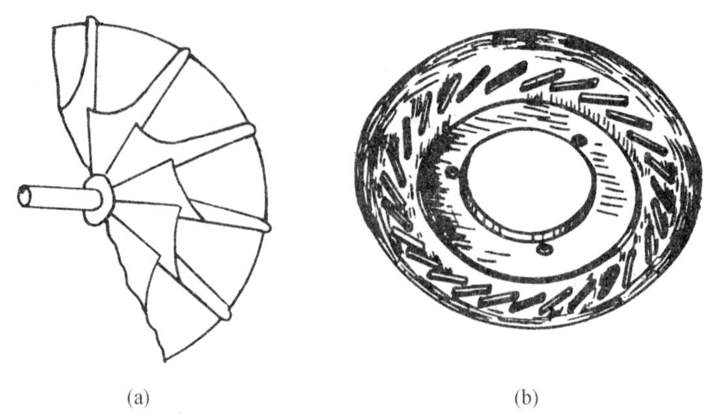

图4-8 压气机的工作叶轮和扩压器

3.轴承

压气机叶轮和涡轮机叶轮装在同一根轴的两端,构成增压器的转子。转子轴的两端由滚动轴承32和33支承(如图4-6所示)。这种支承为外支承式,它具有转子稳定性好,轴承受高温气体影响较小,便于密封,有利于增加轴承寿命等优点。但也存在着使涡轮增压器结构复杂,重量、尺寸增大,清洗涡轮增压器困难等问题。

轴承32和33是滚动轴承,这种轴承的摩擦损失小,加速性能好。轴承封闭在轴承箱中,一般采用三种润滑方式:一是靠装在转轴上的甩油盘进行飞溅润滑;二是由涡轮增压器的专门油泵润滑;三是由柴油机的润滑系统供给滑油润滑。

在压气机端,由于叶轮出口的空气漏至叶轮右侧,其压力大于叶轮左侧的空气压力;在涡轮端,涡轮右侧的压力也大于涡轮左侧,因此在转子上作用着一个自右向左的轴向推力。必须在压气机端设一个支持止推轴承承受转子的径向和轴向负荷,并起着转子轴向定位的作用。涡轮端的轴承是一个支持轴承,只承受转子的径向负荷,并允许产生一定的轴向位移以保证转子的热膨胀。

4.气封与油封

为了防止燃气、空气和滑油漏泄,在轴承箱的内侧装有油封41、45,在叶轮两侧装有气封42、43、44(如图4-6所示)。气封44处由排气蜗壳经通道X引入增压空气提高气封效果。在转子左右两端的油气封之间通过通道Y、Z与大气相通。

二、废气涡轮增压器的工作原理

1.离心式压气机的基本工作原理

废气涡轮增压器的压气机一般都采用单级离心式压气机。单级离心式压气机工作原理如图4-9所示。它由进气道、工作叶轮(也称压气机叶轮)、扩压器和排气蜗壳组成。1—1、2—2、3—3、4—4分别为上述各部件的交界面。当压气机工作时,新鲜空气经进气道轴向进入压气机叶轮。由于通道的导流作用,气流能在最小的损失下均匀进入压气机叶轮。进气道是渐缩

流道，在进气道中，压力、温度略有降低，流速提高。正是因为压力降低，空气才被吸入工作叶轮。空气进入压气机叶轮后，随叶轮高速回转，因而产生离心力。这样，空气在叶轮叶片间随叶轮做圆周运动的同时，在离心力的作用下向叶轮外缘流动并被压缩。在叶轮中气体的流速、压力、温度都升高了，其中流速提高了很多。这是由于叶轮对气体做功，把叶轮的机械能变成了气体的动能和压力能。气体被压缩时也提高了温度。在扩压器中，由于流道逐渐扩大，使空气的动能转换为压力能，流速降低，压力升高。排气蜗壳中的通道也是渐扩的，因而空气流过时继续将动能转换为压力能。

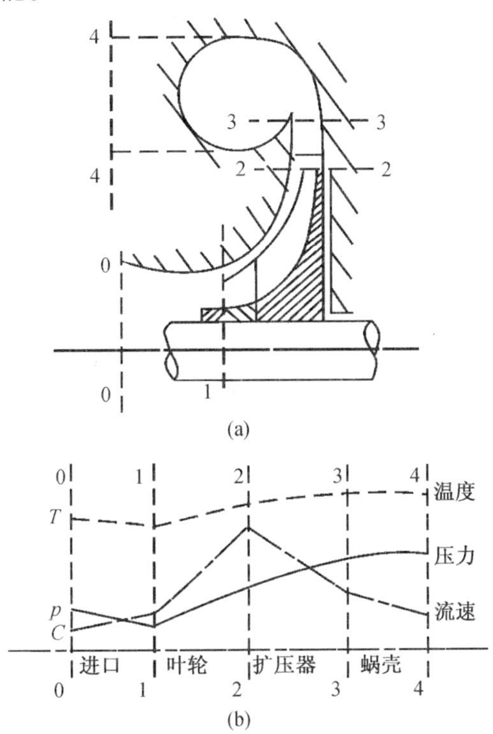

图 4-9 单级离心式压气机工作原理

2.单级轴流式废气涡轮机的基本工作原理

单级轴流式废气涡轮机工作原理如图 4-10 所示。它的主要元件是固定的喷嘴环和旋转的工作叶轮。一列喷嘴叶片和其后的一列工作叶片组成了涡轮机的一个级。如图 4-10 所示中上部为喷嘴环和工作叶轮的局部剖视图。中部的叶型断面是用一个通过 I—I 的圆柱面切割涡轮，将所得切面展开在平面上，称为平面叶栅。喷嘴环的各叶片间和叶轮各叶片之间构成了废气流道。废气流经喷嘴和叶轮时，其参数（压力 p、温度 T、流速 c）沿流道的变化情况如图 4-10 中下部所示。

具有一定压力 p_0 和温度 T_0 的废气以速度 c_0 流入喷嘴。在喷嘴收缩形的流道中膨胀加速，其压力和温度降低到 p_1 和 T_1，而流速升高到 c_1，部分压力能转变为速度能。从喷嘴出来的高速气流进入叶轮叶片间的流道时，气流被迫转弯。由于离心力的作用，迫使气流压向叶片凹面而企图离开叶片凸面。使叶片的凹凸两面间产生压力差。此压力差的合力即为作用在叶片上的冲动力。作用在所有叶片上的冲动力对转轴产生一个冲动力矩。此外，叶轮叶片的通道也是收缩的，废气在其中继续膨胀加速，其流出叶轮的相对速度大于流入叶轮的相对速度。当气

流在旋转的叶轮中流动时，因膨胀加速而给涡轮以反作用力，使得涡轮又得到一个反作用力矩。冲动力矩和反作用力矩的方向是相同的，叶轮就在这两个力矩的共同作用下回转。由于工作叶轮在高速气流作用下旋转并做机械功，故气流的温度、压力和绝对速度在工作叶片中从进口的 T_1、p_1、c_1 下降到出口的 T_2、p_2、c_2。

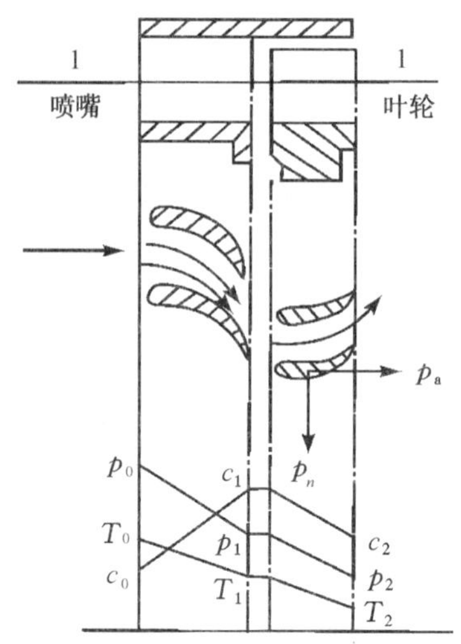

图 4-10　单级轴流式废气涡轮机工作原理

废气涡轮所做的轮周功的大小主要取决于燃气的流量和热状态。燃气在涡轮中的流动损失主要有流动摩擦损失、叶轮摩擦鼓风损失、漏气损失和叶片进口撞击损失等。在涡轮不全进气的情况下，摩擦鼓风损失很大；涡轮在偏离设计工况下工作，气流进入叶片时就会产生撞击，偏离越大，撞击损失越大。

气流在叶片流道中流动时除了产生旋转力 p_n 外，还产生轴向推力 p_a，使轴朝压气机方向窜动，因此必须在压气机端装设止推轴承。

第三节　废气涡轮增压的分类

废气涡轮增压方法是通过废气涡轮增压器实现的。废气涡轮增压器是由废气涡轮和增压器（即压气机）两个部分组成。

内燃机由于受结构尺寸的限制，燃烧气体在气缸内不能充分膨胀至大气压力。因此，排气开始时气缸内的燃气压力远比大气压力高，这样，排气就具有一定能量。废气涡轮增压系统将排气能量有效地传给涡轮机，使涡轮机获得较高的效率，同时有利于内燃机气缸的扫气。根据排气管中压力状况和排气能量的利用方式，废气涡轮增压系统一般分为定压增压系统和脉冲增压系统两类。

一、定压增压系统

内燃机所有气缸的排气都通入一根粗大的排气总管，然后再流入涡轮机。排气总管实际

上起稳压作用,以使总管内的气体压力基本恒定。这样,涡轮机在稳定气流下工作,故涡轮机效率较高。但采用这种系统时内燃机加速性能和低负荷性能较差,所以定压增压系统只适用于高增压、工况变化少的场合。

二、脉冲增压系统

这种系统的特点是在排气管中造成尽可能大的压力脉动。为此,排气支管被做得细而且短,涡轮机尽可能靠近内燃机气缸。排气互不干扰的几个气缸(通常是 2 缸或 3 缸)的排气支管连在一根排气管上,这样,每根排气管中就形成两个或三个连续的排气脉冲波。涡轮机的喷嘴环按排气管数目分组隔开,它们互不干扰。采用脉冲增压系统能充分利用排气能量,改善变工况性能;但涡轮机是在脉动气流状态下工作,故涡轮机效率较低。

为克服两种系统的缺点,人们已研制出脉冲转换系统和多脉冲系统。它们多用在气缸数不是 3 倍数的柴油机上。

实操训练 1:废气涡轮增压器日常维护管理

1.训练目标与要求

(1)熟悉柴油机废气涡轮增压器的结构和工作原理。

(2)了解柴油机废气涡轮增压器的工作特点。

(3)能按说明书或操作手册对柴油机涡轮增压器进行日常运行管理。

2. 训练设备

柴油机废气涡轮增压器及配套挂图。

3. 实操步骤

1)指导教师结合实物及挂图讲解:

(1)首次使用时的管理

首次使用是指增压器出厂第一次装船和经修理后的试运转。

①向油池注入规定品牌的润滑油,并使油位达到油尺中间记号以上 0~4 mm。

②起动柴油机运转约 2 min。检查转子部件转动情况,要求平稳无杂音。然后停车,观察转子惰转情况,要求平稳转动约 0.5 min 后才停止。上述情况正常,方可开车使用。

③在全负荷时,调节气封空气调节螺钉的开度,使涡轮端平衡室无废气漏出。

④在全负荷时保持冷却水出水温度在 60~70 ℃之间。

⑤分别在空车、半负荷、全负荷时测定:涡轮机前、后废气温度,压气机前、后空气温度,压力及增压器转速等。所测数据与出厂时试验记录对照,若有差异应分析原因。该组数据必须记入轮机设备试验记录簿和轮机日志。

(2)运转管理要点

①认真监视主要运行参数

按说明书规定随时观察并定期记录增压空气压力、增压器转速、滑油压力(油位)、滑油温度、冷却水压力、冷却水出水温度、涡轮前废气温度等重要参数,以便随时掌握增压器的技术状态。废气涡轮增压器的涡轮进口废气温度一般不应超过 450~500 ℃。

柴油机停车后,废气涡轮增压器的转轴应有惰转(惯性转动),其时间一般为 1 min 以上。

②注意监视油位

若油位不足,要及时补充并查明原因。因为油位过低(或油压过低),将造成轴承烧毁甚至整台增压器报废的严重事故,在管理中必须高度重视。

③及时发现异常响声

可用金属棒或其他专用工具细心倾听增压器有无异响,发现异响必须及时查找原因并予修复。

④尽量避免突然停车

无特殊情况不要突然停车;否则轴承容易咬轴,并可能发生喘振。

(3)应急处理

运行中增压器损坏,船上又无备件更换时,可采用停增压器运行的措施。

①及时停车

增压器损坏时,首先要及时停车,以防事故继续扩大。条件不允许时,亦应大大降低柴油机转速,且只能短时间运行。

②锁定转轴后运行

用专用工具锁住转轴,一般只需拆下压气机端油室盖板,装上专用工具即可。但对于脉冲增压器,还须在涡轮端加装专用锁紧工具。此时柴油机应降负荷运行。对于脉冲式增压系统,应及时起动电动鼓风机送气。

这种方法适用于时间紧迫,要求尽快恢复柴油机运转的场合。

③拆除转子,安装封闭设备

这种方法适用于时间充裕的场合。

采用上述两项措施后,仍应保持冷却水的畅通,但对单独润滑系统,应切断油的供应。

采用停增压器运行的方法,对于不同的增压系统和增压器台数,具体做法略有不同,尚需参阅有关说明书。

(4)一般维护工作

①经常清洁空气滤网和柴油机扫气箱或进气管,以使流道畅通,有利于吸、排气和消除噪声。

②定期清洁冷却水腔,以清除水垢,并及时更换防蚀锌板,确保冷却效果,保证油温正常。

③定期更换规定品牌的润滑油,以确保油质。在更换滑油时,用手拨动转子。检查转子转动是否轻快,应平稳无杂音,以便发现和消除隐患。

④长时间停车时(1 个月以上),为防止转子轴弯曲变形,应经常手转转子,并用压缩空气冲车以使增压器转动,同时用金属棒触听转子运转情况。

⑤废气涡轮增压器的清洗

增压器在运行时其内部流道会被灰尘、油雾和炭粒所脏污。这会使流阻增大,增压器效率下降,增压压力降低,脏污严重时还会引起增压器喘振;污物在叶轮上分布不均还可能使转子的动、静平衡不良而引起振动。因此要对增压器进行清洗。增压器的清洗有运转中的清洗和

拆开清洗两种。经常定期进行运转中的清洗,以清除旋转件上的灰尘和疏松的积炭,使增压器处于良好的工作状态。但运转中的清洗不能代替定期拆检和清洗增压器。

运转中清洗废气涡轮有水洗法和干洗法。涡轮水洗时要在低负荷下进行,进水管装在涡轮保护格栅前的排气管上,清洗水的流量通过接头中的孔板和水压来控制。喷入的水雾通过水对污垢的溶解作用和水滴对污垢的机械冲刷作用将流道中附着不牢固的污垢洗掉。在涡轮排气箱的下部装有排泄阀,以便将清洗下来的污垢和未蒸发成蒸汽的水排出。清洗约需10 min,排泄阀流出的水应变清。清洗后,应在低负荷下运转5~10 min。如果清洗后发生振动则应重新清洗。如图4-11所示为BBC涡轮增压器水洗系统图。水洗时,要求柴油机在50%标定功率的转速下运转。转动旋塞使管1与3路相通,以排除污物。关泄水旋塞B、开进水管截止阀C,以使清洗水经接头中的孔板喷入排气管。缓慢开启供水阀D,把压力调到2.5×10^2 kPa,则清洗水由阀C流入,污垢与水由管1泄至舱底。洗完后,关阀D、C,开阀B将管路中水放掉。转动旋塞A,使2路与管1相通,少量压缩空气吹扫排泄管道和扫气箱,使管1畅通。

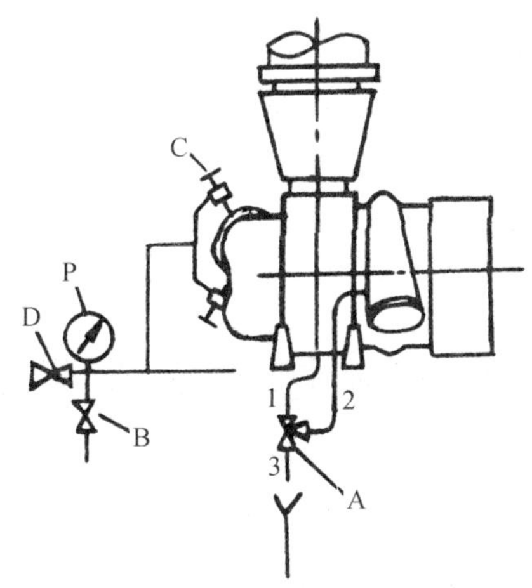

图4-11 BBC涡轮增压器水洗系统图

1,2,3—排泄管;A,B—旋塞;C—进水管截止阀;D—供水阀

干洗是从涡轮进气道喷入一定数量的已被粉碎的核桃壳或其他类似物体,颗粒尺寸约为1.5 mm,是用冲击式的方法清除积炭等污物。在全负荷时干洗效果最好,负荷低于50%时不可干洗。如果装有干洗设备时,应按说明书的指示使用。

压气机在运转中清洗时,要在柴油机全负荷运转下进行。方法是将一定量的水在短时间内喷入压气机。清洗前后30 min内,应将气缸滑油供给量提高50%~100%,以保护气缸套免受腐蚀。如图4-12所示为某增压器压气机清洗系统图。进水管装在压气机进气箱上,水经管道送至压气机叶轮前的进气道中。清洁水盛在容器中,以确保每次清洗只给一定数量的水。容器除有水管与压气机进气箱连接外,还有气管与压气机排气管连接。清洗时按下容器上的按钮,水便在增压压力和进气道压力之差的作用下,在4~10 s时间内喷入压气机。喷水后,柴油机要在全负荷下运转一段规定的时间,以使增压器和柴油机完全干燥。如果清洗后增压压力和排气温度变化不大可重复清洗。清洗压气机后,一有机会就应清洗空气冷却器,以洗去从压气机冲洗来的积垢。

⑥定期拆检及间隙调整

涡轮增压器要定期拆下转子,以便检查和清洗叶片,消除积垢和脏物,并调整其主要间隙。

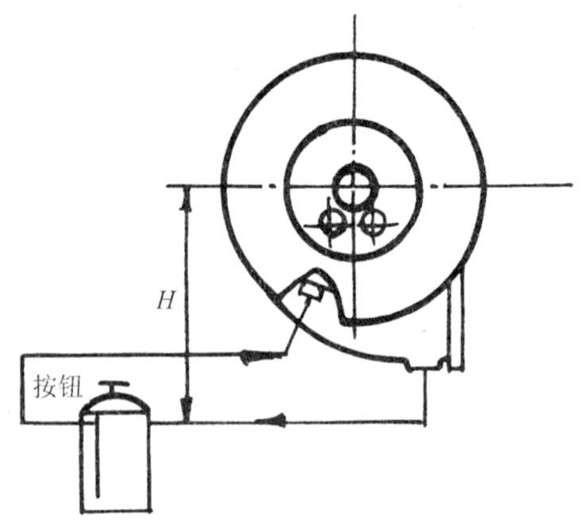

图 4-12　某增压器压气机清洗系统图

增压器的拆装必须严格按说明书规定进行,因此拆装前必须仔细阅读说明书,熟悉内部结构和零部件装配关系,结合实践经验,分析拆装程序,并备好专用工具。拆装过程中,认真检查、调整各装配间隙,使之符合说明书规定,并记入“增压器拆检记录簿”和“轮机日志”。

2)学员分组讨论。

3)指导教师结合工作实际进行讲评。

实操训练 2:废气涡轮增压器常见故障排除方法

1. 训练目标与要求

(1)能够概述柴油机废气涡轮增压器常见故障。

(2)能够分析柴油机废气涡轮增压器常见故障的原因。

(3)能够解决柴油机废气涡轮增压器常见故障。

2. 训练设备

柴油机废气涡轮增压器及配套挂图。

3. 实操步骤

1)指导教师结合实物及挂图讲解:

(1)增压压力异常的可能原因及排除方法

增压压力异常是指在负荷相同的条件下,与正常值对比,增压压力过高或过低。

增压压力的升高往往伴随着增压器超速,其原因多见于柴油机系统故障而产生的后燃严重;柴油机超负荷;排气阀漏气等。运转中要严防柴油机超负荷,保养时注意调校柴油机各结构和性能参数在规定范围内。

增压压力降低时,若发现增压器转速也降低,其可能原因是:涡轮出口背压过高;喷嘴环叶片变形而使涡轮效率下降;排气管膨胀接头处漏气;涡轮轴封处积炭严重而使旋转阻力增大等。

若增压压力降低时,增压器转速无明显变化,其可能原因是:压气机进口空气滤网阻塞;压

气机叶轮及扩压器严重脏污；叶轮背面气封损坏；扫气箱（进气管）漏气；空冷器内部气道脏污等，停车后注意清污。

(2)滑油消耗过多及污损严重

滑油消耗过多可能是油池漏油或油封间隙过大或气封空气通道堵塞所致。

滑油污损严重多为轴封损坏或间隙过大或气封空气通路堵塞，致使废气进入油池所致。当滑油质量不符合要求或油温过高时，也会发生上述情况。

(3)涡轮壳局部过热

其原因是：冷却水量不足；冷却水腔及进、出口因水垢或污物阻塞等。

(4)转子轴惰转不正常

正常情况下，柴油机停车后，增压器转子部件仍有一段较高转速的惰转期，并可听到转动的声音。若发现惰转时间甚短，其原因可能是：涡轮机内腔油垢或积炭过多，与转子部件相碰擦；喷嘴环内有杂物或与涡轮机叶片相碰等。

(5)增压器不正常响声

气封片碰擦及压气机或涡轮机叶片与固定件碰擦或因轴承损坏等，均会听到金属擦碰声音。发生上述情况，可用金属棒查听具体部位，并仔细检查轴承及转子轴的装配质量。

当叶片损伤和断裂时，往往伴随着增压器强烈的振动和撞击声，此时应立即停车检查。若断裂的叶片一时无法修复，可将与该叶片正对的叶片一同卸去，以保持转子的平衡，然后装复使用（注意清除异物）。若叶片大量损伤，则须停止增压器运行。

(6)轴承烧毁

轴承烧毁大多是由于滑油压力过低、油量不足或断油、油质不洁或油品牌号不正确、油中混入金属磨粒所致。其主要表现为增压器转速急剧下降，惰转时间短、滑油温度过高、增压压力降低，并出现异常响声。轴承烧毁会造成轴的径向跳动和轴向窜动加剧，使密封件擦伤，叶片变形及断裂，严重时将使整台增压器报废。所以应立即停车检查，更换轴承。若转子已严重损伤，则必须停止增压器运行。

(7)增压器喘振

产生增压器喘振的根本原因，是“小流量、高背压”。所以，要气流通道通畅，尽量避免突增、突卸负荷或主机超负荷运转，防止各缸负荷严重不均和单缸熄火。一旦发生增压器喘振，要迅速查找是否为上述原因，并及时消除，以防增压器损坏。

2)学员分组讨论。

3)学员代表分组分析柴油机废气涡轮增压器常见故障及排除方法。

4)指导教师结合工作实际进行讲评。

第五章 船舶柴油机日常管理

第一节 船舶柴油机备车

一、船舶柴油机备车的目的及要求

1.船舶柴油机备车的目的

备车是指在船舶开航前,为保证船舶动力装置及相关设备处于随时都能起动和投入运行的状态而进行的一系列准备工作。柴油机经过长期或短期停车后,开航前均需进行备车。当船舶在特殊水域、气象条件及关键设备发生故障时,根据船长或轮机长指令也需备车。本章仅就开航前备车进行阐述。

备车的主要目的是保证船舶动力装置处于随时可起动和运行状态。

2.船舶柴油机备车的要求

船舶在开航前,驾驶台通知机舱值班人员备车,备车时间一般为10~30 min。备车是一项系统性工作,涉及的工作内容多、技术含量高,值班人员应在轮机长、大管轮指导下,根据岗位职责和备车操作规程,协同配合,按系统进行准备,严防漏操作和误操作。

二、船舶柴油机备车操作

(1)正确开关各系统阀门。

(2)暖机。通过发电柴油机的冷却水加热主柴油机冷却水和利用加热器加热润滑油,以提高柴油机温度。

(3)检查主机燃油日用柜油位,放残水,排除燃油系统中的空气。使用重油的船舶要同时对重油系统加温。备车及开航时先使用轻柴油。

（4）检查滑油循环柜（或油底壳）油位，用备用油泵压油至规定压力，以保证各运动部位充满润滑油，并对人工注油点注油。

（5）检查膨胀水箱水位。

（6）排放空气瓶残水并保持规定压力。

（7）艉轴管压油至有回油为止。

（8）打开示功阀，盘车检查轴系有无卡阻现象。

（9）脱开盘车机，打开空气起动阀，冲车，确信运转自如后，并观察从示功阀内有无水分或燃油冲出，若有水分或燃油冲出，必须找出原因并消除之。冲车后关闭示功阀，试车。

（10）试车完毕一切正常后，接通遥控，向驾驶台回车钟，表示机舱已进入能随时开航的待命状态。

三、船舶柴油机备车常见问题

1.柴油机不能起动

柴油机备车完毕需起动柴油机试车。柴油机起动不了，是指当起动手柄或手轮已推至起动位置，而柴油机没有转动起来。起动不了的主要原因有：

（1）盘车机未脱开，盘车机连锁阀在关闭位置，起动空气不能通过。脱开盘车机则可解决。

（2）空气瓶出口阀或主停气阀未开，确认开启。

（3）主起动阀卡死，起动空气不能通入气缸，检查主起动阀或用手柄把阀拉起。

（4）起动空气分配器阀芯严重磨损，造成空气大量漏泄或因空气分配器定时不对而使气缸起动阀不能开启或气缸起动阀不灵，应查明原因予以消除。

（5）起动空气压力不足（压缩空气起动）或电池容量不足（电起动），应充至规定值。

2.柴油机不发火

如果燃油杆已放到供油位置，柴油机也已在外力的带动下转动起来而未能发火，其原因常在于燃油系统中，主要有：

（1）燃油阀未开或日用油柜中的燃油用光，或燃油中沉积有大量残水未能放出，应进行放残。

（2）燃油滤器脏污堵塞，应进行转换或清洗。

（3）燃油系统漏入空气，应对燃油系统充油放气。

（4）起动操作过快，发动机尚未达到起动转速就开始供油，气缸内压缩空气温度、压力过低不足以发火或起动后供油太少，应重新操作。

（5）油量调节杆或调速器拉杆在供油量很小或停油位置上卡死或动作不灵活，应设法使之动作灵活。

（6）设有安全保护装置的柴油机，因润滑油或冷却水压力不足，保护装置未解除对燃油供应的控制，应将压力调至正常值。

（7）超速保护装置动作后未复位，燃油供应被切断，应立即将其复位。

燃油黏度过大，气缸温度过低，进气不足等造成发火困难，应提高油温进行暖机。

第二节 船舶柴油机运行管理

一、船舶柴油机的机动操作程序

(1)主机起动必须由值班轮机员按驾驶台的指令操作。

(2)主机起动前应将油量操纵手柄置于小油量位置,避免起动后即进入高速运转。

(3)①压缩空气起动的主机:打开压缩空气起动阀,将操纵手柄推向起动位置以起动主机,待主机达到起动转速后迅速拉油门到怠速位置。

②电力起动:合上闸刀接通电源,按下起动电钮开关以起动主机,必须注意每次起动时间不得过长,以防起动电动机过热烧损,起动成功后应即时切断电源。

(4)起动操作要熟练迅速,以免过多消耗起动空气或蓄电池电量,并防止飞车。起动完成后即将手柄推向运转位置。

二、船舶柴油机的机动操纵注意事项

(1)起动过程中,空气起动若需换用备用气瓶,应先关闭供气气瓶,再开启备用气瓶;电起动如果失败,应间隔 10 s 以上,再尝试重新起动。若连续三次起动失败,应查清原因排除故障后再起动。

(2)主机起动后,立即检查各仪表指示参数是否符合柴油机说明书的有关规定,特别应首先检查润滑油压力表,如在 15 s 内尚不起压,应立即停车检查,排除故障后再行起动。

(3)必须特别注意观察、倾听经检修或更换过的机件运转是否正常。若有漏油、漏水、漏气或异常敲击声或振动时,应立即停车检查。

(4)主机起动后必须经过低速运转,再按车钟指令逐步过渡到常用转速。

(5)随时执行驾驶台的命令。

三、船舶柴油机运转中的检查(热力、机械)

柴油机定速运转后,轮机人员通过能充分反映柴油机工作状态和运转性能好坏的监视点和监视参数来操纵、管理柴油机,以使其安全、可靠、高效运行。出现故障应在短时间内消除,使主机恢复正常运转。在运行管理中,值班人员应集中精力,遵守操作规程,按要求进行巡回检测,使各种技术参数处于正常范围之内,才能有效保证动力装置及其附属设备工作可靠,处于经济性较高的运行状态。为了保证柴油机及其装置始终处于正常技术状态,柴油机运行中应做好热力检查和机械检查。

1.运转中的热力检查

热力检查的目的是检查确定发动机各缸燃烧是否良好以及负荷分配的均匀程度。这是保证发动机正常运转和工作可靠性的基础,也是衡量发动机的运转性能和技术状态的主要条件。

事实证明，绝大部分机件损坏和过度磨损多半都是由于超负荷运转和负荷不均匀所造成的。在管理工作中，整台柴油机超负荷运转很容易发现，而负荷不均匀造成个别气缸的超负荷则常被忽视，这就要求轮机人员在运行管理中能够及时发现和迅速纠正这种不正常现象。

运转中，应注意喷油设备技术状态的变化，特别是喷油器工作性能的下降，常引起气缸燃烧的恶化和各缸负荷的变化。对喷油器的检查可以通过检测排气温度、观察排烟颜色及打开示功阀观看火焰情况等方法进行。

各缸排气温度值要按说明书的要求限定，也可以参照试航报告在各负荷下所测得的数据与主机实际运行数据进行对比，找出排气温度升高的原因。各缸排气温度最大温差不应超过平均值 15~20 ℃（或±5%）。在柴油机状态良好的情况下，排气温度只能大致反映各缸燃烧的状态及喷油设备的情况，使船上人员了解负荷分配的大概状况。为了确认各缸负荷的分配是否基本上均匀，还应在适当时机测取各缸示功图，确定最高燃烧压力和计算平均指示压力，从而分析和判断各缸负荷的大小和分配是否均匀。根据实测数值对各缸负荷做适当调节。通过测取展开示功图和手拉示功图可以确定纯压缩压力、发火始点和整个燃烧过程。

2.运转中的机械检查

机械检查的目的就是保证柴油机各机件和系统均处于正常的状态。正常而有节奏的运转声是柴油机正常运转的证明。因此，值班人员应经常注意倾听机器的运转声。如柴油机出现意外的不正常响声，应迅速查明原因并采取相应的措施。这种不正常的响声可能来自各运动部件本身（如零件的松动）或因系统的故障而导致的各运动机械受损。同时，在运行中应经常用手触摸各曲轴箱道门、各气缸底部附近机体等处，以检查是否有显著的温差。如发现某运动部件运行不正常，应检查油、水系统的压力是否正常，系统是否有泄漏之处。

在巡回检查时，应注意检查气缸盖与气缸套结合处以及喷油器四周和附设在气缸盖上的各阀件（安全阀、气缸起动阀、示功阀等）有无漏气。少量漏气可以通过旋紧螺母解决。若继续漏气，在未查明原因之前，不准盲目旋紧螺母。

四、船舶柴油机运转中的系统管理

柴油机定速运转后，轮机人员通过能充分显示柴油机工作状态和运转性能好坏的监视点和监视参数来操纵、管理柴油机，以使其安全、可靠、高效运行。

1.运转中的监视点

（1）燃油日用柜的存油量；燃用重质燃油时的残水量。

（2）滑油循环柜（或油底壳）的润滑油存量。

（3）膨胀水箱的水位。

（4）排气烟色正常：无色或淡灰色；含有机油：蓝色；含有水分：白色；后燃严重：黑色。

（5）管系是否有泄漏；连接和紧固装置有无松动。

（6）轴系润滑油位、轴承温度，有无异常噪声等。

2.运转中的监视参数

（1）压力参数：滑油压力、燃油压力、冷却水压力、起动空气压力、增压空气压力等。

（2）温度参数：滑油温度、冷却水温度、单缸排气温度、排气总管温度等。

(3)转速参数:主机转速、增压器转速、传动轴转速等。

3.运转中燃油系统的监测和调整

(1)注意检查燃油的压力,当压力不符合规定值时,可通过调压阀来调节。

(2)定期对燃油沉淀柜、燃油日用柜放残水,随时注意并补充燃油日用柜的燃油。

(3)经常检查喷油泵的温度,检查高压油管的脉动情况。

(4)对于燃用重质燃油的柴油主机,要注意保证油柜的加热温度,在换用重油时要严格按轻、重油的转换操作程序进行。

4.运转中润滑系统的监测和调整

(1)应特别注意检查主机润滑油的压力,当滑油压力偏低时,可通过调压阀来调节。

运转中的柴油机的滑油压力应高于冷却水压力,以防止冷却水漏入滑油系统。

对于大中型柴油机,还应注意滤器前后的压差是否正常。如果滤器前后的压差过小或无压差,则说明滤器损坏;若压差过大则说明滤器堵塞,应立即转换滤器并注意放气。

(2)注意监视主机润滑油的温度。柴油机运转中,滑油进机温度一般应保持在 30~50 ℃,不允许超过 65 ℃,进、出滑油冷却器的温差为 10~15 ℃。滑油温度可通过滑油冷却器的旁通阀来进行调节,开大旁通阀油温就升高;反之则油温降低。

(3)注意监视主机滑油循环柜(或油底壳)的油位。如发现油位下降很快,则说明有漏泄之处;反之如油位升高,则说明水或燃油漏入曲柄箱。此时应结合膨胀水箱的水量消耗情况加以判断,尽快查明原因并予以消除。

(4)柴油机运行中,应经常用手触摸曲轴箱道门温度,从而判断轴承等工作是否正常,油路是否堵塞。

5.运转中冷却水系统的监测和调整

(1)冷却水的温度:冷却淡水的出机温度应为 65~80 ℃,进、出口温差应不大于 13 ℃;海水或江水(舷外水,下同)出口温度不应超过 45 ℃。

(2)注意监视主机膨胀水箱的水位是否在规定范围内,不足则及时补水;若水量消耗过大,水位下降速度过快,必须立即查找冷却水泄漏的原因并予以消除。

(3)注意监视主机膨胀水箱的透气管是否有大量气体溢出,气体是否有烟气味道;经常观察冷却水的回水是否有气泡,有气泡说明气缸盖、气缸套可能有裂纹,或气缸盖垫片有损坏,应立即查找原因,采取相应措施。

(4)注意监视冷却淡水的压力,并要求其压力稍高于冷却海水的压力。

6.主柴油机定速运转后的巡回检查

(1)检查主机运行的各仪表参数,如压力、温度、转速值等,必要时进行调整。

(2)检查主机滑油循环柜的油位,必要时进行补充,并注意油量的消耗和油质的检查。

(3)检查膨胀水箱的水位,并注意水量的消耗。

(4)注意倾听各运动部件有无异常的响声,经常用手触摸曲轴箱道门和各外露轴承的温度,以检查运动机件有无异常的过热现象。

(5)倾听增压器运转有无异常噪声;触摸高压油管的脉动情况;查看各缸排气温度及各缸排气温差是否符合说明书的规定。

(6)检查调速器的工作温度和油位。

(7)检查主机附属设备,如水泵、油泵、滤器、冷却器等的工作情况。

(8)必要时打开示功阀,观察各缸燃烧情况。

(9)每隔 2 h,将重要运行参数和事项记入"轮机日志"备查。

五、船舶柴油机运行中一般故障判断

(一)船舶主柴油机各缸排温、排烟和爆压不正常

1.柴油机各缸排气温度不均匀

柴油机各缸排气温度不均匀的原因如下:

(1)各缸喷油量调节不均匀。

(2)各缸喷油定时调节不一致。

(3)喷油泵齿条有卡阻现象。

(4)各喷油器或喷油泵弹簧软、硬、松、紧不一。

(5)某缸喷油泵失灵或不喷油。

(6)排气定时不正确。

(7)温度表或热电偶不准确。

2.柴油机排气温度过高

(1)喷油提前角过小,后燃严重,调整喷油定时。

(2)排气阀阀面烧损,检查修理或换新。

(3)排气管背压过大,清洁排气管及消声器。

(4)负荷过大,查明原因或降低负荷。

3.柴油机排气温度过低

(1)喷油泵出油阀关闭不严或高压油管漏油,检查或换新出油阀偶件及高压油管。

(2)喷油泵柱塞弹簧失效,换新弹簧。

(3)喷油器针阀卡死或喷油孔严重堵塞,换新喷油嘴。

4.柴油机排烟异常(柴油机正常排烟烟色应为淡灰色)

(1)排气冒白烟,主要是因为油中含水或燃烧室漏水而引起的。加强燃油净化;检查缸套、缸盖是否有裂纹。

(2)排气冒蓝烟。主要是大量滑油窜入燃烧室所造成,滑油耗量激增。检查活塞与缸套间隙;检查活塞环间隙;检查活塞环是否装反。

(3)排气冒黑烟。主要是由于燃烧不完全所引起。

①燃用劣质燃油。

②气缸漏气,压缩压力过低。

③喷油泵供油定时太迟而产生后燃。

④喷油器启阀压力太低,喷油器漏油。

⑤喷孔部分堵塞或喷油器弹簧折断等。

⑥超负荷运行或由于负荷分配不均而造成某些缸超负荷。

⑦气缸进气量不足。

5.柴油机工作时，排气管冒火星

(1)排气阀关闭不严，研磨排气阀。

(2)喷油时间过迟，重新调整喷油定时。

(3)喷油雾化质量不好，检查、拆洗喷油器及喷油泵，必要时换新件。

(4)排气管道积炭过多，清洁排气管道。

6.柴油机爆发压力下降，排气温度升高，耗油量增加，但压缩压力无明显变化。

(1)供油定时不正确，喷油提前角过小，燃烧太迟。

(2)喷油泵或喷油器经长期工作后，喷油质量变差，产生滴漏，雾化不良和延迟喷射等。

(二)船舶主柴油机冷却水温过高、滑油油压过低

1.冷却水温过高

(1)淡水压力过低，冷却水量不足。

(2)淡水冷却器管束堵塞或冷却面结垢过脏，冷却效果下降。

(3)冷却水旁通阀松动开大或温度调节阀失灵。

(4)江水压力过低或过滤器堵塞。

(5)柴油机超负荷运转。

2.柴油机运转中滑油压力显著下降

(1)循环油量严重不足。

(2)滑油泵工作失常。

(3)润滑油系统有严重内漏或外漏现象。

(4)调压阀失常。

(5)油温过高。

(6)滑油中混入大量柴油或水分。

3.船舶主柴油机拉缸及敲缸

(1)柴油机发生拉缸的主要原因

①气缸润滑油供应不足或中断。

②活塞裙部与气缸套配合间隙过小。

③活塞环工作失常。如搭口间隙过小致使活塞环断裂；散热和气密作用变差致使活塞裙部过热等。

④活塞、活塞环、气缸套换新后或新机起动未经充分磨合即投入重负荷运转。

⑤柴油机长期超负荷运行。

⑥气缸缸线不正，活塞对中不良。

⑦油冷却活塞喷油嘴堵塞。

⑧润滑油中含有机械杂质。

(2)柴油机发生拉缸前的先期征兆

①柴油机运转中出现异常声响。

②柴油机转速波动、下降乃至自行停车。

③曲轴箱冒浓烟或着火。

④排气、冷却水和润滑油等温度显著升高。

(3)导致柴油机产生燃烧敲缸的原因及排除

①喷油过早,使缸内压力升高率和最高爆炸压力过大,应调整喷油提前角。

②喷油器针阀在开启位置卡住发生漏油或喷油器弹簧断裂等故障,应清洗或换新喷油嘴偶件,调整喷油压力。

③该缸超负荷运行,喷油量过大,应减少喷油量。

④所用燃油的燃烧性能差,应采取措施。

(4)导致柴油机机械敲缸的可能原因

①活塞销与连杆铜套间隙过大(低速或转速突变时在气缸上部有清脆的金属敲击声)。

②连杆大端轴承间隙过大(沿气缸中部至下部均有钝音敲击声)。

③活塞与缸套间隙过大(沿气缸全长均有轰隆而清晰的敲击声,在低速或转速突变时更为显著)。

4.船舶主柴油机转速波动过大

(1)调速器本身故障

①低速时调速器的感应机构作用力小,在其内部间隙、阻力不变的情况下,调速器的不灵敏度增大,使转速不稳。

②调速器油脏污变质:这是最常见的故障原因,应清洗调速器及更换新油。

③机械调速器调速弹簧弹性减弱。

④液压调速器反馈行程和节流针阀开度调节不当,表现在外负荷发生变化时,柴油机转速大幅度波动,且需长时间才能恢复正常转速,应对调速器进行稳定性调节。

⑤调速器其他零部件故障,如,轴承磨损,控制滑阀与套筒、伺服活塞与油缸、补偿活塞与缸体的配合间隙不合适等,都会造成故障。应仔细检查,调换元件或送厂修。

(2)调速器以外的原因

①柴油中含有水分。

②负荷剧烈变化,超出柴油机的功率范围。

③各个气缸负荷严重不均或个别气缸熄火。

④调速器与喷油泵之间的油量调节机构卡阻或松动。

⑤调速器驱动轴传动齿轮啮合不良,过紧或过松。

⑥喷油泵的“0”油位调整不一致。

第三节 船舶柴油机停车和完车操作

一、船舶柴油机停车的工作程序

(1)船舶在进港停泊前,使用重质燃油的主机应换用轻柴油,以清除燃油系统中凝点较高的重质燃油。换用燃油时,应先全开轻柴油阀,再缓慢关闭重油阀,以防柴油机断油熄火。

(2)轮机值班人员在接到驾驶台“完车”指令时,表明主机不再动车。在停车时应缓慢降低车速,直至停车。若柴油机处于过热情况下,应慢速运转数分钟待温度逐渐下降后再停车。

(3)关闭燃油供给阀,打开示功阀,冲车驱除气缸中的废气。

(4)关闭起动空气系统中各阀并将空气瓶补满空气(各船应根据具体情况将常开和常关的阀做出统一规定,并严格执行)。

二、船舶柴油机完车的工作程序

(1)若气候寒冷,气温降至5 ℃以下时,应放出冷却水,加入防冻液,或换用副机暖机管系对主机进行保温。

(2)做好柴油机及周围各处清洁。

(3)做好安全布置工作。

(4)最后经检查确认主机及机舱无异常情况后,完车结束,开始停航值班。

(5)若主机停用时间较长,应每隔2~3天用手摇泵对主机进行人工压油后盘车2~3转,使曲轴处于不同位置,以防曲轴臂距差超限值。

实操训练1:船舶柴油机备车训练

1.训练目标与要求

掌握电力起动、压缩空气起动柴油机备车操作。

2.训练设备

模拟机舱电力起动柴油机、压缩空气起动柴油机装置。

3.实操步骤

(1)指导教师介绍待起动柴油机特点。

(2)指定学员检查滑油油位,对滑油进行预热,压油、暖机。

(3)指定学员检查日用燃油柜油位、放残水,并对燃油系统分段充油驱气。

(4)指定学员检查膨胀水箱水位,若不足需补水。

(5)指定学员检查艉轴管油箱油位,并压油至回油管有回油为止。

(6)指定学员排放空气瓶残水并保持规定压力(电力起动系统则需检查蓄电池状态,包括电解液密度、电解液液位、定位及紧固情况,主电路的蓄电池极柱、连接电缆、起动电机、负极搭铁情况,控制电路的电门钥匙、起动按钮、电磁开关的连接及状态,清理起动系统障碍物等)。

(7)指导学员打开示功阀,盘车检查轴系有无卡阻现象。

(8)指导教师脱开盘车机(若有),打开空气起动阀,冲车,确信运转自如后,观察从示功阀内有无水分或燃油冲出;若有水分或燃油冲出,必须找出原因并消除之,冲车后关闭示功阀。

(9)指导教师将燃油油门置于起动位置,扳动起动手柄(或按下电起动按钮)起动柴油机进行试车。

(10)试车完毕一切正常后,接通遥控,向驾驶台回车钟,表示机舱已进入能随时开航的待命状态。

(11)指导教师指导学员每2人为一组,重复上述操作。

(12)指导教师对各组操作进行现场点评。

实操训练2:船舶主柴油机起动后的参数监测和调整

1.训练目标与要求

(1)训练目的:让受训人员掌握对柴油机各参数的监测,能对偏离规定值范围的(油压、水温、水压、油温)参数进行适当的调整,确保柴油机能正常运行。

(2)训练要求:认真学习熟悉操作步骤和观看指导老师或技术助手的示范操作,严格按照指导老师的指引操作。

2. 训练设备

柴油机装置、一字螺丝刀、扳手。

3. 实操步骤

(1)滑油压力的监测及调整:柴油机起动后,立即检查机油压力表的读数是否符合说明书规定;如在15 s内没有油压,应该立即停车检查。润滑油压力的调整方法:通过调整机油过滤器入口处的调节螺钉来调整润滑油压力,用扳手拧松锁紧螺母、用螺丝刀调整(拧入油压升高,拧出油压下降)。

(2)冷却水温度的监测及调整:表的正常值保持在该机型说明书规定温度范围。通过增大淡水冷却器旁通阀的开度,冷却水温度升高,减小淡水冷却器旁通阀的开度,冷却水温度降低。

(3)冷却水压力的监测及调整:检查冷却水压力表或冷却水观察孔出水情况,通过调整进水阀的开度大小来调整水压,确保冷却水正常。

(4)滑油温度的监测及调整:机油温度应小于最高规定值。机油温度过低或过高时,通过调整机油冷却器的冷却水进水阀开度来达到合适的机油温度。

实操训练3:船舶主柴油机修理后的参数监测和调整

1. 训练目标与要求

(1)训练目的:让受训人员掌握对船舶主柴油机修理后的参数的监测和调整,能对修理后的(油压、水温、水压、油温、排温)参数进行适当的调整,确保柴油机能正常运行。

(2)训练要求:认真学习熟悉操作步骤和观看指导教师或技术助手的示范操作,严格按照指导教师的指引操作。

2. 训练设备

主柴油机装置、一字螺丝刀、扳手。

3. 实操步骤

(1)检查柴油机的润滑油位，膨胀水箱水位，保持日用油柜油位。发现异常立即排查，对更换零部件的地方重点检查测试。

(2)注意柴油机的润滑油压力、温度，冷却水压力、温度做出相应调整。在额定转速及额定工况下各仪表的正常值保持在该机型说明书规定温度范围，机油温度应小于说明书最高规定值，机油压力在说明书规定范围之内。

①滑油压力：柴油机起动后，立即检查机油压力表的读数是否符合说明书规定；如在15 s内没有油压，应该立即停车检查。发现机油过滤器前压力大、过滤器后压力低，应立即转换滤清器并清洗。润滑油压力的调整方法：通过调整机油过滤器入口处的调节螺钉，用扳手拧松锁紧螺母、用螺丝刀调整(拧入油压升高，拧出油压下降)。

②冷却水温、压力不要调太低，应在说明书规定的范围。

③发现柴油压力低，应立即转换滤清器或换新滤芯。

④排气温度不应超过允许值。各缸排气温度相差不应超过说明书规定的范围。

(3)探摸气缸盖、曲轴箱门、调速器、冷却水进口和出口管、机油进口和出口管等，做热力检查。

(4)探摸高压油管脉动情况，发现不正常要查找原因。

(5)倾听机器有无不正常声音，发现异常撞击声，在允许情况下应立即停机。

(6)注意各处有无漏油、漏水、漏气等现象。

实操训练4：船舶主柴油机停车操作

1. 训练目标与要求

掌握船舶主柴油机停车操作要领。

2. 训练设备

模拟机舱主柴油机装置。

3. 实操步骤

(1)在指导教师指导下，完成当机舱值班人员接到“完车”指令后的降速、停车操作。

(2)学员自主完成开、关相应阀件，冲车驱气及向空气瓶补气工作。

(3)指导教师结合工作实际进行讲评。

实操训练 5:船舶主柴油机完车操作

1. 训练目标与要求

掌握船舶主柴油机完车操作要求。

2. 训练设备

模拟机舱主柴油机装置。

3. 实操步骤

(1)在指导教师指导下,学员自主完成换用副机暖机管系对主机进行保温的操作,并找到放出冷却水和加入防冻液的部位。

(2)学员自主完成用手摇泵向主机各润滑点压油及盘车作业。

(3)指导教师讲解设备及机舱安全的重要性,并布置对设备及机舱的清洁工作。

(4)机舱安全最后检查确认无误后,完车操作实训结束。

第六章 船舶轴系

第一节 船舶轴系作用及组成

一、船舶轴系的作用

船舶轴系的作用是将主机发出的功率传给螺旋桨,同时承受螺旋桨产生的推力,并将此推力通过推力轴承传给船体,从而使船舶前进或后退。

二、船舶轴系的组成

船舶轴系是船舶动力装置中的重要组成部分,它是一根(或一组)一端与主机或减速齿轮箱输出轴相连,另一端与螺旋桨相连的传动轴及其轴承和其他附件组成的系统总称。船舶一般采用单螺旋桨和双螺旋桨推进,相应地船舶轴系也分为单桨轴系和双桨轴系,但无论是单桨轴系,还是双桨轴系,其基本组成都是相同的。内河船舶多采用双机双桨推进方式。

如图 6-1 所示为单桨轴系简图。艉轴 5 又称螺旋桨轴,其末端安装螺旋桨 2,首端穿过艉轴管 3 伸入船内,与中间轴相连接。艉轴管 3 内安装有艉轴轴承,同时,为了防止舷外水大量地漏入船内,在艉轴管的前端装有轴封 4,后端按艉轴润滑方式的不同,有装密封装置的,如油润滑或不装密封装置的,如水润滑。中间轴 6 支承在中间轴承 7 上,中间轴与推力轴 9 相连接。在穿过水密隔舱壁处装有隔舱填料函 8,以阻隔破舱水的流通,它不起支承作用。中间轴承的作用是承受中间轴的重力,并保持中间轴正确的横向位置。

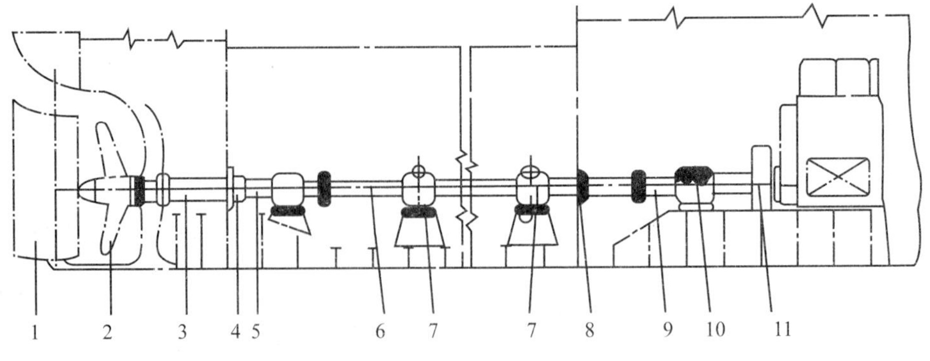

图 6-1 单桨轴系简图

1—舵;2—螺旋桨;3—艉轴管;4—轴封;5—艉轴;6—中间轴;7—中间轴承;8—隔舱填料函;9—推力轴;10—推力轴承;11—飞轮

推力轴 9 的前端法兰与主机飞轮 11 相连接,推力轴的推力环将螺旋桨的有效推力,通过推力轴承传给船体,推动船舶运动。推动轴承的作用是承受螺旋桨的有效推力,同时保持着全部传动轴正确的轴向位置。

第二节 典型推力轴承的结构、工作原理、维护管理和检修方法

推力轴承一方面承受螺旋桨产生的轴向推力并传给船体,推动船舶运动;另一方面保持整个轴系正确的轴向位置和防止轴向推力直接作用在主机曲轴上,使曲轴产生位移甚至损坏,从而造成主机机件的损坏。

推力轴承有滑动式和滚动式两种结构型式,在直接传动的轴系上,常采用独立的滑动式推力轴承。在小型船舶上,常使用带有减速齿轮箱的传动装置,此时多采用滚动式推力轴承,并将其置于减速齿轮箱内。

一、单环式推力轴承

如图 6-2 所示为单环式推力轴承的结构简图。推力轴 7 上有一个推力环 3,推力轴支撑在径向支撑轴承 1 上,推力块 2 分布在推力环前后两端面上。前端面的推力块承受主机正车时螺旋桨产生的有效推力,后端面的推力块承受主机倒车时螺旋桨产生的有效推力。每个推力块的正面(即与推力环的接触面,下同)都浇有轴承合金,其背面用硬化钢的顶头顶压在推力销 4 上。推力销 4 可用来调整推力块与推力环之间的间隙,它是相对于油压中心偏心地安置的,当推力块受力时,能以销子为支点做摆动,以便在推力轴运转时能在推力块与推力环之间形成楔形油膜,从而使摩擦阻力减小。

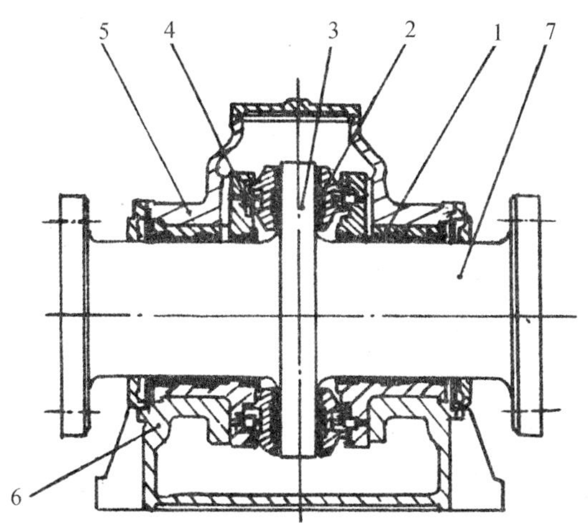

图 6-2 单环式推力轴承的结构简图

1—径向支撑轴承；2—推力块；3—推力环；4—推力销；5—轴承盖；6—轴承座；7—推力轴

如图 6-3 所示为长江水系船舶单环式推力轴承。推力轴 1 与推力环 8 一体锻制而成。推力环的前、后两侧分别装有 7 个推力块 22，用来承受顺、倒车的轴向推力。推力块均匀地排列在由轴承座 21 和轴承上盖 3 所构成的框架内，压盖 4 限制推力块在周向的转动。在框架内侧与推力块组背面间装有上、下调整钢板 13 和 15，改变其厚度即可调整推力块与推力环工作面间的轴向间隙（即推力间隙）。在每块推力块的正面都浇有轴承合金，并在其导油方向制成较大的圆角。推力块与调整钢板以弧面或球面接触，其弧面或球面中心是偏离油压中心布置的，偏离的方向与推力环相对于推力块的运动方向一致。这样当推力环受螺旋桨的推力而压于推力块上时，由于摩擦面间油压中心并不通过球面支点，因此滑油压力与反作用力形成一个力偶，使推力块产生倾斜，形成楔形的油膜，从而使摩擦阻力减小。

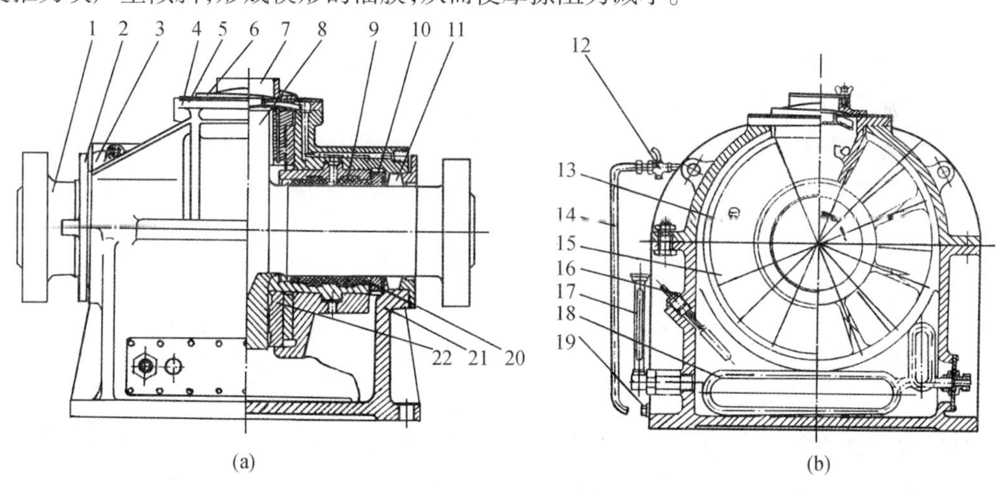

图 6-3 长江水系船舶单环式推力轴承

1—推力轴；2—填料压盖；3—轴承上盖；4—压盖；5—刮油环；6—盖；7—观察孔；8—推力环；9—上轴瓦；10—挡油环；11—填料；12—旋塞；13—上调整钢板；14—回油管；15—下调整钢板；16—温度计；17—油位表；18—冷却水管；19—放油旋塞；20—下轴瓦；21—轴承座；22—推力块

当推力轴转动时，推力环将油池中的润滑油带起，利用轴承盖上刮油环 5 将带起的润滑油刮下，通过轴承上盖 3 里的油道，输送至两端的径向轴承和倒、顺车推力块的摩擦面，多余的滑油从回油管14流回油池。在轴承座的侧面上，装有温度计16和油位表17，用以在管理中监视、检查油温和油位的高低，在油池中装有冷却水管18，以便用水冷却润滑油。但是目前有些推力轴承中不设冷却水管，而是采用将油池与主机润滑系统连通，使经过冷却的润滑油循环通过油池，将热量传走。在轴承两端装有密封装置，防止润滑油漏泄。在油池底部装有放油旋塞19，用以排污和检修时放出滑油。

单环式推力轴承结构简单，体积小、质量轻，且能承受较大的推力和较高的圆周速度，在现代船舶上得到广泛的应用。

二、推力轴承的维护管理与检查要点

(1)运转中注意检查轴承的温度，一般不能超过正常工作温度(65 ℃)，最好控制在45~55 ℃。这是为了避免由于温度过高，使润滑油的黏度降低，不易形成全液膜动力润滑，造成摩擦阻力加剧，甚至烧毁推力块。

(2)对于飞溅润滑的滑动式推力轴承，应注意调整润滑油的油位在规定刻度上。其上限应不高于下轴瓦的底面，下限应不低于推力盘的外缘，一般以处于油位表刻度的1/2~2/3为宜。

(3)使用过程中要定期检查润滑油质量，若发现润滑油变质或黏度降低，应查找分析原因并应及时更换。对于外冷却轴承，应保证油路畅通，油量充足，油质清洁。

(4)定期检查和调整推力轴承各部位间隙。

在检查推力轴承的轴向间隙时，可先将推力环移向顺车时的工作位置，使推力环紧压在顺车推力块上，如图6-4(a)所示，此时主机曲轴末端的止推轴承后端面应有轴向间隙S_2，测量推力环与箱内平面间的轴向距离S_1；然后将推力环移向倒车工作位置，使其紧压在倒车推力块上，如图6-4(b)所示，此时主机曲轴末端止推轴承前端面应有轴向间隙S_3，测量推力环与箱内平面间的轴间距离S_1'，则S_1与S_1'之差即为推力轴承的顺、倒车推力间隙S。要求推力间隙小于主机曲轴止推轴承的轴向间隙，以免造成曲轴的变形和损坏。

如果通过检查发现推力间隙不在规定的范围内，可通过调节调整钢板的厚度(对于装有调节螺钉的推力轴承，是调整调节螺钉)来调整间隙。推力轴承的安装间隙和极限间隙按有关规定执行，并应满足曲轴间隙的要求。

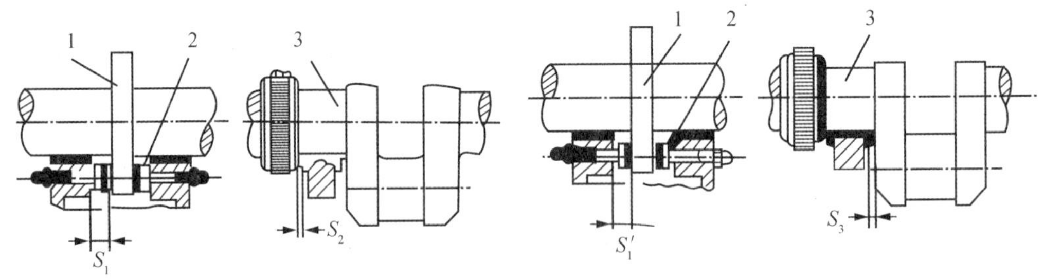

(a)顺车时轴向间隙的要求

(b)倒车时轴向间隙的要求

图6-4 轴向间隙的检查调整

1—推力环；2—推力轴承；3—曲轴

推力轴轴颈与支持轴瓦应研制配合，要求均匀接触，接触面积不少于60°的范围。推力环

与推力块需经研制配合，要求均匀接触，接触面积在75%以上。

轴承两端的密封装置与轴的贴紧度应合适，不允许过紧或过松，以防发生过度磨损和漏油现象。

对于独立的滚动式推力轴承，由于是与轴系对中时同步定位的，一般情况下不可任意调整间隙。如果在运转中发生轴承过热现象，经检查若不是润滑不良所致，则需在检修时，重新对中定位。

第三节 ◎ 联轴节结构分类特点及应用

内河船舶轴系广泛采用轴端固定法兰、可拆式法兰联轴器、夹壳式联轴器作为轴系联轴节。

一、轴端固定法兰

轴端固定法兰的特点是结构简单，工作可靠且自重较轻，但制造时要求工艺较高。轴端固定法兰有两种制造方法：一种是应用锻压设备将法兰与轴整体锻制，称为整锻法兰；另一种是采用焊接工艺把法兰与轴焊接在一起，称为焊接法兰，但此种方法必须对焊缝进行热处理，以消除内应力。如图6-5所示为轴端固定法兰与连接螺栓的装配图。其中图6-5(a)是圆柱形螺栓连接；图6-5(b)是圆锥形螺栓连接。

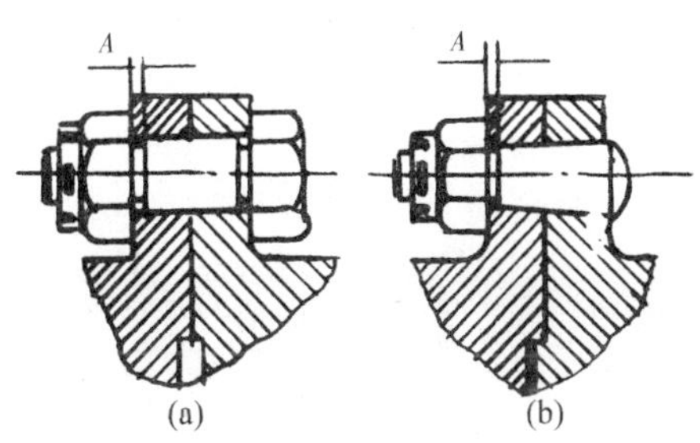

图6-5　轴端固定法兰与连接螺栓的装配图

轴端固定法兰装配的技术要求如下：

(1)法兰圆柱形连接螺栓，其紧配螺栓数目应不少于50%，要求松紧螺栓间隔相配。

(2)法兰圆锥形连接螺栓应与螺孔均匀接触，接触面积在75%以上，装配后螺栓大端不得埋入锥孔内部。用0.03 mm塞尺检查时，在锥孔大端局部可插入的深度不得超过3 mm。

(3)对修理船舶，若螺栓杆体上有不大的擦伤或刮痕、螺孔内表面有少量的刮痕，允许修刮后继续作用。螺栓材料强度不得低于传动轴材料的强度，一般需用35号钢。

(4)新制螺栓装配后的拧紧余量为6~12 mm。螺栓与螺孔装配后，螺栓头或螺母支撑面与法兰之间应紧密接触，在75%周长上应插不进0.05 mm塞尺，并应采用双螺母或槽形螺母等防松装置，以防松动。

二、可拆法兰式联轴器

在要求艉轴从船尾装入船体，或者是采用滚动轴承的艉轴，由于拆装的要求而不能采用轴端固定法兰，需装设可拆法兰式联轴器。

如图 6-6 所示为可拆法兰式联轴器的典型结构，联轴器与轴采用锥体配合，用螺母紧固，扭矩是通过键来传递的。

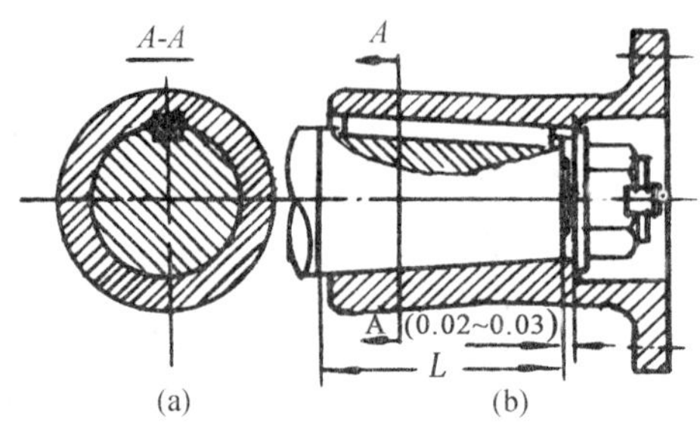

图 6-6　可拆法兰式联轴器的典型结构

可拆法兰式联轴器装配的技术要求如下：

(1)联轴器锥孔与轴锥体接触应良好，接触面积在 75%以上，且每 25×25 mm^2 面积内，不得少于 3 个接触点。用塞尺检查锥体大端时，0.03 mm 塞尺插入深度不超过 3 mm。

(2)平键与轴键槽两侧面的接触面积不少于 75%，与联轴器键槽相配时 75%长度上应插不进 0.05 mm 塞尺，其余部分应插不进 0.10 mm 塞尺。平键与键槽底面接触面积不少于 30%~40%。

(3)联轴器紧固螺母装妥后，接合面 90%周长上应插不进 0.05 mm 塞尺，并有可靠的防松装置。

三、夹壳式联轴器

如图 6-7 所示为夹壳式联轴器，它是由两个钢(或铸铁)制的半圆筒组成。半圆筒内表面紧贴在轴上，包住轴的端部，彼此用螺栓夹紧。扭矩是通过半圆筒和轴之间的摩擦力，以及安装在轴上的键来传递的。键的数量为一个或两个，装两个时，应互成 180°角。螺旋桨两个方向的推力由可分离的推力环来承受，该环内圆嵌在轴端部的槽内。

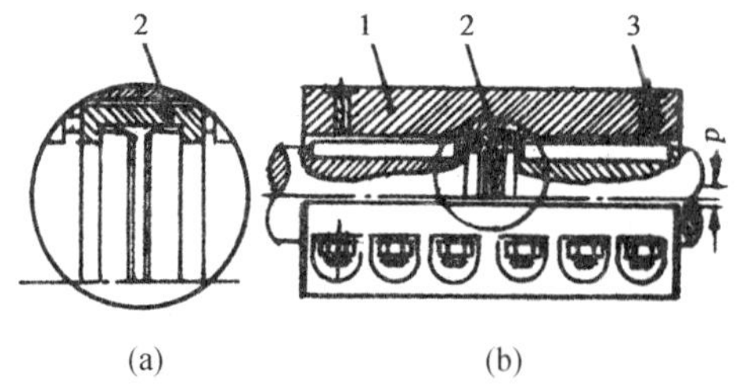

图 6-7　夹壳式联轴器

1—联轴器；2—推力环；3—螺栓

这种联轴器的优点是拆卸时不必将轴转动或移动，且联轴器的截面尺寸小，适于安装在不易进入或狭窄的地方。

夹壳式联轴器装配的技术要求如下:

(1)两半联轴器间的间隙应为轴颈的3%~5%。

(2)平键与轴键槽两侧面的接触面积不少于75%,与联轴器键槽相配时75%长度上应插不进0.05 mm塞尺,其余部分应插不进0.10 mm塞尺。平键与轴键槽底应接触良好,接触面积不少于30%~40%。

(3)推力环内圆与轴键槽应紧密配合,接触面积在60%以上,两侧面与轴键槽或壳槽配合应插不进0.05 mm塞尺。装配后两半环剖分面应接触,推力环外圆与夹壳内孔之间允许有0.20~0.40 mm间隙。

第四节 艉管轴承的结构、材料类型及维护管理要点

一、艉管轴承结构及类型

艉管轴承亦称艉轴承,它安装在艉轴管内或人字架内,用以支承艉轴。内河船多采用双轴承支承,相应地有前轴承和后轴承之分。按轴承材料又可分为铜轴承、白合金轴承、橡胶轴承、木轴承、胶合板轴承和MC尼龙轴承等。

1.铜轴承

铜轴承如图6-8所示,它是应用于功率在110.3 kW以下的船舶上的,此种结构也是艉轴承的基本结构。铜轴承由青铜或黄铜制造,采用油润滑。在轴承的外圆车了几道凹槽来减少与艉轴管的接触面积,以利于拆装和定中。在轴承内圆沿轴线方向开有三道油槽,来保证轴承各部分的良好润滑。但油槽不开通,以减少润滑油的漏泄。该轴承的特点是结构简单,制造加工方便,但耐磨性差。

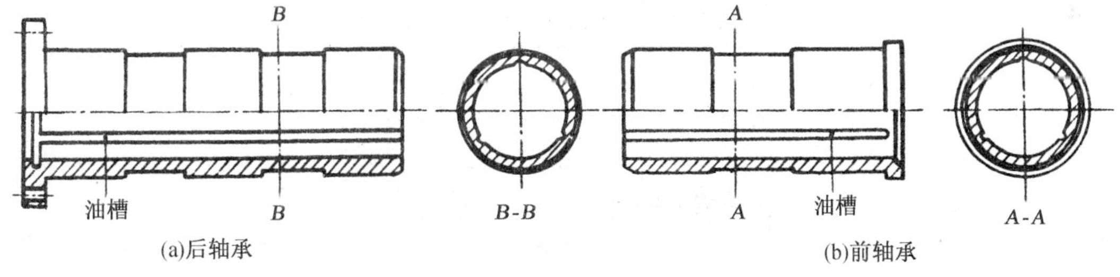

图6-8 铜轴承

2.白合金轴承

在功率较大,要求较高的船舶上,常采用白合金轴承。这种轴承是在轴承衬套内圆浇注耐磨性好的白合金制造而成。轴承衬套内圆由铜铸造或由铸钢、锻钢代用。衬套上开有4~6条纵向和周向燕尾槽,以便于浇注白合金。衬套外圆与艉轴管紧配合,后轴承凸缘还用埋头螺钉紧固于艉轴管上。白合金轴承也沿轴线方向开三条油槽以分布润滑油,如图6-9所示为白合金轴承截面图。白合金轴承采用润滑脂(黄油)或润滑油润滑。其特点是耐磨性好,抗压强度

高，散热良好，轴颈磨损小，使用寿命长，但制造和修理工艺复杂，成本也较高。

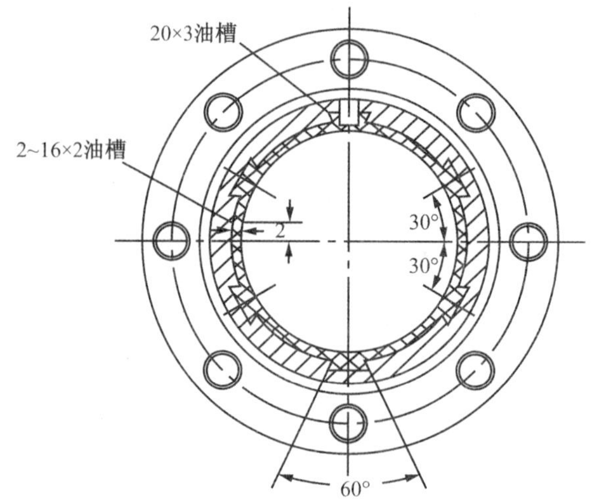

图 6-9 白合金轴承截面图

3.橡胶轴承

内河船舶多航行于泥沙较多的江河中，尤其是浅水地区的船舶，若采用金属轴承，往往由于艉轴密封装置不严，而造成泥沙窜入艉轴管内使轴承磨损加剧。为此很多船舶采用橡胶轴承。

橡胶轴承有两种基本结构，一种是橡条轴承，另一种是整体模压橡胶轴承。如图 6-10 所示橡条轴承由轴承衬套 1，止动条 2，橡条 3 和紧固螺钉 4 组成。橡条可用汽车轮胎切成胶条，也可用氯丁胶板，用小螺钉将橡条紧固在金属轴承衬套上。橡条的排列应靠紧安装，其数量可根据实际情况而定。止动条是为了便于安装和防止松动而装设的，一般为2~3 条。止动条的长度与橡条相同，其厚度约为橡条的 60%。采用埋头螺钉将止动条与衬套紧固。橡条轴承采用水润滑，在相邻橡条或隔一橡条之间开有纵向水槽。

橡条轴承结构简单，便于修理，适用于浅水小船。

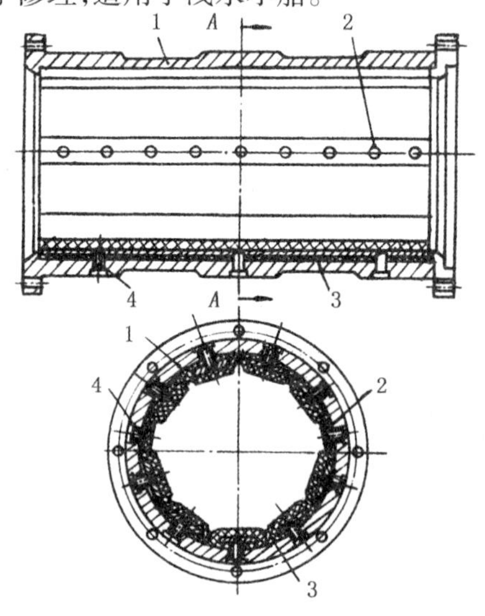

图 6-10 橡条轴承

1—轴承衬套；2—止动条；3—橡条；4—紧固螺钉

如图 6-11 所示为整体模压橡胶轴承，这种轴承与橡条轴承结构相近，只是制造工艺不同。它是由氯丁胶或丁氰胶用压模在高温下压制成的。其工作表面呈凸起状，凹形槽用于通水润滑和退出泥沙。整体模压橡胶轴承适用于小型船舶，且比橡条轴承更为可靠。

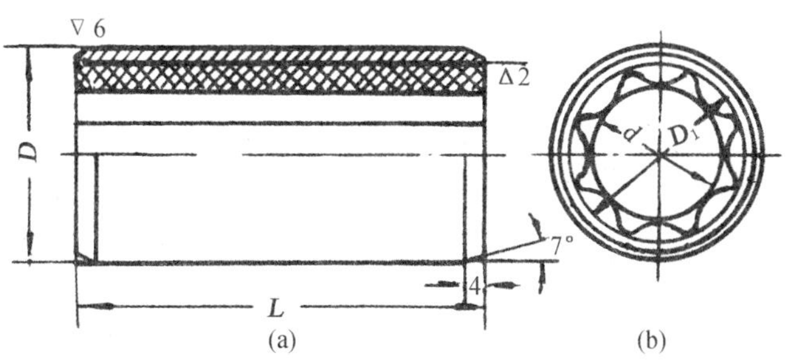

图 6-11 整体模压橡胶轴承

橡胶轴承的优点是弹性好，磨损小，使用寿命长，工作平稳，无噪声，能自动整位，在刚性较差和航行在泥沙等杂质多的地区的船舶，尤为适用。

4.MC 尼龙轴承

随着科学技术的发展，新材料和新工艺不断涌现。近年来，不少地区已成功地把 MC 尼龙应用于艉轴管轴承上，MC 尼龙轴承结构如图 6-12 所示。在一定的温度和真空度下，它是采用催化剂将溶化的尼龙倒入模具，经保温而制成。这种轴承的最大特点是耐磨性特别好，抗腐蚀性也强。MC 尼龙轴承制造简单，施工方便，成本也低，最适于水润滑。其缺点是热胀冷缩严重，导热性能差，所以槽应开得大些，安装间隙亦应大些，轴承中间可掏空，以减少摩擦热量。采用油润滑时，应使润滑油循环使用，以利于传热。

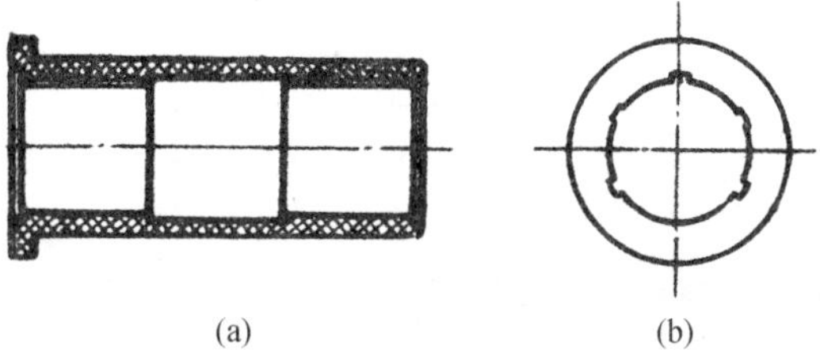

图 6-12 MC 尼龙轴承结构

5.木制轴承

铁梨木别称铁力木、铁木等，质地坚硬、强度大、耐磨损、抗腐、耐久性强，尤其是在有水的情况下可以产生一种黏液，大大降低了摩擦面的摩擦系数，实现自润滑的作用。船舶的艉轴管部分连接着船舶内外不同环境，而铁梨木正适合装设在接触海水的部分，在很好地承托艉轴的同时降低了对海水侧轴封水密性的要求。另外由于不需要润滑油，这种轴承又降低了造成水域污染的风险。近年来由于材料来源，干燥时容易产生变形和裂纹等因素的限制，这种轴承的使用已不那么常见了。

铁梨木轴承并不是一块完整的材料制成的，而是由铁梨木条拼合成的上、下轴瓦组成的，木条之间需安装几根厚度相对薄的铜条，靠铜条的夹压固定，防止铁梨木条移动。上轴瓦的纹理与艉轴平行；下轴瓦的纹理与艉轴垂直且指向轴的中心。

木制轴承材料还有荔枝木、桦木等。

二、艉管轴承的润滑

艉轴管装置用来供艉轴伸出船尾、支承艉轴及螺旋桨的重力并防止舷外水漏入船内，防止润滑油漏入舱内或漏出船外。其基本结构由艉轴管、艉轴承(图 6-13 所示为滚动轴承艉轴管)、首端及尾端密封装置组成，如图 6-13 所示。

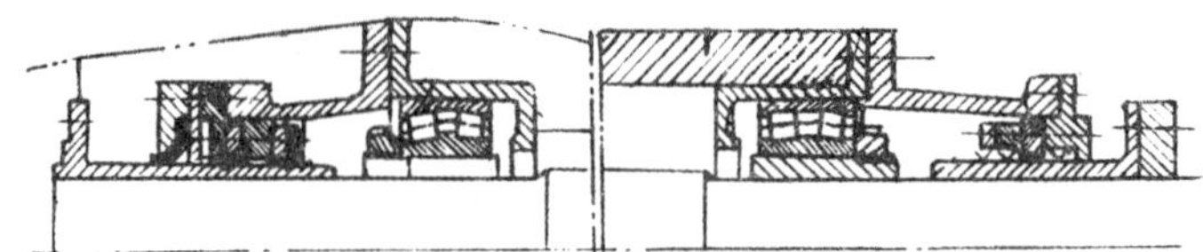

图 6-13　滚动轴承艉轴管

艉轴承的润滑剂有水和润滑油两种。采用水润滑的艉轴承，其材料要求用铁犁木、桦木压板或橡胶、尼龙等。润滑方式可以利用舷外水非压力润滑，也可采用压力润滑。

在江河和浅水航区中航行的船舶，泥沙等杂质容易进入艉轴承，形成磨料，甚至淤塞水槽，造成润滑变差，轴承发热受损，严重时会发生烧轴和咬轴的危险。因此，在利用舷外水润滑的船舶上，常在后轴承端加装一个防沙罩，前轴承处或填料附近加装一条注水管，以便需要时注水冲洗杂质。

采用压力水时，可用装有滤器的专门水泵压水润滑。也可由主机冷却水管路中接一支管于艉轴管前轴承上，其压力一般不大于 245 kPa，压力水从前轴承到后轴承，而后冲出船外，能有效地阻止泥沙进入。

采用油润滑的艉轴承，其材料要求用白合金、铜和 MC 尼龙等。如图 6-14 所示为双轴系

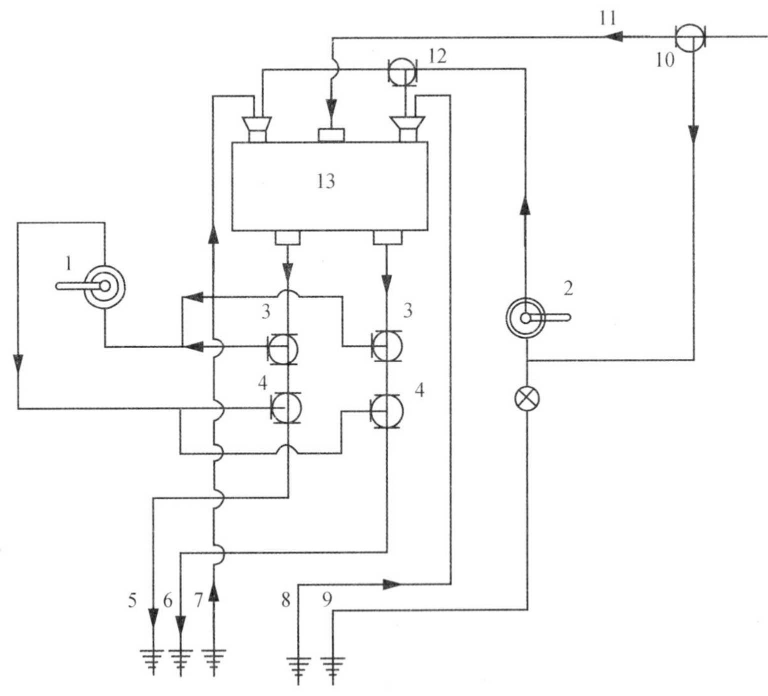

图 6-14　双轴系艉轴管润滑系统原理图

1,2—手摇泵;3,4,10,12—三通旋塞;5,6—进油管;7,8—回油管;9—放油管;11—加油管;13—轴系润滑油箱

艉轴管润滑系统原理图。艉轴润滑油箱采用高位布置(在水线以上)。用手摇泵压油使轴泵润滑,轴系润滑油箱13内的润滑油经三通旋塞3、手摇泵1及三通旋塞4、进油管5和6分别进入各艉轴管内。艉轴管压满后,多余的油会从回油管7和8回到油箱。航行中,三通旋塞3和4应旋至与艉轴管直通位置,让箱内润滑油自动流入艉轴管,用以补充滑油的消耗。但每隔一定时间(一般是4~12 h),还需再用手摇泵压油至回油管回油来进行补充。艉轴管内的污油可用手摇泵2经放油管9抽出。油箱中的润滑油是由加油管11或用手摇泵2来进行补充的。

三、艉管轴承维护管理要点

(1)艉轴承使用期间,在船舶航行中是很难检查的,只有在上坞或上排时才能进行检查,因此除要求轴承坚固、耐用外,还需加强日常管理,保证轴承良好的润滑和密封。

(2)对于木制轴承,它们都是容易吸水而膨胀变形的。材料在制造前后,应在润滑油或水中浸泡。

(3)木制艉轴承过度磨损会使板条厚度大大减薄,轴承间隙增大,运转时产生冲击和振动。过大的冲击负荷又会导致轴承产生裂纹或开裂。木制艉轴承产生裂纹或开裂时,应局部或全部换新。

(4)在巡回检查时,要注意检查艉轴填料函处温度是否正常。加装填料时,填料每圈长度要两端刚好接拢,相互间搭口应错开。

(5)白合金艉轴承的主要损坏形式有过度磨损、擦伤、裂纹和剥落、烧熔等。轻度咬伤可原地修光使用;当艉轴承产生严重裂纹、过度磨损和烧熔时应重浇白合金。

(6)凡遇船舶艉轴修理,金属轴承需按轴线对中要求,进行镗孔、拂刮、研配;橡胶轴承则应全部换新。

(7)艉轴承的安装间隙按有关标准进行。其经验计算公式如下,供参考。

①铜轴承的安装间隙:

$\Delta = 0.0015d + 0.60$ mm

②白合金轴承的安装间隙:

$\Delta = 0.001d + 0.50$ mm

③整体模压橡胶轴承安装间隙:

$\Delta = 0.002d + 0.20$ mm

④橡条轴承的安装间隙:

$\Delta = 0.002d + 0.50$ mm

⑤MC 尼龙轴承的安装间隙:

$\Delta = 0.004d + 0.50$ mm

⑥木制轴承的安装间隙;

$\Delta = 0.003d + (0.50 \sim 0.75)$ mm

式中, △——轴承安装间隙,mm;

d——艉轴轴颈直径,mm。

第五节 船舶轴系偏移和曲折值的测量和校中方法

曲轴中心线、推力轴中心线、中间轴中心线以及艉轴中心线都应该在同一直线上，这条直线称为轴系中心线或轴线，亦即轴系理论中心线。

由于轴系在安装时存在误差，运转中各轴承磨损程度不同，特别是船体在营运中的变形等影响，轴系轴线实际上是一条曲线或折线。为了正确掌握轴系的技术状态，为修理工作提供可靠的依据，在修理前应对轴线进行检验，轴系实际中心线与理论中心线的偏差大小即为轴线的弯曲度，其检验的内容有轴系中心线弯曲程度的测量和艉轴与柴油机曲轴中心线不同轴度的测量。

一、按相邻法兰上的偏移和曲折检验轴系中心线弯曲度

轴系中心线弯曲时，在相邻轴法兰上会出现偏移和曲折。

偏移，即指两相邻轴的中心线相互平行，但不相交，俗称“外圆差”。

曲折，即指两相邻轴中心线相交，但不平行，俗称“开口”。

一般情况下，偏移和曲折是同时存在的。根据各连接法兰上的偏移和曲折的大小，就可确定轴系中心线的弯曲程度。

偏移和曲折的测量是在两个相互垂直的平面——垂直平面和水平平面内进行的。在拆去法兰连接螺栓前，先在中间轴上加一临时支承（保证中间轴上有两个支承），并且临时支承应保证中间轴的原有状态，以减小轴因自重下垂引起的测量误差。临时支承应尽可能放在离法兰端面的距离为 1/5L 处（L 为中间轴的长度），两相邻轴法兰端面间有 0.5～1.0 mm 的间隙，如法兰间有定位凸肩，则应使凸肩脱开，并使两者间有 0.5～1.0 mm 的间隙。

偏移和曲折的测量常用直尺和塞尺，也可用两对指针，具体方法如下。

1.直尺、塞尺测量法

将直尺依次地贴附在一个法兰外圆的母线上，用塞尺测量直尺与另一法兰外圆的间隙，如图 6-15 所示。依次在法兰外圆的上、下、左、右四个位置上测量，可得 $Z_{上}$、$Z_{下}$、$Z_{左}$、$Z_{右}$四个数值。显然在垂直平面内两轴心线的偏移值为：

$$\delta_{垂直}=\frac{Z_{上}+Z_{下}}{2}\ (\mathrm{mm}) \tag{6-1}$$

在水平平面内两轴心线的偏移值为：

$$\delta_{水平}=\frac{Z_{左}+Z_{右}}{2}\ (\mathrm{mm}) \tag{6-2}$$

用塞尺在上、下、左、右测量两法兰端面的间隙，分别得 $Y_{上}$、$Y_{下}$、$Y_{左}$、$Y_{右}$四个数值，则在垂直平面内两轴心线的曲折值为：

$$\varphi_{垂直}=\frac{Y_{上}-Y_{下}}{S}\ (\mathrm{mm/m}) \tag{6-3}$$

在水平平面内两轴心线的曲折值为：

$$\varphi_{水平}=\frac{Y_{右}-Y_{左}}{S}\ (\mathrm{mm/m}) \tag{6-4}$$

式中，S——法兰直径，m。

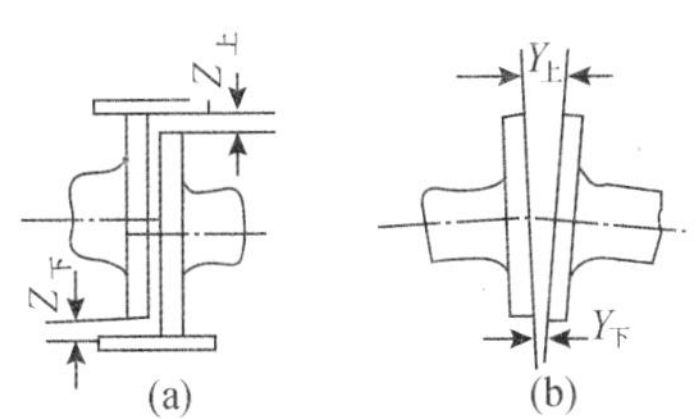

图 6-15 用直尺和塞尺测量轴线的偏移和曲折

2.指针测量法

在法兰的外圆上对称地装两对指针如图 6-16 所示。指针的微动螺钉 2、3 的端面与测量端面之间的间隙在测量开始时应尽可能小些，以提高用塞尺测量该间隙时的精度。将两根轴同时转动，每转 90°，分别用塞尺测量两对指针的径向间隙和轴向间隙，若所测得的两对指针间的间隙值分别以注脚 1 和 2 标记，两指针的径向和轴向间隙分别用字母 Z 和 Y 来表示。则在垂直平面内两轴心线的偏移为：

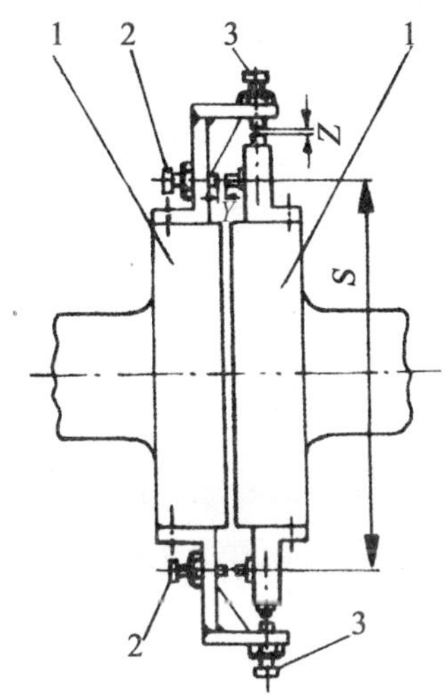

图 6-16 用两对指针测量轴线的偏移和曲折

$$\delta_{垂直}=\frac{(Z_{1上}+Z_{2上})+(Z_{1下}+Z_{2下})}{4}\ (\mathrm{mm}) \tag{6-5}$$

在垂直平面内两轴心线的曲折为：

$$\varphi_{垂直}=\frac{(Y_{1上}+Y_{2上})-(Y_{1下}+Y_{2下})}{2S}\ (\mathrm{mm/m}) \tag{6-6}$$

式中，S——两对指针的距离，m。

水平平面内两轴心线的偏移和曲折分别为：

$$\delta_{水平}=\frac{(Z_{1右}+Z_{2右})+(Z_{1左}+Z_{2左})}{4}\ (\mathrm{mm}) \tag{6-7}$$

$$\varphi_{垂直}=\frac{(Y_{1右}+Y_{2右})-(Y_{1左}+Y_{2左})}{2S}\ (\text{mm/m}) \tag{6-8}$$

轴系各对法兰所允许的偏移值和曲折值，在《内河船舶入级规范》中是有规定的。根据测量所得的偏移值和曲折值与允许值进行比较和调整（调整轴承的高度和左右位置）。如果超出允许值又无法调整时，则应检查艉轴与曲轴间的不同轴度，即总偏移和总曲折。

二、用平轴法检验艉轴与曲轴的总偏移与总曲折

用平轴法测量艉轴与曲轴的总偏移与总曲折时，以艉轴（或曲轴）的法兰为基准，由尾向首（或相反方向），调节临时支承的上、下及左、右位置，使每对连接法兰上的移偏和曲折为零。此时，最后一对法兰即推力轴法兰或最后一根中间轴法兰与柴油机曲轴法兰处的偏移和曲折值，就是两端轴不同轴的总偏移量 $\delta_{总}$ 和总曲折（倾斜度）值 $\varphi_{总}$，如图 6-17 所示。总值确定后，对照中国船级社《内河船舶入级规范》要求，就可确定修理方案了。

对于新造或轴系修理后，进行轴系安装时，可利用拉线法或光学法等先确定轴承的高度及左右位置，再将各中间轴装入，然后将轴线的总偏移和总曲折平均分配到各中间轴法兰上，使每对法兰上的偏移和曲折不超过规定范围，但最末端中间轴的尾法兰与艉轴首法兰及最前端中间轴的首法兰与推力轴尾法兰之间不允许错线。考虑到主机飞轮端轴承磨损及飞轮下垂的影响，一般应使曲轴轴心线偏高 0.05~0.10 mm，但柴油机止推轴承邻近挡主轴承下轴瓦不能托空。

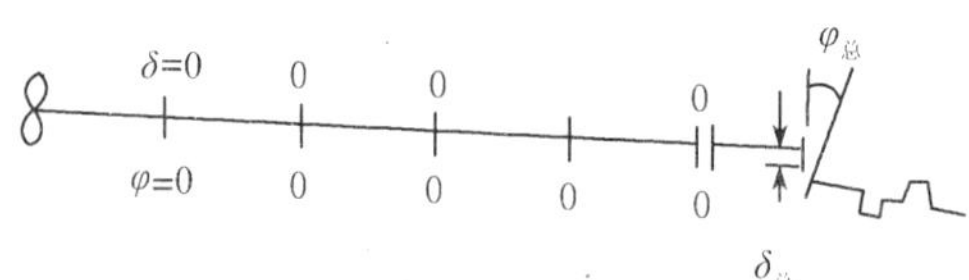

图 6-17 平轴法检验两端轴的同轴度

第六节 船舶轴系扭转振动的概念及减振措施

一、轴系产生扭振的原因及影响因素

（一）扭振的基本概念

柴油机的曲轴和轴系，在周期性交变力矩作用下，一方面传递输出扭矩，另一方面机件内部还会发生扭转振动。为了掌握扭振的特点和规律，以便进行防范，首先应了解一些有关扭振的基本概念。

1.扭摆现象与简谐振动三要素

如图 6-18 所示为扭摆的扭振简图。圆轴的一端固定，另一端与一个圆盘连接，并假定圆轴只有弹性而无转动惯量，圆盘只有转动惯量而无弹性。这种轴盘称为扭摆，也称单质量系统。

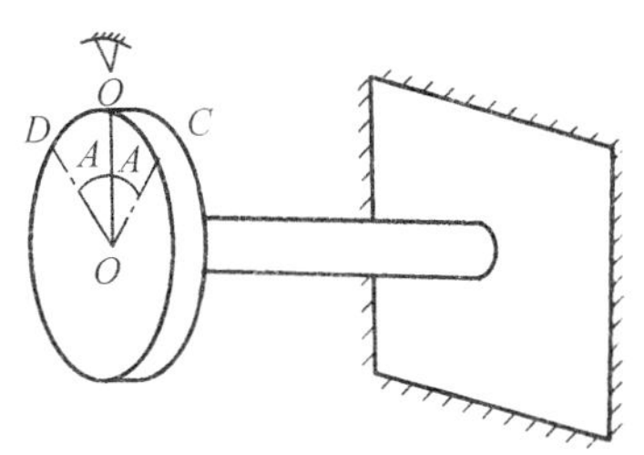

图 6-18 扭摆的扭振简图

若在扭摆的圆盘上加一扭矩使轴扭转一个角度，并设圆盘转角为 A，然后突然去掉此力矩，则圆盘就在圆轴的弹性力矩及圆盘的惯性力矩作用下，以轴线为中心来回摆动，这就是扭转振动。

扭转振动通常用质点位移的运动方程来描述，它是一种随时间按正弦规律变化的简谐振动，其振动质点的位移 y 的方程式为：

$$y=A\cdot\sin(\omega t+e) \tag{6-9}$$

式中，A——振幅，表示振动质点离开平衡位置的最大距离，m 或 rad；

ω——角速度，也称圆频率，rad/s（弧度/秒）；

ε——初相位，表示振动质点起振的位置，m 或 rad。

柴油机轴系的振动是一种复杂的运动形态，其振动方程式也是一种复杂的周期函数，但任何复杂的周期函数都可以理解为由若干个简谐函数所组成，因而在振动的研究中通常多以研究简谐振动为基础。

2.自由扭转振动

在不变外力（矩）作用下，仅由轴系的弹性（恢复）力矩与惯性力矩作用产生的扭转振动，称为自由扭转振动。

自由扭转振动又分两种情况。

(1)无阻尼自由扭转振动：在无任何阻尼（内、外摩擦阻力）的情况下，当外力矩停止作用后，轴系的扭振将一直保持下去，称为无阻尼扭转振动。

(2)有阻尼自由扭转振动：实际上，由于空气阻力、摩擦阻力以及材料内阻力矩的存在，每一个振动系统，都会受到内、外部摩擦力（阻尼）的影响，在外力矩停止作用后，轴系自由振动的振幅都会逐渐减小以致等于零，即停止振动，这种振动称为有阻尼自由扭转振动。

3.自由扭振频率

轴系自由扭振频率，即自振频率 f_e（又叫固有频率），其大小与轴的刚度成正比，而与系统的转动惯量成反比。

f_e 表示每秒钟振动的循环数，是振动的“秒频率”，单位为周/秒或次/秒。另外，也可用振动时沿圆周回转的角速度 ω_e 来表示，叫振动的“圆频率”，单位为 rad/s。

(二)轴系强制扭转振动的原因和影响因素

柴油机轴系的扭转振动是有阻尼前提下的强制扭转振动。轴系在工作时，它的曲轴和螺旋桨（或发电机）上，作用着周期性变化的外力矩。轴系在周期性变化的外力矩作用下产生的扭振叫作强制扭转振动。其中轴系的自振频率是固有特性，是产生扭转振动的内因，而外界施加的外力矩，是产生扭转振动的外部条件。轴系在周期性变化的外力矩作用下，从微观看，轴系是在不均匀地、忽快忽慢地旋转着，即它一面在旋转，一面在扭摆。轴系在旋转过程中的扭摆现象，就是一种强制扭转振动。

1.激振力矩和激振力矩频率

引起轴系扭转振动的外力矩称为激振力矩（又称干扰力矩）。在柴油机推进装置中，能导致强制扭转振动的激振力矩有：

（1）气缸中气体力产生的周期性变化力矩 M_g。

（2）曲柄连杆机构重力和惯性力的周期性变化力矩 M_j。

（3）螺旋桨周期性变化的阻力矩 M_p。

其中，气体力产生的激振力矩 M_g 是引起轴系强制扭转振动的主要因素。

2.扭转振动的阻尼

柴油机推进轴系在扭振中的阻尼主要有：

（1）柴油机阻尼——主要包括柴油机运动部件的摩擦阻尼，曲轴变形产生的分子内摩擦阻尼等。

（2）轴段阻尼——包括轴段扭转变形时在材料内部产生的摩擦阻尼。

（3）螺旋桨阻尼——螺旋桨在水中旋转时桨叶与水摩擦的阻尼。

这些阻尼是使轴系扭转振动的振幅减小、扭振减弱、减慢、滞后的因素，是使扭振衰减的力矩。

二、轴系扭振产生共振的条件及危害

1.轴系共振

共振是激振力矩的频率等于轴系的自振频率时所产生的扭转振动。共振时，振幅会急剧加大，但由于阻尼存在，其振幅不会是无穷大，当产生的扭振附加应力超过材料的许可限度时，有可能造成轴系扭断。

自振频率是轴系固有的，与柴油机转速无关，而各次简谐力矩的变化频率与柴油机转速成正比，当自振频率和激振（简谐）力矩频率相等时，轴系将发生扭转共振。所对应的转速为轴系扭转共振转速，称为临界转速（或共振转速）。轴系在柴油机运行转速范围内有多个临界转速。

2.危险临界转速及转速禁区

当轴系发生扭转共振时，均会出现扭振振幅的增大，从而使轴系承受较大的扭振附加应力。当扭振附加应力超过轴系许用的扭振应力时，就可能引起轴系破坏，这时的临界转速就称为危险临界转速 n_c。

所谓转速禁区是指危险临界转速 n_c 所对应的转速区段。根据中国船级社《钢质海船入级规范》规定，如果扭振应力（或扭矩）超过持续运转的许用值时，或当扭振引起齿轮齿击及弹性元件的交变扭矩大于持续运转的许用交变扭矩时，则应在这个共振转速 n_c 附近设置转速禁区，在此禁区内柴油机不应持续运转，但允许快速通过。而在常用转速（80%～105%）n_b 范围内不允许存在转速禁区。

转速禁区一般是在转速表上用红色标示，并应在操纵台前设告示牌，以引起轮机管理人员的注意。

3.轴系共振的危害

(1)引起轴系产生裂纹和断裂。

(2)引起传动齿轮和链轮打击，齿面点触及断齿。

(3)引起柴油机零部件发生故障，加快磨损。

(4)引起柴油机运行不稳定，如柴油发电机组输出电压产生不允许的波动。

(5)激发相关设备(如机架等)和船体振动，并引起异常噪声。

(6)引起轴系扭转纵向偶合振动(当扭转振动的自振频率与纵向振动的自振频率相等或相近时发生的振动现象)。

有资料显示，我国南方某航运单位所属三艘 400 t 货轮(主机标定转速为 400 r/min)投入营运两年中，曾造成中间轴、螺旋桨叶片先后八次断裂的重大机损事故。其主要原因是：该三艘货轮的柴油主机在运转到 392 r/min 时，存在着危险临界转速。由于该机未安装减振器，也未采用避开临界转速的相应措施，造成轴系共振，使中间轴和螺旋桨的扭转应力均超过材料的许用限度所致。这些经验教训，应引起轮机人员的高度重视。

三、轴系扭转振动的减振措施

柴油机轴系在传递回转力矩时通常会发生扭转振动现象，从而在轴系内产生相应的扭振附加应力。如果此附加应力值不超过规范所规定的许用应力，则该轴系可以安全运转，不需要采取减振措施。如果此附加应力值(或其变形)超过了许用应力，则必须采取各种避振或减振措施。

(一)轴系的减振措施

1.转速禁区回避法

在柴油机运行转速范围内设置转速禁区，实质上是在运转中使用回避措施，避免在有害的转速区段持续运转。

此法主要应用于大型低速船舶主机。因为这类主机一是由于它的转速低而部件大，使用减振器效果很不理想；二是这类主机的工作转速范围较大，因而想把所有比较危险的临界转速都移出工作转速范围，不太容易达到。

2.频率调整法

改变轴系的自振频率，将轴系较危险的临界转速移到柴油机工作转速范围之外。可通过改变系统上各部件的惯量和柔度(弹性)来调整轴系自振频率而实现。如加大轴颈或轴长度，装设高弹性联轴器，改变飞轮惯量或加装副飞轮等。

3.减小激振能法

减小输入系统的激振能量可直接减小扭振振幅，从而使有害共振变成无害扭振。如改变发火顺序，安装副飞轮，调整主机飞轮惯量等。

4.加装扭振减振器

通过加大扭振系统的阻尼以消耗振能或产生平衡激振力矩的反抗力矩，如加装减振器，加装高弹性联轴器等。

5.应急状态下的措施

当轴系发生强烈扭振时，应迅速降低车速，在远离“转速禁区”处运行，直到扭振减轻或消失为止，并应尽快分析和判明发生扭振的原因，以便有针对性地采取纠正措施。

(二)常用减振器的结构和工作原理

1. 阻尼型减振器

加装减振器首先在轴系中增加了一个质量和一段弹性轴，所以它可以改变振型、节点位置和自振频率；其次能在发生扭振时产生一个附加阻尼作用，以消耗输入轴系的能量，限制振幅增大。减振器的结构很多，按基本原理可分为阻尼型、动力型和阻尼动力型三种。

阻尼型减振器用阻尼来消耗激振能量以达到减振目的。如硅油减振器，在固定于柴油机自由端的减振器壳体内密封一个大惯性盘，壳体与惯性盘之间充满硅油，在发生扭振时，惯性盘与壳体间产生相对角位移，利用硅油产生阻尼来衰减振动的能量，以达到减小振幅的目的。如图6-19所示为黏液摩擦式阻尼减振器，一种利用硅油作为摩擦元件的减振器。密封的外壳1中装有浮动减振体2，二者之间具有很小的间隙，其中充满着特种黏液——有机硅油，它黏度高，并且随温度变化很小。环形端盖4与外壳1采用紧密压合以防止漏油。硅油注入后，用螺塞5加铅锡密封。为了减少浮动减振体与外壳产生相对运动时的摩擦，并在安装时更好地对中，在外壳上压有锡磷青铜衬套3(减摩环)。当柴油机正常工作时，与曲轴连接在一起的外壳做均匀的旋转运动，减振体也跟着做同步转动。当柴油机的转速进入共振区而产生强烈的扭振时，减振体由于很大的惯性作用，基本上仍做均匀的转动，于是外壳与减振体之间发生相对滑动，使硅油受剪切，产生滑移，摩擦生热，从而消耗了振动的能量，减小了振幅，有效地防止了共振，因而装置可以在整个工作转速范围内工作。

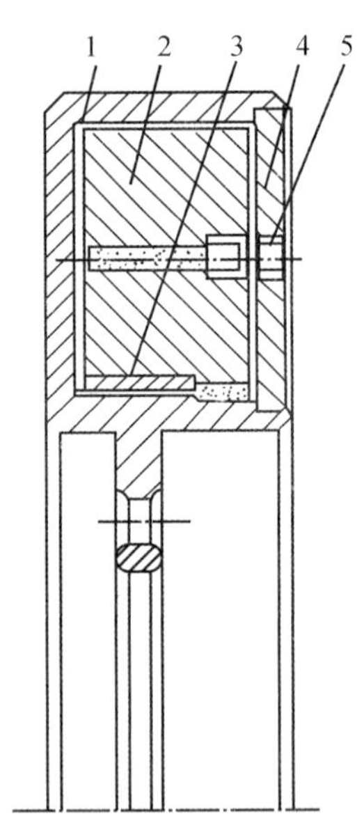

图6-19　黏液摩擦式阻尼减振器

1—外壳；2—浮动减振体；3—衬套；4—环形端盖；5—螺塞

2.动力型减振器

动力型减振器与曲轴用弹簧或短轴连接,利用共振时的动力效应产生一个与激振力矩方向相反的反抗力矩来达到减振的目的。如图 6-20 所示为套筒弹簧式动力型减振器。减振器安装在曲轴自由端的法兰上,它由轮毂 1、飞轮圈 2、套筒弹簧 3、限制销 4 和盖板 5 组成,轮毂用螺栓紧固到法兰上。首端齿轮 7 与轮毂紧固传动辅助装置。飞轮圈滑套在轮毂上,两者之间采用套筒弹簧连接。由多层筒形卷簧组成的套筒弹簧共有 8 组,分别装在套筒弹簧座孔轮毂槽内,以保护套筒免受过大的变形和应力,限制飞轮圈与轮毂之间的相对运动,并防止套筒在座孔中转动。盖板用于防止飞轮圈和套筒弹簧轴向移动。减振器与柴油机的滑油系统接通,在柴油机运转时,减振器内充满滑油。当曲轴均匀转动时,飞轮圈由套筒弹簧带动均匀转动。当曲轴在临界转速附近运转时,曲轴带动与之刚性连接的轮毂发生激烈扭振,而飞轮圈由于与轮毂弹性连接以及自身的惯性,虽然也有扭振,但滞后一定相位。使飞轮圈相对于轮毂产生扭动,压迫套筒弹簧。一方面因弹簧片之间的摩擦而产生摩擦阻尼;另一方面因弹簧片挤压滑油而产生液体摩擦阻尼。因此将曲轴扭振的振幅减小到允许范围内。

动力阻尼型减振器同时具有阻尼型与动力型两种减振器的作用。

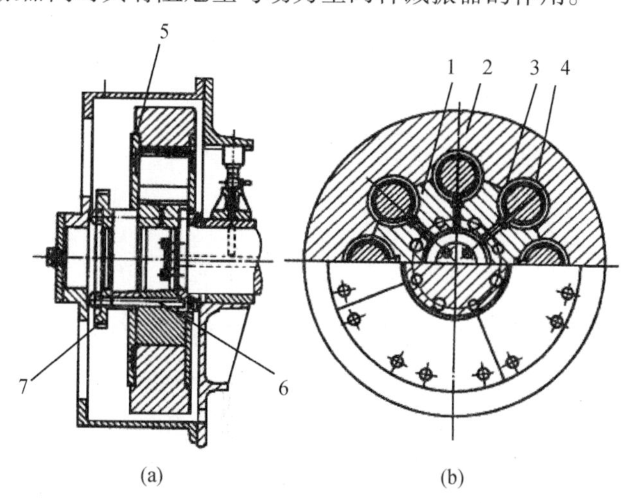

图 6-20 套筒弹簧式动力型减振器

1—轮毂;2—飞轮圈;3—套筒弹簧;4—限制销;5—盖板;6—螺栓;7—首端齿轮

3.弹性联轴器

弹性联轴器与一般轴系上附加的减振器不同,它是输出功率的一个传动部件。弹性联轴器种类繁多,常用的有橡胶弹性联轴器和金属板簧联轴器,具体结构可参见有关说明书。在轴系中安装了弹性联轴器后还起到如下作用:

弹性联轴器可大大降低轴系的自振频率 ,因而可使临界转速远低于柴油机的最低稳定转速,达到避振目的。另外,由于它同时具有阻尼作用,因而可限制共振振幅和共振应力,具有减振作用。由此,可使柴油机无转速禁区。

在齿轮传动装置中,弹性联轴器可吸收脉动冲击扭矩,防止齿轮打击,减轻噪声;减弱轴系横向振动、纵向振动,减小机架与船舶的各种振动;吸收螺旋桨处传来的局部冲击;降低轴系对中性要求。

第七节 主机功率的传递及其效率

船舶主推进动力装置由主机、轴系、推进器(主要是螺旋桨)组成,它们在推进系统中各司其职,主机是船舶能量的提供者,轴系是能量的传递者,推进器是能量的吸收者和转换者(把主机的能量转换为推力)。

一、功率

(1)主机功率P_b指主机发出的额定功率。主机功率的大小表示了主机提供能量的大小。

(2)螺旋桨吸收功率P_D指吸收有效功率P_E,等于转矩Q和角速度$2\pi n$的乘积。

(3)螺旋桨推进功率P_T等于螺旋桨的推力T和螺旋桨的进速V_p的乘积。

(4)有效功率P_E等于船舶前进的阻力R与船速V_s的乘积。

二、效率

(1)轴系效率η_j指螺旋桨吸收功率P_D与主机功率P_b之比。轴系效率的大小表示轴系性能的好坏。

(2)螺旋桨效率η指螺旋桨推进功率P_T与螺旋桨吸收功率P_D之比。螺旋桨效率的大小表示螺旋桨性能的好坏。

(3)船身效率η_H指有效功率P_E与推进功率P_T的比值。船身效率的大小体现了螺旋桨和船体之间的相互影响。

(4)推进效率η_T指有效功率P_E与吸收功率P_D的比值。推进效率η_T的大小表示螺旋桨自身性能以及螺旋桨和船体之间的相互影响。

(5)推进系数PC指有效功率P_E与主机功率P_b的比值。推进系数PC表示由主机、船体及螺旋桨三者组成的整个推进系统的综合性能。

第八节 船舶齿轮箱的结构及日常管理

一、船用齿轮箱结构

在我国内河和沿海船舶上使用的中小功率船舶柴油机推进装置中,很多采用不可倒转式中小型高速柴油机为主机,再配以船用齿轮箱来满足其推进要求。这是一种间接换向方式。现以HC250型船用齿轮箱为例,介绍船用齿轮箱的结构特点和工作原理。

HC250型船用齿轮箱是一种液压操纵摩擦片离合、齿轮换向和减速的船用齿轮箱。

(一)主要技术规格

(1)齿轮传动型式	圆柱斜齿轮三轴五齿轮传动
(2)离合器型式	液压操作湿式多片摩擦离合器
(3)额定传递能力	0.183 kW
(4)额定传递扭矩	1 800 N · m
(5)额定输入转速	750~1 000 r/min
(6)承载螺旋桨额定推力	正车为 26 000 N;倒车为 16 000 N
(7)换向时间	≤10 s
(8)工作油压力	1.0~1.2 MPa
(9)润滑油压力	0.15~0.30 MPa
(10)机械效率	正车为 96%;倒车为 94%

(二)主要结构特点

HC250 型船用齿轮箱纵剖面图如图 6-21 所示。

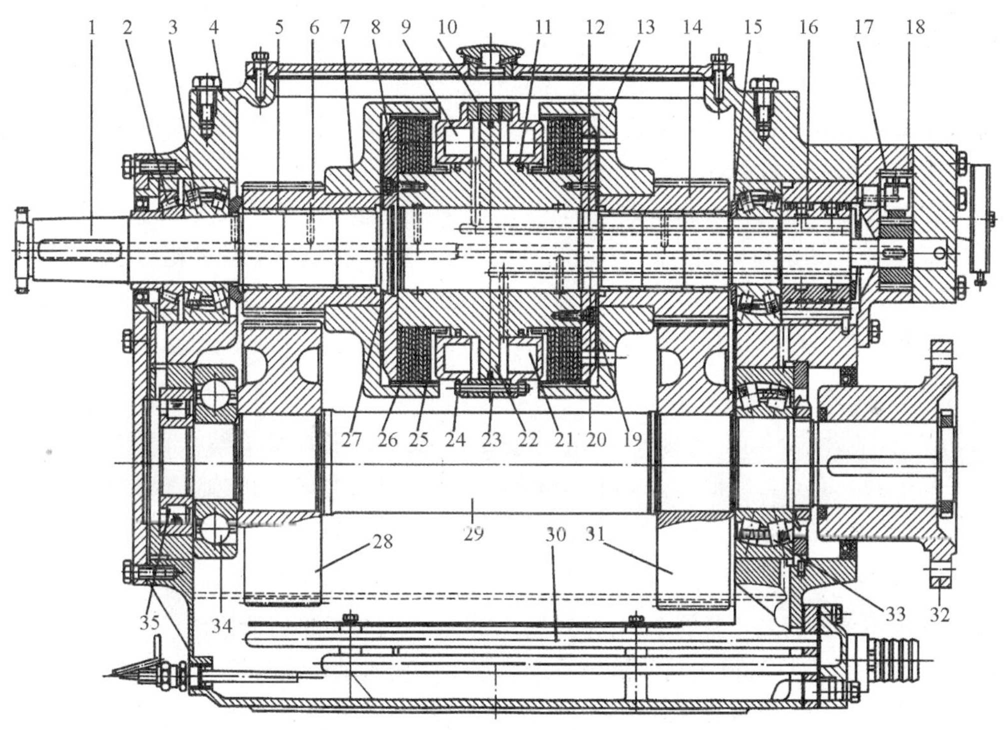

图 6-21 HC250 型船用齿轮箱纵剖面图

1—输入轴;2—单列向心推力轴承;3—双列向心球面轴承;4—箱体;5—轴承;6—倒车主动齿轮;7—倒车离合器外壳;8—承压板;9—倒车油缸;10,11—密封油环;12—倒车油道;13—正车离合器外壳;14—正车主动齿轮;15—推力环;16—分油塞;17—油泵从动齿轮;18—油泵主动齿轮;19—螺钉;20—正车油道;21—正车油缸;22—主动摩擦片座;23—滑动套;24—螺栓;25—主动摩擦片;26—从动摩擦片;27—推力环;28—倒车从动齿轮;29—输出轴;30—冷却水管;31—正车从动齿轮;32—输出联轴器;33—双列滚子轴承;34—向心推力轴承;35—滚子轴承

1. **箱体部件**

箱体由上、中、下三个壳体组成，以便制造和拆装。其结合面经精加工，不用纸垫，能保证轴间的中心距不变和润滑油密封。前部安装着倒车惰齿轮。中壳两侧支承面各有两个定位螺孔和两个普通螺孔，以保证安装准确和承受螺旋桨推力。下壳内有两排冷却水管用以冷却滑油。顶部盖板供检查时使用。

2. **输入轴部件**

输入轴前端为锥形轴，通过键安装弹性联轴器；后端与油泵主动齿轮 18 连接；中部与正、倒车共用的主动摩擦片座 22 连接，座的两侧轴段还安装有正、倒车主动齿轮 14 和 6。正、倒车离合器结构基本相同，相对地串装在轴上。

主动摩擦片座外圆上滑套有正车油缸 21、滑动套 23、倒车油缸 9，三者用螺栓连成一体，并与主动摩擦片座分别形成正、倒车油腔。主动摩擦片座外圆装有三道密封油环 10 和 11，用以保持正车及倒车油腔的润滑油密封。每个油腔四周均布着 12 个返回弹簧座孔，每孔内置有返回弹簧和弹簧套。上述组件既能随输入轴转动，又能沿主动摩擦片座轴向移动。主动摩擦片座两端外圆上有花键齿，主动摩擦片 25 装在花键齿外，在每两块主动摩擦片之间均置有从动摩擦片 26。承压板 8 用埋头螺钉紧固在主动摩擦片座的两侧面上。

从动摩擦片 26 的外齿轮与正、倒车离合器外壳 13 和 7 的内花键齿嵌合。正、倒车离合器外壳对应地热套在正、倒车主动齿轮 14 及 6 上。两个主动齿轮分别用一对轴承 5 滑套在轴上。每一主动齿轮两端设有推力环 15。

输入轴两端各以双列向心球面轴承 3 支承。前端还另装有一个承受轴向推力的单列向心推力轴承 2，其外是轴承盘和油封圈，用前端盖使轴承定位。在倒车主动齿轮前端的推力环 15 前有一导油环，把润滑油引向轴承。在轴的后部热套有分油塞 16，用来将工作油导入正、倒车油腔。分油塞外圆环槽内置有六道封油环，其外是与箱体紧配的分油塞衬套。

3. **输出轴部件**

正、倒车从动齿轮 31、28 分别热套在输出轴上，轴的两端各以滚子轴承 35、双列滚子轴承支承。前端还装有向心推力轴承 34，用以承受正车时的螺旋桨轴向推力，后轴承后端设有推力环，用来承受倒车时螺旋桨轴向推力。输出轴后端装有输出联轴器。

4. **液压系统**

液压系统用来控制离合器的工作，并对离合器、轴承及齿轮进行润滑与冷却。

如图 6-22 所示为 HC250 齿轮箱液压系统示意图。输入轴转动时带动油泵工作，下壳油池内滑油经吸油管及壳体通道被油泵吸入并加压后分成两路：一路经控制阀、分油塞和输入轴内的油道到正车油缸或倒车油缸内，压紧摩擦片进行正车或倒车传动；另一路经压力调节阀和过滤器后进入输入轴的中心油道，再从各油孔分流去润滑和冷却有关部件，其中经主动摩擦片座的油孔喷向两离合器摩擦片的油还有使主、从动摩擦片脱开的作用。在润滑油流回油池的过程中，又分别对输出轴两端的轴承进行润滑与冷却。

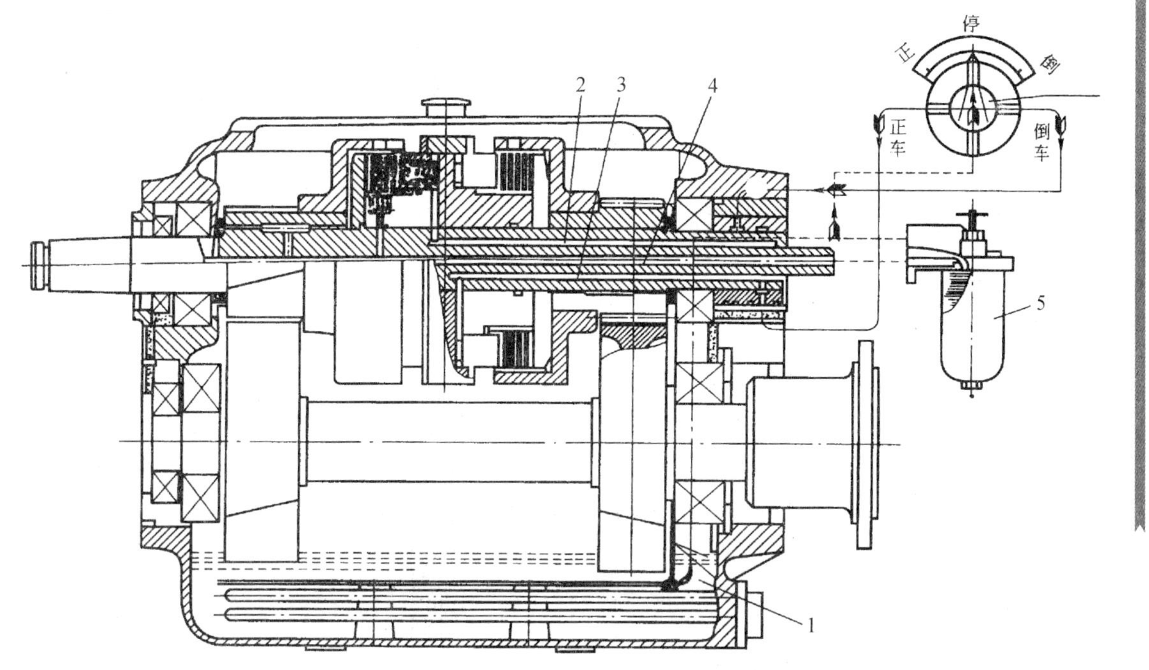

图 6-22 HC250 齿轮箱液压系统示意图

1—油池；2—倒车油道；3—正车油道；4—中心油道；5—过滤器

（三）工作原理

1. 正车——将操纵手柄扳至正车位置

如图 6-21 所示，三位四通控制阀的阀芯转动后将进油孔和正车油孔以及回油孔和倒车油孔分别接通。使倒车油缸的油压消失，同时将油泵输出的工作油经控制阀箱体、分油塞衬套、分油塞 16、输入轴 1 内部的正车油道 20 和主动摩擦片座 22 的油孔进入正车油缸 21。工作油压克服倒车油缸四周的弹簧张力，将正车及倒车油缸连同它们之间的滑动套 23 一起向后（输出端方向）移动，使正车摩擦片组压紧。这样正车主动齿轮 14、正车离合器外壳 13 和外从动摩擦片随着被压紧的内主动摩擦片、主动摩擦片座 22、输入轴 1 和主机曲轴一起同向转动，此时正车主动齿轮 14 便带动与它啮合的正车从动齿轮 31，使输出轴 29 和螺旋桨反向转动；与此同时，输出轴前端的倒车从动齿轮 28 则通过中间惰齿轮（图 6-21 中未画出），使倒车主动齿轮 6 相对于输入轴 1 反向空转，倒车离合器外壳 7 和从动摩擦片亦随着倒车主动齿轮反向空转。

2. 倒车——将操纵手柄扳至倒车位置

如图 6-21 所示，控制阀使进油孔与倒车油孔相通、回油孔与正车油孔相通。正车油缸油压消失，工作油进入倒车油缸。于是产生与上述正车时相同的动作，但方向相反。倒车主动齿轮 6 通过中间惰齿轮驱动倒车从动齿轮 28、输出轴 29 和螺旋桨，使螺旋桨与主机曲轴同向转动；与此同时，输出轴后端的正车从动齿轮 31 带动正车主动齿轮 14、正车离合器外壳 13 和从动摩擦片空转，其转向与输入轴 1 的转向相反。

3. 停车——将操纵手柄扳至正中停车位置

如图 6-21 所示，控制阀关闭进油孔，工作油不能到正车或倒车油缸中；与此同时，正车与倒车油缸均与回油孔相通，正、倒车油缸内油压均消失，在返回弹簧作用下，正、倒车油缸21、9连同滑动套23一齐回到中间位置，靠主动摩擦片座油孔喷出的润滑油进入摩擦片间隙而使正、倒车从动摩擦片与主动摩擦片均脱开，正、倒车离合器外壳13与7都不被带动，五个齿轮和输出轴及螺旋桨均不动，输入轴1随主机曲轴空转。

二、船用齿轮箱的日常管理

（1）系统检查：检查工作油管、润滑油管、冷却水管、备用泵、各种阀件和仪表等设备的工作状态是否正常。

（2）油位、油温检查：检查齿轮箱油位、油温是否正常。

（3）动车前检查：把齿轮箱换向阀操作手柄推到空车位，盘车转动主机应转动自如。

（4）齿轮箱合排应在低速运转一段时间后，再逐渐提高转速，同时调节好冷却水流量，直至温度保持稳定为止。注意检查齿轮箱箱体与轴承对应部位的温度和噪声。

（5）定期清洗过滤器。

（6）认真观察倒顺车三位四通控制阀工作状态，合排时间若过长或过短，应及时调整延时阀。

（7）定期检查螺栓的紧固情况。

实操训练：船舶轴系校中

1.训练目标与要求

掌握用测量相邻法兰间的偏移和曲折检验轴系中线弯曲度的基本方法。

2. 训练设备

自动化机舱轴系、中间轴临时支撑、钢直尺、厚薄规。

3. 实操步骤

（1）在指导教师指导下，由学员配合完成两中间轴相邻法兰端面的脱开（为0.5~1 mm），并安装临时支撑。

（2）将直尺依次地贴附在一个法兰外圆的母线上，用塞尺测量直尺与另一法兰外圆的间隙，依次在法兰外圆的上、下、左、右四个位置上测量，得$Z_{上}$、$Z_{下}$、$Z_{左}$、$Z_{右}$四个数值，做好记录。

（3）用塞尺在上、下、左、右四个位置上测量两法兰端面的间隙，分别得$Y_{上}$、$Y_{下}$、$Y_{左}$、$Y_{右}$四个数值，做好记录。

（4）学员用偏移和曲折计算公式计算该对相邻法兰的偏移和曲折。

（5）学员阐述用平轴法测量艉轴与曲轴的总偏移与总曲折的方法，及如何将未超过规定的总偏移和总曲折分配到各对相邻法兰上去。学员阐述总偏移和总曲折超标时如何处理。

第七章 船舶推进器

第一节 螺旋桨的功用、结构及各部分名称

一、螺旋桨的功用、特点和种类

螺旋桨是推动船舶运动的推进器，它接收由轴系传来的主机发出的功率在水中旋转，对水产生推力，水的反作用力作用在螺旋桨上，通过轴系传给船体，从而使船舶前进或后退。除螺旋桨外，船舶推进器还有喷水推进器、平旋推进器、明轮推进器等。由于螺旋桨具有结构简单、质量轻、效率高、工作可靠等突出优点，它是当前应用最为广泛的船舶推进器。

螺旋桨常用的材料有铸铁、球墨铸铁、铸钢、锰铁、黄铜、镍铝青铜和不锈钢等。

二、船用螺旋桨的结构和各部分名称

船用螺旋桨是由桨叶和桨毂两部分组成。如图 7-1 所示为螺旋桨的组成。桨叶常由三叶或四叶组成，也有少量二叶、五叶、六叶桨。桨叶是螺旋桨产生推力的构件，桨毂是桨叶与桨轴的连接构件。有些螺旋桨还安装有流线型桨帽，目的是光顺螺旋桨尾部的线形，降低螺旋桨工作的阻力。

如图 7-2 所示为螺旋桨的各部分名称。

(1)叶面、叶背：从船尾向船首看到的桨叶的一面称为叶面，另一面称为叶背。

(2)导边、随边：螺旋桨正转时桨叶先入水的一边称为导边，后入水的一边称为随边。

(3)叶根、叶梢：桨叶与桨毂相连处为叶根，远离桨毂的一端为叶梢。通常叶根较厚，而叶梢较薄。

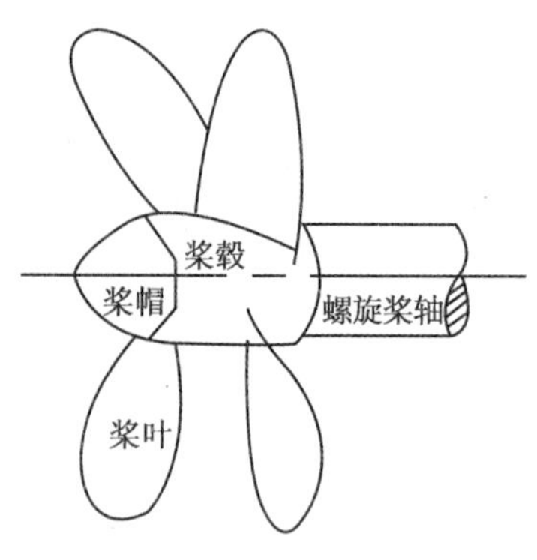

图 7-1　螺旋桨的组成

(4)左右旋:从船尾向船首看,正车旋向为顺时针的螺旋桨叫右旋桨,正车旋向为逆时针的螺旋桨叫左旋桨。

(5)内旋、外旋:对双桨船而言,左桨左旋,右桨右旋称外旋;左桨右旋,右桨左旋称内旋。一般多为外旋桨,以避免夹带漂浮物而损坏桨叶。

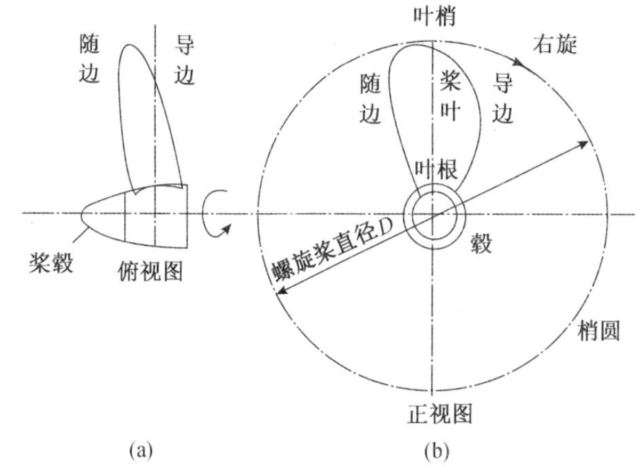

图 7-2　螺旋桨的各部分名称

第二节 螺旋桨的主要技术参数及工作原理

一、螺旋桨的主要技术参数

1.螺旋桨直径

螺旋桨旋转时,叶梢的轨迹形成一个圆,称为梢圆。梢圆直径称螺旋桨直径,用 D 表示,其半径用 R 表示。梢圆的面积称为盘面积。

2. 螺旋桨的螺距、螺距比

如图 7-3 所示为螺旋面的形成,以直线 ab(通常称为母线)与定轴 OO_1 成一定角度,并使

母线 ab 以等速度绕定轴旋转,同时以等速度沿 OO_1 向上移动,则母线 ab 在空间走过的轨迹所形成的曲面就是一个螺旋面,螺旋桨的叶面就是螺旋面的一部分。母线绕行一周所上升的距离称螺距,常用 H 表示。螺旋桨的螺距就是指螺旋面的螺距 H。螺旋桨螺距 H 与其直径 D 的比值称为螺距比。

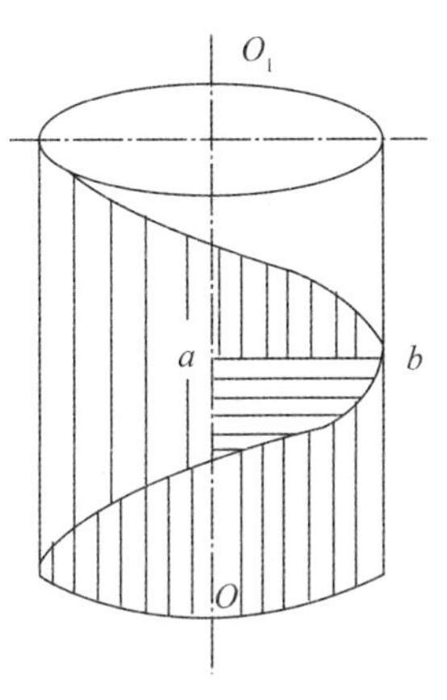

图 7-3 螺旋面的形成

3. 螺旋桨的盘面积、盘面比

用圆柱面(其中线与桨轴中线重合)去剖切螺旋桨桨叶,切得的截面称桨叶切面。桨叶切面一般有机翼形和弓形两类,如图 7-4 所示。弓形叶切面比较平直,导边与随边对称;机翼形叶切面通常导边较厚,随边较薄。螺旋桨工作时,弓形叶切面不易产生空泡,但效率较低,所以叶稍部分的叶切面常采用弓形。机翼形叶切面易产生空泡,但效率较高,所以叶根部分的叶切面常采用机翼形。

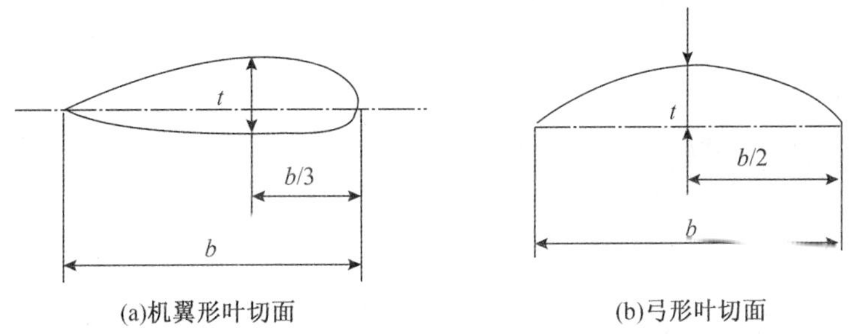

(a)机翼形叶切面 (b)弓形叶切面

图 7-4 桨叶切面

将各叶切面的曲线形弦线(叶切面导边与随边端点的连线)各伸张成直线,然后连接各弦长端点所得的桨叶轮廓称为伸张轮廓。螺旋桨各桨叶的伸张轮廓内面积之和称为伸张面积。伸张面积与盘面积之比称为盘面比。在相同叶数下,盘面比越大的螺旋桨,说明其桨叶越宽。

4.螺旋桨的转速

螺旋桨工作时在水中转动的速度叫螺旋桨的转速,常用 n_p 表示,其单位为 r/min,螺旋桨的转速为主机转速的 $\frac{1}{i}$,i 为传动比。

螺旋桨的叶数、转速、螺距、盘面比为螺旋桨主要的几何参数。

二、螺旋桨的工作原理

螺旋桨在水中的运动形式是一边在主机带动下做旋转运动，一边随船舶做轴向直线运动。这种运动形式将在螺旋桨的桨叶上产生升力 Y 和阻力 X，如图 7-5 所示。Y 和 X 的矢量和即为桨叶上的水动力 F。将水动力 F 分解为桨轴方向的分力 T 和垂直于桨轴方向的分力 R，T 即为桨叶上所产生的推力，R 为桨叶上的旋转阻力，R 对桨叶所形成的力矩为转矩 Q。

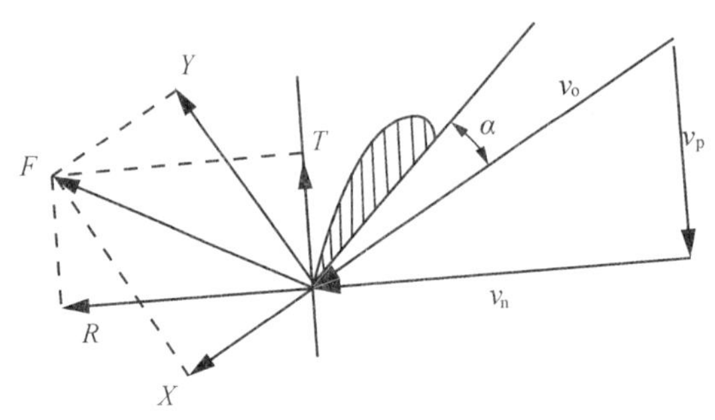

图 7-5 螺旋桨的工作原理

主机消耗能量是用来克服旋转阻力而带动螺旋桨转动，螺旋桨转动产生推力而推动船舶前进。螺旋桨发出的功率（通常叫螺旋桨的推进功率 P_T）与它从主机得到的功率（通常叫螺旋桨的吸收功率 P_D）之比，称为螺旋桨的效率，用 η 表示。

第三节 影响螺旋桨推进、转矩及效率的主要因素

一、滑脱比与进速系数

螺旋桨旋转一周前进的距离称作螺旋桨的进程（常用 P 表示）。因水有滑动性造成进程小于螺旋桨的螺距 H，即 $P<H$。

通常把 $H-P$ 称为滑脱，把滑脱 $H-P$ 与螺距 H 的比值称为滑脱比，滑脱比常用 s 表示。

把螺旋桨的进程 P 与螺旋桨直径 D 的比值叫进速系数，进速系数常用 J 表示。

滑脱比越大，螺旋桨负荷越重，J 越小，效率越低。

二、螺距比

当进速系数相同时，螺距比越大则推力和转矩也越大；当进速系数较小时，螺距比小者效率较高，故拖船和顶推船的螺旋桨通常采用较小的螺距比；当进速系数较大时，螺距比大者效率较高，因此快速船的螺旋桨通常采用较大的螺距比。

三、转速

在螺旋桨直径一定的条件下，增加螺旋桨转速，可以提高螺旋桨的推力。但长时间加车航行，螺旋桨的负荷大，不仅使螺旋桨的效率低，经济性能差，而且主机的机械损耗大，主机的效率降低。特别是对平常转速很高、负荷又较重的螺旋桨，这种情况尤其明显。另外转速过高，还会出现空泡现象。因此，在现代船舶主推进动力装置中，应鼓励采用减速齿轮箱传动，这样既保证了主机高转速下的大功率，又可实现螺旋桨低转速下推进的高效率。

四、螺旋桨的直径

增加螺旋桨的直径，可以提高螺旋桨的效率。只要船尾吃水允许，螺旋桨直径越大越好，一般螺旋桨的直径大约为艉吃水的 0.8 倍。

内河船舶由于航道水深有限，船舶的吃水受到限制，所以螺旋桨的直径都比较小。为了获得足够的推力，采用双螺旋桨，以增加过水断面(同时也为保证船舶安全)，使在同一推力下，每一个螺旋桨的转速低，负荷小，提高总的推进效率。

第四节 螺旋桨空泡的产生原因及其危害

随着船舶航速的提高和高转速主机的运用，在桨叶上常发现材料被剥蚀而损坏的现象，使船舶推力达不到要求而影响航速，这就说明螺旋桨上产生了空泡现象。所谓空泡，就是当螺旋桨工作时，在桨叶上水的压力 p 低于饱和蒸汽压力 p_v 时水流汽化而形成的气泡。

就空泡产生的原因而言，在于螺旋桨工作时，其叶背由于有一定的拱度，造成叶背的水流速度增加，压力要降低，螺旋桨转速越高，产生的推力越大，压力降低越厉害，当水的压力 p 低于饱和蒸汽压力 p_v 时(当水温在 15 ℃时，水的饱和蒸汽压力为 1.706×10^3 MPa)，水流被汽化而形成雾状的气泡。

发生空泡现象可分为前后两个阶段，空泡现象在两个阶段对螺旋桨的影响各有不同。

空泡第一阶段：在桨叶叶背的局部区域发生空泡，空泡区域桨叶表面承受的压力均为水的汽化压力 p_v，在未发生空泡的部位压力将重新分布，弥补了空泡区损失的吸力部分，因此对整个桨叶的升力无甚影响。但由于叶切面的运动，空泡移至较高的压力区时，空泡里的汽化压力不能支持外界的压力，空泡被压缩而破裂，这种破裂发生在极短的瞬间，而水的冲击力可达数千大气压，这种内爆的冲击力周期性地集中于一点，可使金属材料疲劳而损坏，通常称为剥蚀现象。材料反复剥蚀后形成多孔海绵状麻点，对材料强度有很大影响，严重时导致桨叶断裂。

空泡第二阶段：随来流速度增高，空泡区域扩大，占整个叶背面积的 60%~70%，使叶切面的水动力性能恶化，还可能有剥蚀现象；当空泡区继续扩大至整个叶背时，其叶背上压力均为汽化压力 p_v，如螺旋桨继续增加转速，叶背上压力也不再降低，从而使升力及阻力均降低，叶切面的水动力性能显著恶化，螺旋桨得不到预期的推力，推进效率显著降低。但由于整个叶背将被空泡覆盖，空泡将不在叶背处破裂，故无剥蚀现象产生。

无论是第一阶段空泡(产生剥蚀现象),还是第二阶段空泡(推力和效率降低),对螺旋桨的运转均不利,因此应尽量避免和延缓空泡的发生,其常用的方法是:①改进叶形;②桨叶表面涂环氧树脂;③降速运行等。

实操训练 1:螺旋桨的螺距测量

1.训练目标与要求

掌握螺旋桨螺距的测量方法、步骤及计算方法和技术状态判断依据,加深螺距变化对船舶推进性能的影响的认识。

2.训练设备

螺旋桨、螺距仪等。

3.实操步骤

(1)如图 7-6 所示,将螺旋桨放在水平面上,使压力面向上,即桨毂锥孔小端向上。

(2)将螺距仪的主轴 3 通过锥体 1 垂直地架在锥孔上,锥体上端是分度盘 2,其上有沿圆周方向的 360°等分列线,分度盘与锥体成一体。横尺 4 用圆套滑套在主轴 3 上。圆套上刻有准线(图示箭头),可量度横尺的转角。横尺与主轴中心线垂直,并在其上刻有测量螺旋桨半径的刻度。滑块 5 可在横尺上左、右滑动,并在其内装有滑尺 6,通过滑尺 6 可以测出在垂直方向的移动量。

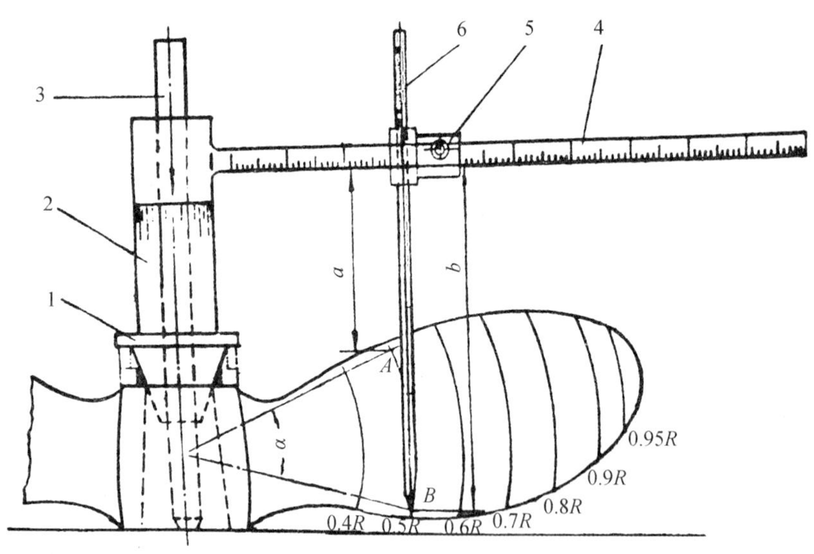

图 7-6 用螺距仪测量螺旋桨螺距

1—锥体;2—分度盘;3—主轴;4—横尺;5—滑块;6—滑尺

(3)当测量某一半径处的螺距时,先将园杆滑尺移动到该半径处,使滑尺尖端与图 7-6 所示 B 点接触,记下滑尺上的读数,然后将横尺转过一角度 α,使滑尺与点 A 接触,读下此时滑尺上的读数;设两点读数之差是 K,则 A、B 两点圆弧上的螺距可用下式计算:

$$H=\frac{360°}{\alpha}K(\mathrm{mm})$$

(4)该半径处的测量点一般应不少于 3 个,它们的算术平均值即为该桨叶该半径处的平均螺距。各半径处的螺距的平均值即为该桨叶的平均螺距。

(5)各桨叶螺距的测量方法是一样的,各桨叶螺距的算术平均值即为螺旋桨的平均叶面螺距。对于变螺距螺旋桨,则以 $0.70R$(R 是螺旋桨半径)处的螺距称为平均螺距,其他与前述相同。

(6)在测量螺距时,应尽量使两个测量点 A、B 间夹角 α 为圆周角 360°的整因数(如 20°、24°、30°、36°)。对每个桨叶应选取 5~6 个测量圆弧,一般可在 $0.30R \sim 0.95R$ 均匀选取,如 $0.30R$、$0.40R$、$0.50R$、$0.60R$、$0.70R$、$0.80R$ 等。

实操训练 2:螺旋桨的静平衡试验

1. 训练目标与要求

经加工或修理后的螺旋桨,均应进行静平衡试验,其叶尖处允许不平衡质量不得超过规定值。本实训要求掌握螺旋桨静平衡试验的测量方法、步骤及计算方法和技术状态判断依据,加深静平衡偏差对螺旋桨工作和船舶推进性能影响的认识。

2. 训练设备

螺旋桨、静平衡试验台、平衡重等。

3. 实操步骤

(1)如图 7-7 所示,在指导教师的指导下,将螺旋桨通过长轴安装于静平衡试验台的滚动轴承上。

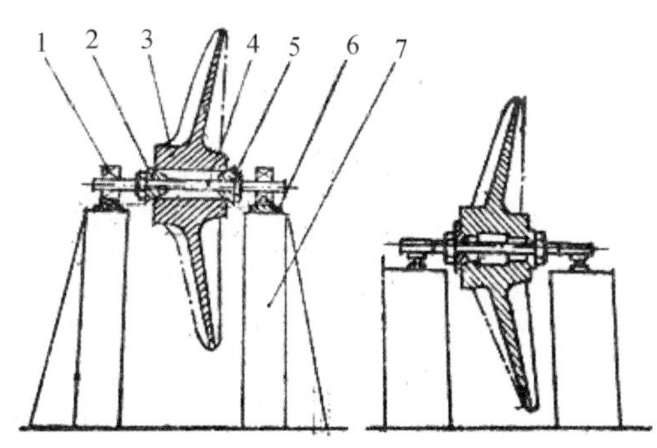

图 7-7 螺旋桨静平衡试验台

1—轴承;2—定位盘;3—螺旋桨;4—长轴;5—螺母;6—支架;7—支座

(2)给螺旋桨施加圆周方向的力,观察螺旋桨能否自由转动或自由静止。

(3)若某一桨叶始终停在下方,则需在该桨叶对面的桨叶叶梢处挂重物(专用配重或湿泥)p_1、p_2……,调整挂重质量,直至螺旋桨转到任何位置都平衡为止。

(4)称取最大挂重质量不超过计算值 P 则认为合格,$P \leqslant KG/D$(N)

式中，G—螺旋桨重力，kN；

K—系数，查规范；

D—螺旋桨直径，m。

（5）对超过不平衡质量规定值的桨叶，应在叶背（吸力面）离边缘距离不少于10%的叶宽区域内进行刮除，刮削后叶片截面厚度应在允许偏差范围内，并应保持不损伤叶片剖面轮廓，刮削后尚需抛光，叶背不允许留有刀痕。

（6）指导教师总结螺旋桨的静力不平衡质量会对轴系振动、轴承磨损、推进效率等的影响。

第八章 主推进动力装置检修

第一节 气缸盖及气阀的检修

一、气缸盖的检修

气缸盖的检修包括气缸盖裂纹的检查、气缸盖气阀座面的检修。

(一)气缸盖裂纹的检查方法

气缸盖裂纹产生部位最常见的是受热面应力集中处,如气缸盖下表面的阀孔处(俗称鼻梁区)、喷油器孔处。冷却水腔侧有时也会产生裂纹,如图 8-1 所示气缸盖裂纹产生部位。

1.目测法(也称观察法)

吊缸时,检查者直接用肉眼或使用放大镜来观察和判断气缸盖有无明显裂纹,特别注意底面上应力集中较严重的孔与孔之间和孔的圆角处。在航行中,如气缸盖冷却侧有穿透性裂纹则可观察到冷却水压力或水位波动;膨胀水箱有气泡冒出;油底壳油位升高或乳化等现象;冲车时,示功阀有水汽或水柱喷出。目测法主要用于粗检气缸盖表面的明显裂纹。

2.液压试验法

在试验前,先将气缸盖所有冷却水孔堵塞好,连接试验工具,然后向气缸盖冷却水腔注入液体(一般用清水),注意排除冷却水腔中的空气,按规范要求加压到 0.7 MPa 或不小于 1.5 倍冷却水压力,并保持 15 min 后,观察气缸盖表面有无渗漏现象。如果有渗漏现象,说明气缸盖有裂纹,不能继续使用。液压试验法适用于检查穿透性裂纹。

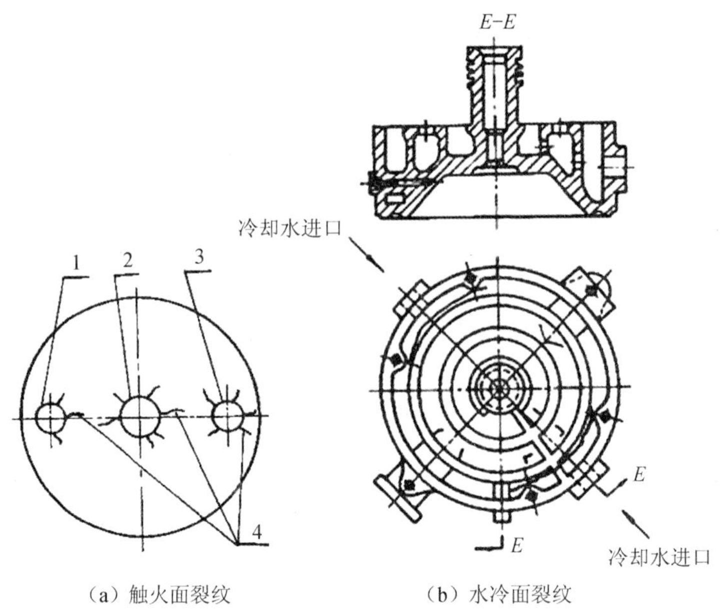

（a）触火面裂纹　　（b）水冷面裂纹

图 8-1　气缸盖裂纹产生部位

1—安全阀孔；2—喷油器孔；3—起动阀孔；4—裂纹

3.渗透探伤法（也称着色探伤法）

渗透探伤不受零件化学成分限制，不受零件结构限制，也不受缺陷形状限制。只需要一次探伤，即可把零件表面裂纹全部检查出来，渗透探伤法步骤如图 8-2 所示。常用的方法如下：

(1)着色法。先用清洗剂清洁气缸盖待检表面，然后将气缸盖待检表面喷涂一层红色渗透剂并保持 15 min，干燥后再喷涂一层白色显像剂，晾干 20~30 min 后，在白色显像剂上显示出红色裂纹痕迹。需要注意的是渗透剂渗透时间对检验效果影响很大，时间短，小缺陷难以发现，大缺陷显示不完全；时间长，难以清洗，且检验效率低。

(2)煤油白粉法。以煤油为渗透剂，以白粉为显像剂。这种方法较着色法更简单、方便，但对较细小的裂纹难以显现。

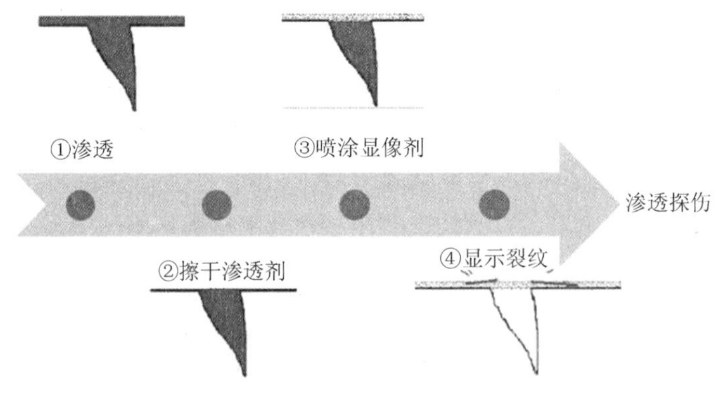

图 8-2　渗透探伤法步骤

检查出裂纹后，一般情况不能再继续使用，应换用备用气缸盖。旧气缸盖送厂修理。

(二)气缸盖气阀座面的检修

1.气阀座面的损伤形式

(1)气阀座面的磨损

气阀座面磨损主要表现为气阀座面伤痕和麻点。伤痕主要是由于燃气中的炭粒或其他杂质冲刷,或炭粒与杂质落到密封面上时,阀与阀座撞击造成的;麻点则是由于燃油中含有钒、钠等,高温时引起钒、钠腐蚀,属于腐蚀磨损。

磨损使气阀与阀座接触带,即阀线变宽、中断或模糊不清,气阀关闭不严,产生漏气,使柴油机功率下降,严重时甚至不发火,起动困难。在日常管理中,可通过测量压缩压力、排气温度以及其他参数的变化来判断气阀的密封情况。阀座磨损导致漏气时可通过研磨加以修复。

(2)气阀座面的烧蚀

烧蚀一般发生在排气阀座面上。直接原因是阀与阀座接触面密封不良,排气阀关闭不严,火焰从不密封的部分穿出而烧伤排气阀与阀座。气阀座扭曲变形和积炭是使气阀与气阀座接触面无法密封的主要原因。气阀磨损过大、开裂,气阀杆与导管间隙太小及气阀盘翘起等也能引起气阀与气阀座密封不良,导致烧损。

(3)气阀座的裂纹

气阀座在高温下受强烈的冲击载荷,常常使气阀座产生裂纹。由于排气阀座的工作条件差,因此排气阀座开裂的现象更多一些。

气阀座面产生磨损、烧蚀和裂纹等破坏了阀与阀座的密封性,并影响柴油机的工作性能。对损坏气阀座进行修复是一项经常性的工作。如何修理,主要取决于损伤形式及其严重程度。

2.气阀座面的修理

(1)手工研磨

当气阀座面磨损不严重,只产生轻微缺陷,如麻点、凹陷等,可用手工研磨加以修复。其方法是:将气缸盖倒置,利用已经光整过的气阀盘锥面,与气阀座面互相研磨,研磨时两者之间涂上一层研磨剂。研磨好后,应做密封性检查。

(2)用气阀铰刀修正气阀座面,再互研

如果气阀座磨损凹痕或麻点比较严重时,可在研磨前先用锥形铰刀进行铰削。气阀铰刀是成套专用工具,每套包括15°、30°、45°和75°几种锥形铰刀。修铰步骤如下:①清洁阀座与导管;②用与阀座相同锥角的粗刃铰刀(进气阀为30°较多,排气阀一般为45°,以说明书为准),以尽量少的铰削量修去阀座面的缺陷。需要注意的是:气阀铰刀有导向心杆,插在气阀导管孔内可起定位作用,铰刀导向心杆插入导管中不得晃动,以确保铰削后阀座锥面对导管的同轴度,如图8-3(a)所示;③用相同锥角的精刃铰刀进行精铰;④在与该阀座相配的气阀锥面上涂以红丹,与阀座配合转动半圈到一圈,提起气阀观察阀线宽度及分布的位置。如果接触阀线位置与宽窄合适,则进入研磨。如果阀线宽且偏上,使用15°锥角铰刀修正;阀线宽且偏下,用75°锥角铰刀修正,如图8-3(b)所示,修后再检查阀线,直到合适为止。

(3)更换

当气阀座面损坏严重,如凹痕已超过2 mm以上,或有裂纹时,则应更换座圈。

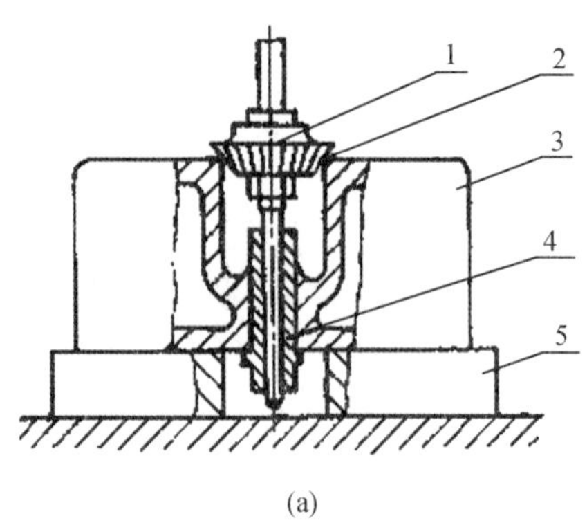

(a)

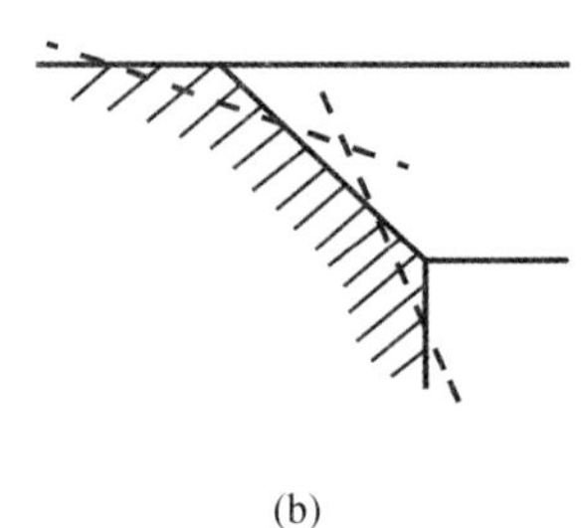

(b)

图 8-3　修铰阀座示意图

1—铰刀;2—阀座;3—气缸盖;4—导向心杆;5—垫块

二、气阀机构的检查

气阀机构的检查主要是对气阀、气阀弹簧、气阀导管和阀壳的检查。

1.气阀检查

(1)阀面的磨损和腐蚀

阀面磨损即气阀阀盘锥面磨损,主要检查磨损凹痕和阀线宽度。阀线宽度标准如表 8-1 所示。阀面腐蚀主要检查密封面上有没有由于钒和钠高温腐蚀导致的麻点。在管理上,严格控制冷却水的温度来减少阀与阀座的腐蚀。

表 8-1　阀线宽度　　CB/T 3503—1993　(mm)

阀盘锥面直径 D	<50	50~75	75~125	125~175	175~250	>250
阀线宽度	2.0	2.5	3.0	4.0	4.0	4.0~6.0

(2)阀面翘曲与烧损

阀盘是否翘曲变形,是否有大面积烧损,阀面有没有烧穿出现边缘孔洞。

(3)阀杆磨损、变形与卡死

气阀阀杆在气阀导管内做往复运动,使阀杆和导管产生磨损。气阀阀杆的磨损检测:可在平台上或车床上对气阀阀杆外圆进行测量,计算出阀杆的圆度误差和圆柱度误差,并与标准或说明书比较。检查阀杆有无变形,阀杆变形会导致阀杆卡死。阀杆卡死会导致气阀与阀座关闭不严密而发生漏气,甚至影响气阀的正常启闭。阀杆卡死的原因除阀杆变形及安装不正外,间隙不当也会导致阀杆卡死。间隙过小会使阀杆因热胀而卡死;间隙过大,燃气上窜,导管内滑油因高温作用而结焦,燃烧产物也易在间隙中沉积,从而导致阀杆卡死在导管中。

(4)阀杆和阀盘断裂

阀杆断裂通常发生在阀盘和阀杆的过渡处或阀杆装卡块的凹槽处。气阀断裂落入气缸,将会使活塞发生顶缸等严重事故,有时还会击碎气缸盖和气缸套等。阀盘和阀杆裂纹用肉眼外观检查,不得有宏观裂纹存在。

2.气阀弹簧检查

气阀弹簧断裂的原因除材质、加工、热处理不符合要求或保管中锈蚀外,大多是因为振动

造成的。检查气阀弹簧有没有裂纹、锈蚀等,有裂纹的应报废,有锈蚀斑点应用砂布修磨光洁,以免应力集中,发展为裂纹。

3.气阀导管磨损的检查

导管与阀杆磨损会直接影响其配合间隙。装配时,以阀杆在导管中能在自身重力作用下徐徐下降为好。长期工作磨损后,用手从侧面推动阀杆,若有摇晃松动感觉,即可判断已超出磨损极限,应予以更换。当然,精确的方法是通过百分表检查气阀在导管中的晃动量来测出导管和阀杆间的间隙,若等于或超过极限须更换,如图 8-4 所示为百分表法测阀杆与导管间隙。

4.阀壳裂纹的检查

对阀壳式气缸盖,还需检查阀壳处有无裂纹。阀壳裂纹通常是由于安装时将固定螺栓拧得太紧,使阀壳在工作时没有足够的膨胀余地所造成。因此,阀壳式气阀装置固定螺栓不宜拧得太紧。虽然运转初期可能有少许的漏气,但工作一段时间后,漏气现象会逐渐消失。

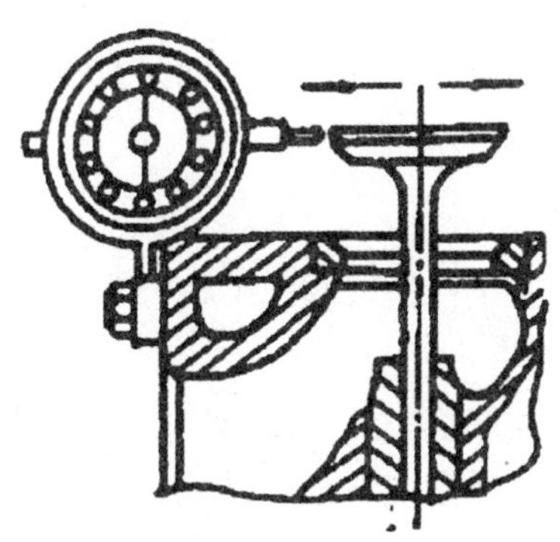

图 8-4 百分表法测阀杆与导管间隙

三、气阀间隙及配气定时检查与调整

(一)气阀间隙的检查和调整

气阀间隙是指柴油机在冷态下,气阀处于关闭状态时,机械式气阀传动机构中的摇臂端与气阀阀杆顶端面之间的间隙。留有此间隙的目的是使柴油机运转时气阀机构受热后有膨胀的余地,防止气阀关闭不严而漏气。温度越高,气阀膨胀量越大,所以排气阀比进气阀、增压柴油机比非增压柴油机、大型柴油机比小型柴油机的气阀间隙要大。

若气阀间隙过小,则气阀受热后会因无充分膨胀余地而关闭不严,造成燃气外窜或者废气倒灌入新鲜空气中,柴油机有效功率下降甚至起动困难,还有可能导致阀盘与阀座烧损。间隙过大,会导致气阀开度不足,影响进、排气量;会使气阀与阀座撞击加重,导致气阀与阀盘的磨损和噪声。

柴油机气阀机构检修安装或长期使用磨损后,原间隙值会被破坏,必须对气阀间隙定期进行测量和调整,使其保持良好的工作状态,保证柴油机换气过程的顺利进行。

气阀间隙应在冷态下进行测量,其测量方法为:

盘车使滚轮与凸轮的基圆接触,同时在摇臂的顶杆端略加力将摇臂压下。这时,摇臂另一端的阀杆端部将出现间隙 δ,如图 8-5 所示为气阀间隙测量。用塞尺测量此间隙值并与标准值比较。若不符合,则可通过摇臂一端的调节螺钉进行调节,间隙调好后应将锁紧螺母锁紧。

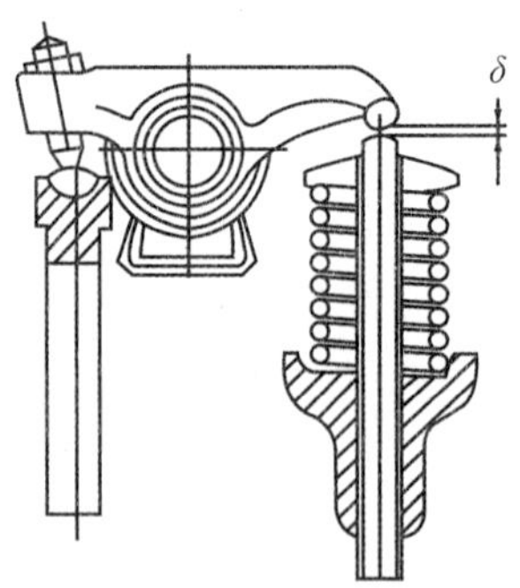

图 8-5　气阀间隙测量

(二)气阀定时的检查和调整

柴油机在运行过程中气阀定时会由于种种原因而发生变化,气阀定时的改变会导致换气质量的下降,进而影响柴油机的燃烧过程和功率。

1.气阀定时的检查

气阀定时的测量与调整的前提条件是气阀间隙符合要求。

(1)转动顶杆法

初步检查气阀定时可用转动顶杆法。盘车使第一缸进、排气阀处于关闭状态,此时顶杆处于放松状态,用手便可以使其转动;缓慢正向盘车,同时用手不断转动顶杆,一旦顶杆转不动,说明凸轮已顶起压住顶杆,立即停止盘车,此时飞轮上该缸上止点位置与固定指针之间的相应角度即为气阀开启的提前角。继续盘车,当某一瞬间顶杆由转不动变为能转动时,飞轮上该缸下止点位置与固定指针之间的相应角度即为气阀关闭的滞后角。将实测角度与说明书中配气定时比较,即可初步判断定时的正确与否。

(2)百分表测量法

较精确地检查配气定时应采用百分表测量法。将百分表的磁性表座装在缸盖的平整光洁平面,如图 8-6 所示为气阀定时的检查。盘车使气阀处于关闭状态,将表触头抵在气阀的弹簧座上,并使表针具有一定的初始压缩量,确保两者接触;正向盘车,当百分表指针开始摆动,立即停止盘车,此时飞轮上该缸上止点位置与固定指针之间的相应角度,即为气阀开启的提前角;继续缓慢盘车,使气阀升程逐渐增大后又逐渐减小,当百分表读数又回复到原来初始读数时,飞轮上该缸下止点位置与固定指针之间的相应角度,即为气阀关闭滞后角。

2.气阀定时的调整

在气阀定时检查过程中,若发现同一缸进、排气阀的开启和关闭时刻同时都过早或过迟,而气阀开启的持续时间正确,原因可能是飞轮固定指针的位置有偏差,或者凸轮轴和曲轴的安装相位不正确。因此,应首先校对飞轮固定指针位置是否正确,然后检查传动齿轮装配位置是否正确。若传动齿轮装配位置有误,则可盘车至气阀刚开启的时刻,拆下传动齿轮中的中间齿轮,再将飞轮盘车至说明书规定的定时位置,最后装复中间齿轮即可,如图 8-7 所示为气阀定时的调整。

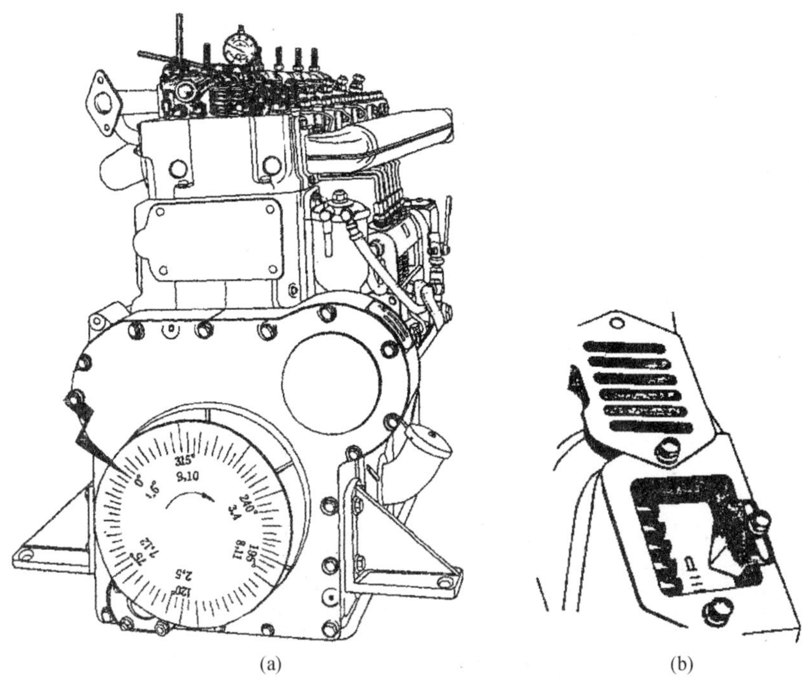

(a) (b)

图 8-6 气阀定时的检查

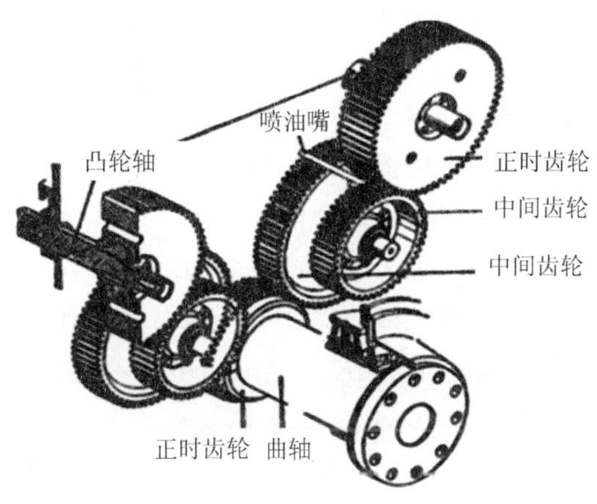

图 8-7 气阀定时的调整

实操训练 1:气缸盖的拆装与检查

1. 训练目标与要求

(1)拆装工具的选取、使用正确得当。

(2)安全使用起重设备。

(3)正确拆装气缸盖。

(4)掌握拆装安全规则。

(5)掌握常规的检查方法。

2. 训练设备

柴油机、行车、起重环、钢丝绳、撑板、白粉、煤油及布等。

3. 实操步骤

(1)气缸盖的拆卸

①气缸盖拆装工具的准备。仔细检查起吊工具(如行车、起重葫芦、钢丝吊索、链条及升降极限位置的行程开关等)是否完好正常,若有损伤,禁止使用;准备好拆装工作使用的工、量具及专用工具;拆卸用的放置零部件所需的支架、木垫、木盖等要及早做好准备;在配电板和操纵台处悬挂"正在检修"的告示牌。

②切断柴油机燃油、空气、冷却水和润滑油的供给。特别是要放掉气缸盖、气缸套冷却水腔的冷却水。需待冷却水放尽后,才可以进行气缸盖水管路和附件的拆卸。

③拆除与缸头和缸头附件相连接的管路附件。缸头和缸头附件相连接的管路附件包括进、排气管及与缸头的连接螺栓,喷油器的高压油管及回油管,缸头冷却水出口管。对于依靠压缩空气起动的柴油机还要拆除气缸起动阀的压缩空气进口管路,并把所有开口向上的管口、油孔用麻布包扎好,以免在拆装过程中的杂物落入堵塞管路。对拆下的所有螺栓、零件和垫床都要放置整齐,妥善保管。

④拆除进、排气阀的摇臂机构,抽出气阀顶杆,拆除缸头上的仪表(如排烟温度表、冷却水出口温度表等)。

⑤拆卸气缸盖螺母。拆卸气缸盖时,每个气缸盖螺母与其螺栓的相对位置要编号,并做好相应记号。拆卸气缸盖通常都采用专用扳手,按对角线交叉顺序逐步拧松缸头螺母。取下的缸头螺母用铁丝或麻绳穿起来,放置整齐,以免散失。

⑥起吊气缸盖。气缸盖需用专用起吊工具进行起吊。起吊气缸盖时必须确认与缸盖相连接的其他部件都已全部松开。柴油机气缸盖上一般都设有供起吊用的螺孔,将吊环螺栓拧入起吊螺孔中,穿好钢丝绳后即可以用起重葫芦将气缸盖吊起来。为了防止起重吊环被扭伤,最好在钢丝绳中加上一块撑板,如图 8-8 所示为起吊气缸盖。

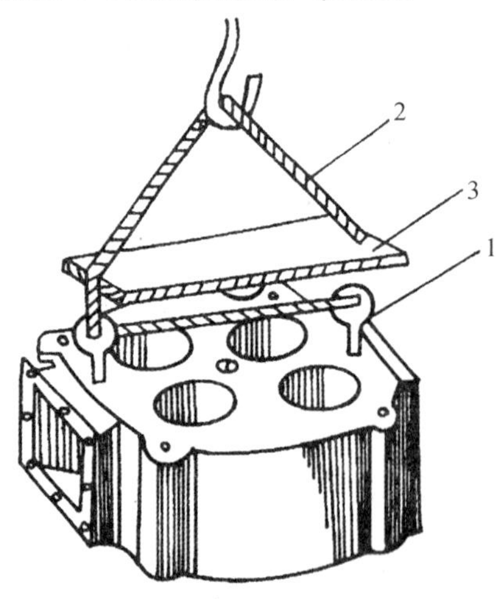

图 8-8　起吊气缸盖

1—起重吊环;2—钢丝绳;3—撑板

必须注意的是，在起吊气缸盖时向上提升的力量切勿过大，特别是用电动葫芦时。因为气缸盖与缸套接触平面之间经过长期工作之后接触很紧，所以在起吊瞬间，当钢丝绳被拉紧后可用手锤垫上木块轻轻敲打气缸盖侧面，并用手摇动钢丝绳使气缸盖松动。一旦有所松动，即可缓慢地将其吊起。如果黏结得很牢，可以在起吊钢丝绳拉紧后用撬杠小心地试撬，看气缸盖是否有松动。如果这时仍未松动，便可用楔子在气缸盖一侧打松，但要特别注意避免损伤气缸盖或气缸体。

⑦拆下的气缸盖应用木板垫好放稳或放置在专用的垫架上，以免碰伤与气缸套相接触的密封面。从缸套密封面上取出缸头垫床。若不吊起或暂时不吊起活塞时，应用木盖将气缸口盖好，避免杂物掉入气缸内。缸体平面上的冷却水孔道应用布或木塞子塞堵。

⑧拆除气缸盖上的进气和排气阀、喷油器、安全阀、示功阀和气缸起动阀（压缩空气起动的柴油机）等部件，然后进行气缸盖清洁，准备检查。

（2）气缸盖的检查

气缸盖拆下后应做以下几项检查：

①检查气缸盖与气缸体的密封面是否平整。气缸盖与气缸体的密封面在使用中容易烧蚀，在拆装时又易损伤，使密封面凹凸不平，使用中易造成燃烧室漏气。特别是柴油机运转中发生过漏气的缸盖，更应仔细检查密封面有无不平现象。

②用煤油白粉法检查气缸盖有无裂纹。a.先将气缸盖清洁干净，用压缩空气吹干；b.用煤油涂在缸盖需要检查的部位，或将气缸盖浸在煤油中；c.10～15 min 后，用布擦干表面，再涂上白粉；d.观察。如有裂纹，则其中的煤油会渗出，在白粉上显示出黑色的线痕。

③检查冷却水腔的情况。打开气缸盖冷却水腔的盖板，检查冷却水腔内水垢和水锈。由于水垢和水锈的存在影响了热传导，从而大大降低了冷却效果，使热应力增加，导致气缸盖易产生裂纹。当水垢和水锈的厚度达到 2 mm 以上时，必须对冷却水腔进行清洗。

（3）气缸盖的安装

气缸盖安装是在活塞连杆组件安装完毕之后进行的。

①更换气缸盖与机体之间的缸头垫片。更换气缸盖与机体之间的缸头垫片时，应严格按说明书规定的尺寸要求，既不可以太厚，也不可以太薄；否则会改变气缸的压缩比。

②用起吊专用工具起吊气缸盖。装上气缸盖起吊专用工具，用手拉葫芦把气缸盖吊起。用干净抹布把气缸盖与缸体的密封面清洁干净后，慢慢地把气缸盖落座在缸体上。

③均匀上紧气缸缸头螺母。为了保证气缸盖各处受力均匀，要特别注意气缸缸头固定螺母的拧紧次序和力矩的大小。安装时根据说明书要求，按对角拧紧的原则分几次将气缸盖螺母拧紧，最后一次的拧紧力矩要符合说明书的规定。多缸柴油机，各个气缸盖安装时要互相照应，最好在进气总管和排气总管的螺栓均装好后，再最后拧紧气缸缸头螺母。

④安装外部管系。需安装的外部管系包括高压油管、回油管、冷却水出水管、起动空气管等。安装时，注意垫片应尽量换新，管接头要清洁并用压缩空气进行吹通，上紧时丝扣要对正，使用的力量要适中。

⑤安装仪表。如压力表和气缸套冷却水出口温度表等。

⑥安装气阀摇臂机构。整个安装工作完毕后，对气阀间隙进行调整和通水查漏。

实操训练 2:气阀拆装与检查

1. **训练目标与要求**

(1)正确使用专用工具拆装气阀。

(2)拆装程序正确。

(3)掌握气阀机构的常规检查。

2. **训练设备**

气阀拆卸专用工具、螺丝刀、尖嘴钳、气缸盖等。

3. **实操步骤**

(1)气阀机构的拆卸与装配

①拆卸气阀前,先准备好必要的工具,并清洁气缸盖。

②气缸盖正置,并用木板垫平放稳。

③拆下中间的摇臂座螺栓,装上气阀拆卸专用工具。调节气阀拆卸专用工具固定端螺栓的位置,使气阀拆卸专用工具高度比气阀高度略低,如图 8-9 所示。用手压下专用工具的另一端,压缩气阀弹簧,露出阀杆上端的两个锁块,用尖嘴钳将锁块取出,慢慢抬起拆卸专用工具。

④按顺序取出旋阀机构(有些机型有)、上弹簧座、内外弹簧及下弹簧座。

⑤侧置气缸盖,抽出气阀。进、排气阀不可混放,可在阀杆上做标记。

图 8-9 气阀拆卸专用工具的安装

(2)气阀机构的装配

①安装气阀时,要保证各部位的洁净并加注适量的润滑油。注意进、排气阀不能搞错,如果进、排气阀阀盘大小不等,则阀盘直径大的为进气阀。如果进、排气阀阀盘锥角不等,阀盘锥角小的为进气阀。

②装配时先侧置气缸盖,装上气阀,并检查阀杆与导管间隙,要求无卡阻、无松动,能活动

自如，然后将气缸盖正置，并用木板垫平放稳。

③依次装弹簧下座，内外弹簧、上弹簧座及旋阀机构。

④装上气阀拆卸专用工具，调节气阀拆卸专用工具固定端螺栓的位置，使气阀拆卸专用工具高度比气阀高度略低。手压下专用工具的另一端，压缩气阀弹簧，然后将两半块锁夹放入上弹簧承盘锥孔与气阀杆凹槽处，再慢慢放松压杆，上弹簧承盘在气阀弹簧作用下复位，并使两锁块夹紧。

(3)气阀机构的检查

拆下的气阀机构清洁后，应检查：

①阀座与阀面的密封面是否有伤痕、麻点和烧蚀现象，阀盘是否翘曲变形。

②检查阀线是否光亮连续、阀线宽度和阀面锥角等是否符合要求。

③检查阀杆及导管有无裂纹及过度磨损现象，阀杆与导管是否卡死。

④检查气阀弹簧是否歪斜、弹力是否足够。

实操训练3：气阀密封性检验与研磨

1. 训练目标与要求

(1)能对气阀进行正确研磨。

(2)能对研磨后的气阀进行密封性检验。

(3)工艺方法符合技术规范。

2. 训练设备

柴油机、行车、起重环、钢丝绳、撑板、白粉、煤油及布等。

3. 实操步骤

1)研磨

(1)研磨前，必须将气缸盖清洗干净，特别是排气通道、气阀导管、阀座处的积炭要刮洗干净。进、排气阀要做好记号，以免相互弄错。然后将气缸盖底面朝上放稳。

(2)研磨程序

①粗磨：粗磨的目的是将气阀与气阀座的缺陷处磨掉。在气阀密封锥面涂一层用机油调和的200目粗研磨砂(研磨砂也称凡尔砂)，用带木柄的橡胶皮腕将气阀密封锥面吸住或专用手工研磨工具，采取边拍打与边转动相结合的动作进行研磨，直到气阀密封锥面出现一条十分整齐的灰暗色环带为止。

②精磨：擦掉气阀和气阀座上的粗研磨砂，然后再用600目的研磨砂进行细研，直到出现完整的密封带。

③最后，在气阀上涂一层机油研磨数分钟，使气阀与气阀座之间更好地配合。

研磨时应注意不要用力过大，以免气阀与气阀座由于过度撞击而使气阀密封锥面宽度磨宽或磨成凹形。研磨完毕后，应将气阀、气阀座、气阀导套及进、排气道里的研磨砂用轻柴油仔细清洗干净，不允许有残留。

2)密封性试验

对于中小型柴油机气阀与阀座互研后密封性的检查方法有以下几种：

(1)在气阀密封锥面上用铅笔每隔 3~5 mm 画一条线，画出 8~12 道铅笔线痕，然后将气阀装入阀座，压住阀盘并转动 90°。取下气阀观察其上的铅笔线，若全部被擦掉，表明密封性良好，研磨质量较高。

(2)将气阀装入阀座，手动使之起落数次敲击阀座，若座面上呈现一道连续光环，表明气阀与阀座密封性良好。

(3)将气阀装入阀座，在阀座坑内阀盘底面上倒入煤油，5 min 后擦净煤油并提起气阀，观察配合面上有无渗入煤油，没有煤油渗漏，表明密封性良好。

上述检查均是在气缸盖底面朝上放置时进行的，检查配合面密封性是研磨的后续工作。

实操训练 4:气阀间隙的检查与调整

1. 训练目标与要求

(1)检查工具选取正确。

(2)正确检查并调整气阀间隙。

(3)工艺符合技术规范。

2. 训练设备

柴油机、塞尺、扳手、一字螺丝刀、盘车工具等。

3. 实操步骤

1)逐缸调整法步骤

(1)气阀间隙必须在冷车闭阀状态下才能测量。逐缸调整法首先在冷车时盘车使测量缸处于压缩上止点，此时，进、排气阀均处于关闭状态，进、排气阀间隙均可调整。简易判断哪个气阀能否调整的方法是用手转动顶杆，能转动的顶杆对应的气阀就能调整气阀间隙。

(2)用手压动摇臂的顶杆端，这时在摇臂的气阀杆端就会出现一个间隙 δ。

(3)把塞尺(其厚度取气阀间隙规定值)插入气阀杆与摇臂前端的间隙内。用手拉动塞尺，当感觉到稍有阻力(但仍能拉动)时，这时塞尺的厚度即为气阀间隙。如果感觉塞尺很松动或很紧时，则需对气阀间隙进行调整。

(4)调整时，用扳手松开摇臂上的锁紧螺母，把塞尺插入气阀杆与摇臂前端的间隙 δ 内，用螺丝刀拧紧(或拧松)摇臂上的调节螺钉，同时用手拉动塞尺，当感觉到稍有阻力(但仍能拉动)时，将锁紧螺母拧紧，同时用螺丝刀固定调节螺钉，防止跟转。

(5)再用塞尺复查一次气阀间隙。如间隙不合适，则再重新进行上述调整操作，直到满意为止。

(6)对其他气缸，根据柴油机发火顺序逐缸盘车至发火上止点，检查、调整气阀间隙。

逐缸调整法需多次盘车，费时费力。在船舶上实际进行这项工作时，最好使曲轴停在某一位置时，有尽可能多的气阀可以同时进行检查与调整，以减少盘车的次数。两次调整法就是只需盘车两次即能把全部气阀间隙检查调整完毕，实现气阀间隙的快速调整。

2）两次调整法步骤

例如：某6缸四冲程柴油机，正车转向为右旋，发火顺序为1—5—3—6—2—4。则发火间隔角为720°/6＝120°，曲柄排列图如图8-10所示。

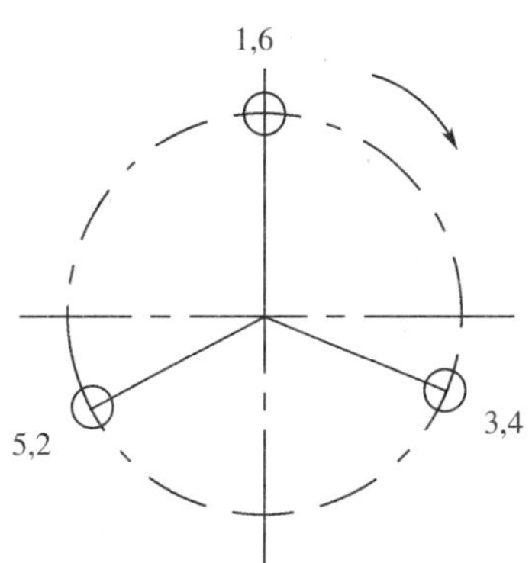

图8-10　曲柄排列图

盘车至飞轮0°刻度对准固定指针，即1、6缸同时到达上止点位置。如果某一缸的进、排气阀不在一上一下运动，或该缸的气阀顶杆能转动，或高压油泵的柱塞弹簧处于压缩状态，则可断定该缸处于压缩上止点，另一缸则处于换气上止点。

若第1缸处于压缩上止点，曲柄排列图中，进气冲程与做功冲程重合，排气冲程与压缩冲程重合，为更直观判断各缸状态，画出曲柄排列展开图，如图8-11所示。

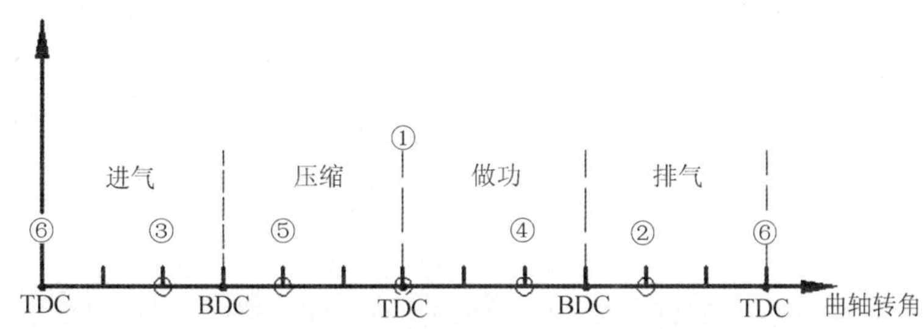

图8-11　曲柄排列展开图

（1）首先我们画两个坐标轴，横坐标为曲轴的转角，纵坐标表示过程。

（2）横坐标上确定一个长度代表一个工作循环的曲轴转角。四冲程柴油机为720°曲轴转角，将该长度分成4份，每一份为180°曲轴转角，原点处代表上止点，然后在距180°曲轴转角处标为下止点，360°曲轴转角处标为上止点，依此类推。将整个长度分成6等份，每份720°/6＝120°曲轴转角，等分点处画上竖线。

（3）从原点处开始标上进气冲程、压缩冲程、做功冲程和排气冲程。

（4）将第1缸标注于压缩与燃烧间的上止点，然后将第5缸标注于第1缸左边120°，即第5缸再过120°到达发火上止点。千万不能标在右边。然后依据发火顺序1—5—3—6—2—4，将第3缸标注在第5缸左边120°，将第6缸标注于第5缸左边120°，原点与最右边上止点是重合的。将第6缸同时标注于最右边的上止点，然后第2缸标注于第6缸左边120°处，第4缸标注于第2缸左边120°处。

（5）从图上直接读出各缸的状态，如表8-2所示。

表 8-2　第 1 缸位于压缩上止点时，各缸工作状态及气阀状态

发火顺序	1		2		3		4		5		6	
工作状态	压缩上止点		排气前期		进气后期		膨胀后期		压缩前期		换气上止点	
气阀状态	进气阀	排气阀	进气阀	排气阀	进气阀	排气阀	进气阀	排气阀	进气阀	排气阀	进气阀	排气阀
	关	关	关	开	开	关	关	开	开	关	开	开
能否检查	√	√	√	×	×	√	√	×	×	√	×	×

检查调整所有关闭状态气阀的气阀间隙后，盘车 360°，将第 6 缸转到发火上止点，此时曲柄排列展开图如图 8-12 所示。各缸工作过程及气阀状态如表 8-3 所示。

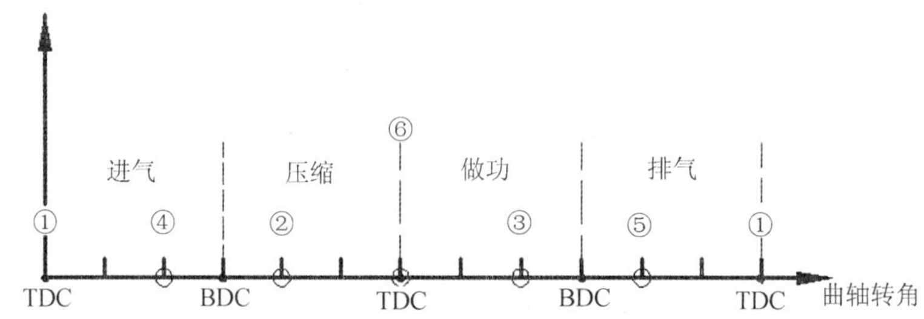

图 8-12　曲轴排列展开图

表 8-3　第 6 缸位于压缩上止点时，各缸工作过程及气阀状态

发火顺序	1		2		3		4		5		6	
工作状态	压缩上止点		排气前期		进气后期		膨胀后期		压缩前期		换气上止点	
气阀状态	进气阀	排气阀	进气阀	排气阀	进气阀	排气阀	进气阀	排气阀	进气阀	排气阀	进气阀	排气阀
	开	开	开	关	关	开	开	关	关	开	关	关
能否检查	×	×	×	√	√	×	×	√	√	×	√	√

至此，柴油机在首次盘车后仅再次盘车 360°，便将所有气阀检查完毕。

一般情况，在调整缸数为偶数的多缸四冲程柴油机气阀间隙时，还可根据柴油机的发火顺序，依照“先进后排”原则完成调整操作。其方法是，先将某缸盘车至发火上止点，则该缸进、排气阀均处于关闭状态，进、排气阀间隙均可调整；然后按照发火顺序，在该缸之前发火的气缸，应处于膨胀后期，可调整进气阀间隙；在该缸之后发火的气缸，应处于压缩前期，可调整排气阀间隙；同时到达上止点的缸，进、排气阀都不调整。利用上述原则，配合盘车，完成所有的气阀间隙的调整。

实操训练 5：气阀定时检查与调整

1. 训练目标与要求

(1) 检查工具选取正确。

(2) 正确检查与调整气阀定时。

(3)操作符合技术规范。

2. 训练设备

柴油机、磁性表架、百分表、划针、卷尺、盘车工具等。

3. 实操步骤

(1)先调整好气阀间隙。

(2)按曲轴工作转向盘车,确认待测气阀处于关闭状态,架上百分表,使百分表指针压在气阀弹簧盘平面上并有预压缩量,如 0.05 mm。

(3)缓慢盘车,观察百分表,当百分表指针刚刚移动,在飞轮指针处用划针在飞轮上划线做标记,并用卷尺测量此处距飞轮上止点的弧长,除以飞轮周长,计算相应的曲轴转角,即为该气阀的开启角。

(4)继续盘车,百分表指针刚回到原位时停止盘车,在飞轮指针处用划针在飞轮上划线做标记,并用卷尺测量此处距飞轮下止点的弧长,除以飞轮周长,计算相应的曲轴转角,即为该气阀的关闭角度。

(5)若定时有偏差,可盘车至气阀刚开启的时刻,拆下传动齿轮中的中间齿轮,再将飞轮盘车至说明书规定的定时位置,最后装复中间齿轮即可,如图 8-7 所示。

第二节 ◉ 活塞连杆组件的检修

一、活塞的检查

活塞的主要损坏形式有活塞裂纹、顶部烧蚀和磨损。相应的活塞的检查内容如下:

(一)活塞裂纹的检查

活塞产生裂纹的部位一般在活塞顶面、环槽和销座处。活塞顶面上的起吊孔和冷却侧的加强筋根部因应力集中是裂纹的多发处。第一道环槽处因工作条件恶劣出现裂纹的可能性最大。活塞裂纹可通过观察、水压试验和着色探伤进行检查。具体参见气缸盖裂纹的检查。

(二)活塞顶部烧蚀的检测

活塞顶部烧蚀是过热与高温腐蚀引起的。活塞顶部直接与燃气和火焰接触,过热产生氧化物剥落,高温腐蚀产生麻点。活塞顶金属层剥落变薄,表面出现麻点或凹坑,其大小、深浅及分布各异,严重时顶面可能被烧穿,这种现象称为活塞顶部烧蚀。活塞顶部烧蚀将使活塞顶部强度降低,顶部厚度减薄和形状改变,以致影响压缩比的大小和破坏柴油机的正常运转。活塞顶烧蚀时凭肉眼可观察到活塞顶面变薄,表面出现麻点或凹坑。

活塞顶部烧蚀的程度可用活塞顶部样板和塞尺进行检测,如图 8-13 所示为柴油机活塞顶部烧蚀测量。测量时,将样板置于活塞顶部,用塞尺测量样板与顶部之间的最大间隙。使样板绕活塞轴线转动,每转过 45°角测量一次,取其最大值 t。当最大值超过 15 mm 时应换新活塞。

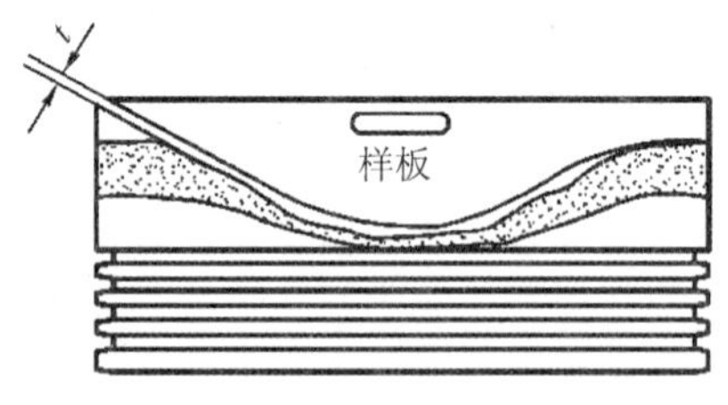

图 8-13　柴油机活塞顶部烧蚀测量

(三)活塞磨损的测量

活塞磨损常发生在裙部、环槽与销孔部分。

1.活塞裙部磨损的检查

一般中小型柴油机的筒形活塞裙部外表面磨损左、右方向较严重。这是由于运转中活塞裙部起导向作用和承受连杆侧推力的结果。活塞裙部外表面磨损后,裙部直径减小,活塞与气缸的间隙增大。横截面产生圆度误差、纵截面产生圆柱度误差,这些都直接影响活塞的正常工作和柴油机的功率。在船上是通过外径千分尺或游标卡尺测量活塞直径来检验活塞的磨损程度。

(1)测量部位。轴向自裙部上端 10~20 mm 处开始,每隔 100~200 mm 测量一次。每个轴向位置测量两个方向:平行于活塞销轴线方向为 $X-X$(首尾方向),垂直于活塞销轴线方向为 $Y-Y$(左右舷方向)。

(2)圆度、圆柱度的计算。活塞圆度是同一测量高度上 $X-X$ 和 $Y-Y$ 方向上半径之差的绝对值,取所测量部位中最大值为圆度误差;活塞圆柱度是在活塞同一方向上,沿 $X-X$ 或 $Y-Y$ 方向上半径差值的绝对值,取两个方向的最大值为活塞圆柱度误差。

如表 8-4 所示为活塞裙部外表面的圆度、圆柱度的磨损极限。将计算的圆度与圆柱度误差与说明书或表 8-4 比较,以确定活塞的磨损程度。如果实测值超出极限值,则应修理或更换活塞。

表 8-4　活塞裙部外表面的圆度、圆柱度的磨损极限　CB/T3543—1994　(mm)

气缸直径	筒形活塞裙部圆度、圆柱度磨损极限
>100	0.10
100~150	0.12
150~200	0.12
200~350	0.15
350~400	0.20
400~500	0.25
500~550	0.30

2.活塞环槽磨损的检查

活塞环槽的过度磨损会出现漏气及断环,活塞环槽一般是第一、二道环槽处磨损较快。磨损量是利用样板和塞尺测量环槽高度的变化来确定的。样板是以新活塞的环槽高度为准制作的,也可以用一只新活塞环作为样板。测量时,将样板水平插入环槽并紧贴环槽下端面,用塞

尺测量环与环槽上端面之间的距离，即环与环槽的配合间隙，称为平面间隙或天地间隙。测量值与说明书比较，当测量值超过极限值时，说明环槽严重磨损，应予以修复。

3.活塞销孔磨损的检查

活塞销孔的一般磨损规律是上、下方向磨损量大于左、右方向磨损量。活塞销孔直径应在离孔端约为10 mm以内的范围用内径千分尺或内卡钳进行测量。每个位置应测量互相垂直两个方向的数值，一个是平行于气缸中心线的垂直方向，另一个是与此垂直的水平方向。

活塞销孔圆度值与圆柱度数值规定如下：销孔直径≤100 mm时，不大于0.015 mm；销孔直径>100 mm时，不大于0.02 mm。

二、活塞环的检查

（一）活塞环常见故障

活塞环是柴油机的易损件之一，活塞环的主要损坏形式有：过度磨损、折断、黏着和弹力不足或丧失。

活塞环折断是活塞环常见的损坏形式。一般多是第一、二道活塞环发生折断，断裂部位多在搭口附近。折断后的活塞环有的折成几段，有的呈现破碎状态，有的甚至失踪。

活塞环折断的原因很多，除材料缺陷和加工质量外，在使用中产生的损坏主要是轮机管理的问题所致，最常见的有：

1.搭口间隙过小

活塞环搭口间隙是为了满足工作时活塞环的热膨胀需要，一般第一、二道环搭口间隙稍大，其他环依次减小。搭口间隙过小，运转中活塞环因搭口处无充分膨胀余地而对顶弯曲，在搭口对面折断。这也是检查活塞环搭口间隙的一个原因。

2.环槽积炭

积炭在初期质地较软，还能使环有一定活动量能保持气密，逐渐地环在积炭的牵制下活动迟缓，滑油与磨损金属末混合，在高温高压的燃气作用下逐渐形成质地坚硬的积炭。环受高压燃气作用时，积炭成为支点，使环产生交变的弯曲应力，如图8-14所示。若在槽内有好几处硬质积炭，会导致环有几处折断。由此可见，在检修时清除槽内积炭和环表面积炭是很重要的。

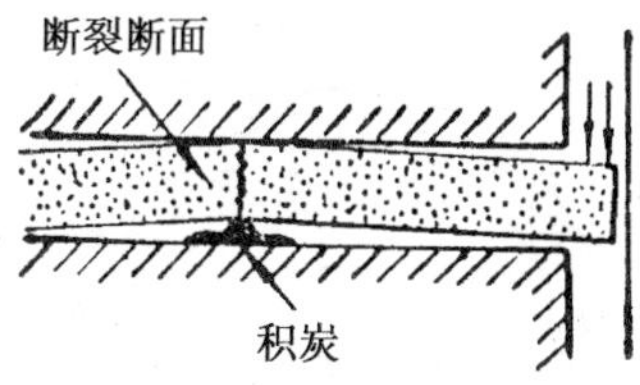

图8-14 积炭与活塞的折断

活塞环黏着也称固着，是环槽内油污和积炭堆积使活塞环不能自由运动的现象。活塞环黏着可以从活塞环表面是否变黑来识别。活塞环黏着时，燃气下窜使环表面变黑。活塞环黏着在环槽中，一般不易取出。取环时切勿用扁铲、凿子等工具以免损伤环槽。可用木棒轻轻敲击使之松动，或先用煤油浸泡使积炭等变软后再用木棒敲击，松动后用专用工具将环取出。防止气缸过热和滑油过多，尤其防止多余滑油进入气缸上部，是防止活塞环黏着的关键。加强活塞冷却和适当增大平面间隙是防止环卡死在环槽内的常见措施。

活塞环弹力不足是指活塞环经过长期使用产生不均匀磨损或由于过热、黏着和材料疲劳等使其弹力部分或全部丧失，也就是径向压力降低或消失，造成活塞环的密封作用下降或消失。

（二）活塞环检查

活塞长时间工作使活塞环和气缸套都要磨损。实验证明，如气缸套因磨损直径增大 1 mm，活塞环的搭口间隙就要加大 3 mm。这将导致活塞环的弹力下降，在搭口处也会有更大的漏气，同时破坏缸壁油膜，使磨损进一步加剧。所以要定期拆检活塞环，测量各处间隙以保证活塞环处于正常技术状态。

1.搭口间隙测量

搭口间隙是活塞环装入气缸套后两开口间的垂直距离。它是活塞环工作时圆周方向的热胀间隙，搭口间隙过小会使活塞环受热膨胀在环槽内对顶折断；搭口间隙过大会使燃气漏泄。所以说明书或标准中有规定的最小值（装配值）和极限值，如表 8-5 所示。

表 8-5　活塞环平面间隙和搭口间隙　CB/T3540—1994　（mm）

<table>
<tr><td colspan="2" rowspan="5">气缸直径
D</td><td colspan="12">四冲程</td></tr>
<tr><td colspan="8">气环</td><td colspan="4">油环</td></tr>
<tr><td colspan="4">平面间隙</td><td colspan="4">搭口间隙</td><td colspan="2" rowspan="2">平面间隙</td><td colspan="2" rowspan="2">搭口间隙</td></tr>
<tr><td colspan="2">顶部二根</td><td colspan="2">其余</td><td colspan="2">顶部二根</td><td colspan="2">其余</td></tr>
<tr><td>装配</td><td>极限</td><td>装配</td><td>极限</td><td>装配</td><td>极限</td><td>装配</td><td>极限</td><td>装配</td><td>极限</td><td>装配</td><td>极限</td></tr>
<tr><td rowspan="4">筒形活塞式柴油机</td><td><150</td><td>0.10</td><td>0.20</td><td>0.08</td><td>0.20</td><td rowspan="4">0.005D</td><td rowspan="4">0.015D</td><td rowspan="4">0.004D</td><td rowspan="4">0.015D</td><td>0.035</td><td>0.20</td><td rowspan="4">0.003D</td><td rowspan="4">0.015D</td></tr>
<tr><td>150~225</td><td>0.15</td><td>0.30</td><td>0.12</td><td>0.30</td><td>0.05</td><td>0.30</td></tr>
<tr><td>225~300</td><td>0.20</td><td>0.35</td><td>0.16</td><td>0.35</td><td>0.065</td><td>0.35</td></tr>
<tr><td>>300</td><td>0.25</td><td>0.45</td><td>0.30</td><td>0.45</td><td>0.075</td><td>0.45</td></tr>
</table>

活塞环外圆磨损后，径向厚度减小，环的直径 d 变小，但弹力使环仍紧贴缸壁。所以环的直径 d 胀大与缸径 D 相等，活塞环搭口间隙 δ 变大为 δ'，如图 8-15 所示为活塞环外圆磨损与搭口间隙的关系。

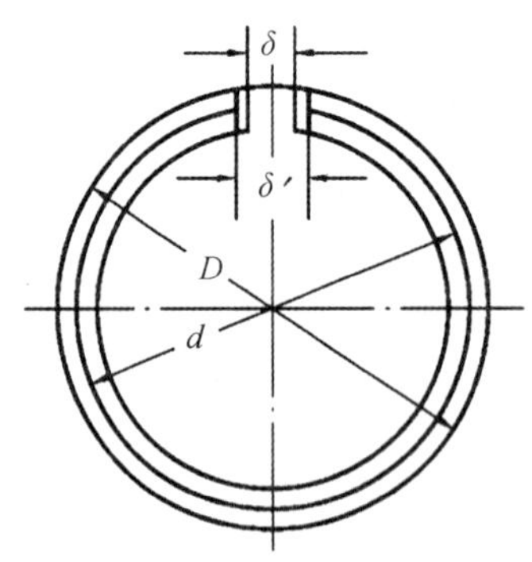

图 8-15　活塞环外圆磨损与搭口间隙的关系

把活塞环放到气缸套中，使环保持水平，然后用塞尺依次测量各道活塞环搭口间隙。将实

测搭口间隙值与说明书或标准进行比较，一般要求活塞环搭口间隙大于或等于装配值，小于极限值。超过极限值时说明环已经过度磨损，应更换新的活塞环。活塞环外圆面的磨损极限依环的径向厚度而定。

2.平面间隙测量

平面间隙俗称天地间隙，它是活塞环紧贴环槽下端面时环与环槽上端面之间的间隙。当活塞环与环槽端面磨损后将使端面配合间隙增大。平面间隙过小使环热膨胀受阻并影响环在环槽中的运动；平面间隙过大会使燃气漏泄。说明书和标准中规定平面间隙的最小值和最大值，即装配间隙值和极限间隙值。

如图 8-16 所示为活塞环槽磨损的测量，实测平面间隙值与说明书或标准比较，超过极限值时修复环槽或换新活塞环；实测平面间隙变小说明环槽变形或因脏污影响测量的准确性。通常，第一道环的平面间隙较大，其他环依次减小。安装新的活塞环时，要求活塞环平面间隙大于或等于安装间隙，小于极限间隙。

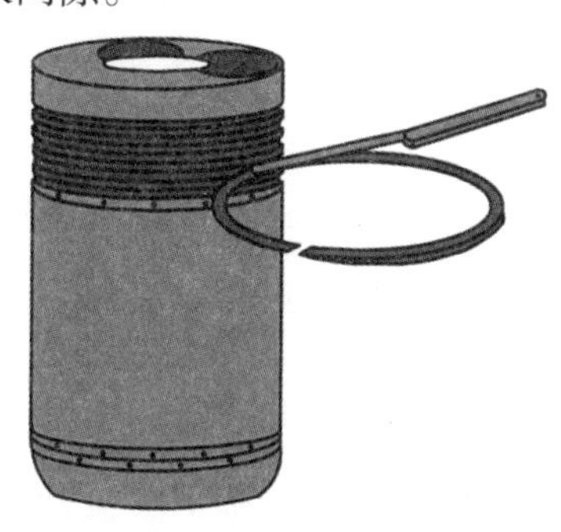

图 8-16　活塞环槽磨损的测量

3.活塞环径向厚度的测量

活塞环外表面磨损使其径向厚度减小，所以径向厚度也是衡量活塞环磨损的参数，可用外径千分尺进行测量。依说明书规定，当活塞环径向厚度小于一定值时应换新活塞环。

三、活塞销、连杆、轴瓦及连杆螺栓的检查

（一）活塞销的检查

活塞销常见故障有磨损与裂纹。活塞销由于承压面积小，气体爆发力产生压强大，易破坏油膜，且润滑油供应不稳定，活塞销与连杆衬套间相对摆动速度小，常处于干摩擦状态，导致磨损严重。活塞销在冲击性的弯曲载荷长期作用下，会产生横向裂纹（垂直于销轴线）和纵向裂纹。

1.活塞销磨损量的检查

活塞销磨损量的检查工具是外径千分尺，沿活塞销轴线方向Ⅰ（前 1/4 长度处）、中间Ⅱ、Ⅲ（后 1/4 长度处）三个部位进行测量，如果活塞销与连杆小端轴承配合面较长，可增加两个测量部位Ⅳ、Ⅴ，如图 8-17 所示为活塞销直径的测量。测量每一部位横截面上两个相互垂直的直径 D_1、D_2，并计算出圆度误差和圆柱度误差，要求其最大圆度误差和最大圆柱度误差符合如表 8-6 所示活塞销磨损极限的规定。

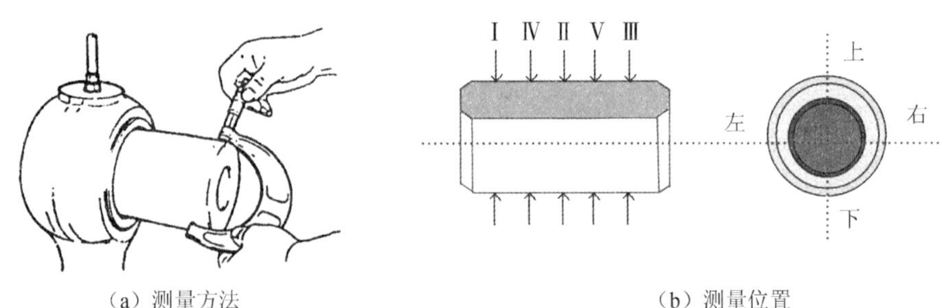

（a）测量方法　　（b）测量位置

图 8-17　活塞销直径的测量

表 8-6　活塞销磨损极限　CB/T3542—1994　（mm）

活塞销直径	圆度、圆柱度	活塞销直径	圆度、圆柱度
<50	0.03	175～200	0.06
50～75	0.04	200～225	0.07
75～100	0.04	225～250	0.07
100～125	0.05	250～275	0.08
125～150	0.05	275～300	0.08
150～175	0.06		

2.活塞销裂纹的检查

活塞销工作表面容易产生疲劳裂纹。其上微小裂纹均有可能引起活塞销断裂，进而引起活塞运动部件打坏机体的严重事故（俗称连杆伸腿的波及性事故）。活塞销上裂纹一般较细小，肉眼不易发现，通常采用磁力探伤方法检查。若发现有肉眼能看到的裂纹，不论其长度和根数多少，均应及时地报废后换新。

（二）连杆的检查

筒形活塞式柴油机的连杆杆身有时会产生裂纹、发生折断和杆身弯曲等故障。

1.杆身弯曲

杆身弯曲主要是连杆本身刚度不足或受力过大引起的。严重的拉缸，气缸内发生水击产生很大的冲击力；柴油机的飞车使连杆产生很大的惯性力；连杆轴承间隙过大引起振动，振动使连杆受力大大增加，这些均可引起连杆的弯曲。连杆弯曲塑性变形用检查连杆长度（大、小端孔的中心距）和大、小端轴承座孔中心线平行度来确定。可采用冷态或热态机械反变形校直法来校正。

2.杆身裂纹或折断

连杆杆身裂纹甚至折断主要是由于材料疲劳或机损事故而产生。尤应强调：使用中或修理中伤害杆身表面会形成疲劳裂纹源。检修中对怀疑有裂纹的连杆应先彻底清洁怀疑处，再用色油法并借助放大镜检查裂纹。厂修时，可用磁粉探伤法来仔细检查连杆裂纹。连杆发现裂纹则应立即报废。平时检修对杆身任何伤痕都应用油石等修整光洁。杆身折断会导致机体被打坏。

（三）轴瓦的检查

轴瓦检查包括轴承间隙与轴瓦磨损量的测量。

1.轴承间隙的测量

(1)塞尺法

用塞尺自轴承端面直接插入轴颈与轴瓦之间进行测量。塞尺平直,而轴承间隙为圆弧形,使测量值小于实际间隙,所以轴承间隙应为测量值加上0.05 mm的修正值。此法简单,但只适用于端面便于插进塞尺的轴承,且精度不高,可作为粗检的方法。

(2)压铅法

压铅法是利用置于轴承间隙处的铅丝在轴承螺栓上紧后压扁的厚度来反映轴承间隙实际大小的测量方法。此法精度高,但操作麻烦,适用于厚壁轴瓦的轴承。

(3)计算法

中高速柴油机主轴承和连杆大端轴承多采用薄壁轴瓦。通常采用内外径千分尺分别测量孔与轴的对应部位直径,这两个直径之差为轴承间隙。一般应测量对应于曲柄销上、下止点位置时的孔与轴的直径,且沿轴向首、中、尾三处测量并求平均值进行比较。

2.轴瓦磨损量检测

连杆大端轴承厚壁轴瓦的磨损量可采用直接测量旧轴瓦的厚度,与新瓦厚度比较来确定。

当薄壁轴瓦轴承间隙超过说明书或标准的规定时,即表明其下轴瓦(或上轴瓦)磨损严重,无须测量磨损量,应报废换新。

3.轴瓦合金层脱壳及裂纹检查

轴瓦合金层浇铸质量不高就会使结合面局部有缝隙,运转后就会产生合金层脱落现象。为此对厚壁轴瓦备件可采用听响法或渗透探伤法进行检测。轴瓦工作表面可用放大镜或渗透探伤法检验有无裂纹。

(四)连杆螺栓检查

连杆螺栓失效形式一般为变形与断裂。

连杆螺栓一旦断裂不仅会产生机毁的严重事故,而且会危及此时在柴油机两侧的轮机人员的生命安全。连杆螺栓断裂事故几乎只发生在四冲程柴油机中,这是由于往复惯性力使连杆螺栓产生了较大的交变拉应力。因此,一定要确保连杆螺栓的工作可靠。引起连杆螺栓断裂的原因除螺栓本身的疲劳损坏外,往往是由于其螺帽没有锁紧,在运转过程中逐渐松动或松脱所造成的。因此每次检修时,要特别注意检查连杆螺栓,有条件时应进行探伤检查。安装时,一定要按说明书规定的预紧度紧固,不要过大或不足;安装后对连杆螺帽是否拧紧到位和锁紧情况要逐一检查确认。

连杆螺栓的永久变形可通过测量连杆螺栓长度来检查。四冲程柴油机连杆螺栓伸长量超过原设计长度的2%时即应报废换新。

实操训练1:活塞连杆组件的拆卸与装配

1. 训练目标与要求

(1)拆装工具的选取、使用正确得当。

(2)正确安全使用起重设备。

(3)正确拆装活塞连杆组件。

(4)掌握拆装安全规则。

2. 训练设备

柴油机、行车、起重环、钢丝绳、盘车工具、装活塞专用工具(夹箍或锥形套)、扭力扳手等。

3. 实操步骤

1)拆卸

(1)准备工作。拆装工具的准备;清除气缸内积炭,避免吊出活塞时,由于积炭而松动气缸套;拆下曲轴箱道门盖板。

(2)转动曲轴将准备拆卸的连杆对应的活塞转到上止点位置或说明书要求的位置。

(3)认记号,拆锁紧装置,松螺栓,取出大端轴承盖与下轴瓦。由曲轴箱道门处认准连杆体与盖之间的记号,原因是有标记的连杆体与盖加工是合在一起镗孔的,可保证连杆体与盖两半圆孔的同心;另一方面,由于连杆是运动部件,对于高速柴油机,为了避免高速运转时各缸惯性力不均匀,连杆体与盖是称重的,多余质量已去重,故连杆体与盖应配对安装。

拆开连杆螺栓锁紧装置。用专用扳手交替分数次将螺栓拧松。用方木托住轴承盖,拧下螺栓,使大端轴承盖与下轴瓦平稳地落在方木上,由曲柄箱道门取出轴承盖及轴瓦。

(4)吊缸

①在活塞顶上装专用提升工具,用手拉葫芦吊起活塞连杆组件。

起吊活塞连杆组件时,注意要及时从曲柄箱道门将连杆大端轴承的上瓦取出;否则上轴瓦会跌落到曲柄箱内。活塞连杆组件起吊时,切勿擦伤气缸套内壁,也勿使连杆摆动而碰坏活塞裙部。

②拆出活塞连杆组件后,用连杆螺栓将连杆大端轴承盖瓦装在连杆体上,并小心保护连杆轴瓦勿使其擦伤。然后将活塞连杆组件放置于木板垫上。

注意:小型柴油机活塞上无起吊孔时,一人直接从下方用木槌顶起连杆,另一人从上面将活塞拉出。

(5)拆卸活塞销

将活塞放置平稳,用内卡簧钳首先拆下活塞两端的定位卡簧。然后用手锤垫上木块由活塞销的一端敲击,将活塞销从另一端推出。连杆与活塞、活塞销等零件分别整齐地摆放在木垫板上。

(6)拆卸活塞环

活塞环的拆卸应使用专用工具。参见本节中实操训练3活塞环的拆卸与装配。拆下的活塞环应按次序放置好,不要弄乱次序或随意乱放。

2)装配

(1)活塞销的安装。参照说明书或将活塞放在机油中加热至100~120 ℃,取出活塞,将其中一个弹性卡簧用尖嘴钳装进活塞销座孔的沟槽内;然后将连杆小头插入活塞,并使连杆小端孔与活塞销孔对齐;再将涂过薄机油的活塞销推入活塞销孔和连杆小端衬套孔内;最后用尖嘴钳将另一端卡簧装入活塞销座孔的沟槽内。装活塞销时应特别注意活塞与连杆的安装方向。特别是活塞顶上有避阀坑的,应与气缸盖上气阀在一侧;连杆下端切口位置对应曲轴箱道门,

以便安装，如图 8-18 所示为活塞连杆装配。

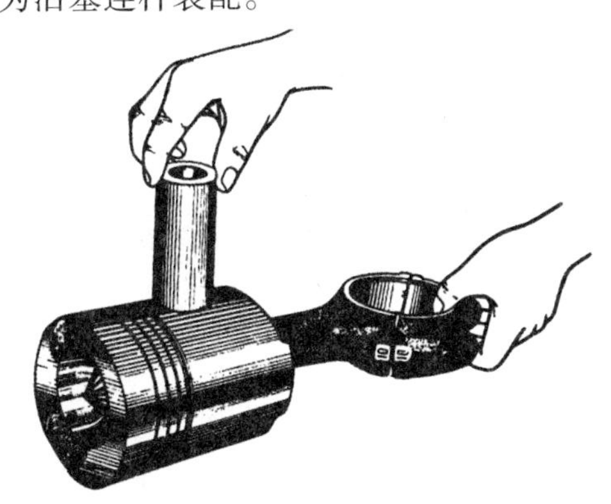

图 8-18 活塞连杆装配

(2)活塞运动件在气缸内的校中

①活塞与气缸套间隙的测量。对筒形活塞式柴油机，把不带活塞环的活塞连杆组件装入气缸中，按规定装好连杆大端瓦，转动曲轴使活塞分别处于上止点后 15～30°、90°、下止点前 15°～30°三个位置，然后用厚薄规分别测量活塞头部、裙部与气缸壁之间的首、尾和左、右的间隙。活塞在气缸中的各处间隙应≥0.15～0.20 mm；否则应查明原因予以消除。如小于 0.15 mm，活塞连杆组件安装后，会造成拉缸或加剧磨损。活塞与气缸套的配合间隙在柴油机的说明书中都有明确规定。

②连杆大、小端轴承轴向间隙的测量。连杆小端轴承两侧的轴向间隙范围为 0.30～0.50 mm，连杆大端轴承两侧的轴向间隙一般为 0.010～0.015d(d 为曲柄销直径)。一般可用塞尺直接测量。

(3)安装活塞环

将合格的活塞环装入活塞。参见本节中实操训练 3 活塞环的拆卸与装配。特别要注意活塞环的上、下不能装反；另外各活塞环开口应错开规定的角度。

(4) 活塞连杆组件装入气缸

①装入前，应先转动曲轴，使准备安装活塞连杆组件的曲柄销位于止点附近位置。

②将活塞环、缸套表面及曲柄销颈上涂以薄薄的机油(如有气缸注油器的，应摇动气缸注油泵，观察气缸壁上的注油孔是否畅通)。

③在活塞顶上装好专用提升工具，用手拉葫芦将活塞吊起。中小型柴油机活塞顶无起吊孔，直接用手提起活塞组件即可。

④活塞连杆组件装入气缸。首先要检查活塞是不是按照拆卸时的原方向装在气缸中。然后由装活塞的专用工具(夹箍或锥形套筒)收紧活塞环，小心缓慢地将活塞装入气缸内。如有卡阻，可用手锤柄轻击活塞头部，并轻轻摇动活塞便可以将活塞慢慢推入气缸内。

⑤在连杆大端瓦平稳地落座在曲柄销上后，盖上连杆大端瓦轴承盖，上紧连杆螺栓。连接时，应注意连杆大端体与盖处的记号。上紧连杆螺栓时应按说明书的规定，分次均匀地拧紧连杆螺栓到规定的力矩。

⑥用铁丝或开口销或锁紧垫片等将连杆螺栓固紧，螺母锁紧。

⑦活塞连杆组装后，转动曲轴应灵活无阻滞。如曲轴转动不灵活，可能是装配不当或其他

原因造成的，应及时检查与排除。

(5)完工后清理现场。

实操训练 2：活塞外径的测量及活塞圆度与圆柱度计算

1. 训练目标与要求

(1)测量工具的选取、使用正确得当。

(2)正确计算圆度与圆柱度。

2. 训练设备

活塞、外径千分尺等。

3. 实操步骤

(1)外径千分尺校零，活塞外圆面清洁。

(2)测量部位的确定：测量部位如图 8-19 所示，分为上、中、下三个部位和纵横两个方向进行。上部测量位置在最靠近活塞销孔的环槽以下 5~10 mm 处，下部测量位置在活塞裙底部以上 5~10 mm 处(底部有环槽的则从环槽以上 5~10 mm 处)，中部测量位置为上、下两测量部位的中间位置。纵向测量方向为平行于活塞销中心线方向，横向为垂直于活塞销中心线方向。

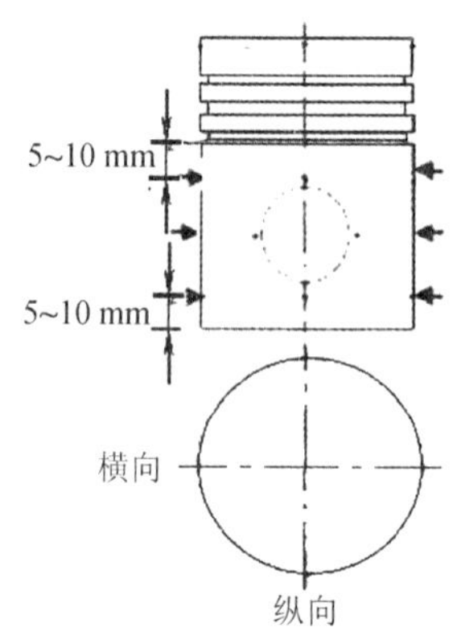

图 8-19　活塞外圆测量位置示意图

(3)用外径千分尺测量上述六个部位的尺寸。注意外径千分尺应与活塞轴线相垂直，不得歪斜，另外要测量直径不能测弦长；否则会造成测量误差。左手指抓住弓架，右手指旋动活动套筒，在两量砧将要接近活塞表面时，就不要再直接旋动活动套筒而要转动棘轮。当棘轮发出"咔咔"声音时，表示两量砧已与活塞表面相接触，读出数据。此时最好不要把外径千分尺从活塞外表面上取下，以免使外径千分尺量砧磨损。在读尺寸时，要当心出现 0.5 mm 的读数误差。

(4)计算圆度值与圆柱度值，同一高度半径相差绝对值为圆度，可计算出三个圆度，取最大值为该活塞外圆的圆度误差。同一方向半径相差绝对值为圆柱度，可计算出横向与纵向两个圆柱度误差，取大者为活塞外圆的圆柱度误差。

（5）清洁现场，量具复位。

实操训练 3：活塞环的拆卸与装配

1.训练目标与要求

（1）测量工具的选取、使用正确得当。

（2）正确拆装活塞环。

2. 训练设备

活塞、活塞环、专用工具或麻绳（粗布条）等。

3. 实操步骤

1）活塞环拆卸

（1）拆卸工具准备，清洁活塞头部。大中型柴油机配有专用工具，中小型机用麻绳或粗布条等。

（2）拆卸活塞环。①使用专用工具拆卸活塞环。应把拆装工具的两个夹口分别夹在活塞环开口的两侧。用力合拢拆装工具的两个手柄，则夹口会把活塞环搭口张开，即可取出该活塞环。②使用麻绳等拆卸活塞环。没有专用工具时，可用麻绳或粗布条等弯成环形，套在拇指上，分别挂在活塞环开口两端，缓慢地使活塞环张开后进行拆卸。张开活塞环时，应尽量使它在能拆卸的条件下张开得小些；否则很易折断活塞环或使活塞环受到内伤，使之很快疲劳断裂。

（3）按顺序从上往下拆。

（4）拆下的活塞环依次序放好。不要弄乱次序或随意乱放。一般说来，第一道环的温度最高，故预留的各种热胀间隙最大，也就是活塞环从上到下，其自由开口间隙、搭口间隙、天地间隙等应是依次减小的。如果不小心放乱了，可据此将活塞环重新排好序。

2）活塞环的装配

（1）安装工具。大中型柴油机用专用工具，中小型机用麻绳或粗布条等。

（2）检查各道环的次序和活塞环的上、下方向。若是普通气环，安装时没有正、反之分。若是有倒角的气环，倒角的一边是下端面，此时，环下行能刮油，上行能布油。如果装反了，则上行刮油，使滑油进入燃烧室，出现烧机油现象。同理，扭曲环也有正、反之分，若是内切槽，安装时把斜槽朝上装；外切槽安装时把切槽朝下，如图 8-20 所示为活塞环的上、下端面位置。为了方便装配，活塞环制造时，一般在环的非密封的上端面做有记号。切记，有记号的一面通常是朝上方安装。刮油环安装时，注意刀口向下，原因同倒角环。

（3）按从下往上的顺序依次将活塞环装入活塞。上面提到的倒角环、扭曲环和刮油环安装时，应注意上、下不能装反。①使用专用拆装工具，应把拆装工具的两个夹口分别夹在活塞环开口的两侧。用力合拢拆装工具的两个手柄，则夹口会把活塞环搭口张开，然后将环套入活塞，到指定环槽位置，松开拆装工具的两个手柄，完成一道活塞环的安装。②使用麻绳等安装活塞环，将麻绳或粗布条等弯成环形，套在拇指上，分别挂在活塞环开口两端，缓慢地使活塞环张开后，套入活塞，到指定环槽位置，松开活塞环，取出麻绳等。同样，安装时，活塞环扩张开度不要太大，然后按从下往上的顺序依次安装各道活塞环。

(4)装到活塞上的各道环的搭口位置错开。为了防止气体从活塞搭口处泄漏，应将活塞环搭口错开，同时搭口应避开活塞销座孔的位置。三道环每环相隔 120°；四道环第一与第二道环相隔 180°，第三与第四道环相隔 180°，第二道与第三道环相隔 90°。

(5)完工后清理现场。

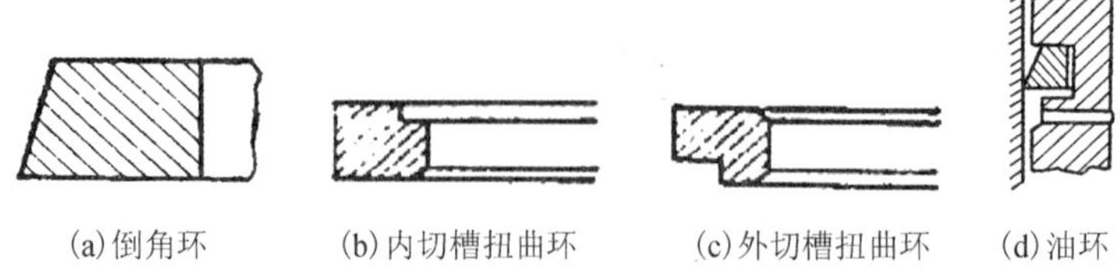

图 8-20　活塞环的上、下端面位置

实操训练 4：活塞环的测量

1. 训练目标与要求

(1)测量工具的选取、使用正确得当。

(2)正确测量活塞环的天地间隙、搭口间隙及活塞环的厚度。

2. 训练设备

气缸套(也可用拆去活塞连杆组件的柴油机)、活塞、活塞环、专用工具或麻绳(粗布条)、塞尺和直尺等。

3. 实操步骤

1)测量活塞环搭口间隙(闭合间隙或切口间隙)

(1)准备工作。清除气缸套内表面的积炭、油污等。必要时用刮刀修刮缸口，并用细油石打磨缸口，再用干净的棉纱擦拭干净。

(2)将活塞环放入气缸磨损量最小的部位，并检查放平。握住活塞环开口的对边，将环压入气缸套下部 1/3 处(此处，磨损最小，且便于测量)，当然，最好是放入新缸套内测量，再用活塞把环推平，使环的平面与气缸中心线相垂直。

(3)测量搭口间隙。用塞尺插入环开口处，塞尺能拉动，又有点阻力，则塞尺的厚度即为测量的搭口间隙，当一片塞尺嫌薄时，可将两片塞尺重叠起来测量，如图 8-21 所示为搭口间隙的测量示意图。

(4)正常活塞环搭口间隙应满足：装配间隙≤搭口间隙<极限间隙，当搭口间隙小于装配间隙时，应用细平锉在搭口端面进行细心修锉，并随时对搭口间隙进行测量。待间隙合格后，对修锉的端面进行轻微修锉倒角，以免尖角毛刺拉伤气缸套。对搭口间隙超过极限值时，报废活塞环。

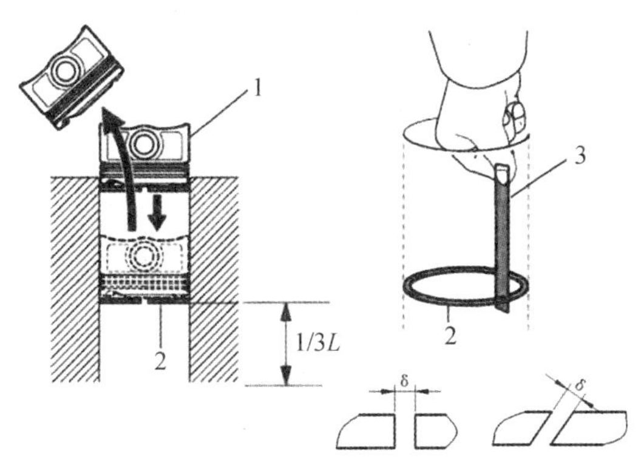

图 8-21 搭口间隙的测量示意图

1—活塞;2—活塞环;3—塞尺;L 为气缸套的长度

2)测量活塞环天地间隙(轴向间隙)

(1)清洁活塞环槽、活塞环及塞尺。

(2)将环依次装于各道环槽中,使环下端面紧贴在环槽下端面上,如图 8-22 所示为天地间隙的测量示意图。

图 8-22 天地间隙的测量示意图

(3)用塞尺沿圆周 3~4 个位置测取间隙,取平均值,作为天地间隙。

(4)活塞环轴向间隙应符合要求,过大会引起活塞环对环槽的冲击而加速磨损,还会导致泵油现象,应进行更换;轴向间隙过小会使活塞环卡死在环槽中而失效,应在车床上适当车宽活塞环槽,车削中必须注意在活塞环槽底部留有过渡圆角,或者在平面磨床上将活塞环的高度磨低。

3)活塞环背隙的测量

(1)完全清除活塞环槽内的积炭、油污,并洗净擦干环槽。

(2)将环外圆面插入环槽中,呈两圆相切之状,此时环的内圆面应明显低于环槽外圆面,其数值即为环的背隙。也可将环装入相应活塞环槽中,然后将环顶向一侧,用直尺与塞尺测量背隙,如图 8-23 所示为背隙的测量示意图。如果环槽的高度小于塞尺的宽度,则可根据背隙的定义,分别测量环槽深度平均值与环的厚度平均值,两者之差即为背隙。

(3)通常背隙为 0.5~1.0 mm,若背隙小时可修锉环的内表面,但决不能修锉环的外表面;背隙大时,则换新。

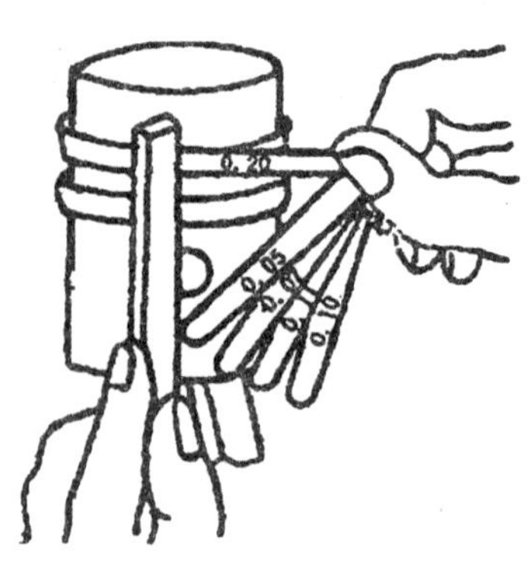

图 8-23　背隙的测量示意图

实操训练 5：连杆、连杆大端轴瓦和连杆螺栓的检查

1.训练目标与要求

(1)测量工具的选取、使用正确得当。

(2)正确检查连杆弯曲与裂纹。

(3)能检查连杆大端轴瓦的磨损、腐蚀等缺陷。

(4)能正确完成连杆螺栓的裂纹及伸长量检查。

2. 训练设备

连杆、塞尺、内径千分尺或内径量表、外径千分尺、铅丝(直径为所测间隙的 1.5～2.0 倍)、扭力扳手、黄油等。

3. 实操步骤

1)连杆检查

(1)连杆弯曲检查。活塞偏缸检查法是检查连杆弯曲的一种简单易行的方法。将不带活塞环的活塞连杆组装配到气缸套中，转动曲轴，在上、下止点和气缸中部检查活塞头部沿柴油机纵向(前、后方向)与气缸套壁面之间的间隙，一般中小型柴油机间隙差不超过 0.10 mm，若活塞上、中、下部位都偏向同一侧时，则连杆发生弯曲。

(2)连杆裂纹检查。借助放大镜、着色探伤法或磁粉探伤法检查杆身有无裂纹。

2)连杆大端轴瓦

如果发现连杆大端轴瓦工作表面有严重烧痕、划纹、麻点或剥脱现象时，应及时换新。

通过测量连杆大端轴承间隙来掌握轴瓦的磨损情况。轴承间隙测量方法及步骤如下：

(1)塞尺法

①用扭力扳手按规定顺序，分几次拧紧轴承螺栓到规定力矩。

②把两面涂以薄层滑油的塞尺插入轴颈和轴承间的适当位置，插入距离为轴承宽度一半以上，紧度合适(塞尺拖动时有阻滞力，但阻力不能太大)，记下塞尺厚度。

③考虑到轴颈与轴承之间的间隙为圆弧形，而塞尺为平直的，两者不可能完全贴合，其实

际配合间隙应为记录的塞尺厚度再加上 0.05 mm 的修正值。此法比较简便,但精度较差,如图 8-24 所示为塞尺法测量连杆大端轴承间隙。

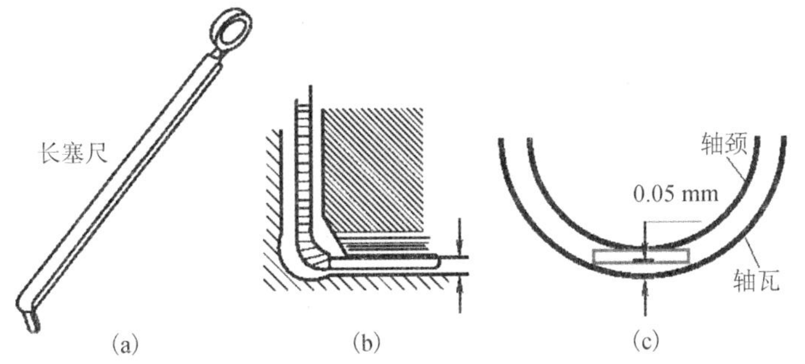

图 8-24 塞尺法测量连杆大端轴承间隙

(2)压铅法(仅适用于厚壁轴瓦)

①拆下连杆大端轴承盖及下轴瓦。

②剪取直径为(1.5~2.0)△(△为轴承安装间隙)、长度为 120°~150°连杆轴颈弧长的铅丝 2~3 条,沿轴颈首、中与尾轴向位置周向安放铅丝并用牛油黏住,如图 8-25 所示。铅丝直径的选取甚为关键。铅丝直径小于轴承间隙,铅丝未被压扁,轴承间隙不能测出;铅丝直径过大,上紧螺栓后铅丝被压产生硬化可能被压入白合金层内,亦不能准确测量轴承间隙。

③装复连杆大端轴承盖及下轴瓦,按要求分次交替上紧连杆螺栓至规定力矩,此时切勿盘车。

④拆下连杆大端轴承盖及下轴瓦,取出铅丝,妥善保管并记下铅丝相对轴承的位置。

⑤用外径千分尺测量铅丝两端和中间的厚度值并做记录。三处中间厚度值的平均值即为轴承间隙的实际大小,两端厚度值为轴承两侧间隙,应小于轴承间隙,且两侧间隙差应不超过 0.05 mm。压铅法精度高,但操作麻烦,适于厚壁轴瓦的轴承间隙检测。

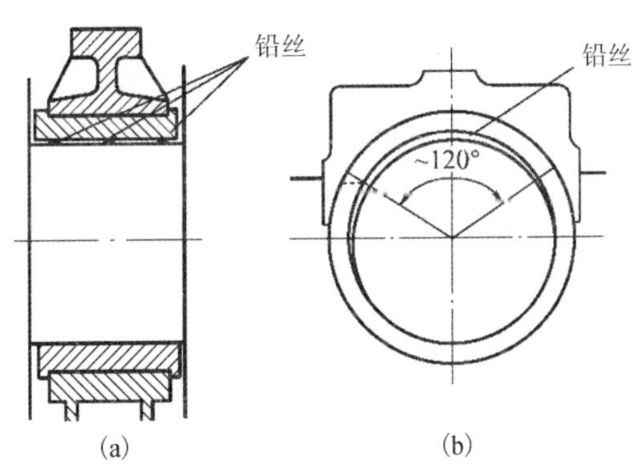

图 8-25 压铅法测量主轴承间隙

(3)计算法

①准备工作。将连杆大端从曲轴处拆下,然后大端轴承按照规定扭矩上紧,内径千分尺擦净。

②确定测量位置。曲柄销首、中、尾三处,分别对应上、下两个位置。

③用内径千分尺等测量相应轴瓦对应的孔径,如图 8-26 所示为内径千分尺测量示意图。内径千分尺固定测头与被测表面接触,摆动活动测头的同时,转动微分筒,轴向找最小值,径向找最大值,然后拧紧固定螺钉取出并读数。

④用外径千分尺测量曲柄销对应的外径并记录。

⑤将内径千分尺孔径值减去对应的外径千分尺测得的轴径，得到三个值，取平均值即为轴承间隙。

计算法适于薄壁轴瓦。薄壁轴瓦当其轴承间隙超过说明书的要求或标准时即表明其下轴瓦（或上轴瓦）磨损严重，无须测量磨损量，应报废换新。

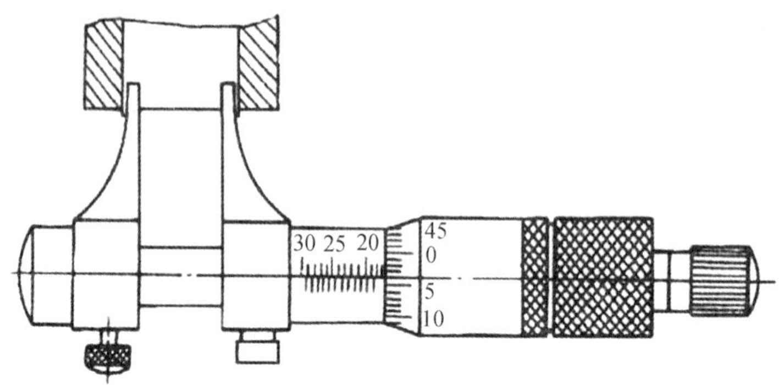

图 8-26　内径千分尺测量示意图

3）连杆螺栓的检查

（1）清洗干净后外观检查，不允许有碰伤、拉毛、变形、裂纹、螺纹损坏和配合松动等缺陷。

（2）裂纹检验，采用五倍放大镜、着色探伤或磁粉探伤等方法检查螺栓的各圆角、螺纹之间的过度处有无裂纹，有裂纹的螺栓应换新。

（3）检查螺栓有无残余变形。测量螺栓长度，用游标卡尺测量四冲程柴油机连杆螺栓伸长量，超过标准长度 0.3%时应报废换新。

（4）检查螺栓、螺母与连杆上的支承面贴合情况。支撑面间的间隙 0.04 mm 的塞尺应不能插入；否则应换新。配合间隙接触不良时可涂色油检查，并可刮研螺栓孔的支撑面，但不可修锉螺栓或螺母的支撑面。注意：旧螺栓换新时，连杆螺栓或螺母应成对换新。

实操训练 6：活塞销与连杆小端轴承间隙的测量

1.训练目标与要求

（1）测量工具的选取、使用正确得当。

（2）正确测量连杆小端轴承间隙。

2.训练设备

连杆、活塞销、塞尺等。

3.实操步骤

（1）连杆小端和活塞销相连接。

（2）把两面涂以薄层滑油的塞尺插入活塞销与连杆小端衬套之间，能拖动又有点阻力时，塞尺的厚度再加上 0.05 mm 的修正值即为连杆小端轴承的间隙。修正的原因是轴承间隙为圆

弧形，而塞尺为平直，两者不能贴合。此法简便，但精度较差，如图 8-27 所示为连杆小端轴承装配间隙测量示意图。

(3)将测得间隙与说明书比较，如果超过极限值，小端衬套应换新。

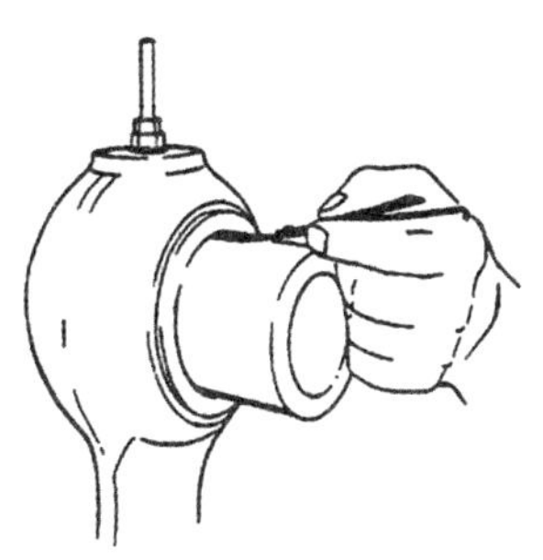

图 8-27 连杆小端轴承装配间隙测量示意图

第三节 柴油机气缸套的检修

气缸套的常见的故障形式有内表面的磨损、裂纹和拉缸，外表面穴蚀。

一、气缸套的磨损与检修

1.气缸套的磨损

气缸套的磨损可分为磨料磨损、腐蚀磨损和熔着磨损三种。

磨料磨损是由于柴油机进气系统、燃油系统和润滑系统在运行时带入的灰尘、机械杂质和燃烧产物，在活塞与气缸套做相对运动时，这些杂质成为两者之间的磨料。这种磨损会使气缸套内表面产生纵向平行线状拉痕，用手可以摸到。柴油机使用时的“三滤”就是防止外界磨粒侵入的常见措施。

腐蚀磨损是由于在燃料中含有硫分，燃烧后生成二氧化硫和三氧化硫，它们和燃气中的水蒸气生成硫酸蒸汽，当气缸壁温度低于硫酸露点时，液态硫酸对气缸内壁产生腐蚀，使气缸套上部内表面局部脱落，形成疏松的细小洞穴。当柴油机在低负荷及冷车起动时，易出现低温硫酸腐蚀。尤其在润滑油不足时硫酸与金属接触，大大加速腐蚀进程。腐蚀表面产生疏松的细小洞穴，比压增加，加剧磨损，同时，腐蚀产物又是磨料，形成磨料磨损。对腐蚀磨损常用的预防措施有选用低硫分的燃油，避免长时间低负荷运行，提高冷却水的温度使活塞在上止点时第一道环所处气缸内壁温度在 200 ℃左右为宜。

熔着磨损是柴油机在运行时由于滑油不足使摩擦面间出现干摩擦或半干摩擦状态，气缸套与活塞工作面上产生局部高温。当温度达到或超过金属材料的熔点时，即发生金属黏结。活塞与缸套相对运动又使黏结的金属撕开，从而在缸套内表面产生不均匀和不规则的拉痕。这些凸凹不平的点被加热到焊接温度，随后又快速冷却，使它们的表面形成硬化层，如图 8-28 所示。熔着磨损严重时可发展为拉缸。

以上三种磨损形式,一般情况下是同时存在并且相互影响的,但是在一定条件下总有一种磨损为主要形式。

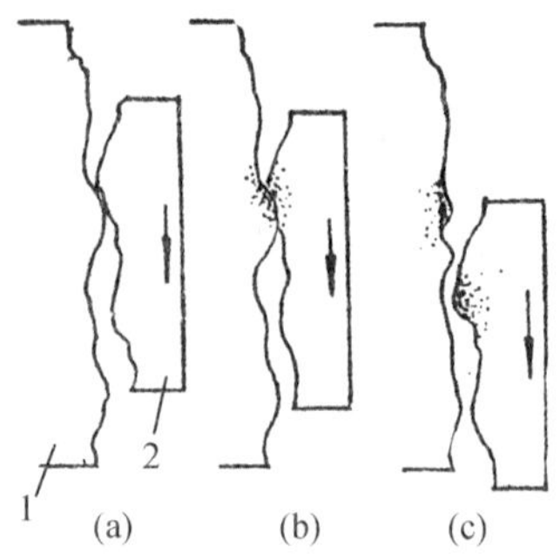

图 8-28　气缸套的熔着磨损

缸套磨损规律是:上部磨损大于下部磨损,活塞处于上止点时第一道活塞环对应的气缸套部位磨损最严重,往往磨成台阶。原因是上部气体力大,活塞处于上止点时第一道环气体力最大,摩擦力也大。活塞越往上,速度越低,不易形成液体润滑;越往上,温度越高,油易蒸发,油膜易破坏。还有上部燃烧磨料磨损、腐蚀磨损和熔着磨损均相对严重。筒形活塞式柴油机活塞由于侧推力的作用,左右磨损大于前后磨损,如图 8-29 所示为气缸套的磨损示意图,图 8-29 中 $y-y$ 方向为左右方向。

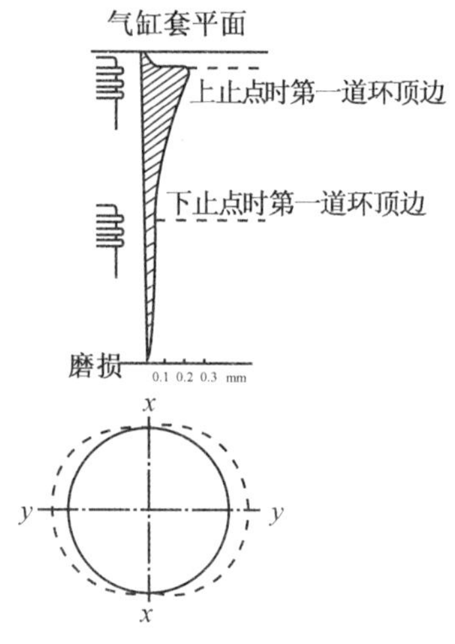

图 8-29　气缸套的磨损示意图

2.气缸套磨损的检修

气缸套的磨损是不均匀的,沿气缸套的轴向方向上磨损成圆锥形,在垂直轴线的横截面上磨成椭圆形。在柴油机工程中常用锥度和椭圆度来表示。所谓锥度(也称为圆柱度)是在气缸轴向(上、下方向)的最大尺寸与最小尺寸之差。所谓椭圆度(也称为圆度)是指在同一截面上左、右尺寸与前、后尺寸之差。同一位置截面内 $x-x$ 与 $y-y$ 方向的测量尺寸差值的一半即为该位置的椭圆度。通常称测量出的最大值与标准直径(或上次镗缸直径)之差为气缸最大增量。气缸套内径测量常用量缸表。过大的椭圆度使活塞环与气缸套接触不紧密导致漏气,使柴油机功率下降。而锥度过大或直径增大量过大会使活塞环在气缸套的上部位置的搭口间隙过大。如表 8-7 所示为气缸套内孔的磨损极限表。气缸套的寿命决定了一台柴油机的大修间隔期。

表 8-7 气缸套内孔的磨损极限表 (mm)

直径(mm)	>750(r/min)		500~750(r/min)		250~500(r/min)	
	磨损极限 椭圆度或圆柱度	直径最大增量	磨损极限 椭圆度或圆柱度	直径最大增量	磨损极限 椭圆度或圆柱度	直径最大增量
100 以下	0.10	1.30				
100~125	0.12	1.37				
125~150	0.15	1.45				
150~175	0.15	1.50	0.22	1.70		
175~200	0.20	1.60	0.25	1.80		
200~225	0.22	1.68	0.27	1.88	0.35	2.30
225~250	0.25	1.75	0.30	1.95	0.37	2.45
250~275	0.27	1.83	0.32	2.00	0.40	2.55
275~300	0.30	1.90	0.35	2.10	0.42	2.70
300~325			0.37	2.18	0.45	2.80
325~350			0.40	2.25	0.47	2.95
350~375			0.42	2.32	0.50	3.05
375~400			0.45	2.40	0.52	
400~425			0.47	2.47	0.55	3.30
425~450			0.50	2.55	0.57	3.45
450~475					0.60	3.58
475~500					0.62	3.70

气缸套表面磨损不严重，出现刮痕和擦伤时，可用油石细磨或用刮刀将刮痕的锐边除去即可。

磨损导致活塞在上止点处所对应的缸套内壁出现磨台时，可用手工刮削、镗削或用砂轮打磨磨台加以修复。

当磨损导致圆度、圆柱度超标，但内径增量未超标时，可采用镗缸修复。当磨损导致圆度、圆柱度超标，内径增量也超标时，则采用镗缸+镀铬+磨削加以修复。修复后要重新磨合。

二、缸套裂纹及其应急处理

在航行时若发现冷却水压力表指针发生左、右强烈摆动和膨胀水箱中水位上、下波动，就可初步断定气缸套和气缸盖有裂纹存在。为了更准确地判断，可采用如下方法：打开放气阀放掉冷却系统中的空气，调整好后，又会重复出现上述现象；冷却水温度升高超过规定范围；淡水耗量增加，淡水中有油渍。

为了进一步确定哪一个缸有裂纹，可以逐个打开示功阀查看排气情况。若某缸有冒白烟或燃烧不良现象，则可确定裂纹就发生在这个缸。

应急措施：若裂纹发生在外部，可在裂纹两端钻止裂孔，用环氧树脂黏结剂胶修补，再用铁板或钢板覆盖在上面，并用螺钉固紧。

若在气缸凸缘处和内部裂纹，只有更换缸套。如果没有条件更换，把该缸活塞吊出关闭该缸的冷却水调节阀，切断燃油供给，采用封缸措施实行减缸航行。

三、拉缸及应急处理

气缸套与活塞环之间出现油膜减薄或被破坏，在高温高压气体力作用下，使气缸套和活塞环配合面的金属直接接触并黏着，然后再撕开，在撕裂过程中形成表面硬化层和硬质颗粒，这会助长运动表面的磨损。在短时间内如有相当大的熔化和黏着就要发生拉缸现象。所谓拉缸是活塞在气缸中往复运动时发生的一种激烈的金属表面擦伤。拉缸实质上就是黏着磨损，拉缸的根本原因是油膜减薄或破坏。

拉缸的一般征象是发生拉缸的活塞和活塞环被其他缸的活塞强行拉动，柴油机转速明显下降，同时柴油机发出沉闷的声音，曲柄箱冒烟或发出油焦气味。

在发生拉缸时，应根据事故的严重程度和外界水面情况，采取如下措施：

（1）减少燃油供给量，降速航行。

（2）用专用工具把发生拉缸的事故缸的喷油泵做单缸停油处理。

（3）打开发生拉缸气缸的示功阀，释压和放出气缸内气体和污物。

（4）在可能时要加强活塞冷却，防止活塞和气缸咬死，但切不可加强气缸冷却。

确认是拉缸并采取上述应急措施排除故障产生的原因后，可恢复供油继续工作，但在运行中应加强管理，注意观察，直到一切正常时，方可正常航行。如果不能查明故障原因，则不能恢复正常航行，必要时需进行吊缸检查。

当水面或航道情况不允许停车时，只能减缸（封缸）航行。

在减缸（封缸）航行时，必须降低负荷，通常以50%～60%的标定负荷功率和转速运转。对于增压柴油机还应观察增压器的工作情况。

四、气缸套的穴蚀

气缸套的穴蚀主要发生在筒形活塞式柴油机气缸套的外表面承受侧推力的左、右方向。柴油机运行时，由于活塞侧推力作用使活塞在气缸套左、右方向发生撞击，使缸壁产生横向振动。气缸套外壁的冷却水因振动而产生瞬时高压和高真空，在局部高真空区冷却水蒸发成气泡，气泡又在高压下爆破，就在破坏区附近产生压力冲击波。在冲击波的反复作用下，缸壁外侧表面的石墨首先剥落，形成微观裂纹或小孔，长期的冲击使缸套发生穴蚀。

为了防止穴蚀，可减少活塞与气缸壁的装配间隙，以减少缸套的振动；增加气缸套壁厚；在气缸套外表面镀保护层；在管理中冷却水温不能过高，使冷却水空间畅通，水流平衡以减少压力波动等，还需控制柴油机的负荷与转速。

实操训练 1:柴油机气缸套的拆卸和装配

1. 训练目标与要求

(1)拆装工具的选取、使用正确得当。

(2)正确安全使用起重设备。

(3)正确拆装气缸套。

2. 训练设备

柴油机、行车(机舱吊车)、起重环、液压千斤顶和吊索、紫铜垫圈、封水圈、喷灯、水压试验设备等。

3. 实操步骤

1)气缸套的拆卸

(1)准备工作:吊装工具及起重设备安全检查;专用工具、量具、常用工具及需更换的备件物料准备;放出气缸套冷却水腔的冷却水,以防止气缸套冷却水腔密封圈松动后,会有大量的水流入曲柄箱中;在曲柄销上部遮上帆布以免杂物污染油底壳;清洁缸套顶部。如气缸套与缸体之间有装配标记,如气缸套上端铣有缺口、定位口或下端连杆摆动平面方向同铣有缺槽,则需检查校验标记,以便于新安装时能准确定位。

(2)安装好拆卸专用工具;把两只千斤顶安放在两只缸盖螺栓之间。用提吊钩块 3 转向气缸中心,然后,将装配工具放入缸套,直至悬吊梁落在气缸套上。

(3)旋转在提吊杆顶端的两只手柄 6,这样使提吊钩块 3 从气缸中心转向外侧,钩着缸套底边。当手柄旋到底点时用定位螺栓 7 将手柄固定,拧紧两只螺母 5。

(4)用高压软管将两台千斤顶与油泵连接起来,操作油泵从而使缸套被顶出缸体。当缸套下部密封圈越过配合面后缸套即处于自由状态,即可卸除拆吊工具。

(5)随后把四只吊钉插入特定孔眼中,务必使钉子完全插到孔底。然后就可借助机舱吊车用吊索把缸套吊出。

(6)将缸套吊出放于垫木上。为避免脏物从气缸体上落入气缸内,应用木板遮盖气缸口。

大中型柴油机气缸套的拆卸示意图如图 8-30 所示为。

2)气缸套的安装

(1)准备工作

①气缸垫(垫床)预处理和安装。如气缸套与机体间装有起密封作用的紫铜垫圈,应换新,如无备件,则用喷灯加热紫铜垫圈,进行退火处理后再安装。

②检查并安装橡胶封水圈。缸套下部密封圈不论是否失效,一律换新。如无配件,则需确认胶圈表面无缺陷,圆径均匀。不论新旧,封水圈装进缸套前,均应检查弹性。一般水封圈周长约为缸套上槽周长的 9/10,靠水封圈本身的收缩力夹紧在缸套上。水封圈如失去弹性,必须换新。将水封圈平顺地装入缸套圈槽(必要时用手工抚匀),不得有绞缠现象。圈外圆应高出缸套下配合肩外圆 0.50~0.60 mm。若气缸直径较大(如气缸直径为 300 mm),可放高至

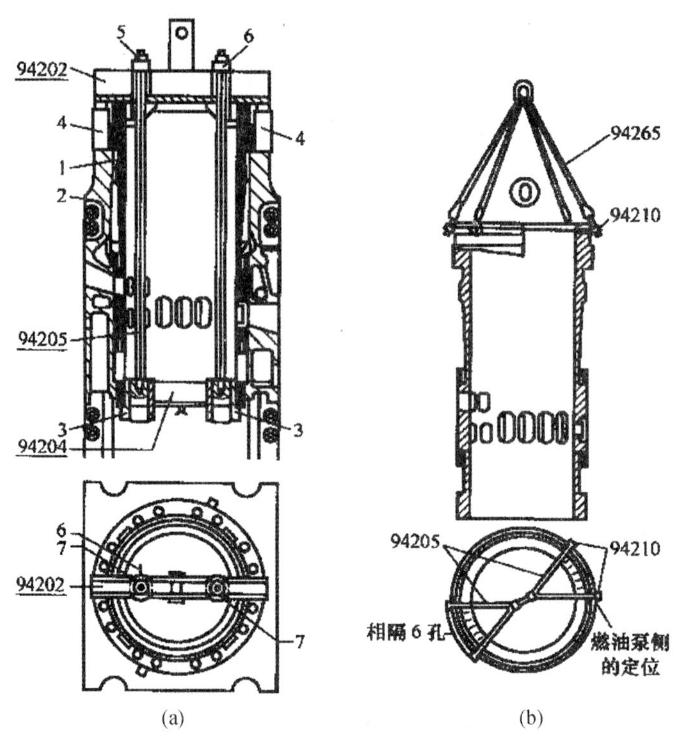

图 8-30　大中型柴油机气缸套的拆卸示意图

1—缸套;2—气缸体;3—提吊钩块;4—液压千斤顶;5—螺母;6—手柄;7—定位螺栓

94202—1 根缸套悬吊梁;92204—1 根托底梁;94205—2 根带螺母和提吊钩块的吊棒;94210—4 只吊钉;94265—1 副吊索;1 套扳手

0.80 mm,高度过大或水封圈本身硬度较大,都应调整或换新,如图 8-31 所示为用压板安装气缸套示意图。

③检查清洁气缸体冷却腔,气缸套橡胶密封圈通过处,如有尖角毛刺必须用刮刀、砂布打光修平,以利橡胶密封圈的安装。

④气缸套外圆(与冷却水接触部分)可涂一层薄磁漆,减少锈蚀。需要注意的是,磁漆层切不可过厚,以免影响冷却效果。

(2)安装气缸套

在缸套水封位置或凸肩底圈涂少许肥皂水或蓖麻油,将缸套吊入机体,若缸套上端铣有缺口、定位口或下端连杆摆动平面方向铣有缺槽,则安装缸套时,都要对准定位标志。感觉缸套下行有点紧时,用专用工具如压板或气缸盖压下缸套,直至缸套与机体凹缘肩面贴紧,如图 8-31 所示。

(3)气缸套安装后需用量缸表检查各缸内径的失圆情况和缸径

如失圆数值较大,可重新调整或修水封圈的凸出高度。一般认为缸套压入气缸体后,缸径缩小 0.01mm 左右。若缸径无变化,说明配合太松,有可能漏水。若缸径缩减太多,则说明配合过紧,必须重新安装。

(4)水压试验

缸套装好后,要注入冷却水检查有无渗漏现象,必要时水压试验,压力为 0.7 MPa。

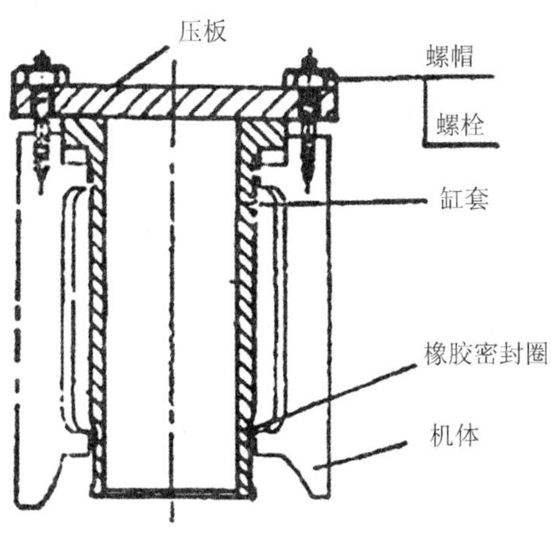

图 8-31　用压板安装气缸套示意图

实操训练 2:气缸套内径的测量及圆度与圆柱度的计算

1. 训练目标与要求

(1)量缸表正确使用。

(2)掌握气缸套内径的测量方法。

(3)正确计算圆度与圆柱度。

2. 训练设备

气缸套或拆去活塞连杆组件的柴油机气缸套,与缸径相应量程的内径量表(俗称量缸表),相应量程的外径千分尺。

3. 实操步骤

1)准备工作

(1)内径量表的安装。按所要测量的缸径选用合适的可换量头,使要测的缸径值在活动量头与可换量头两端距离的量程内,缸径的磨损量一般不超过 1 mm,为了使内径量表具有测量最大缸径的能力,转动可换量头,使测量头间距比缸径公称值大 1~2 mm 为宜,然后拧紧滚花螺母紧固可换量头。将百分表装到表杆上,使百分表指针有 0.5 mm 左右的读数,确保百分表表头与表杆接触,然后将固定百分表壳的紧固螺栓适当拧紧。

(2)外径千分尺校零。擦净外径千分尺的两个测量面(量砧),使用随尺提供的校准棒,检验外径千分尺微分筒“零”刻度线是否与固定套筒上的水平线重合,同时微分筒边缘与固定套筒上的最小刻度线的右边缘恰好相切。如果“零”位校准不对,要重新调整。调整方法是:先松开固定套筒上的顶丝,用随外径千分尺带来的专用小扳手,插入固定套筒“零”刻度线背面的小孔,扳动固定套筒,使固定套筒水平线和微分筒的“零”刻度线对齐,然后紧固顶丝。零点未对齐,也可记住此数值,在测量时减去此原始误差。

(3)将外径千分尺两个测量面距离调至缸径的公称尺寸后锁住,用内径量表测量调好缸径值的外径千分尺，转动百分表面使大指针对“零”，记下百分表小指针的读数，并复查可换量头是否紧固。

注意：也可将缸套上部未磨损部位（活塞上止点以上未磨损过的部位）去除积炭，擦拭干净，使装配好的内径量表进入缸套上部调零，作为该缸磨损量测量依据。

（4）清洁缸套内表面，确定测量部位；一般按说明书要求的测量部位进行测量，无说明书时，可参考以下四个位置进行缸套磨损测量。

①当活塞位于上止点时，第一道活塞环所对应的缸壁位置。

②当活塞位于行程中点时，第一道活塞环所对应的缸壁位置。

③当活塞位于行程中点时，末道刮油环所对应的缸壁位置。

④当活塞位于下止点时，末道刮油环所对应的缸壁位置。

每个高度测量左、右与前、后两个方向，如图 8-32 所示为气缸套的测量位置示意图。

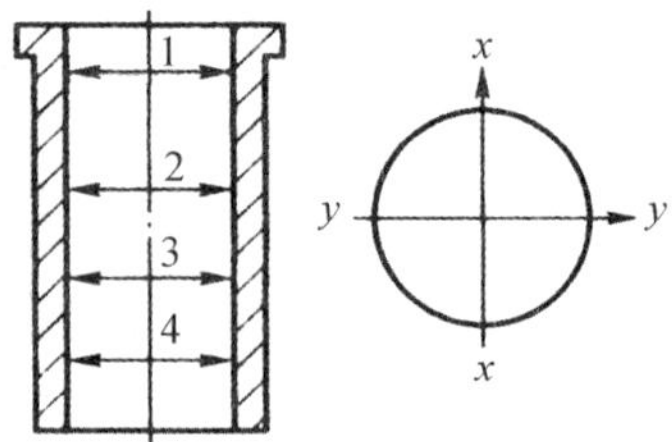

图 8-32　气缸套的测量位置示意图

2）用内径量表测量缸径

（1）用右手握住内径量表表杆上胶木部位，左手两指使表的定心架压在缸套壁面，使可换量头进入缸内，如图 8-33 所示为气缸套内径的测量示意图。

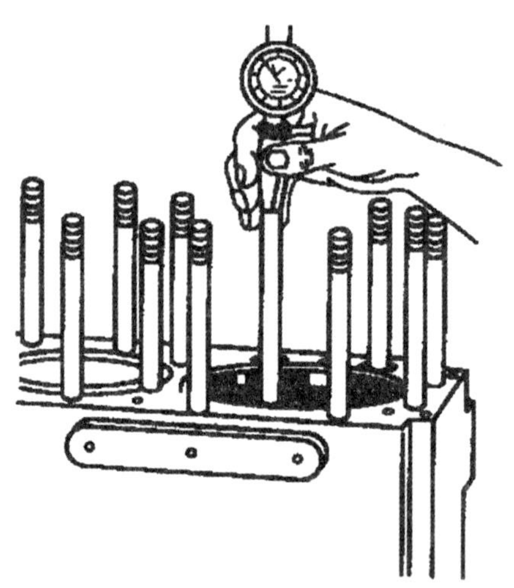

图 8-33　气缸套内径的测量示意图

（2）将定心架放在要测量的部位，右手握住内径量表表杆前、后摆动，使活动量头沿缸套母线做上、下移动，观察表面大指针的偏转，到表针刚要反转时，表杆立即停止摆动，这时百分表的读数为测量缸径值，如图 8-34 所示为内径量表的读数示意图。

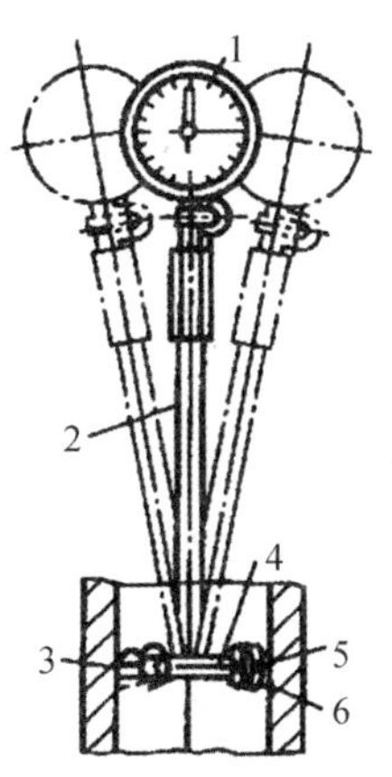

图 8-34 内径量表的读数示意图

1—百分表;2—表杆;3—固定量头;4—三通管;5—活动量头;6—定心架

(3)记下百分表上的读数。百分表小指针转 1 格为 1 mm,大指针每偏转 1 格为 0.01 mm,偏差的正负可在测量前用手按动活动量头观察大指针的转动方向来确定,不可搞反。如用手按动量头,两个测量头间距减小,若大指针顺时针转,则顺时针为减小方向。

(4)同理,测量记录其余位置的读数并计算实际缸径值。

3)圆度、圆柱度的计算

(1)圆度:同一测量高度上,计算 $x-x$ 和 $x-y$ 方向上半径之差绝对值,取不同测量高度中最大值为圆度误差。

(2)圆柱度:$x-x$ 方向,取最大半径减最小半径,同理,计算 $y-y$ 方向,取两个方向的最大值为圆柱度误差。

将计算的圆度与圆柱度与说明书或标准比较,以确定磨损程度。

第四节 柴油机主轴承、止推轴承及推力轴承的检修

一、主轴承的检修

(一)主轴承的损坏形式

主轴承的损坏形式有:过度磨损、裂纹和剥落、腐蚀、烧熔。

1.主轴瓦的过度磨损

主轴瓦磨损是主轴承最普遍的失效形式。柴油机运转一段时间后使主轴承下轴瓦产生过度磨损,轴瓦的过度磨损将会使轴承间隙增大,引起冲击,加剧磨损。造成轴瓦过度磨损的原因主要有维护管理不良,具体表现如下:

(1)润滑油净化不良,含机械杂质和水分较多。

(2)轴颈表面太粗糙、几何形状误差过大和曲轴变形等。

(3)柴油机起、停频繁和长时间超速、超负荷运转。

(4)其他日常维护不善,甚至违章操作等。

以上各点不是使得轴承润滑油膜不能建立,就是由于磨粒、轴颈表面状态不良或过大的轴承负荷破坏已形成的油膜,造成轴瓦的异常磨损。

2.主轴瓦的裂纹和剥落

裂纹和剥落主要发生在白合金厚壁轴瓦上。开始时由于加工等原因在轴瓦工作表面产生微小疲劳裂纹,随着柴油机的持续运转,轴瓦上的裂纹扩展、延伸,以致使轴瓦上的耐磨合金呈片状脱落,即剥落。造成轴瓦裂纹和剥落的原因主要与轴承受力、轴瓦合金材料及管理等因素有关。

(1)白合金材料的疲劳强度低,在交变载荷作用下容易产生疲劳裂纹。

(2)轴颈的几何形状误差过大和轴瓦过度磨损都会使轴瓦受到过大的冲击负荷,使轴瓦产生裂纹。

(3)柴油机超负荷使轴承负荷过大造成轴瓦裂纹。

(4)轴瓦浇铸质量差,如合金层与瓦壳结合不良或两者间嵌有异物等,在交变载荷作用下使轴瓦裂纹和合金层剥落。

(5)龟裂是白合金轴瓦容易产生的疲劳损坏。龟裂是由于柴油机运转时轴瓦受到周期性交变负荷作用,特别在轴承负荷过大和轴向负荷分布不均匀时,使轴与瓦之间难以建立连续而又分布均匀的润滑油膜,以致局部产生金属直接接触,经过一段时间运转后在轴瓦表面上局部产生细微裂纹,称为发裂。轴瓦上的发裂会使润滑油渗入,在轴承负荷作用下滑油无处逸出,形成油楔,在油压作用下,使裂纹逐渐扩展、延伸并且彼此连接成封闭网状。这种当轴瓦受到过大的轴承负荷和轴向负荷不均时使轴瓦上产生发裂,进而在油楔作用下扩展形成许多封闭的裂纹称为龟裂。龟裂形貌如图 8-35 所示。实践证明,发裂在柴油机台架试验时就可能产生。轴瓦产生发裂后仍可继续运转很长时间,直到发展成龟裂报废。当龟裂面积较大并扩展至轴瓦端面或合金剥落时,轴瓦应报废换新。

图 8-35　龟裂形貌

3.主轴瓦腐蚀

轴瓦的腐蚀包括电化学腐蚀和漏电引起的腐蚀。润滑油中含水或滑油氧化、燃气或燃油的混入使滑油变质都会使轴瓦工作面产生宏观或微观电化学腐蚀麻点。船上的杂散电流是电器漏电引起的,它使轴瓦内外表面产生局部麻点的静电腐蚀。

4.主轴瓦烧熔

轴瓦合金烧熔是滑动轴承常见的严重损坏。轴瓦烧熔主要由于轴承间隙过小、润滑油油压不足或失压使油膜不能建立;轴颈表面太粗糙或几何形状误差过大等破坏油膜。油膜不能

建立或被破坏均使轴与瓦的金属直接接触，干摩擦产生高温使合金熔化，故轴瓦烧熔的直接原因是轴承严重发热。

（二）主轴承的检查

1.主轴承间隙的测量

轴与轴瓦之间的径向最大配合间隙称为轴承间隙。合适的轴承间隙是形成润滑油膜实现液体动压润滑的重要条件。轴承间隙过小，油膜不能建立，轴与瓦的金属直接接触，产生大量热量，以致合金熔化；间隙过大，润滑油流失和产生冲击，使轴瓦合金层裂纹、碎裂。所以要求轴与轴瓦之间的轴承间隙Δ 在安装间隙$\Delta_{安}$和极限间限$\Delta_{极}$之间，即：

$$\Delta_{安} \leqslant \Delta < \Delta_{极}$$

柴油机说明书和柴油机修理技术标准中对主轴颈与主轴承、曲柄销颈与连杆大端轴承的轴承间隙均有具体规定。如表 8-8 所示为柴油机主轴承间隙。

表 8-8 柴油机主轴承间隙 (mm)

轴颈直径	十字头式柴油机		筒形活塞式柴油机<500 r/min		筒形活塞式柴油机>500 r/min			
					锡基轴承合金		铜铅合金	
	装配间隙	极限间隙	装配间隙	极限间隙	装配间隙	极限间隙	装配间隙	极限间隙
≤100					0.06~0.08	0.20	0.08~0.10	0.20
100~125					0.08~0.11	0.25	0.10~0.12	0.25
125~150					0.11~0.15	0.30	0.13~0.16	0.30
150~200			0.14~0.18	0.30	0.16~0.20	0.40	0.17~0.23	0.40
200~250			0.18~0.22	0.40	0.20~0.24	0.50	0.24~0.28	0.50
250~300	0.17~0.21	0.40	0.22~0.26	0.50	0.24~0.28	0.60	—	—
300~350	0.21~0.25	0.50	0.26~0.30	0.60	—	—	—	—
350~400	0.25~0.30	0.60	0.30~0.34	0.70	—	—	—	—
400~450	0.30~0.35	0.70	0.34~0.38	0.80	—	—	—	—
450~500	0.35~0.40	0.80	—	—	—	—	—	—
500~550	0.40~0.45	0.90	—	—	—	—	—	—
550~600	0.45~0.50	1.00	—	—	—	—	—	—
600~650	0.50~0.55	1.10	—	—	—	—	—	—
650~700	0.55~0.60	1.20	—	—	—	—	—	—
>700	0.60~0.65	1.30	—	—	—	—	—	—

2.主轴瓦磨损量检测

主轴承厚壁瓦下轴瓦磨损量，可用桥规测量主轴颈下沉量的方法或直接测量下轴瓦厚度与新轴瓦厚度比较来确定。

（1）用桥规测量主轴承磨损量。桥规值是用如图 8-36 所示桥规值测量的专用测量工具（桥规）来测量的。桥规一般在柴油机出厂时随机携带，在桥规上标有各道主轴承的桥规值，以作为日后检查各道主轴承下瓦磨损的依据。测量时首先依照桥规上标明的测量条件，将曲轴转到规定的位置。若未标明，则应将尾端曲柄转至上止点（飞轮刻度为“0”时）进行测量；拆去主轴承上盖。将桥规紧贴于机座上平面，用塞尺测量桥规的基准面与主轴颈之间的间隙值。一般取轴颈首、尾两个数值的平均值作为该道主轴承此次测量的桥规值，并做好记录。用此次测量的桥规值与上次测量的桥规值比较，就可确定主轴颈的下沉量，其差值就是主轴承下瓦在这段运转时间内的磨损量。用此次测量的桥规值与桥规铭牌上的数值比较，就可以得知主轴承下轴瓦的总磨损量。

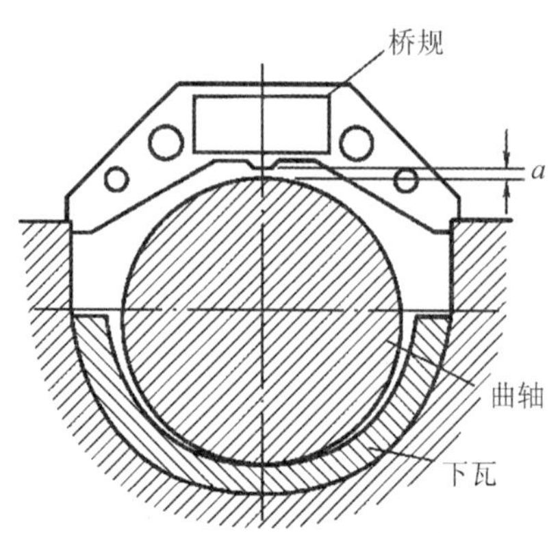

图 8-36　桥规值的测量

（2）用外径千分尺测量下轴瓦厚度（主轴承磨损量）。如图 8-37 所示为安装锥形帽的外径千分尺。使用壁厚千分尺或在外径千分尺的固定测量面上加装一个锥形帽，并测量锥形帽的实际尺寸，也可加一个直径适当的钢球代替。将锥形帽或钢球与轴瓦的内圆弧面相接触，用外径千分尺测量轴瓦的厚度，再从测量的数据中减去锥形帽的尺寸或钢球的直径，得出轴瓦的实际厚度。主轴承下轴瓦的测量部位如图 8-38 所示，轴瓦测量分前、后端的左、中、右共 6 处，测量时应分清上轴瓦，还是下轴瓦以及轴瓦的前、后端。一般以飞轮端为后，面向飞轮分左、中、右。左、右测量点的位置在接合面的 30°以内。本次测量与上次测量的轴瓦厚度差值即为主轴承下轴瓦磨损量。观察下轴瓦两端面合金层厚度并与上轴瓦端面合金层厚度进行比较，也可以定性判断主轴承磨损情况。

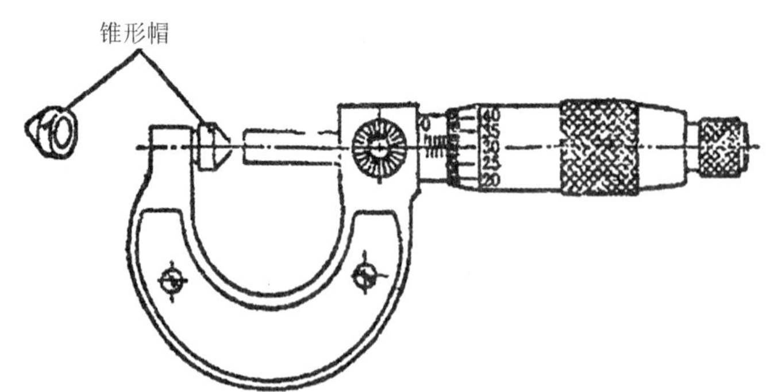

图 8-37　安装锥形帽的外径千分尺

使用桥规法测量前，拆去主轴承上盖、上轴瓦，清洁主轴颈和机座上平面，依说明书要求或上次测量时的曲轴位置，将曲轴首（尾）端曲柄转至上止点位置测量，也可以使所测轴颈相邻曲柄销在 0°、90°、180°、270°四个位置测量，再求其平均值。测量时，将桥规置于机座上平面并

紧贴，用塞尺测量桥规测量基准面与主轴颈之间的距离 a，如图 8-36 所示。一般在主轴颈首尾两处测量，取其平均值。

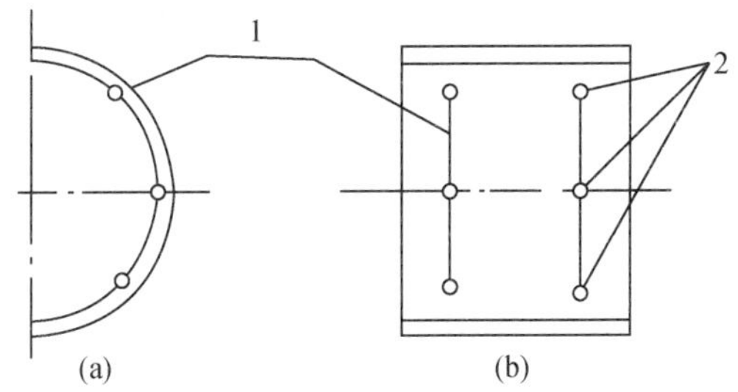

图 8-38 主轴承下轴瓦的测量部位

1—轴瓦的前端；2—轴瓦的后端

薄壁轴瓦检查其轴承间隙，如轴承间隙超过说明书或标准时即表明其下轴瓦（或上轴瓦）磨损严重，无须测量磨损量，应报废换新。

3.轴瓦合金层脱壳检查

轴瓦合金层浇铸质量不高就会使结合面局部有缝隙，运转后就会产生合金层脱落现象。为此对厚壁轴瓦备件可采用听响法或渗透探伤法进行检测。听响法是用小锤轻轻敲击轴瓦壳，听其声音是否清脆无杂音。

4.轴瓦裂纹的检查

轴瓦工作表面可用放大镜或渗透探伤法检验有无裂纹。

5.轴瓦腐蚀与烧熔的检查

用观察法检查主轴承表面腐蚀引起的麻点与烧痕等。

（三）主轴承的修理

船用中小型柴油机的主轴瓦大都采用薄壁轴瓦。一旦发现工作表面有严重烧痕、划纹、麻点或剥脱现象时，应及时换新。在船上换新轴瓦时不需将曲轴吊起，只需将旧瓦自瓦孔内盘出，并以同样方法将新瓦盘入瓦孔。盘出旧瓦应从瓦口较厚的一端或有定位唇（轴瓦轴向定位的凸起）的一端盘出。

厚壁轴瓦的修理方法如下：

1.局部修刮

轴瓦工作表面上的小面积擦伤、腐蚀或早期发裂可用刮刀进行局部修刮，注意使修刮面与周围瓦面圆滑过渡。滑油中含水量较多时会使瓦面上生成黑色氧化锡硬壳，也可用刮刀刮去。

2.焊补

轴瓦工作面上较深的裂纹、局部合金脱落或腐蚀等可采用焊补方法修理。

采用氢氧焰或焊烙铁将瓦面损坏处合金熔化，再用与轴瓦白合金牌号相同的焊条进行焊补。焊补质量与焊前损坏部位的清洁情况有关。一般可采用汽油或煤油清洗、擦干和修刮使其露出金属光泽。此法简便、实用，是常用的修理轴瓦裂纹的方法。此外，此方法还具有节约合金材料和修理工时短的优点。应注意的是焊后退火并机械加工。

3.重新浇瓦

具有下列情况之一者,应熔去轴瓦上的合金,重新浇铸相同牌号的白合金。

(1)轴瓦合金烧熔。

(2)轴瓦过度磨损不能保证要求的轴承间隙。

(3)轴瓦合金脱壳或大面积剥落。

(4)轴瓦龟裂严重,扩展到轴瓦端面或裂纹深及瓦壳。

二、止推轴承的检修

有些中小型船舶主机(带动螺旋桨)的曲轴在轴向力作用下会产生轴向移动,止推轴承的作用就是承受轴向力,给曲轴轴向定位。对船舶副机(发电柴油机)的飞轮端通常设有止推轴承,其作用是轴向定位。为保证曲轴受热膨胀时能自由伸长,只能在一处设置止推轴承。曲轴止推轴承应用较广的是由双金属组成的半圆止推片。一个止推轴承由四个止推片组成,止推片上的定位舌防止止推片受力转动。储油槽一般设在白合金一侧,止推轴承安装时有白合金的一侧朝向曲柄臂,也是承受摩擦的一侧,如图 8-39 和图 8-40 所示。双金属止推片与曲柄臂间隙为 0.05~0.25 mm。

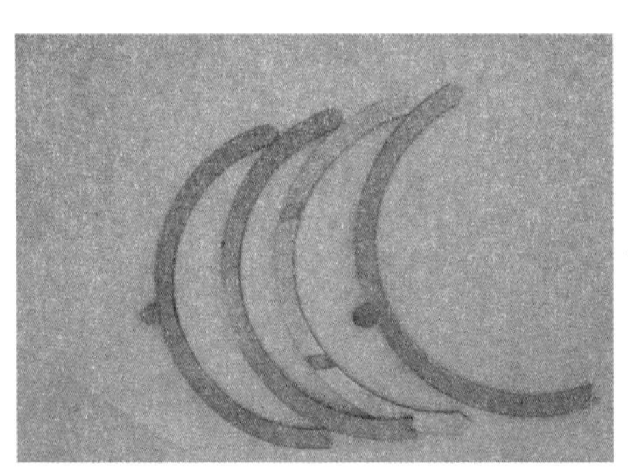

图 8-39 半圆止推片

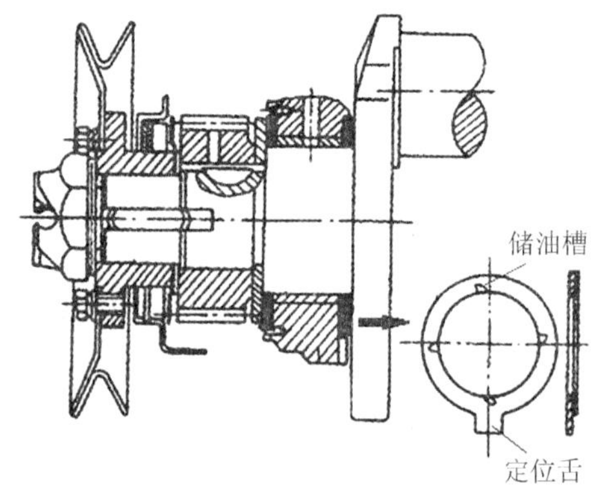

图 8-40 曲轴的止推轴承

止推轴承常见失效形式有磨损、腐蚀和疲劳破坏。

检查止推的表面情况,如有划痕、擦伤、麻点等现象,可用刮刀进行局部修刮。如发现止推轴瓦工作面上较深的裂纹、局部合金脱落或腐蚀等可采用焊补方法修理。检测轴向间隙或止推片的厚度来反映止推轴承磨损量,当轴瓦过度磨损不能保证要求的轴向间隙时,可熔去轴瓦上的合金,重新浇铸相同牌号的白合金。当轴瓦合金烧熔、轴瓦合金脱壳或大面积剥落时也需重新浇铸进行修理。

三、推力轴承的检修

推力轴承的磨损发生在推力块工作表面的白合金层,合金层减薄使轴向间隙增大;推力块和轴瓦上的合金层有过度磨损、裂纹、烧熔等严重缺陷时应重浇合金。推力轴承的磨损主要发生在推力块工作表面上,合金层减薄使轴向间隙增大;支承轴承轴瓦磨损使轴承间隙增大。单环式推力轴承间隙值应符合表 8-9 所示的规定。推力块和轴瓦上的合金层有过度磨损、裂纹、

烧熔等严重缺陷时，应重新浇铸合金层。

表 8-9 推力轴承间隙 CB/T3420—1992 (mm)

轴径 d	推力轴与支承轴承的径向间隙		推力环与推力块的轴向间隙		推力块轴承合金层极限厚度
	安装间隙	极限间隙	安装间隙	极限间隙	
≤100	0.10~0.15	0.40	0.10~0.20	0.40	1.20
100~120	0.13~0.18	0.45	0.15~0.25	0.45	1.40
120~150	0.15~0.20	0.50	0.20~0.30	0.50	1.60
150~180	0.18~0.23	0.55	0.25~0.35	0.60	1.80
180~220	0.20~0.25	0.60	0.30~0.40	0.70	2.00
220~260	0.22~0.30	0.65	0.35~0.48	0.80	2.20
260~310	0.25~0.33	0.70	0.40~0.55	0.90	2.40
310~360	0.32~0.40	0.80	0.45~0.60	1.00	2.60
360~440	0.36~0.45	0.90	0.50~0.70	1.15	2.80
440~500	0.40~0.50	1.00	0.55~0.75	1.30	3.00
500~600	0.45~0.55	1.10	0.60~0.80	1.45	3.00
600~700	0.50~0.60	1.20	0.70~0.90	1.60	3.00

轮机人员应经常检查推力轴承的工作温度。当推力块的温度过高时，应立即停车检查。不能停车时，应降速运行，当可以停车时立即停车检查，排除故障。应定时检查轴向间隙和支持轴承的径向间隙，必要时对各间隙进行调整。

实操训练 1：柴油机主轴承的拆装与主轴承间隙的测量

1. 训练目标与要求

(1)拆装工具的选取、使用正确得当。

(2)正确安全使用起重设备。

(3)正确拆装主轴承并测量主轴承间隙。

2. 训练设备

柴油机、专用盘瓦工具、扭力扳手、塞尺、外径千分尺、钢球(或与千分尺固定测量面相配的锥形帽)、保险丝等。

3. 实操步骤

1)主轴承的拆卸

(1)盘车至合适位置，确认装配标记。盘车并做标记。主轴承拆卸的前后，都应检测曲轴的轴向间隙并做好记录。应把各道主轴承锁紧螺母、轴承盖、垫片、轴瓦等按顺序、方位做好记号，便于后面对号进行检测与装配。

(2)分几次交替旋松并拆下主轴承螺母,按顺序放置好螺栓与螺母。

(3)拆卸主轴承盖。

拆卸主轴承盖时可用如图 8-41 所示的拆卸主轴承盖的专用工具。把专用工具的支架放稳在曲轴箱的隔板上,调整好中央的螺杆,使两个钩上的爪对准轴承盖两边的凹坑,然后旋出螺杆,钩就会自动向内收拢,紧紧地抓住轴承盖,将轴承盖从轴承座中拉出。

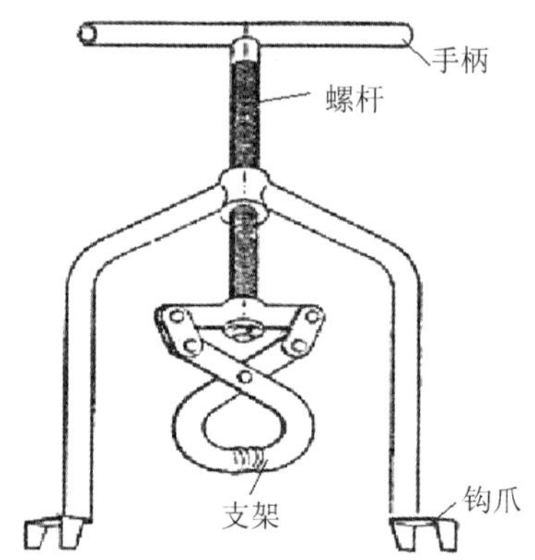

图 8-41　拆卸主轴承盖的专用工具

(4)确定盘瓦方向,厚壁轴瓦如瓦有厚薄,则由瓦口较薄的一侧向瓦口较厚的一端盘出;薄型轴瓦一侧有定位唇,此时应向有定位唇一侧盘出轴瓦,反方向盘车会损坏轴瓦。

(5)转动曲轴,盘出轴瓦。一般中小型柴油机利用在曲轴颈上的润滑油孔中插入销钉,即可盘车取出下轴瓦。还可以利用专用工具盘出,如图 8-42 所示。将专用工具贴靠在主轴承下轴瓦一侧,用工具另一端上的销钉固定在曲柄臂上,盘车时,工具随曲柄一同转动,同时推动下轴瓦一起转出。

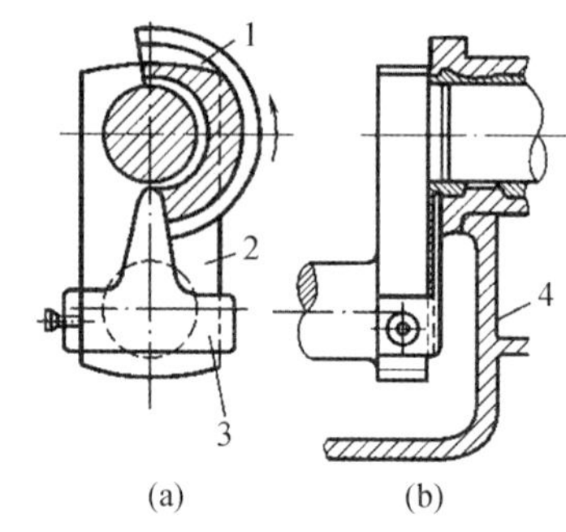

图 8-42　专用工具盘出主轴承下轴瓦

1—下轴瓦;2—曲柄臂;3—专用工具;4—机座

2)主轴承的安装

(1)将轴承盖、轴承座、轴瓦、螺栓等清洗干净,进行必要的检查后,主轴瓦装入主轴承盖(座)前,应进行厚度检测,并做记录。

(2)确定轴瓦盘入方向,轴颈上涂一层滑油。注意安装方向为盘出时的相反方向。

(3)转动曲轴,盘入轴瓦。

(4)下轴瓦与主轴承贴合度检查。薄壁轴瓦的下轴瓦与轴承座紧密贴合是通过轴瓦与轴承座孔的过盈配合来实现的。为保证轴瓦背面与轴承座孔有良好接触,要使轴瓦两端面对轴承盖(座)分开面有一定的凸出高度 δ,一般凸出高度为 0.03~0.10 mm,如图 8-43 所示为分开

面的凸出高度。也可按式计算：$\delta=\dfrac{0.006\pi D}{4}$，其中 D 为主轴颈直径。

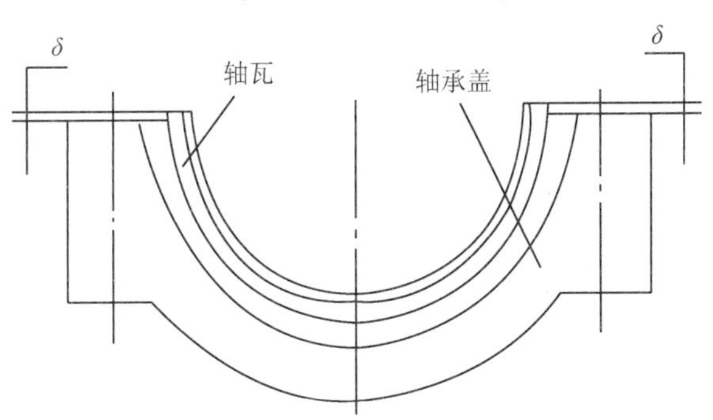

图 8-43　分开面的凸出高度

厚壁轴瓦采用色油检查其与主轴承座的贴合情况。先在轴承座表面涂以薄而均匀的一层色油，然后盘车装入新瓦，使与轴承座对研后盘出。检查下轴瓦背面沾油情况。若下轴瓦背面两侧沾点而瓦底背面无沾点，说明新下轴瓦瓦口产生向外张开的变形，在底部产生间隙 δ，如图 8-44(a)所示，此时新下轴瓦卡在瓦座瓦口处，没有“落底”。若下轴瓦背两侧面无沾点而瓦底背面沾点，说明新下轴瓦瓦口产生向内收拢的变形，使在瓦口两侧产生间隙 β，如图 8-44(b)所示。此时新下轴瓦在瓦座内“晃荡”。以上两种情况在柴油机运转中均会因轴瓦与瓦座贴合不良造成合金碎裂等事故。为使新下轴瓦与瓦座配合面贴合良好，应修锉瓦背或用木槌敲击瓦口内侧使向外张开，或用铜锤敲击瓦口外侧使之向内收拢。然后再通过拂刮轴瓦使下轴瓦与主轴颈在接触角 45°~60°的范围内，如图 8-45 所示，每 25 mm×25 mm 面积上至少有三个沾点。

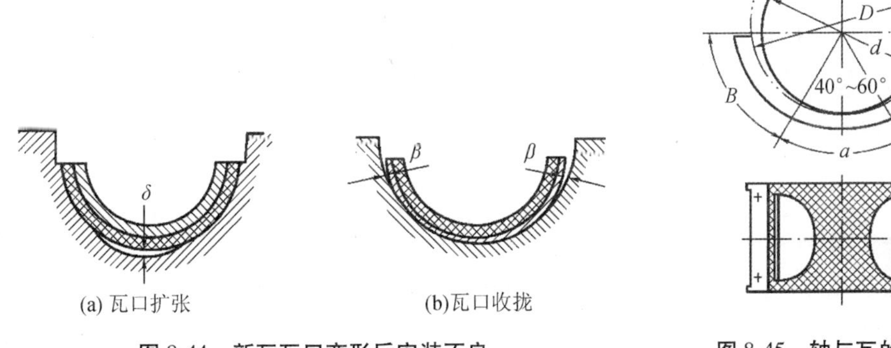

图 8-44　新瓦瓦口变形后安装不良

图 8-45　轴与瓦的接触角

薄壁轴瓦的安装贴合度由过盈量保证。安装后轴承的尺寸精度完全由轴承座孔和轴瓦本身的壁厚精度保证，与轴颈配合面不需(许)拂刮即能满足要求。

(5)轴承间隙应符合要求。

(6)安装上轴瓦与主轴承盖。先将上轴瓦装入主轴承盖，然后在主轴承盖和主轴承座配合的定位凸肩平面上涂布滑油。这样，轴承盖和轴承座不容易“咬”起来，安装主轴承盖。同时有调整垫片的应按拆卸前一样的片数装入或按照轴承间隙测量时的要求装入调整垫片。

(7)上紧主轴承螺母。主轴承螺母上紧时应使用扭力扳手按规定的扭矩拧紧。无扭力扳手时,可用臂长 120 mm 的扳手把两个螺帽扳到止动点,以后分三次相互交替地扳紧,每次扳动 50°~60°,共扳 150°~180°,使主轴承盖螺帽和主轴承螺柱上的开口销孔对准。

(8)安装开口销等锁紧装置和润滑油管。安装结束后必须装上开口销等锁紧装置以防止螺母松动。然后装上主轴承润滑油管。

(9)盘车,注意有无卡阻现象,若正常,则清理曲轴箱,盖上导门,清洁整理工具。

3)主轴承间隙的测量

(1)塞尺法

①长塞尺两面涂以薄层滑油。

②将长塞尺自主轴承端面直接插入主轴颈与主轴瓦之间进行测量。塞尺能拖动又有点阻力时,塞尺的厚度再加上 0.05 mm 的修正值即为主轴承的间隙。此法简便,但精度较差,适于粗检。

(2)压铅法

①拆去主轴承上盖和上轴瓦。

②选直径为(1.5~2.0)△(△为轴承安装间隙),长度为 120°~150°轴颈弧长的铅丝 2~3 条,沿轴颈首、中、尾轴向位置周向安放铅丝并用牛油黏住,如图 8-46 所示为主轴承下轴瓦铅丝放置部位。

③装复主轴承上盖及上轴瓦,按要求上紧螺栓至规定位置,此时切勿盘车。

④打开轴承盖,取出铅丝,妥善保管并记下铅丝对轴承的位置。

⑤用外径千分尺测量铅丝两端和中间的厚度值并做记录。中间厚度值即为轴承间隙的实际大小,两端厚度值为轴承两侧间隙,应小于轴承间隙,且两侧间隙差应不超过 0.05 mm。压铅法只适用于厚壁轴瓦主轴承间隙的测量。

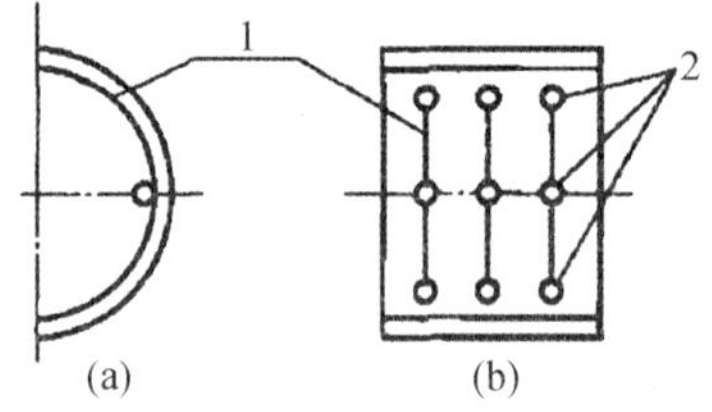

图 8-46 主轴承下轴瓦铅丝放置部位

1—铅丝;2—测量点

(3)计算法

①准备工作。将曲轴拆下,然后主轴承大端轴承按照规定扭矩上紧;内径千分尺擦净。

②确定测量位置。取主轴颈首、中、尾三处,上、下位置的直径。

③用内径千分尺等测量相应轴瓦对应的孔径。内径千分尺固定测头与被测表面接触,摆动活动测头的同时,转动微分筒,轴向找最小值,径向找最大值,然后拧紧固定螺钉取出并读数。

④用外径千分尺测量主轴颈对应的外径,并记录。

⑤将内孔孔径减去对应的轴径,得到三个值,取平均值即为主轴承间隙。

计算法适于薄壁轴瓦。薄壁轴瓦当其轴承间隙超过说明书或标准时即表明其下轴瓦(或上轴瓦)磨损严重,无须测量磨损量,应报废换新。

当厚壁轴瓦所测轴承间隙与说明书或标准不符合时,采用抽减或增加上、下轴瓦配合面处

的黄铜或紫铜垫片进行调节。垫片的厚度为 0.05 mm 的整倍数，如 0.10 mm、0.15 mm 等。调节轴承间隙时，轴瓦两边要同时抽减或增加厚度和数目相同的垫片，以免使轴承上盖、上轴瓦歪斜和轴承间隙变化。垫片数目尽量少，两边的垫片数量和厚度相同。

实操训练 2：柴油机止推轴承的检查

1. 训练目标与要求

(1) 测量工具的选取、使用正确得当。

(2) 正确测量及调整止推轴承的间隙。

2. 训练设备

柴油机、千分表、磁性表架、撬棍等。

3. 实操步骤

(1) 准备工作：检查止推轴承是否装配，安装千分表，使测量杆与曲柄臂垂直接触，并使千分表头有 0.5 mm 预压缩量，确保表头与测量杆接触。

(2) 用专用工具或撬棍将曲轴推向最前位置，将千分表表面调零。

(3) 用专用工具或撬棍将曲轴推向最后位置，记录千分表表面值，即为轴向间隙。

(4) 将所得的轴向间隙与说明书等比较，如果超出范围，可以用加、减止推轴承背面的垫片来调整。

(5) 完工后清理现场。

实操训练 3：柴油机推力轴承的检查

1. 训练目标与要求

(1) 测量工具的选取、使用正确得当。

(2) 正确测量推力轴承侧隙和轴向间隙。

(3) 正确调整推力轴承侧隙和轴向间隙。

2. 训练设备

柴油机、塞尺、调整垫片等。

3. 实操步骤

(1) 压板间隙的测量与调整

①正、倒车推力块在左、右两侧均用压板定位。

②将推力块互相紧靠在一起后，在左、右侧压板与推力块处用塞尺测量间隙 i_1 与 i_2。

③两侧间隙之和如不符合说明书的规定，可通过增减压板处的垫片加以调整。

④完工后清理现场。

(2)推力块与推力环轴向间隙的调整

①准备工作。检查推力轴承和塞尺。

②用力把推力环压紧在正车推力块上时,用塞尺在倒车推力块与推力环间测量间隙。也可在推力环任意自由状态下,用塞尺测量正、倒车推力块和推力环之间的间隙,然后相加得出。

③间隙应符合说明书要求。如不符合,可通过调节圈进行调整。作为临时性应急措施,也可在调节圈后加垫片进行调整。

④完工后清理现场。

第五节 高压燃油系统

一、喷油设备的主要损坏形式

柴油机的喷油设备主要由高压油泵、高压油管、喷油器组成,主要损坏形式表现为喷油泵柱塞套筒偶件的磨损、气蚀、卡滞,出油阀与阀座的磨损和穴蚀;喷油器针阀偶件之间的磨损、针阀的烧结卡死。

二、喷油泵的检查

喷油泵的功用是定时、定量地向喷油器提供一定压力的燃油,所以,对它的检查也应着重在密封性、定时及供油量这三方面。下面以回油孔式喷油泵的检查调整为例说明。

喷油泵的密封性主要取决于柱塞与套筒偶件和出油阀与阀座的密封性。

1.综合性检查

在船上,常采用以下方法检查喷油泵的密封性。

在喷油泵出油管接头装上压力表,用手撬动柱塞泵油。当油压达到说明书规定压力时,停止泵油,使柱塞处于 1/2 以上有效行程位置不动,观看压力表。若在规定时间(一般不少于 30 s)内压力保持不降,则可判定该喷油泵密封性良好。

若无压力表,可用闷头将喷油泵出油口闷死,然后撬动柱塞泵油,燃油没有出路致使压力升高。如果柱塞不能上行或上行极缓慢,说明喷油泵不漏油,密封性良好。

若发现喷油泵密封不良时,则应分别检查排油阀与阀座和柱塞与套筒之间的密封性。

2.出油阀检查

操作步骤基本同上,区别在于停止泵油时放松泵油手柄。此时柱塞自然下行,这时若压力表读数保持不变,则认为出油阀密封性良好。若发现压力下降,则说明出油阀密封不良。

3.柱塞与套筒的检查

取出出油阀重复上述步骤。若压力表读数符合说明书的要求,则柱塞与套筒偶件密封性良好;若压力下降很快,则说明柱塞与套筒偶件漏油。

在柱塞与套筒偶件被拆出的情况下，检查其密封性的简易方法是用大拇指将套筒孔上端堵死，把柱塞从上极端位置向下拉。若感到有吸力，松手后柱塞能回到原位，便认为密封性尚可。

将柱塞与套筒偶件在清洁的柴油中清洗后，用手指拿住柱塞套筒倾斜 45°~60°，轻轻地抽出柱塞约 1/3，放手后，柱塞应能依靠其本身的自重，自由、均匀、缓慢地下滑，而没有卡阻现象，则认为其滑动性良好。如果柱塞下滑速度太快，说明柱塞与套筒的间隙太大；若柱塞下滑速度太慢，则说明柱塞或套筒内径已产生椭圆形磨损；如果柱塞下滑至某一位置卡住，则需检查原因，是否零件变形。

三、喷油器的检查

喷油器的检查与调整包括启阀压力、雾化质量和针阀偶件密封性三项。这些工作应根据情况进行定期的预防性检查和不定期的诊断性检查。正常情况一般应每月进行一次检查，以确保喷油器始终处于最佳状态。检查与调整是在喷油器试验装置上进行的。

1. 启阀压力的检查与调整

启阀压力是保证喷油器开始喷射时的最低喷射压力，它对燃油雾化质量有很大影响。在柴油机说明书中规定了喷油器的启阀压力，对不同的机型其值一般在 20~35 MPa。喷油器经长时间的工作后，会因调节螺钉松动、针阀和阀座磨损、弹簧损坏等原因使启阀压力降低。因此必须经常检查。

检查时，将喷油器连接在试验装置的高压油管接头上，先排除喷油器油路中的空气，然后缓慢泵油，从压力表观察开始喷油时的压力，此即为启阀压力。若此值与规定值不符，则可转动调节螺钉进行调节，一般顺时针拧进，启阀压力增加；反之，启阀压力减少。

2. 密封性的检查

检查喷油器的密封性，是指检查针阀与针阀体的径向配合面以及针阀与阀座锥面这两处密封性的检查。要求针阀在针阀体内能自由滑动又能保持良好的密封性，闭阀时在针阀与针阀体的密封锥面上不漏油，此项检查也是在喷油器试验台上进行的。另外，倾斜针阀 45°~60°，观察其在针阀套中自由下滑情况，可大致检查针阀与针阀体圆柱面的密封情况。

检查时，泵油使油压保持在略低于启阀压力的一定数值上，然后停止泵油，观察该油压降落的速度。通常，均以在规定时间内压力降不超过规定范围为标准。此速度大于规定范围时说明针阀与针阀体柱面的间隙大，因密封不良而产生漏油，致使压力降低较快。在检查柱面密封性的同时亦可检查锥面的密封性，即在上述操作中停止泵油时，若喷孔处只有轻度潮湿而无燃油滴漏者为密封性良好。如密封性不良，应设法修复或换新。

3. 雾化质量检查

喷油器雾化质量的检查也是在喷油器试验台上进行。检查时手动泵油，通过观察喷出的燃油雾花形状、数目和分布情况来判断雾化质量。雾化质量好时，油粒匀细，油束分布均匀，没有局部密集现象或油滴涌出，且油束的长度和锥角符合要求。每次喷油的开始和终了干脆利落，有清脆的“吱吱”声。在连续几次后，喷油嘴顶端应无油滴。

应注意检查缓慢泵油时喷油器的雾化质量。当进行缓慢泵油时，在压力增至启阀压力之前油滴从喷孔漏出，这表明针阀与针阀体的密封锥面密封不良。

当发现雾化质量较差时,应检查原因并修复;若无法修复时则应及时换新。

四、供油定时的检查与调整

(一)喷油泵供油正时的检查方法

1. 油面波动法

用此方法检查供油正时,最好利用废高压油管、橡胶管和玻璃管做一简易工具,检查时,将油量手柄置于额定供油位置,人工撬动柱塞驱气后再使燃油上升到玻璃管的某一高度,然后缓慢盘车,并注视玻璃管内液面位置。当液面开始上升的时刻,立即停止盘车,此时即为实际开始供油时刻。根据飞轮上的刻度,即能读出供油提前角度值。对多缸柴油机可按照发火顺序依次检查。

2. 光照法

对大型回油孔终点调节式喷油泵,若套筒上进、回油孔在同一高度,可用光照法检查供油正时。如图 8-47 所示,把喷油泵体上与套筒上进、回油孔相对的螺钉拆下,缓慢盘车,从油孔中观察柱塞的运动,并在对侧螺孔处用手电筒照射。当柱塞上行到刚好将回油孔遮住看不到光线时立刻停止盘车,此时从飞轮上的刻度即可读出该泵的供油提前角度值。

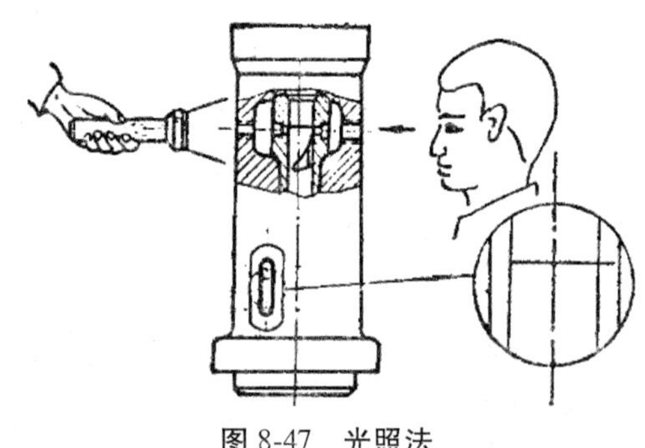

图 8-47　光照法

3. 标记法

有的喷油泵在泵体下部设有观察窗孔,在泵体的观察窗孔上和导程筒外表面分别刻有刻度线。盘车时,两条刻度线正对平齐的瞬间即为该泵的供油始点。这时从飞轮上可得到泵的供油提前角。

(二)喷油泵供油定时的调节

喷油泵的供油始点取决于柱塞关闭进、回油孔时刻,柱塞的运动受燃油凸轮的控制,燃油凸轮以一定的方式固定在凸轮轴上。若凸轮在凸轮轴上的周向位置以及凸轮的有效工作段不改变,则喷油泵的供油定时也固定不变。若上述两个因素之一发生变化,供油定时必定发生变化。所以调节供油定时可通过改变上述两个因素来实现。

根据喷油泵的工作原理和传动机构的结构,调节供油定时的方法有以下三种。

1. 转动凸轮法

各种型式的柴油机,安装凸轮的凸轮轴都是由曲轴按 1∶1 或 1∶2 速比传动的。无论齿轮传动或链传动,只要改变两轴的相位,即改变了燃油凸轮的相位,喷油泵的供油正时均发生

变化。如整体式凸轮轴(小型机)调节整机的供油正时,可松脱油泵凸轮轴连接法兰盘,转好调节角度后再重新连接。此法的规律是,在凸轮轴相对曲轴超前时,供油提前;反之,则滞后。对于装配式凸轮轴(大中型),调节单缸供油正时,可直接转动燃油凸轮的安装相位。

2. 升(降)柱塞法

此法多用于中小型柴油机回油孔式喷油泵。通过调整调节螺钉的高度,使柱塞在套筒内升降,改变柱塞上边缘与回油孔的相对高度,从而改变了凸轮的有效工作段,供油定时随之改变。柱塞上升供油提前;反之则滞后。调节后须紧固锁紧螺母。必须指出,调节螺钉不可伸长过多,以防柱塞在最高位置与排油阀相撞;亦不可缩短过多,以免滚轮落在凸轮基圆上时调节螺钉与喷油泵导程筒(导筒)脱离接触,导致工作中发生撞击。

3. 升(降)套筒法

此法多用于大中型柴油机回油孔式喷油泵。套筒上升时,正时滞后;反之,则提前。套筒的升降有三种途径:

(1)套筒上端设有一组调节垫片,减少垫片即提升套筒。

(2)泵体下端设置多个调节垫片。增加垫片,套筒升高,供油提前角减小;反之,供油提前角增大。

(3)套筒上设有螺旋套,用齿条拉动使套筒升降。

在上述三种供油正时的调节中,第2、3两种方法调节供油定时,在改变供油时间的同时也改变了凸轮的有效工作段,使喷油泵的供油规律受到影响,故通常仅用于对提前角做微量的调节。

实操训练1:喷油泵的拆装与检查、密封性的检查与处理

1.训练目标与要求

掌握内河船舶常用四冲程柴油机喷油泵的拆卸和装配方法。

2.训练设备

单体式喷油泵、拆卸工作台、适宜的工具及专用工具、清洗油盘及清洁的轻柴油。

3.实操步骤

1)拆卸(如图8-48所示)

(1)将油泵夹持于垫以铜钳口的钳台上,用扳手旋出油口接头依次取出油阀弹簧及出油阀(使用专用工具)。

(2)将高压油泵倒置,将导向套压下,用起子将弹簧圈挑出。

(3)松开杠杆依次取出:导向套筒、柱塞、弹簧、上弹簧承盘及齿圈,并检查齿圈与齿条的记号。

(4)将油泵正置,拆下定位螺钉,取出柱塞套,与柱塞一起放好,放存在有清洁轻柴油的油盘中。

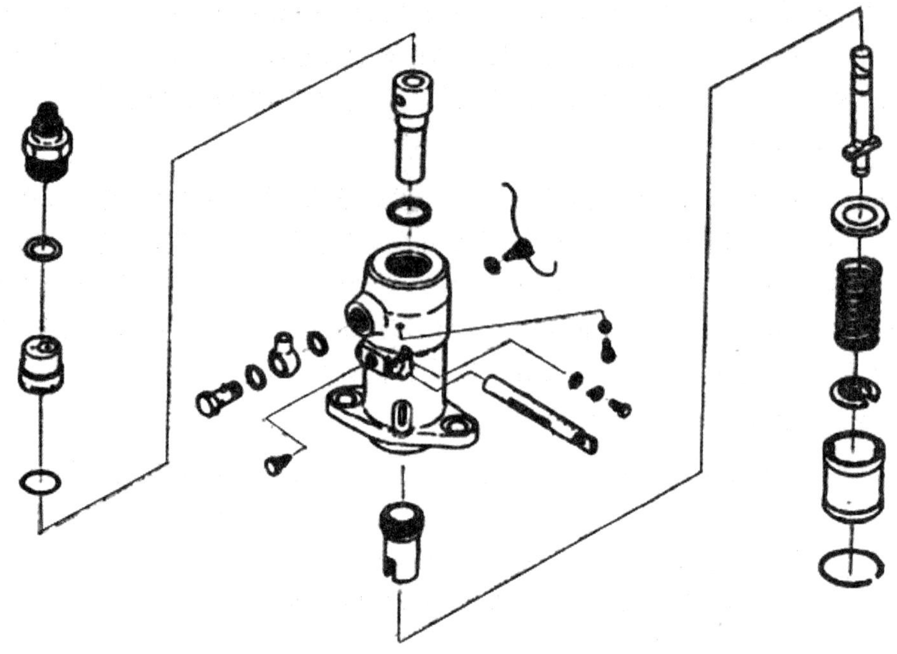

图 8-48　单体式喷油泵的拆卸示意图

2）组装与检查

（1）柱塞套筒装配

①检查泵体与柱塞套金属密封平面及套筒上密封平面，确认清洁无异物。

②从泵体上孔小心地装入柱塞泵，使其进油孔、定位盲孔（定位槽）分别与泵体上的进油孔及定位孔对正。

③拧入定位螺钉至死位，然后退回半圈对套筒做周向定位（轴向必须是可以移动的，小型油泵一般是直接将定位螺钉拧紧后，柱塞套筒尚可轴向移动，不必退回半圈）。

（2）出油阀偶件装配

①检查出油阀与阀体的配合面及阀体下密封面，确认是清洁的。将出油阀沾以过滤后的轻柴油，插入阀体内进行抽拉滑动试验，确认其运动自如，无卡滞现象。

②从泵体上孔小心地装入出油阀偶件及密封垫片，依次装入出油阀弹簧、限程支柱（小型泵无限程支柱）。

（3）装配出油口接头

将喷油阀夹持于钳台上，在螺纹接头的螺纹处涂以少许清洁机油拧入泵体内接口螺纹，然后按要求的力矩拧紧接头。

（4）将套筒定位螺钉拧入死位，使套筒完全定位（小型泵无此要求）。

（5）齿条与齿圈的装配

①泵体倒置，将齿条沾以清洁机油插入泵体齿条空中，使齿条上的装配标记朝上。拧入定位螺钉至死位然后退回一个棱面，往复拉动齿条做滑动试验，确认其滑动自如，无卡滞现象后，用锁紧螺母将定位螺钉锁紧，再次检查其滑动性应是符合要求的。

②将齿圈装配标记对正齿条标记装入泵体孔中，使之达到正确的啮合，再次往复拉动。

此步骤只有在更换了柱塞偶件或更换了下弹簧承盘的耐磨硬块后才做。组装方法如下：

③将柱塞尾部插入下弹簧承盘的开口槽圆孔内，在柱塞偶件工作面用布包扎。然后将偶件倒置于开度适宜并垫以紫铜钳口的钳台中。

④将耐磨硬块对正下弹簧承盘的圆孔，用紫铜棒轻击耐磨硬块使其到位。

(6)装配柱塞及导向套筒

①检查柱塞工作面，确认清洁无异物后沾以过滤后的轻柴油，小心地插入套筒，做往复拉动滑动试验，确认灵活自如，无卡滞现象后抽出。

②装入上弹簧承盘及弹簧，插入柱塞使其进油斜边对正泵体进油孔，调整柱塞凸耳使其对正齿圈缺口槽，用杠杆工具试压柱塞，确认柱塞凸耳能对正齿圈缺口槽并能灵活自如地下滑。小型泵用大拇指将导向套筒压下后，在专设的小孔中插入小钢钉，装入卡簧环后，再用大拇指用力按下导向套筒，拔出小钢钉。

③装配结束后，清洁泵体表面，用布将泵的低压油进口及出口包好，避免落入异物。

3)密封性检查和处理

(1)将偶件彻底清洁后沾上过滤后的轻柴油装配在一起做往复抽拉滑动实验，应能灵活自如，无卡滞现象。

(2)试验：将偶件倾斜45°~60°，抽出柱塞工作长度的1/3，靠其自重做下滑试验。

(3)密封性判断：若柱塞在向上任何位置均能无阻滞地、缓慢地均匀下滑，说明密封性良好，若柱塞下滑速度过快则说明密封性不良，若柱塞在一个位置下滑尚好而改换一个位置则不能下滑，说明有过大的圆度。有后两种情况的柱塞均不能使用。

实操训练2：供油定时的检查与调整

1.训练目标与要求

掌握喷油泵供油定时检查与调整的方法和操作步骤。

2.训练设备

四冲程小型柴油机、喷油泵专用扳手、螺丝刀、扳手等。

3.实操步骤

1)供油定时的检查

(1)指导学生说出供油定时有三种检测方法(油面波动法、刻度法和漏光法)，并说出该柴油机能使用的方法。

(2)以油面波动为例：拆去指定缸高压油管，供油手柄置于额定供油位置，确认其未处在供油位置并手动泵油，吹去高压泵出口的油。

(3)指导学生以正确的盘车方向盘车。

(4)指导学生确定何时为供油正时，读出并准确记录供油定时。

2)供油定时的调整

(1)说出柴油机单缸供油定时调节方法(转动凸轮法、升降柱塞法和升降套筒法)，该柴油机单缸调节供油正时应采用什么方法。

(2)指导教师告知说明书上的要求时,说出该缸为什么要调,在哪里调,需调多少度,调大还是调小。

(3)以升降柱塞法为例:打开高压油泵盖板;松开紧固螺母;朝正确的方向升或降柱塞;上紧紧固螺母。

(4)再检查供油定时。

实操训练3:喷油器的拆装,密封状态、启阀压力、雾化质量的检查

1.训练目标与要求

掌握喷油器拆卸和装配的过程,以及密封性和雾化质量的检查方法。

2.训练设备

多孔闭式喷油器、配套的喷油器试验器、铜丝刷、拆装工作台、适宜的工具(扳手、尖嘴钳、螺丝刀等)、清洗油盘及清洁的轻柴油。

3.实操步骤

1)喷油器的拆卸

(1)清除喷嘴积炭:将喷嘴浸入轻柴油中,泡软后用竹片刮除积炭后再用铜丝刷将喷嘴刷净。

(2)将喷油器正置夹紧于垫有铜钳口的台钳上,依次拆下进油管接头、取出缝隙式滤芯、拧下回油螺钉。

(3)拧松调节螺钉的锁紧螺母,拧下调节螺钉,顺次取出弹簧、上弹簧承盘、顶杆。

(4)将喷油器倒置夹紧于垫有铜钳口的钳台上依次拆卸。用钩型扳手将压环螺母从喷油器体上拧下,依次取出喷嘴、针阀偶件及限程盘,这些零件均是精密件,应放置于垫有绸布的洁净油盘内。

(5)针阀偶件分解:将针阀从针阀体内抽出。若针阀卡死在阀体内,不可强力抽拔;否则会导致完全卡死。此种状况可将针阀偶件浸入机油中加热约170 ℃,待阀件热胀后即可拔出针阀。

2)喷油器的装配

(1)将零件彻底清洗后用压缩空气吹净。准备两盆过滤后的轻柴油供零件清洗、润滑用。

(2)针阀偶件组装:

①检查确认喷油嘴偶件是清洁的。将针阀沾上过滤后轻柴油插入阀体做周向及轴向滑动试验,应是灵活自如,然后装配在一起。

②针阀体和喷油器体的端面销孔对齐入座,拧紧喷油嘴锁紧帽。

(3)喷油器体正夹紧于垫有铜钳口的台钳中,检查确认各零件的金属配合面是清洁的,然后按下述程序装配:

①从喷油器体中孔插入顶杆(盲孔端朝下),调压弹簧、弹簧座。

②在喷油器上端中孔拧入调节螺钉,使弹簧稍有压缩,并拧入锁紧螺母;待喷射压力调整好后再锁紧螺母和护罩。

③检查确认缝隙式滤器工作面清洁无异物,然后将滤芯沾上过滤后的轻柴油插入滤器体中,共同拧紧于喷油器体的低压进油孔中。

④拧上进、回油管并用布将进、回油口包好,避免落入异物。

3)密封性检查

(1)将试验泵至高压油管的接口闷死(如果高压油管上有截止阀可关闭此阀):手动泵油至启阀压力稍高一点观察表压力,若无压力骤降现象,则说明试验泵本身密封性良好。

(2)将待检喷油器接到喷油器试验器上,进油接头螺母暂不要上紧。

(3)手动泵油排除系统内空气,此时接头处有混有气泡的燃油流出,待流出油中无气泡时即刻上紧接头。

(4)手动泵油至说明书要求的压力(一般稍低于启阀压力),并保持泵油手柄不动,随即启动秒表计时。

(5)密切注意喷油嘴,若在 10 s 内无油液积聚现象(但允许有湿润),则可认为针阀偶件密封锥面密封合格。

(6)继续观察压力表的压力下降值,当表压降至说明书规定的压力时(一般规定为 5 MPa),停止秒表计时。若所经历的时间符合说明书的要求(一般不少于 50 s),则可认为喷油器的整体密封性合格。

4)启阀压力调整

(1)用两个扳手一个固定住调节螺钉,另一个拧松紧固螺母。

(2)调节螺钉顺时针旋转启阀压力升高;反之则降低。反复检查调整直到符合要求。

(3)将调节螺钉锁紧后再检查一遍启阀压力,如无误,则调整完毕。

5)雾化试验

(1)垂直装好喷油器,以 40~80 r/min 速度泵油,使喷油器喷油 2~3 次,直观判断雾化状况。

(2)根据喷油器喷雾工作情况,确定为符合或不符合:①喷油声音清脆;②雾化细度和均匀度情况良好;③喷油器喷油孔周围无滴油(允许湿润)。

第六节 废气涡轮增压器的检修

废气涡轮增压器的检修工作主要包括轴承的检修、叶片与气封装置的检修、增压器振动的检修、增压器的拆装与校中等。

一、轴承的检修

涡轮增压器轴承分为滚动式和滑动式,船用增压器多采用滚动式轴承,另外还有止推轴承。废气涡轮增压器轴承是在高温、高速和轻负荷条件下工作的。要保证轴承在此工作条件下可靠运转，除轴承本身的结构设计、材料、制造精度等外，在使用中维护管理也是至关重要的，例如运转中转子的动平衡精度、轴承的润滑和冷却，以及定期检验和轴承的使用寿命期等。

1.滚动式轴承的检修

压气机端轴承采用成对双列向心推力球轴承，除起支承转子作用外还起止推作用；涡轮端轴承采用单列向心球轴承或单列向心短圆柱滚子轴承，起支承作用。

(1)轴承使用寿命期

一般轴承运行 8 000 h 左右进行检修，压气机端轴承和涡轮端轴承应全套更换。

(2)减振弹簧片

压气机端的轴承中装有两组弹簧片。径向减振弹簧片安装在轴承外圆和轴承座之间，弹簧片间有 0.25~0.55 mm 的间隙，用以减少振动；轴向减振弹簧片用以减振和调整、确定转子的轴向位置。弹簧片是由数个薄钢片叠成，彼此之间有 0.13~0.18 mm 的间隙。涡轮端轴承中只有径向减振弹簧片，如图 8-49 所示。

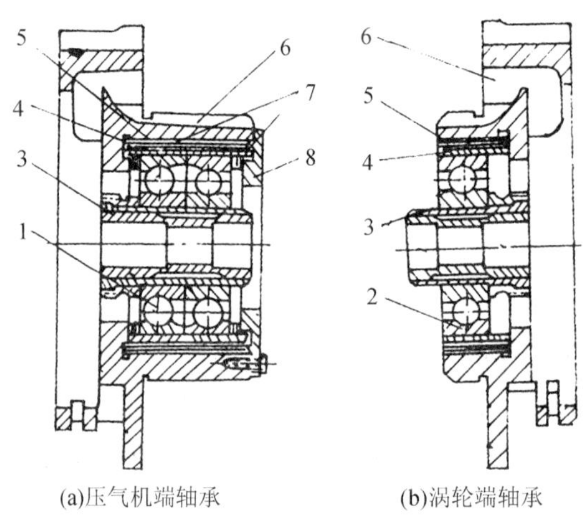

图 8-49 增压器滚动式轴承

1—成对双列向心推力球轴承；2—单列向心球轴承；3—轴承内套；
4—轴承外套；5—弹簧片；6—轴承座；7—调整片；8—轴承盖

在轴承运转期间，弹簧片容易磨损或损坏。在船上条件下无法更换弹簧片，只能换新轴承。

2.油泵和润滑

增压器的转子两端轴承有自带润滑油泵。应根据增压器使用说明书定期进行油泵检查。例如，使用 VTR 型增压器，每隔 12 000~16 000 h 对油泵检查一次，以掌握其磨损和漏泄情况。一般应由生产厂专门维修。在重新安装油泵时应检查油泵的轴线是否与转子中心线同轴，偏差应在 0.01 mm 以内。应保持润滑油的正常油位和定期更换润滑油。

二、叶片与气封装置的检修

1.叶片损伤与检修

涡轮叶片和压气机叶片的损伤形式主要是碰撞引起的叶片变形、裂纹和断裂。

涡轮叶片变形主要是异物撞击所致。如吊缸检修时由于粗心使工具等物品,特别是尺寸不大的工具或螺帽等遗在气缸中,或者活塞环折断后的碎块,甚至由于安装不良使喷油头落入缸中等。当柴油机运转时,这些异物被排气自排气口吹至排气管和增压器涡轮进口壳体,这些高速飞来的异物冲破废气进口处的金属隔栅进入涡轮,与高速回转的涡轮叶片相撞击,轻者使叶片变形、裂纹,重者造成叶片折断,并随之碰撞其他叶片导致涡轮叶片的大部分乃至全部损坏。

对损伤较轻的叶片仔细观察有无裂纹,必要时进行无损探伤检验,如有裂纹或断裂应换新叶片。海上条件下更换叶片不便时,可将断叶取出并将其对称位置的叶片取下,以保持转子的动平衡性,减少增压器的振动。如叶片有轻微变形可进行冷校。

压气机叶片损伤是由于轴承严重磨损、吸入硬质颗粒、增压器振动等因素,或者发生碰撞破坏了转子与壳体间的正常间隙等造成碰撞或摩擦,使叶片擦伤、变形或裂纹。

增压器的转子或叶片经修理或换新后均应进行动平衡试验,并使之符合要求。涡轮叶片凹面上的撞击伤痕等少量缺陷允许修磨,磨去深度不得超过相应部位叶片厚度的1/6,磨去的面积符合规定要求。叶片上的上、中部区域内的一定缺陷允许焊补修复。

2.密封装置的检修

(1)密封装置

废气涡轮增压器的密封装置包括气封和油封两种。

气封的作用是防止压气机端的压缩空气和涡轮端的燃气漏泄。压气机端的压缩空气大量漏泄使增压器效率降低,涡轮端燃气漏泄造成涡轮功率下降,高温燃气漏入轴承箱污染滑油和损坏轴承。

油封的作用是防止增压器轴承箱中润滑油的漏泄。滑油漏泄不仅增加润滑油的消耗量和造成轴承润滑不良,还会因润滑油漏至涡轮进气壳燃烧使燃气温度升高以致涡轮叶片烧毁。

所以,良好的密封装置是废气涡轮增压器正常可靠地工作不可缺少的组成部分。如图8-50(a)所示为大型增压器的轴向密封装置,如图8-50(b)所示为径向密封装置。气封片的间隙越小,密封效果越好。从压气机端引入增压空气到密封装置,可增强密封效果。

(2)密封装置的安装部位

涡轮端:转子与废气进口壳体之间有一定的径向间隙,为防止废气进入轴承箱和润滑油泄入废气排气壳,在转子轴上安装迷宫式轴向密封装置;为了防止增压空气自压气机叶轮背部与隔热墙之间的间隙漏入涡轮端使转子的轴向推力增大,所以在压气机叶轮背面和隔热墙之间安装迷宫式径向密封装置。

压气机端:在转子与废气进口壳体之间的间隙安装迷宫式轴向密封装置。

(3)密封装置的检修

密封装置的损坏,大多是在增压器拆装过程中不慎碰伤密封带,或增压器运转中的剧烈振动,或者安装间隙不符合要求等造成的。密封带顶部有较轻的弯曲变形时,可用平嘴钳将其夹直校正;若损伤严重时则应换新密封带和压紧丝。在船上条件下更换新的密封带可按增压器说明书中规定的要求和步骤进行。

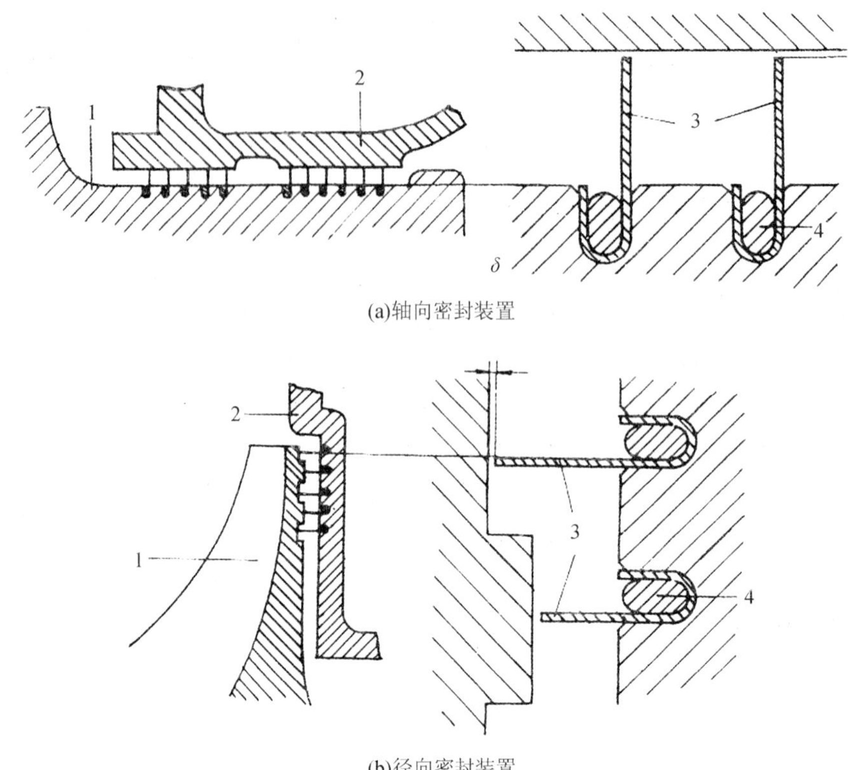

图 8-50　活塞环式密封装置

(a)1—转子轴;2—废气进口壳体;3—密封带;4—压紧丝

(b)1—压气机叶轮;2—隔热墙壁;3—密封带;4—压紧丝

三、增压器振动的检修

1.清洗

利用增压器上的喷水装置清洗涡轮端和压气机端的叶片和通道。清除油垢、积炭,既消除引起喘振的因素,又除去不平衡质量,从而减轻或完全消除由此引起的振动。

2.换新轴承

若产生振动时轴承已接近换新时间,则可能是因轴承损坏引起的振动,故应首选换新轴承来消除增压器振动。增压器轴承中,以涡轮端轴承温度高、工作条件差而先损坏,所以应首先更换涡轮端轴承,然后再换压气机端轴承。

3.检查转子的磨损和变形

将增压器解体,抽出转子,检查压气机和涡轮的叶轮、气封和工作轴颈外圆表面有无擦伤、变形和磨损。必要时吊入车间在平台上检测转子轴线状态,以判断转子的弯曲变形和变形程度。

4.转子动平衡检验

在专用动平衡试验机上检测转子的平衡精度,依测量出的不平衡质量的大小与位置进行

修理，除去不平衡质量后再次检验，直至达到要求的平衡精度为止。当然，做转子动平衡检查时，转子应是完好状态，即没有擦伤、变形和磨损等。

5.安装间隙的检查

安装间隙反映了转子与增压器壳体的对中情况。进行粗检：手动转子使之回转，听声判断对中情况；精检：测量 L、M 等配合间隙值，精确判断对中情况。应该注意的是压气机进气道壳体，如果发生下沉也会影响对中性，从而引起增压器振动，这种情况虽少见，但在 BBCVTR631－1N 型增压器上曾出现过，而且一般不容易发现是由此引发的振动故障。

四、增压器的拆装与校中

废气涡轮增压器是高速回转的精密机械，一般检修人员对其抱有惧怕心理，不敢进行拆卸和安装。这是对其了解和掌握不够所致。为了正确管理和保养增压器，正确地排除故障和处理异常情况，就必须熟悉增压器的内部结构、工作原理，掌握其拆装顺序和要求，从而保持增压器良好的技术状态。

（一）拆装增压器的要求

（1）认真阅读增压器说明书，结合实际掌握增压器内部结构：压气机和涡轮的结构形式、轴承的结构形式、润滑方式、叶轮与转子轴的连结方式、密封装置的形式与位置、各零部件的相对安装位置、配合间隙等。在掌握内部结构和明确要求的前提下，才能进行增压器的拆装，拆装时才能做到心中有数。

（2）拆卸时正确使用随机专用拆装工具，才能保证顺利地拆装。按照规定的拆卸顺序和要求进行，不可破坏零部件原有的精度与表面粗糙度，尤其是轴承和轴颈工作表面，应清洁、上油、防止生锈。拆下的相关零件的相对位置必要时打上记号，以免产生安装错误。

（3）安装时应严格按照说明书的安装顺序和要求、规定的装配间隙进行增压器的组装，并按照一定的方法进行间隙检验与调整，以保证转子与壳体的对中性，保证增压器可靠地运转。

（二）增压器拆装顺序

在对增压器结构了解、要求明确的基础上进行拆卸和安装。在船上拆装增压器，不必拆下增压器壳体，只需拆下转子进行检修。下面以 VTR400 型增压器为例简要说明拆下和安装转子的顺序。

（1）拆卸压气机端：拆下放油旋塞，放出润滑油；拆下轴承端盖；拆下油泵（自带油泵式）；拆下整个轴承组，并用蜡纸包好，以免弄脏。

（2）拆卸涡轮机端：拆下放油旋塞放出轴承箱中的润滑油；拆下轴承端盖；拆下油泵（自带油泵式）。拔出轴承的内部零件：轴向减振弹簧片组、滚柱轴承外座圈等。把轴承零件用蜡纸包好，以免弄脏。

（3）拆下压气机端的空气进气壳。

（4）把转子从压气机端抽出并用两个木墩支承使之立放。在重新安装前应把轴承箱清洁干净、轴承备件准备好、自带油泵轴线进行检查。按与拆卸相反的顺序进行安装。最后测量压气机端的 K 值，并应符合要求。

(三)涡轮增压器的主要装配间隙

增压器是高温下高速回转的精密机械,为了保证正常运转,必须严格控制运动件与固定件之间的配合间隙。间隙太小,引起擦碰,如叶片与壳体、密封装置与壳体相碰,轻者损坏零件,重者造成严重的事故;间隙过大,漏气损失增大,使增压器的效率大大降低。

增压器的主要装配间隙如图 8-51 所示,图中间隙 A 为压气机端导风轮与壳体的径向配合间隙;间隙 B 为扩压器与壳体的轴向间隙;间隙 L 为压气机叶轮与壳体之间的间隙;间隙 M 为压气机叶轮背面与气封板之间的轴向间隙;间隙 D 为轴流式涡轮叶片与喷嘴叶片之间的轴向间隙;间隙 E 为轴流式涡轮叶片与喷嘴外环之间的径向间隙;N 为转子轴向串动量,或者说是转子轴向热膨胀量。以上各间隙随机型而异,具体数值在增压器说明书中均有明确规定。

注意:拆装时,转子轴上的运动件均有确定位置,不可改动,轴上的零件也不允许随便更换,以免破坏动平衡精度和与固定件的配合间隙。

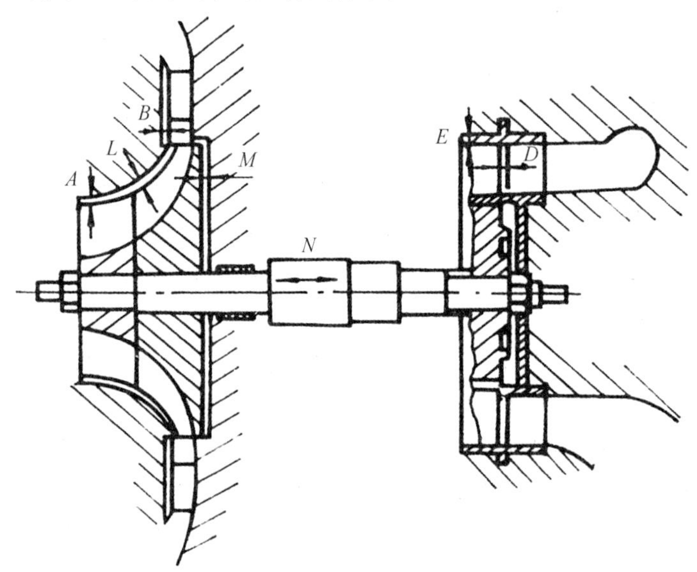

图 8-51 增压器的主要装配间隙

(四)增压器的校中

增压器重新安装后应检查运动件(转子)与固定件(增压器壳体)之间的相对位置关系,即进行校中检验。但只有在增压器检修更换零件后才进行,一般分为粗略检验和精确测量检验。

粗检是手动增压器转子使之回转,倾听转动时有无擦碰声音。如果有擦碰说明转子对中不良,应查明原因予以消除。

精检是在粗检合格后采用测量方法进行校中检验。

1.主要测量间隙

(1)间隙 N:N 为压气机端推力轴承与转子轴端面之间的轴向间隙,即转子的轴向窜动。使在保证转子轴向热膨胀的情况下不会产生压气机叶轮或气封与增压器壳体相碰。

(2)间隙 L:L 为压气机叶轮前方与壳体之间的间隙。

(3)间隙 M:M 为压气机叶轮背面与气封板之间的轴向间隙。

2.测量方法

（1）测量 N：测量前首先取下增压器两端的轴承端盖，分别在转子轴的左、右端施以轴向推力，使转子轴分别处于左、右两个极端位置，分别测出转子轴端面至压气机壳体端面之间的距离 K_3、K_4值，则止推轴承处的轴向间隙 $N=K_3-K_4$。如 VTR630 型增压器的止推轴承轴向间隙 $N=0.17\sim0.23$ mm。

（2）测量 K：为了测量压气机叶轮前后的间隙 L 和 M，先使转子轴恢复到不受轴向力作用的状态，然后测量出转子轴左端面至压气机壳体端面的距离 K，如图 8-52（a）所示。

（3）测量 L：旋出压气端的连接螺钉 2 的长度约 5 mm，在涡轮端转子轴上施一轴向推力，使转子轴向左移动，此时间隙 L 消失，测量转子轴左端面至压气机壳体端面的距离，则压气机叶轮前方与壳体之间的间隙 $L=K-K_1$，如图 8-52（b）所示。VTR631 型增压器 $L=1.055\sim1.665$ mm。

（4）测量 M：将螺母 4、5 及甩油环 6 拆下，在转子轴右端装一吊环螺钉，将转子轴向右拉动，使间隙 M 消失，测量转子轴左端面至压气机壳体端面的距离 K_2，则压气机叶轮背面与气封板之间的间隙 $M=K_2-K$，如图 8-52（c）所示。VTR631 型增压器 $M=0.275\sim1.185$ mm。

当各间隙值符合要求时说明增压器转子与壳体对中性良好；否则应查明原因，调整后再度测量。

五、增压器损坏后的应急措施

航行中，当废气涡轮增压器发生严重故障时，既不能修理又无法继续使用，这种情况下只有停止增压器运转。但是废气涡轮增压器与柴油机是联合装置，工作密切相关，增压器停止工作后必须采取相应措施保证柴油机的可靠运转。根据柴油机废气涡轮增压方式、增压器的数量和损坏程度的不同，所采取的应急措施也不一样。具体做法可依增压器说明书的规定进行。一般原则如下：

1.航行中主机增压器损坏时的处置原则

（1）为避免事故继续扩大，在水域情况允许时应立即停车进行检修。

（2）在水域不允许、往来船舶太多或航行在狭水道等不允许停车的特殊情况下，应使主机转速降至较低水平保持船舶航行。

2.对损坏增压器的应急处置

（1）允许短时停车时锁住转子。当主机增压器损坏停止工作时，主柴油机仍要继续运转，以保证船舶继续航行。为了防止废气冲击转子，应将转子锁住。

定压增压系统中的增压器损坏时，只需锁住转子的压气机端；脉冲增压系统中的增压器损坏时，需锁住转子的两端，因为废气脉冲压力使转子产生过大的扭矩，仅锁住一端是不够的。一般当柴油机的平均有效压力 ≥0.5 MPa（或平均指示压力 >0.57 MPa）时，就应锁住转子两端。

利用随机专用工具锁住转子，并按说明书操作。转子锁住后，增压器壳体继续冷却，但应停止其轴承润滑。

增压器损坏后锁住转子的应急措施，具有简便、缓解故障和防止事故扩大的优点，但转子受到高温废气和自重作用，短时间尚可，长时间作用将会引起转子变形。

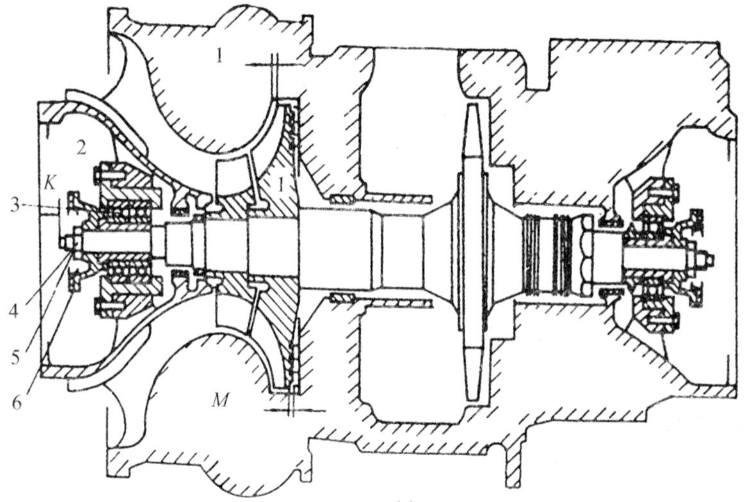

1 2 K 3 4 5 6 M 1

(a)

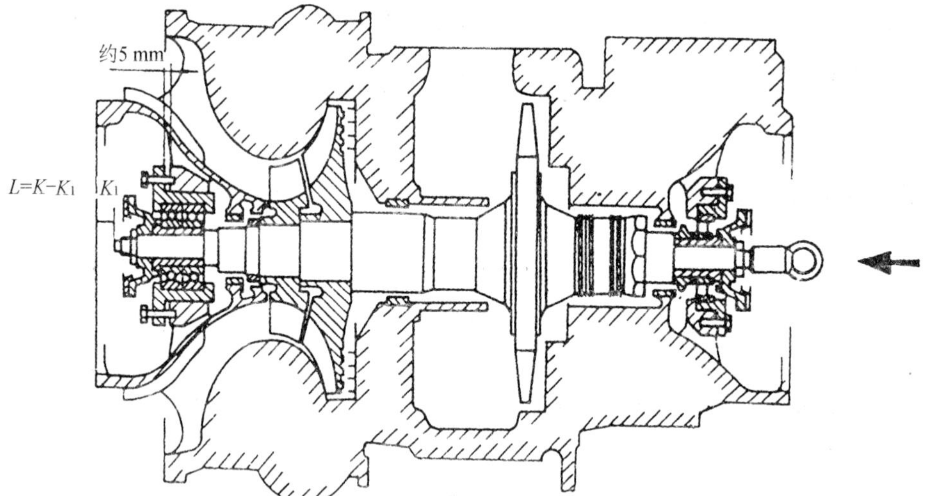

约5 mm

$L=K-K_1$ K_1

(b)

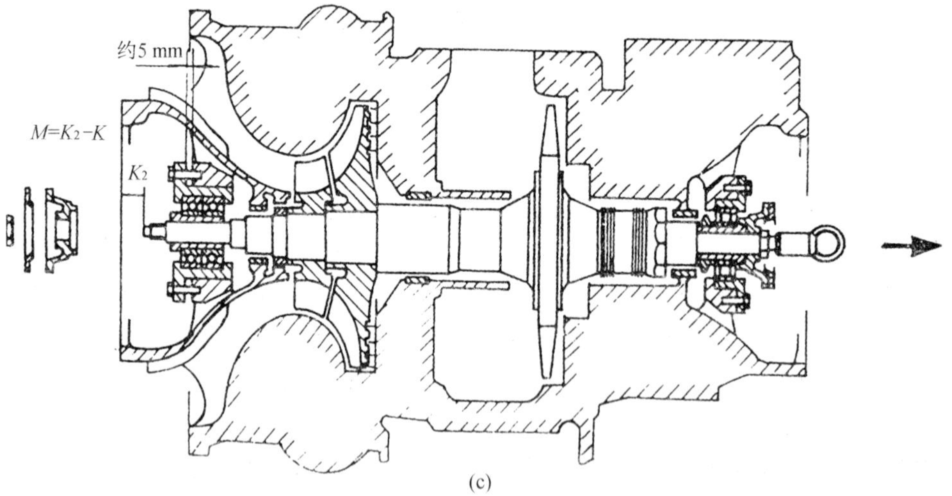

约5 mm

$M=K_2-K$

K_2

(c)

图 8-52　VTR631 型增压器校中测量

1—压气机叶轮；2—连接螺钉；3—止推轴承；4，5—螺母；6—甩油环

(2)允许长时间停车时,可拆除转子。增压器损坏后由于时间充裕,可采用拆除转子和在增压器壳体两端和中间安装封闭盖板的措施,如图 8-53 所示。此法不仅防止事故扩大,而且使转子受到较好的保护,但工作量较大,需要较长的工作时间。

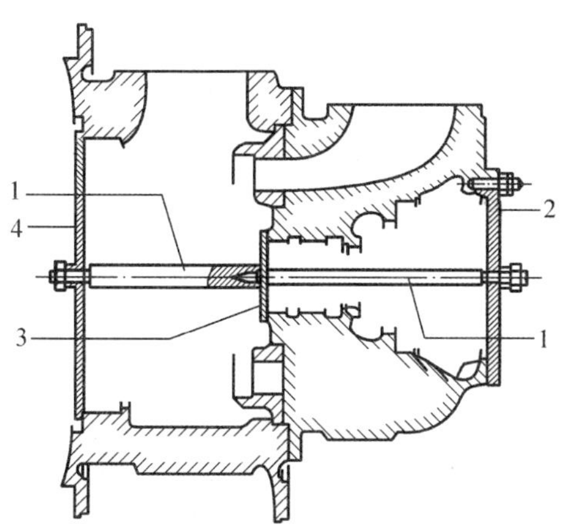

图 8-53 增压器转子拆除后装加封闭盖板

1—拉杆;2,3,4—盖板

实操训练 1:增压器 *K* 值的检查

1.训练目标与要求

掌握测量废气涡轮增压器 *K* 值的基本方法。

2.训练设备

增压器及拆装专用工具、深度游标卡尺、扳手、螺丝刀等。

3.实操步骤

(1)先拆掉增压器两端的轴承端盖,拿去密封垫。

(2)拆除转速传感器和空气滤清消声器。

(3)使转子轴恢复到不受轴向力作用的状态,然后用深度游标卡尺测量压气机轴端与蜗壳端面的距离,即 *K* 值。

实操训练 2:废气涡轮增压器的拆卸与装配

1.训练目标与要求

掌握拆装涡轮增压器的要求、顺序和拆装的注意事项,能对废气涡轮增压器进行正确的拆装。

2.训练设备

增压器及拆装专用工具、扳手、螺丝刀、配套挂图等。

3.实操步骤

(1)拆卸压气机端:根据指导教师的指导拆除闷头,放掉滑油,拆下压气机端盖;拆除油泵和轴承;拆除压气机进气道的螺栓,吊出消声器。

(2)拆卸涡轮端:根据指导教师的指导拆除闷头,放掉滑油,拆下涡轮端盖;拆除油泵和轴承。

(3)固定部件的解体:根据指导教师的指导松开压气机蜗壳与涡轮排气蜗壳之间的连接螺栓;吊出压气机进气道和压气机蜗壳。

(4)抽出转子:根据指导教师的指导从涡轮端伸进转子导管并套牢,利用旋在压气机端轴头上的环首螺母稍稍抬起转子轴。两端配合动作,用力从排气涡壳中向压气机端抽出转子组件;将转子组件竖直放在可靠的木垫上,让压气机端向上或者用手拉葫芦将增压器转子吊起,绝对不能把增压器转子平放在地上。

(5)装配:重新查看说明书,明确装配的要求、装配的顺序和安装的注意事项,在指导教师指导下按拆装的相反顺序进行安装。

第七节 齿轮传动系检修

柴油机齿轮传动系包括安装在曲轴上的曲轴齿轮、配气凸轮轴上的配气凸轮轴齿轮、喷油泵轴上的喷油泵齿轮、机油泵轴上的机油泵齿轮以及惰轮轴上的惰齿轮。齿轮传动系的作用是驱动凸轮轴、高压油泵、机油泵等零部件工作。齿轮传动系统的运行状态往往直接影响到柴油机能否正常工作。

一、齿轮传动系的结构特点

柴油机正时齿轮传动机构一般设在机体前端的齿轮室内,由八个斜齿轮组成平面齿轮系。在安装时,仅凸轮轴齿轮上有一处记号,须与正时齿轮室上刻痕记号对准(第一缸活塞处于上止点位置)。喷油齿轮不需要对记号,可通过松开传动轴端连接法兰的内六角螺栓来调整供油时间,与一般传动结构相比较为简单。空压机齿轮、液压泵齿轮和机油泵齿轮是各自安装在总成上,再一起装入柴油机的。齿轮的位置没有调整的余地,其间隙由机身上的齿轮中心坐标来确定,即将传动齿轮中的两个惰轮轴孔(正时齿轮惰轮轴孔、机油泵惰轮轴孔)作为齿轮室与机身的定位孔定位。

二、传动齿轮的拆装

在齿轮式凸轮轴传动机构中,曲轴上主动齿轮的位置代表着曲轴(曲柄或活塞)的工作位置;凸轮轴上定时齿轮的位置状态表示着凸轮轴(或气阀)的工作状态位置。只要曲轴上的主动齿轮和凸轮轴上的定时齿轮圆周相对位置正确,则气阀的动作就会与活塞行程动作协调配

合,符合柴油机配气定时要求。

主动齿轮和定时齿轮在轴上安装妥当后,再将中间齿轮按号逐个装入,曲轴和凸轮轴的相对位置就确定了。故在安装中间齿轮时除应注意曲轴与凸轮轴的传动齿轮之间保持正确的定时关系外,还必须注意使各齿轮间的啮合间隙均符合要求。

为保证定时正确和安装方便,柴油机厂在各对啮合齿轮都标有安装啮合记号,如图 8-54 所示。使用者在安装中间齿轮时只要使各组记号对正,便能得到合格的定时。在拆装时,没有必要在齿轮上另做记号。当中间齿轮拆卸下来后,绝对不可强制盘车,以防气阀在开启位置上与上行的活塞顶面发生撞击。

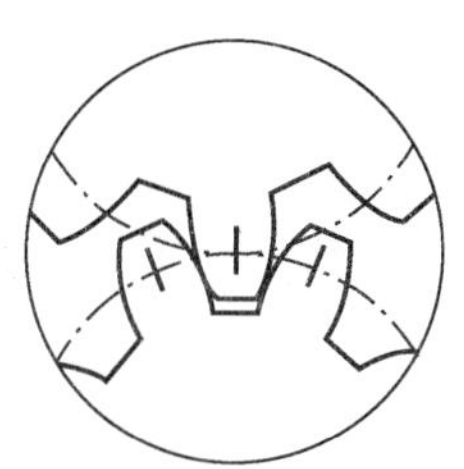

图 8-54 齿轮啮合记号

实操训练 1:柴油机凸轮轴的拆卸与装配

1.训练目标与要求

(1)掌握柴油机凸轮轴的拆装和装配方法及要求。

(2)理解喷油提前角、供油提前角的含义和区别。

2.训练设备

6135 型柴油机、工作台、合适的各型扳手、螺丝刀等。

3.实操步骤

船用四冲程柴油机一般有两根凸轮轴,一根用于开启气阀,另一根用于喷射燃油。采用两根凸轮轴,便于单独改变喷油和气阀正时。以 6135 型柴油机喷油泵凸轮轴的拆装与装配为例,6135 型柴油机采用整体柱塞式喷油泵,它通过四根螺栓固定在柴油机机体一侧的支架上,由柴油机曲轴经正时齿轮驱动,喷油泵凸轮轴与喷油泵驱动轴采用联轴器连接,喷油泵凸轮轴的拆装与装配操作步骤如下:

(1)凸轮轴的拆卸

①在指导教师指导下,学生拆卸驱动轴与喷油泵凸轮轴之间的接合器螺栓。

②拆卸固定在柴油机机体支架上的四根螺栓,有两名学生将整体柱塞式喷油泵搬运到修理工作平台。

③按说明书的操作步骤,解体喷油器凸轮轴。

(2)凸轮轴的装配

①视情况更换磨损或损坏件,按拆卸的反顺序安装喷油器凸轮轴,并安装在机体的支

架上。

②喷油正时的调整：

a.对柴油机进行盘车，使飞轮上的定时零度线对准飞轮壳上检视窗的指针，第一缸活塞位于膨胀冲程始点，转动连接喷油泵的接合器接盘，使第一缸喷油泵柱塞弹簧处于刚刚压缩状态，然后将飞轮反方向（顺时针）转动 23°即可（喷油提前角 20°~23°），若进行微调，传动轴接头上刻有分度线，每格 3°，紧固接合器接盘上的螺栓。

b.较大角度调整供油提前角时，将喷油泵体的接合器接盘逆着凸轮轴旋转方向转动一定角度，供油提前角增大；反之，供油提前角减小。

实操训练 2：齿轮传动系的拆装与间隙的测量

1.训练目标与要求

(1)掌握柴油机齿轮传动系的拆装以及间隙测量的方法。

(2)理解传动齿轮之间的安装位置对柴油机造成的影响。

2.训练设备

6135 型柴油机、合适的各型扳手、塞尺、铅丝、螺丝刀等。

3. 实操步骤（以 6135 型柴油机为例）

(1)传动齿轮的拆装

①6135 型柴油机在传动轴系一共有六个齿轮，因检修需要，一般拆装相应的齿轮即可，为保证定时正确和安装方便，柴油机厂在各对啮合齿轮上都标有安装啮合记号，在拆装时，没有必要在齿轮上另做记号。

②安装时主要是对好曲轴齿轮、凸轮轴齿轮、喷油泵齿轮以及中间惰齿轮的记号即可，若拆装位置在最下面的机油泵齿轮与机油泵传动齿轮，无须对记号。方法是盘车至第一缸上止点，对准相应中间惰齿轮（正时齿轮）上 3 个数字记号安装即可（0 对 0；1 对 1；2 对 2）。

(2)齿轮间隙的测量

齿轮啮合间隙的测量，一般采用铅丝咬合后测量铅丝的厚度，或用塞尺填塞齿侧的方法来测量，测量值与说明书要求的标准值比较，判断各齿轮间的啮合间隙是否符合要求。

第八节 曲轴的检测

曲轴是柴油机的重要零件之一。曲轴的作用是把活塞的往复运动变成曲轴的回转运动，汇集并输出各缸的功率。曲轴的形状复杂、刚性差，其重量占整台柴油机重量的 7%~15%，造价占柴油机造价的 10%~20%。曲轴发生损坏将直接影响船舶的安全和正常营运，并造成重大的经济损失。

一、曲轴的损坏形式

曲轴常见损坏形式有:轴颈的磨损、腐蚀;裂纹和红套滑移。

(一)曲轴轴颈的磨损

柴油机曲轴的主轴颈与主轴承是一对做回转运动的运动副;曲柄销颈与连杆大端轴承是曲柄销颈在摆动的大端轴承内做回转运动的运动副。

曲轴在正常运转时,主轴颈与主轴承、曲柄销颈与连杆大端轴承虽然处于液体动压润滑的条件下,但是由于诸多变化的和偶然的因素影响,使运动副实际上处于混合摩擦状态,产生不可避免的磨损。轴颈磨损后失圆,横截面出现圆度误差,纵截面出现圆柱度误差。轴承磨损后使轴承间隙增大。在正常磨损情况下轴的磨损较小,轴瓦磨损较大。

1.同一台柴油机曲轴的各主轴颈和曲柄销颈的磨损量不同

一般直列式柴油机的连杆轴承负荷较主轴承负荷大,所以曲柄销颈磨损较主轴颈大些。V形柴油机恰好相反,是主轴颈磨损大。

2.曲轴轴颈在轴向和周向的磨损不均匀

曲轴在运转中,其轴颈不仅因磨损导致直径减小,而且因磨损不均匀而产生圆度及圆柱度误差,有时也出现凸台。

曲轴轴颈在轴向不均匀磨损产生圆柱度误差,一般以曲柄销颈严重。轴颈轴向不均匀磨损可能是连杆安装不正、连杆或曲轴存在弯曲变形等致使轴颈在轴向受力不均造成的。

曲轴轴颈在周向不均匀磨损产生圆度误差,是由于柴油机运转时,曲轴回转一周在轴颈上作用力的大小和方向均是变化的,轴颈受力大的部位也是理论磨损大的部位,但是还与实际的润滑、间隙等有关。

轴颈产生圆度误差的原因从根本上说,是曲轴运转时,在每一个循环中轴颈上所受力的大小和方向是在不断变化的,即由柴油机工作循环本身的特点造成的。而不均匀的程度取决于柴油机的类型、气缸数目与排列顺序、曲柄夹角以及发火顺序等。

对于四冲程柴油机,曲柄销内侧,即靠近曲轴轴心线的一侧磨损比其外侧(即远离曲轴轴线的一侧)要大些。这是由于四冲程柴油机在运转时,曲轴在一个工作循环中,只有在燃烧冲程内,其曲柄销外侧才受到作用力而使之磨损,而在其余三个冲程期间,由于连杆大端所产生的惯性离心力大大超过往复运功部分的重力,从而迫使连杆具有与曲柄销脱离的倾向,这使得连杆大端轴承经常压在曲柄销的内侧。在这种不等速运动的惯性力引起的摩擦力作用下,曲轴销内侧磨损较大。主轴颈受力方向与曲柄销受力方向相反,所以在靠近曲柄销一侧,主轴颈磨损也较大。

二冲程柴油机曲柄销的磨损情况与四冲程柴油机相反,即曲柄销外侧比内侧磨损大些,而其主轴颈的磨损则是远离曲柄销的一侧大。这是因为爆发压力远比离心力大,因此曲柄销外侧所受的摩擦力较大。

轴颈产生圆柱度误差,一般是曲柄销比主轴颈磨损严重,通常磨成锥形。曲柄销磨损产生圆柱度误差的主要原因有:

(1)活塞连杆部件安装不正,使曲柄销在全长上所受的压力不均匀。

(2)连杆或曲轴的弯曲与扭曲以及缸套的轴向偏斜使曲柄销在全长上受的压力不均匀。

(3)滑油孔中的滑油在离心力和压力作用下,使其中的硬质点夹杂物多集聚在轴颈的一端,如图 8-55 所示为曲柄销磨成锥形。

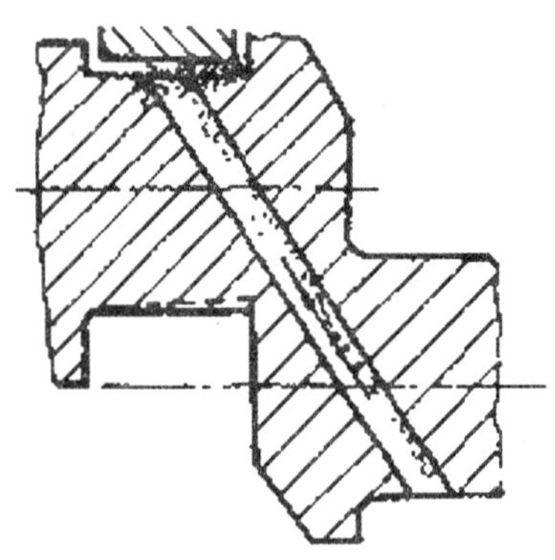

图 8-55　曲柄销磨成锥形

主轴颈的磨损情况要比曲柄销复杂一些,因为它受前后曲柄销的综合影响。但曲柄销的磨损比主轴颈快,这是因为曲柄销的工作状况比主轴颈差。主轴颈仅做单纯的回转运动,且润滑条件好,易形成油膜;曲柄销运动较复杂,润滑条件差,不易形成油膜,加上惯性力的影响,因而磨损较快。

凸台产生的原因有多种,如图 8-56 所示为主轴颈磨成凸台示意图。

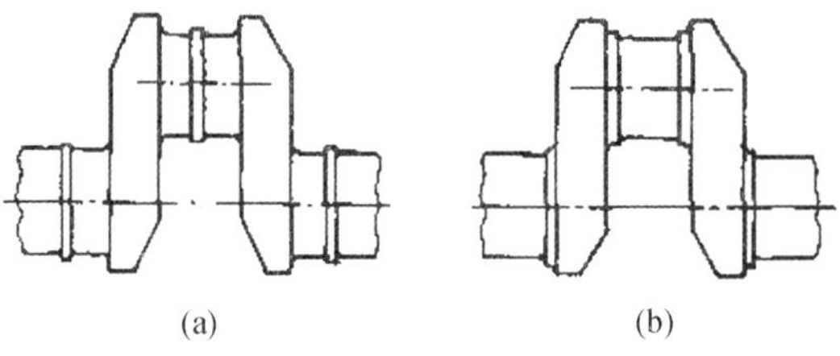

(a)　　(b)

图 8-56　主轴颈磨成凸台示意图

如图 8-56(a)所示的凸台形状是出于轴承中部有环形油槽所致。出于凸起部分没有与轴承减磨合金发生摩擦。故没有磨损,凸起部分常为正确的圆柱形。

如图 8-56(b)所示的凸台情况是因为连杆大端轴承长度与曲柄销不一致,曲柄销不磨损部分就形成凸台。

下列情况会加剧轴颈的磨损:

(1)润滑油品质不良。如润滑油中含酸量过多,使轴颈受侵蚀性腐蚀磨损;润滑油抗热性差,或因冷却不良,在高温下油质变稀,不易形成油膜;润滑油量不足、油泵不良或油路阻塞不畅,使油压下降;润滑油过滤不良,使灰砂、金属屑等进入润滑油内,并进入轴颈与轴承之间的间隙内等。

(2)工艺不当。如轴颈表面粗糙度不恰当,其参数值过大或过小,而无论哪种情况,对摩擦均产生不利影响;装配时,轴承间隙过小或过大,前者使润滑油流量小,后者会加大轴颈的振动撞击,使润滑油被挤掉,因而均不易形成油膜;轴瓦材料选择不当;曲轴未经很好平衡,振动较大处轴承润滑油局部压力急剧且波动的增加,造成杂质嵌入轴瓦,加快了轴承和轴颈的磨损等。

(二)轴颈的擦伤与划痕及腐蚀

擦伤与划痕是由于轴颈的摩擦副表面间落入硬的颗粒或润滑油中有硬的夹杂物所致。当装配清洁工作不彻底,细小切屑留存在轴瓦与轴承之间,就会引起擦伤与划痕,尤其是润滑油量不足时情况更为严重;轴承因事故烧损后,轴颈直接与轴瓦背壳接触时,会产生产重擦伤,且往往伴随有烧损的出现。当轴颈产生擦伤与划痕后,如润滑油质量不良或有水分侵入时,将会加速擦伤,划痕沿纵深方向及横向扩展,使曲轴疲劳强度降低。

保养不善、润滑油污损严重,会导致轴颈发生腐蚀。在柴油机停止运行时,因杂质停滞,其腐蚀将比运转时更为严重。腐蚀使轴颈表面产生小麻点,通常深约 1 mm,是应力集中的地方。

(三)曲轴的折断

柴油机在运转中会发生曲轴裂纹和断裂事故。曲轴裂纹的形式和产生的部位如图 8-57(a)所示,其中以 1、2、4 最为常见。整体式曲轴裂纹常发生在曲柄、曲柄臂和主轴颈等处;半组合式曲轴的裂纹则大多发生在曲柄销上;全组合式曲轴裂纹大多发生在铸钢曲柄臂上。裂纹的发展将导致曲轴折断,如图 8-57(b)所示。

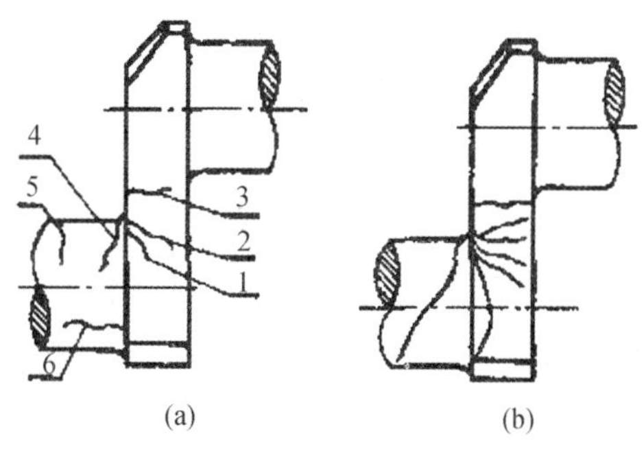

图 8-57　曲轴裂纹的形式和部位

1—圆角处裂纹向曲柄臂发展;2,3—曲柄臂上的裂纹;4—圆角处裂纹向轴颈处发展;
5—轴颈上周向裂纹;6—轴颈上轴向裂纹

曲轴产生裂纹的主要原因是疲劳破坏。曲轴在回转中受到各缸交变的气体力、往复惯性力和离心力以及由其所引起的弯矩、扭矩的作用。这些力不仅随曲柄转角变化,也随负荷变化。因此曲轴在这些力的作用下发生弯曲和扭转变形,产生复杂的交变应力和引起曲轴的弯曲振动、扭转振动,从而又产生很大的附加应力。曲轴的形状复杂,截面变化较多,刚性很差,存在严重的应力集中,容易产生疲劳破坏。依曲轴产生裂纹的交变应力的性质不同,主要有以下三种疲劳裂纹:弯曲疲劳裂纹、扭转疲劳裂纹和弯曲与扭转疲劳裂纹。

生产实践中,曲轴的弯曲疲劳破坏远远多于扭转疲劳破坏。这是因为由于曲轴的弯曲应力集中系数较扭转应力集中系数大,更主要的是扭转应力通常可根据转矩、扭转振动计算掌握,并采取有效的减振措施予以平衡,柴油机运转时避免在临界转速运转和扭转过载,曲轴的扭转疲劳破坏就会相应减少。而要准确计算弯曲应力就比较困难,并且主轴承的磨损又会引起附加弯曲应力。磨损越大,越不均匀,附加弯曲应力越大。柴油机运转中曲轴的各道主轴承磨损难于掌握和控制,由它所引起的曲轴弯曲变形和产生的附加弯曲应力也就难于计算和控制。所以,曲轴由弯曲应力引起的裂纹比扭转应力引起的要多。

弯曲应力与扭转应力在轴颈的过渡圆角处、油孔边缘、材料有缺陷的部位等处易产生应力集中，导致微裂纹，继而向四周发展。

1.材料本身有缺陷

制造曲轴的材料可能存在有气孔、缩孔、发裂（白点）、夹渣、偏析等缺陷，其中以发裂、夹渣及偏析影响为大。在交变载荷作用下，材料缺陷处因应力集中而产生裂纹。整根锻造的曲轴，如曲柄是机械加工形成的，则钢锭中的硫、磷偏析和氧化物夹渣造成的带状组织缺陷会出现在曲柄销与曲柄臂之间的圆角处。这是该类曲轴产生裂纹的主要原因。球墨铸铁曲轴，因球化不良、球径过大等材料缺陷，会使其疲劳强度下降，从而产生裂纹。

2.修造工艺方面的缺陷

轴颈过渡圆角半径过小，油孔边缘圆角过小，或表面粗糙度过高，甚至于表面存在加工痕迹，都会引起应力集中而产生裂纹。

在镀铬修复轴颈时，圆角处也镀上铬，则会产生残余拉应力，使疲劳强度降低，产生疲劳裂纹。

3.维护管理不当

柴油机工作过程中，轴承间隙太大，造成严重冲击，润滑油污染或渗入水分，造成轴颈腐蚀；主轴承不均匀磨损，或机座、船机变形，使曲轴轴心线弯曲过大；经常超负荷运行，都会是裂纹产生的原因。因此，轮机管理人员在管理时要注意主轴承的温度、定期检查曲轴臂距差，以尽量避免裂纹的产生与发展。

由于曲柄臂的抗弯强度比轴颈弱，因此弯曲疲劳往往从圆角处向曲柄臂发展；与之相反，对于扭转，曲柄销比曲柄臂的抗弯强度还要弱，所以扭转疲劳裂纹大多从圆角处以与轴颈轴线成45°角的方向向曲柄销发展。

曲轴的折断，一般是产生裂纹后没有及时发现和修理，在继续使用中裂纹逐渐扩大发展的结果；也有因非常事故，在曲轴的薄弱处折断。

从曲轴折断处的断口形貌可以判断断裂的原因。如断面上1/2～2/3部分呈现暗褐色的贝纹状纹理，且光滑，而最后断裂部分呈粗糙晶粒状，则断裂是由弯曲疲劳所致。轴颈表面的小缺陷因受交变负荷而形成疲劳源，经发展生成裂纹，在扩展过程中由于应力的交替变化，裂纹两表面时而压紧，时而拉开，类似于研磨，从而形成断口表面的光滑区，贝纹是裂纹前沿线扩展留下的痕迹，有效承载面减少，当剩余承载面不堪承受所受应力时即会脆性折断，形成粗糙结晶区。如发现以疲劳源为出发点，呈发射状线的断面，一般是扭转疲劳所致。

通常，曲轴同时受到扭转和弯曲应力作用。断面上自疲劳源起大约2/3的断面为贝纹区，贝纹与裂纹扩展方向垂直，说明为弯曲疲劳所致；同时，断面上亦有呈放射状纹理，且最后的断面与轴颈轴线呈45°角，表明最后是由于承受过大的扭转应力而折断，同时存在扭转疲劳。两者的同时存在，说明该曲轴是受弯曲与扭转的综合作用造成断裂的。

（四）曲轴红套滑移

红套又称热套，是实现零件过盈配合的一种工艺。利用金属材料的热胀冷缩的特性把轴和孔装配在一起。

冷态轴大孔小，二者直径的差值为过盈量。为了使曲轴传递一定扭矩，红套时必须有一定的过盈量，使曲柄臂孔对主轴颈或曲柄销产生足够的紧固力。过盈量过小，曲轴传递扭矩时轴

与孔就会松动，原有配合位置发生变化，即红套滑移；过盈量过大，过大的紧固力使轴孔配合而产生塑性变形甚至裂纹，降低传递扭矩的能力。套合工艺不当，套合表面不清洁等都会引起套台质量下降，经一段时间的运行后，产生滑移。但最常见的是事故性原因引起套合处滑移，如螺旋桨碰到礁石；柴油机操纵系统的故障而引起超速运转；连杆螺栓折断引起活塞连杆部件对曲轴的冲击；严重拉缸或轴承咬死等。

中国船级社规定了组合式曲轴红套过盈量 δ 限制在最小过盈量 δ_{min} 和最大过盈量 δ_{max} 之间。

中国船舶行业标准中曲轴红套过盈量为：

$$\delta=\left(\frac{1.4}{1\ 000}\sim\frac{1.8}{1\ 000}\right)d$$

英国劳氏船级社推荐红套过盈量为：

$$\delta=\left(\frac{1}{550}\sim\frac{1}{700}\right)d$$

式中，d——红套配合处的轴颈，mm。

二、曲轴磨损的检修

（一）曲轴轴颈磨损的测量

轴颈圆度、圆柱度的测量方法有多种，在船上测量主轴颈尺寸，检查其磨损情况时，可采用如图 8-58 所示为手提式外径测量卡测量主轴颈。测量时，拆去上轴瓦，并将下抽瓦转出，将此量卡放入轴承座内，转动手动螺母 3，使测量杆 1 刚好卡住主轴颈，调百分表体 7 的读数为零，取量卡。将曲轴旋转 90°，在主轴颈同一位置上再重新测量，此时，百分表体读数之半即为该截面的圆度误差。有些船上使用专用外径千分尺进行测量，如图 8-59 所示为专用外径千分尺测量主轴颈。

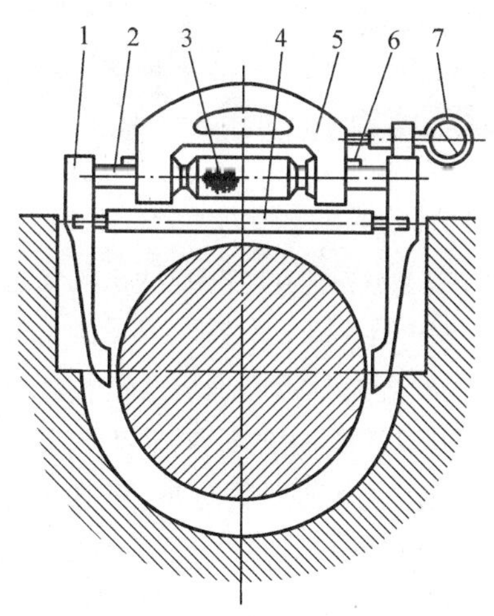

图 8-58 手提式外径测量卡测量主轴颈

1—测量杆；2—螺柱；3—手动螺母；4—导向杆；5—框架；6—键；7—百分表体

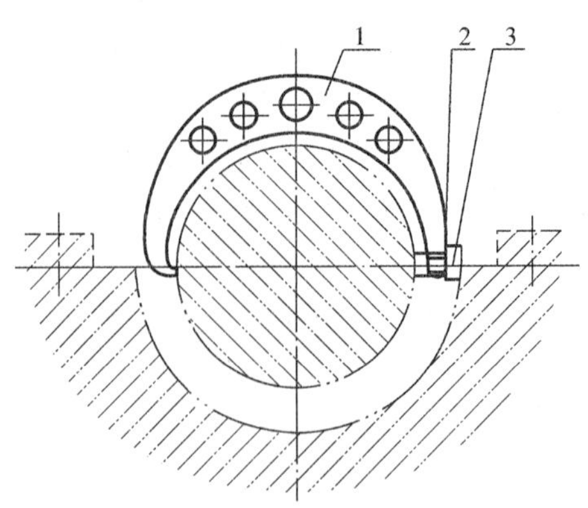

图 8-59 专用外径千分尺测量主轴颈

1—本体;2—锁紧螺母;3—调节螺钉

(二)曲轴磨损的修复

当轴颈圆度和圆柱度误差超过说明书要求或规范时,则必须进行修理。

主轴颈的圆度及圆柱度误差可在车间用车削或磨削加工方法消除。

曲柄销的修理,除小型曲轴可进行车削或磨削外,大中型曲轴往往由于设备条件的限制,只能手工修理。当磨损误差较小时,可在车间或船上就地手工锉削,磨损误差较大时(圆度、圆柱度误差大于 0.2 mm),可用夹环研磨修复,如图 8-60 所示。如图 8-60(a)所示为研磨轴颈夹环,其分界处有一组垫片,内圆沿纵向的半圆形槽浇铸铅条,内圆直径按曲柄销最大直径加工。研磨时,在夹环内孔中加入磨料,夹住曲柄销,旋转夹环光磨曲柄销。光磨一段时间后,抽去一张垫片,再进行光磨,直到达到要求为止。如图 8-60(b)所示夹环用于抛光轴颈表面示意图。

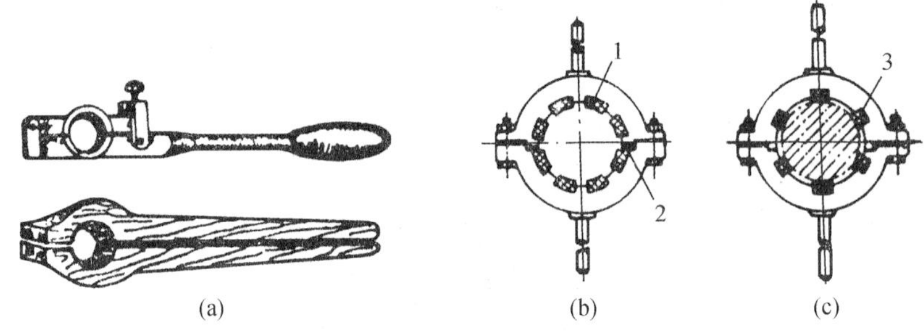

图 8-60 研磨轴颈的夹环及抛光轴颈表面示意图

1—垫片;2—铅条;3—羊毛毡

中小型曲轴轴颈在修理时,常按直径分级修理尺寸进行修理,一般直径每减小 0.25 mm 或 0.5 mm 为一级,每修一次,换上相应内径尺寸的轴瓦即可。这样便于制造轴瓦备件,也可相应减少维修时间。修理时应以磨损最厉害的轴颈为标准,看它接近哪个分级修理尺寸,而将其他轴颈直径修理到与此相同的分级修理尺寸,以便换上统一的相应尺寸的新轴瓦。对于采用厚壁轴瓦的大型曲轴轴颈,修理时可不考虑这一点,只要修理到消除圆度及圆柱度误差后的最大尺寸即可。因为它可以通过研刮轴瓦和增减轴承垫片来达到同轴度要求及保证安装间隙,从而延长曲轴的寿命。

曲轴每修理一次,其直径就会相应减小,当减小到不能满足其强度要求时即报废。为了有

效地延长曲轴的使用寿命，并保证其工作可靠性，可采用恢复尺寸法来进行轴颈修理。在消除曲轴轴颈的表面损伤及圆度、圆柱度误差后，可采用电刷镀、镀铁、镀铬、热喷涂等工艺，将轴颈尺寸恢复至原来的尺寸，保证安装间隙。

修理曲轴的工艺原则与制造曲轴一样，应先加工主轴颈，使各轴颈的同轴度、圆度、圆柱度在公差要求范围内，然后再修理曲柄销。因为主轴颈是修理曲柄销时的基准，这样才能保证两者间的平行度公差要求。

在修理过程中应注意：

(1)轴颈与曲柄臂过渡圆角处不得因加工而变小或产生凸台；否则将使应力集中加大，易引起裂纹，继而折断。可用样板检查过渡圆角半径，样板与过渡圆角之间的间隙不得超过0.3 mm。

(2)防止金属屑及其他杂质落入油孔。为此，在修理时应用布条等物将油孔堵塞。在机座上修锉加工轴颈时，要防止金属屑掉入机座内，以免清除不干净而引起严重的磨料磨损，导致磨损加剧甚至咬死。

轴颈修理后，其圆度及圆柱度误差不得大于新制曲轴的 1.25 倍，表面粗糙度为 3.2 μm。划痕与擦伤的修复与磨损的修复是共同进行考虑的。腐蚀产生的麻点可用油石研磨清除。

在修理因磨损造成的圆柱度、圆度误差时，应同时考虑主轴颈与曲柄销的平行度误差，并消除平行度误差至公差要求范围内。

在采用恢复尺寸法修复轴颈时，应满足以下条件：

(1)根据中国船级社《内河船舶入级规范》中提供的计算公式，计算曲轴的最小极限直径及强度，强度满足要求时才能采用恢复尺寸法进行修复。

(2)全部轴颈和曲柄应进行探伤检验，表面不可存在裂纹。

在修复时，须注意不得在过渡圆角处覆盖镀层。因为过渡圆角处为应力集中区，而镀层有残余拉伸应力存在，这将使该区域疲劳强度进一步下降。不注意这一点，常常会使曲轴在修复后不久即出现裂纹，甚至断裂。如镀前对轴颈进行冷压光处理，镀后对圆角进行适当强化处理，可相应提高曲轴的疲劳强度。

(三)曲轴裂纹与折断的修理

1.曲轴裂纹的修理

对曲轴裂纹的修理方案，要取决于裂纹的长度与深度，所以首先应进行探伤检查。

如果裂纹深度较浅，经强度校核，不影响曲轴的使用，则将裂纹凿除即可。但注意须将裂纹完全凿除干净，用油石打磨凿出槽，使之圆滑过渡，以减小应力集中。为完全可靠起见，经过这样处理后，柴油机要降低功率使用。

如果裂纹较深、较长，可考虑用焊补法修理；对组合式曲轴，可更换这一部分的曲柄或主轴颈。焊补时应注意两点：一是开坡口时必须将裂纹完全除去，二是焊补时应尽量减小曲轴的变形。为此要先进行局部预热到 150 ℃，堆焊应分段、分层进行，焊后缓冷，以消除或减小内应力，最后再进行探伤检查和对焊补处进行必要的加工。通常，经焊补曲轴的柴油机要降低功率使用。

2.曲轴折断的修理

整体式曲轴，折断后一般应换新；组合式曲轴，则可采用更换折断处的办法修复。

船舶在营运中发生曲轴断裂事故后，为了暂时维持运行，往往需要应急修理，其方法应视实际情况而定。如图 8-61 所示为半组合式曲轴由于扭转振动曲柄销断裂后的应急修理实例。在两曲柄臂之间装上工字形法兰盘 3，用螺钉 2 固定在曲柄臂上。此外，四周用干冰（固体二氧化碳）冷套 5 个作定位销 4。如在海上遇到此类故障，也可以用钢板焊在曲柄臂两侧，在曲柄臂间焊上钢块。此时应拆去该气缸的活塞运动部件及燃油设备，减缸、减功率运行。

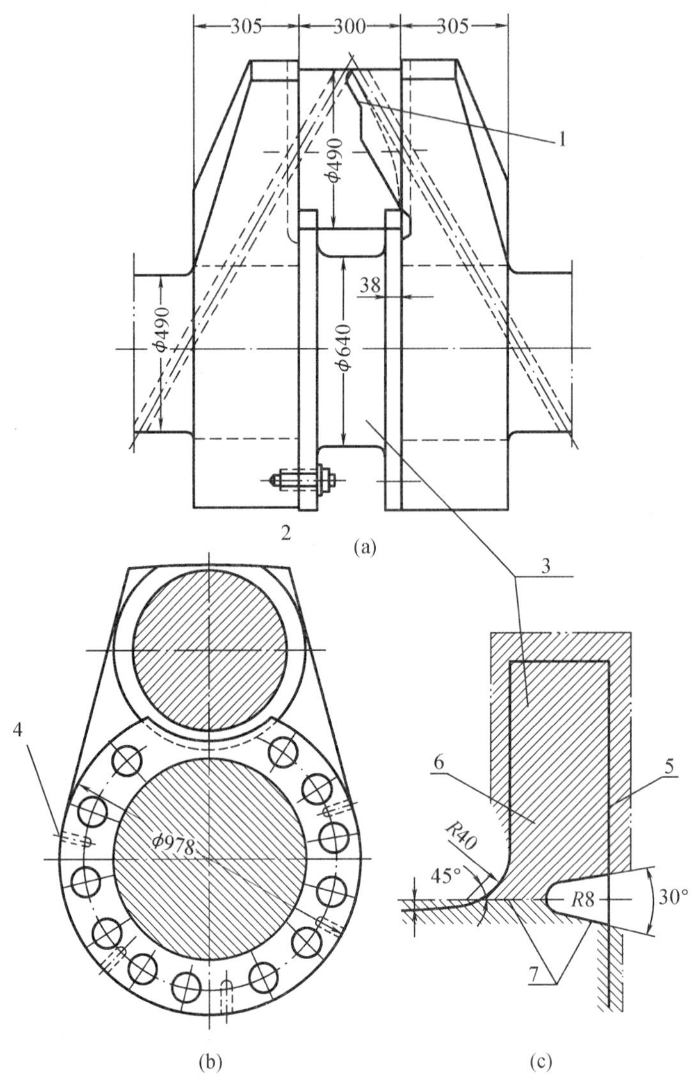

图 8-61　半组合式曲轴由于扭转振动曲柄销折断后的应急修理实例

1—断裂部位；2—螺钉；3—工字形法兰盘；4—定位销；5—法兰盘加工后形状；6—法兰；7—焊缝

（四）曲轴红套滑移的修理

曲轴套合处发生滑移，将改变曲柄夹角的大小，从而影响柴油机的定时和燃烧，更重要的是影响曲轴传递扭矩的作用，但柴油机仍可运转。如在船舶不能进厂修理的情况下，可降低功率，暂时继续使用。

在修理套合处滑移时，可采用更换一段主轴颈的办法，使套合处箍紧力恢复到设计要求。

但这种方法工程量大,修理周期长,因此很少采用。一般采用温差法修理,用加热曲柄臂和冷却轴颈的方法,使其原有过盈量消失并产生一定间隙,然后将曲柄臂转回到原来位置。

为此,必须根据曲轴制造时套合过盈量的大小,决定轴颈和曲柄臂的温差。如无据可查,可按船舶检验的公式进行计算,为其最大过盈量

$$\delta_{max}=6.83\times10^{-6}\times\frac{\delta_s\cdot d_s^3(D^2-d_o^2)}{D^2(d_s^2-d_o^2)}\quad(\mathrm{mm})$$

式中,d_s——套合孔直径,mm;

D——曲柄臂外圆直径,mm;

d_o——套合轴颈中心孔直径,mm;

δ_s——曲柄臂材料屈服强度,MPa。

或按各造机厂公式计算。例如,对于直径 500 mm 的轴颈,考虑到实际上温度不可能均匀,温差约为 190 ℃。若仅加热曲柄臂,则其表面要达到 400 ℃以上的高温,可能会使曲柄臂机械性能受到影响或出现屈服现象。这样修理好后,出于实际握紧力的下降,还会发生滑移。为了降低加热温度而保持温差不变,就必须在加热曲柄臂的同时用冷却剂来冷却轴颈。

常用的冷却剂有两种:液氮和干冰,前者热传导性好;后者因气体与固体接触,热传导性很差,必须用乙醇、汽油等作为介质来提高热传导性。如表 8-10 所示为几种冷却剂的性能。

干冰混合物最低温度为:乙醇-干冰,-72 ℃;乙醚-干冰,-80 ℃。

从轴颈内孔通入液氮,平均温度可降低-130 ℃。曲柄臂外部用丙烷加热,使平均温度达到 60 ℃(表面温度限制在 150 ℃以下),从而可以得到预定的 190 ℃温差。

表 8-10 几种冷却剂的性能

性能	液氮	干冰
沸点(℃,标准大气压下)	-196	-78.5(升华)
汽化热(Ml/kg)	0.201	0.578
相对密度	0.8	1.56

如图 8-62 所示为某船曲柄销滑移修复的冷却装置示意图。图 8-62 中曲柄销右端即靠第七主轴颈端和曲柄臂之间套合面有滑移。修复时,先将曲柄销左端即靠第六主轴颈端与曲柄臂之间套合面没有滑移部位的减轻孔和油孔打入木塞 2,并用黄铜挡板 1 封严,曲柄销外包玻璃纤维隔热。然后通入液氮进行冷却。经过约 4 h,曲柄销外表面平均温度可降到-130 ℃。两只多孔丙烷火焰喷灯加热曲柄臂,约 20 min,在套合处即可出现间隙。

冷却前,将第六主轴颈固定在主轴承上,而第七主轴承的上、下轴瓦都已拆去,使第五曲柄销右端部分保持可以转动状态。冷却出现间隙后,即用预先准备好的液压千斤顶顶压曲柄臂,迫使第五曲柄销之右端部分转动。同时,在曲柄臂另一侧设有一定位块,防止转动超过原来位置,产生反向滑移。

要注意的是,采用液氮冷却时,与液氮直接接触的内孔表面温度将降至-190 ℃,从而达到钢材的脆硬区,故很有可能发生热应力裂纹。为此在工作前,要特别检查内孔表面,要求无裂纹、伤痕等缺陷。同时,要掌握好冷却速度。

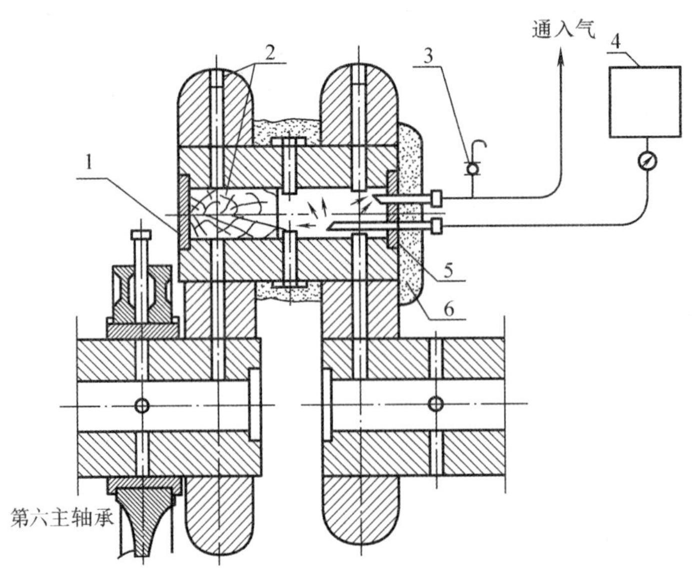

图 8-62　某船曲柄销滑移修复的冷却装置示意图

1—黄铜挡板;2—木塞;3—检气阀;4—液氮罐;5—液氮入口法兰;6—隔热层

(五)曲轴的验收

为了避免微小疏漏造成日后营运中的隐患,轮机人员在监修监造时,对于新造或修理的曲轴质量要非常重视,严格检查验收。对于曲轴质量应从以下方面进行校验:

(1)新造曲轴应由制造厂提供材料成分、机械性能、金相组织和无损探伤等检验报告,造船厂应进行无损探伤等校验。

(2)曲轴尺寸精度、表面粗糙度等级应符合图纸要求。

(3)对主轴颈与法兰径向跳动量进行检验。为了保证主轴颈与法兰同轴,新造和修理曲轴进行径向跳动检验。检验可在车床或平台上进行。平台检验时用 V 形铁支承曲轴,用百分表测量每段主轴颈首、尾两个截面上的跳动量和法兰上的跳动量。曲轴回转一周同一直径对应两个位置(0°、180°)百分表读数差值即为径向跳动量。

(4)曲柄销颈与主轴颈平行度检验。在平台上进行新造或修理曲轴的平行度检验,如图 8-63(a)所示。曲轴置于平台 V 形铁上,调整曲轴使与平台平行。转动曲柄销至上止点,用百分表测量曲柄销颈上相距 L 的两点的相对值 a、b,然后将曲柄销转至下止点,测量对应两点的相对值 c、d。则曲柄销颈与主轴颈的平行度误差△:

$$\Delta = \frac{(a-b)+(c-d)}{2l}$$

同样方法测量水平平面内的平行度误差,均应符合要求。此外,还可采用水平仪等测量检验。

(5)曲柄夹角检验。新造或发生过红套滑移、扭转变形等的曲轴修理前、后均应检验曲柄夹角。主要有平台划线法、光学象限仪法等。

平台划线法如图 8-63(b)所示。曲轴置于平台 V 形铁上使其轴线与平台平行。将曲柄 I 转至左平或右平位置,测量曲柄销颈上最高、最低点至平台的距离 h_1、h_2,二者的平均值 h 即为该曲柄销中心线至平台的距离,将此高度 h 用划针划于预先装在曲轴法兰端面的圆盘上。同

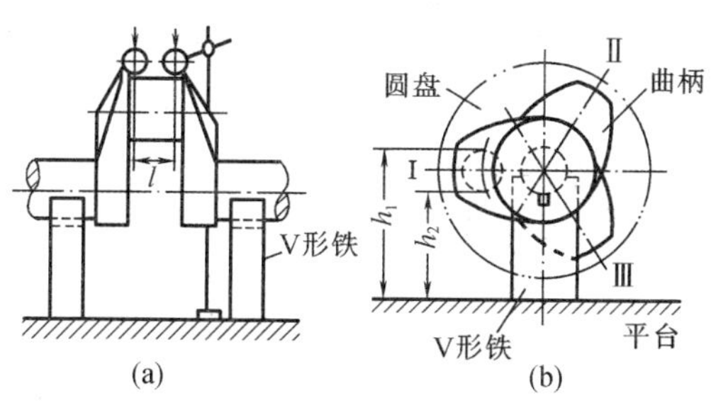

图 8-63　曲轴相对位置精度检验

样，将曲柄Ⅱ、Ⅲ的曲柄销中心高度投影于圆盘上，连接圆心与各点的连线，用量角器测出各圆心角的数值即为曲柄夹角值，应符合图纸要求。

（6）曲轴臂距差检验。可在车床或平台上检验新造或修理的曲轴臂距差。

（7）曲轴的平衡试验。曲轴的不平衡质量将导致柴油机工作不平稳，产生振动和噪声，甚至引起其他零部件的损坏。所以，新造或大修后的曲轴应进行平衡试验。一般中低速柴油机曲轴进行静平衡试验，高速柴油机曲轴进行动平衡试验。大型低速柴油机曲轴在红套时对尺寸公差、重量和重心位置等控制极为严格，使其静不平衡最小，所以制成后不需进行静平衡试验。

实操训练：曲轴的检查

1. 训练目标与要求

掌握曲柄销、主轴颈外径测量的基本方法；理解圆度和圆柱度的含义，通过圆度误差和圆柱度误差，判断曲轴的磨损程度。

2. 训练设备

拆下的曲轴一套、2 块 V 形块、合适的外径千分尺 1 把、随机专用外径千分尺或通用千分尺 1 把、清洁毛巾若干、清洗轻油一盘。

3.实操步骤

（1）准备工作

①用标准杆校正外径千分尺。

②将曲轴放置在 V 形块上，用沾油毛巾清洁待测部位。

（2）轴径表面检查，包括划痕、裂纹、过度磨损等。

（3）检查测量曲柄销直径

①将待测的曲柄销转至上止点位置。

②如图 8-64 所示的三个截面位置，即曲柄销两端分别距曲柄臂 10~30 mm 的两个截面及其中央截面，用合适的外径千分尺测量每个截面内的垂直与水平方向的直径，并记录读数。

③计算每个截面的圆度误差：在轴颈的同一横断面最大直径与最小直径差的一半，即圆度误差。

计算公式:圆度误差 $\varphi=(d_{max}-d_{min})/2$,取三个截面中的 φ_{max}。磨损后的圆度误差不得大于 0.025 mm。

④计算两个纵截面的曲轴圆柱度误差:

计算公式:三个截面、六个数据中($d_{maxB}-d_{minB}$)/2,取最大值,圆柱度误差不得大于0.025 mm。

⑤指导教师指导学生查出标准值,与误差的最大值比较,做出磨损程度的判断。

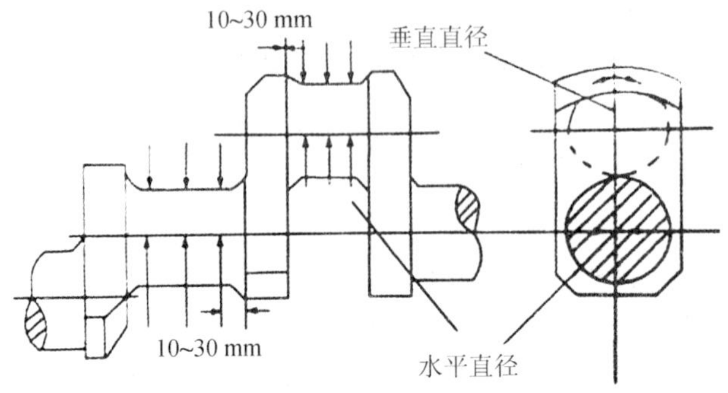

图 8-64 曲柄销和主轴颈测量部位

(4)检查测量主轴直径

①将待测主轴颈相邻任一曲柄销转至上止点位置。

②按图 8-64 所示的三个截面位置,采用随机专用外径千分尺或通用千分尺测量每个截面内的垂直与水平方向的直径,并记录读数。

③计算各横截面和各纵截面的曲轴圆柱度误差。

④指导教师指导学生查出标准值,取圆度误差和圆柱度误差的最大值与标准值比较,做出主轴颈磨损程度判断。

第九节 轴系检修

船舶轴系的主要零件中间轴、艉轴等虽然结构简单,但尺寸大、重量大,一般轴长与轴径之比均超过 10,所以是挠性轴,容易产生变形。轴系位于船体水线以下部位,运转时不仅受到主机传递的扭矩作用、轴系自重引起的弯曲变形,而且还受到螺旋桨产生的阻力矩和推力作用。此外,还受到轴系校中、安装船体变形、船舶振动及螺旋桨水动力等引起的附加应力的周期性作用。船舶主机的紧急停车、频繁机动操车或在台风、大浪中剧烈摇摆时,上述情况更加严重,并使轴承负荷加重。

因此,船舶轴系在运转中会产生声音异常、振动、轴承温度升高、传动轴磨损加剧、密封装置漏泄等损坏,严重时甚至产生断轴事故。轮机人员应做好日常的维护管理,使轴系处于良好的技术状态,并应掌握船舶轴系的有关理论知识和实际检验方法。

一、轴系的检测

（一）轴系圆度、圆柱度的测量

轴系轴颈磨损后，会产生圆度、圆柱度误差。用外径千分尺检测并计算其圆度和圆柱度误差，测量值应符合如表8-11所示的规定。工作轴颈长度大于轴颈时，每增大100 mm，圆柱度公差值应增加0.005 mm。

表8-11 船轴磨损极限 CB/T3417—1992 （mm）

轴径 D（mm）	中间轴、推力轴磨损极限		艉轴磨损极限				光车修理后
	圆度	圆柱度	圆度		圆柱度		圆度、圆柱度
			油润滑	开式水润滑	油润滑	开式水润滑	
≤80	0.08	0.09	0.10	0.13	0.13	0.15	0.010
80~120	0.09	0.10	0.12	0.15	0.15	0.18	0.010
120~180	0.10	0.12	0.14	0.17	0.17	0.22	0.015
180~260	0.12	0.14	0.16	0.20	0.20	0.28	0.015
260~360	0.14	0.16	0.18	0.23	0.23	0.36	0.020
360~500	0.16	0.19	0.20	0.27	0.26	0.45	0.020
500~700	0.18	0.23	0.23	0.32	0.29	0.55	0.025

轴颈磨损后可采用光车修理，其最小工作轴颈可至非工作轴颈。修理后的圆度、圆柱度应符合要求。

（二）轴系裂纹的检测

传动轴裂纹主要发生在艉轴。艉轴铜套接缝处轴颈、艉轴锥部大端截面变化处、键槽根部等容易产生裂纹，尤其是柴油机扭振引起铜套缺陷处艉轴表面的十字裂纹，严重时使艉轴断裂。发现铜套接缝不良时，应拆去铜套检查艉轴的腐蚀和裂纹情况。

艉轴产生裂纹的主要原因：艉轴锥部大端截面变化处、键槽根部存在严重的应力集中。艉轴铜套接缝处轴颈由于铜套接缝漏泄使艉轴腐蚀，在交变应力作用下产生腐蚀疲劳。另外艉轴的轴承间隙过大引起冲击负荷，轴系安装不正确及轴系振动等也会造成艉轴裂纹。

可以采用着色探伤、磁粉探伤、超声波探伤等探伤方法检查艉轴表面裂纹的长度和深度。艉轴上一般不允许有裂纹，艉轴发现裂纹后应换新。在艉轴上线性尺寸小于 $d/15$（d 为轴颈，mm）的短小裂纹可以采用挖修、打磨，并使挖修处光滑过渡的方法修理。

（三）轴系腐蚀的检测

传动轴腐蚀主要是艉轴的腐蚀。对于油润滑艉轴，部分艉轴在水中工作，大部分在油中工作；对于水润滑艉轴全部在海水中工作，艉轴会受到严重的海水腐蚀。其中，艉轴锥部腐蚀尤为严重，铜套接缝不良处水渗入腐蚀艉轴。

当艉轴桨端锥体锈蚀呈圆弧状，且个别锈蚀长度不大于该处圆周长的1/8，深度不超过轴径的3%；较长锈蚀长度不大于该处圆周长的1/3，深度不超过轴径的2%；整个圆周锈蚀深度不超过轴径的1.5%时，经清理检查后可继续使用。锈蚀呈尖角状，应在仔细检查其深度和周长后将其修锉或光车，探伤检查符合前述情况时，可继续使用。如艉轴锥部车削使其尺寸变化较大时，可进行堆焊修复。

（四）艉轴铜套的检修

当艉轴铜套上产生裂纹、严重磨损或多次光车铜套使其壁厚过分减薄、套合松动、接缝松弛、渗水等缺陷时，均应换新铜套。

当艉轴铜套磨损较大时，可以采取以下方法修理：①光车铜套，消除几何形状误差后铜套厚度符合如表 8-12 所示规定的要求可以继续使用。为了延长铜套的使用寿命，在光车时允许在工作轴颈表面上残留磨痕，其深度一般为 0.2～0.4 mm，面积不超过 $0.25d^2$。②铜套上局部裂纹或局部磨损严重时，可以进行局部更换，接缝应符合规定。需要注意的是，已经套装在艉轴上的铜套不允许焊补修复。

表 8-12　艉轴铜套厚度　　CB/T3417—1992　（mm）

新制铜套最小厚度 t	非工作轴颈部位厚度	光车修理时厚度	极限厚度
≥$0.03d+7.5$	≥$0.75t$	≥$0.02d+5.0$	$0.015d+3.5$

二、中间轴承的检修

中间轴承工作表面的主要损坏形式有过度磨损、裂纹和剥落、烧熔等。中间轴承的轴承间隙与合金层的厚度应符合 CB/T3420-1992 的规定。安装间隙 Δ 和极限间隙 Δmax 亦可按下式计算：

$$\Delta=0.001d+0.10(\mathrm{mm})$$

$$\Delta\mathrm{max}=2.5\Delta(\mathrm{mm})$$

式中，d——中间轴直径，mm。

测量轴承间隙时，对于有上轴瓦的中间轴承用塞尺测量首、尾端的上、下、左、右 4 个位置的径向间隙。轴颈应与下轴瓦紧贴，0.05 mm 塞尺插不进，左、右间隙应基本相等，不允许单边接触；对无上轴瓦的中间轴承只需测量下轴瓦处的间隙。

轴承工作表面的裂纹、剥落、烧熔等严重时应重浇合金，局部损坏可修复。下轴瓦底部 90～1 200 的范围内有较大范围脱壳、龟裂或合金层太薄等均应修换；但脱壳较轻，如脱壳长度小于 $d/8$（d——中间轴直径，mm），在无条件修补时，允许使用；面积不大的脱壳、龟裂等缺陷，可进行焊补修理。

三、艉轴管装置的检修

（一）水润滑艉轴管装置的检修

1.艉轴承的检修

艉轴管轴承是用来支承艉轴的。单轴系的艉轴管内一般装有前、后两个轴承，即艉前轴承和艉后轴承。艉前轴承位于艉轴管前端，较短；艉后轴承位于艉轴管后端，较长。双轴系的船舶除艉轴管内装有两个轴承外，在人字架内也装有轴承。用水润滑的艉轴承，轴承衬套的材料通常采用铸铜，轴承衬套的材料主要有铁梨木、层压胶木、橡胶、胶合板、尼龙、塑料等。水润滑

艉轴承的长度应不小于艉轴直径的 4 倍。一般用舷外水进行润滑和冷却，只在艉轴管的首端装有密封装置，舷外水可以自由流入轴承内，也称开式润滑。

（1）铁梨木艉轴承的检修

铁梨木是目前海船上传统使用的一种艉轴承材料。铁梨木艉轴承的主要损伤形式是过度磨损、裂纹和开裂。铁梨木艉轴承过度磨损、艉轴承和艉轴之间的间隙过大、铁梨木板条厚度减薄太多，都会使艉轴运转时产生振动，船舶正、倒车时冲击负荷加大，使铁梨木板条产生裂纹或裂开。在坞修中，应测量艉轴承和艉轴之间的间隙，测量艉轴承孔径，确定铁梨木板条的磨损程度。铁梨木艉轴承间隙和铁梨木板条的厚度应不超过如表 8-13 所示的规定。

表 8-13　铁梨木、层压胶木艉轴承间隙和板条厚度　CB/T3420—1992　(mm)

轴径 d	更换		安装	
	极限间隙	板条极限厚度	安装间隙	新制板条最小厚度
≤100	3.50	—	0.90～1.00	—
100～120	4.00	—	1.00～1.10	—
120～150	4.50	6.00	1.10～1.20	11.00
150～180	5.00	6.50	1.20～1.30	12.00
180～220	5.50	7.00	1.30～1.40	12.00
220～260	6.00	7.00	1.40～1.50	13.00
260～310	6.60	8.00	1.50～1.65	14.00
310～360	7.30	9.00	1.65～1.80	15.00
360～440	8.00	10.00	1.80～2.00	16.00
440～500	8.70	11.50	2.00～2.20	18.00
500～600	9.50	13.00	2.20～2.40	20.00
600～700	10.50	14.50	2.40～2.60	22.00

无表可查时，可按下式进行计算：

$$\Delta = 0.003d + (0.50 \sim 0.75)\ (\mathrm{mm})$$

$$\Delta_{max} \approx 4\Delta\ (\mathrm{mm})$$

式中，d——艉轴直径，mm。

艉轴承间隙一般是在距艉后轴承艉端 100 mm 处的垂直方向测量径向间隙。

当铁梨木艉轴承与艉轴之间的间隙超过极限间隙，而铁梨木板条厚度在允许范围内时，可采取以下方法修理：

①换新艉轴铜套，新制铜套的厚度可以加大到原设计厚度的 1.25 倍，使艉轴承间隙符合规定值。

②在下轴瓦的板条和铜套之间垫入整张铜皮，以减小艉轴承间隙。

当铁梨木艉轴承与艉轴之间的间隙和铁梨木板条厚度均超过极限值时，应换新艉轴承。如缺少铁梨木材料时，可以采取上、下轴瓦对调的方法。

铁梨木板条产生裂纹或开裂时，应根据具体情况进行局部或全部换新。由于铁梨木的特点是干燥后易裂，因此在船舶进坞修理过程中应将艉轴管闷死，灌满水，或塞满湿木屑或湿草包。有时还可以在铁梨木表面涂上一层牛油(黄油),使铁梨木自始至终处在湿润状态。

(2)层压胶木艉轴承的检修

层压胶木艉轴承间隙和板条的厚度应不超过如表8-13所示的规定。安装间隙和极限间隙计算公式同铁梨木艉轴承。

层压胶木艉轴承产生过度磨损、松动和碎裂等损坏时,视具体情况采用局部或全部换新的方法修理。

(3)橡胶艉轴承的检修

橡胶艉轴承磨损后艉轴承间隙应符合如表8-14所示的规定。

橡胶条艉轴承的安装间隙可按下式计算:

$$\Delta=0.002d+0.50(\text{mm})$$

式中,d——艉轴直径,mm。

整体模压橡胶艉轴承的安装间隙可按下式计算:

$$\Delta=0.002d+0.20(\text{mm})$$

式中,d——艉轴直径,mm。

表8-14　橡胶艉轴承的间隙　CB/T3420—1992　(mm)

轴径 d	板条橡胶艉轴承		整体式橡胶艉轴承	
	安装间隙	极限间隙	安装间隙	极限间隙
≤100	0.60~0.70	3.50	0.45~0.50	3.50
100~120	0.65~0.75	4.00	0.50~0.55	4.00
120~150	0.70~0.80	4.50	0.55~0.60	4.50
150~180	0.75~0.85	5.00	0.60~0.70	5.00
180~220	0.80~0.95	5.50	—	—
220~260	0.90~1.05	6.00	—	—
260~310	1.00~1.05	6.50	—	—
310~360	1.10~1.25	7.20	—	—
360~440	1.20~1.35	7.80	—	—
440~500	1.30~1.50	8.50	—	—
500~600	1.45~1.70	9.00	—	—
600~700	1.65~1.90	10.00	—	—

橡胶艉轴承间隙超过极限值时,不允许偏心磨削橡胶艉轴承的板条,但可锉削板条背面,使轴承间隙符合规定要求。在备件缺少时,可以将上、下橡胶板条对调以继续使用。橡胶老化、脱壳、剥落严重均应换新。

2.首端密封装置的检修

填料函式密封装置工作时允许有少量海水流出,极限工作温度为60 ℃。由于安装不良使艉轴磨损,填料磨烂,导致大量海水漏入机舱,应更换新填料。在换新填料时,为了提高密封效果,加装填料时应使每圈的两端刚好接拢,相邻各圈填料的搭口位置相互错开。压盖衬套内圆面不得与艉轴接触,上、下、左、右四个方向的间隙应相同。拧紧压盖上的螺母时,应按对角线

逐步拧紧，使压盖均匀地压紧填料。填料装妥后，压盖法兰平面与艉轴管端面间的各点距离应相等。

（二）油润滑艉轴管装置的检修

1.白合金艉轴承的检修

白合金艉轴承的常见损伤形式有过度磨损、擦伤、裂纹和剥落、烧熔等。白合金艉轴承由于磨损会导致轴承间隙的增大，增大后轴承间隙与表 8-15 进行对照。如超过极限值，应重新浇铸白合金。

表 8-15 白合金艉轴承间隙 CB/T3420—1992 （mm）

轴径 d	更换标准		安装标准	
	极限间隙	轴承合金允许最小厚度	安装间隙	轴承合金新制最小厚度
≤100	1.80	1.60	0.40~0.50	3.20
100~120	2.00	1.60	0.45~0.55	3.20
120~150	2.20	1.80	0.50~0.60	3.60
150~180	2.40	1.80	0.55~0.65	3.60
180~220	2.60	2.00	0.60~0.70	4.00
220~260	2.80	2.00	0.65~0.75	4.00
260~310	3.00	2.20	0.70~0.80	4.40
310~360	3.20	2.20	0.75~0.85	4.40
360~440	3.50	2.40	0.80~0.90	4.80
440~500	3.80	2.40	0.85~0.95	4.80
500~600	4.10	2.60	0.90~1.00	5.20
600~700	4.50	2.60	1.00~1.10	5.20

白合金艉轴承的安装间隙和极限间隙也可根据以下经验公式计算：

$$\Delta \approx 0.003d + 0.40 \text{(mm)}$$

$$\Delta_{max} \approx 4\Delta \text{(mm)}$$

式中，d——艉轴直径，mm。

对白合金艉轴承还应检查白合金表面损伤情况，如存在裂纹、烧熔、剥落及过度磨损等，不论间隙和厚度是否超过极限值，均应进行修复或重新浇铸白合金。当松脱区的最大线性尺寸小于 $d/2$（d 为艉轴直径，mm）且为一处，可继续使用。

2.密封装置的检修

艏、艉密封装置的损坏主要发生在防蚀衬套与橡胶密封环上。防蚀衬套与橡胶密封环相对运动产生磨损、磨痕，橡胶密封环老化和唇部产生裂纹、缺口、毛边等缺陷。

防蚀衬套一般选用不锈钢、钢套镀铬或青铜，加工后经压力为 0.2 MPa 的水压试验检验，不得有渗漏，其内孔与艉轴之间有一定的配合间隙。防蚀衬套磨损的磨痕采用光车予以消除，或错开磨损部位使用。如防蚀衬套与桨毂连接凸缘较厚，可光车使之减薄或衬套向尾端位移，使磨痕部位与橡胶环位置错开。也可以在桨毂与凸缘之间加厚垫片使衬套向首端轴向位移或在橡胶环座体凸缘处加厚垫片使衬套向尾端轴向位移，改变防蚀衬套与橡胶环的相对位置，以保持良好的接触。防蚀衬套光车后使外径尺寸过小时，可采用喷涂金属恢复原设计尺寸。

橡胶环的碎裂，唇边硬化、开裂和过度磨损、橡胶老化及防蚀衬套光车后均应换新橡胶环。

四、传动齿轮箱的检修

（一）传动齿轮箱常见故障

由于制造误差，装配不当，或在不适当的条件（如载荷、润滑等）下使用，常会发生损坏等故障，常见有四类：

1.齿的断裂

有疲劳断裂和过载断裂两种。

疲劳断裂通常先从受力侧齿根产生龟裂，逐渐向齿端发展而致折断；过载断裂是由于转速急剧变化、轴系共振、轴承破损、轴弯曲变形等原因，使齿轮产生不正常的一端接触，载荷集中到齿面一端引起。

2.齿的磨损

由于金属微粒、污物、尘埃和沙粒等进入齿轮而导致材料磨损、齿面局部熔焊随之又撕裂的现象。

3.齿面疲劳

由于齿面接触应力超过材料允许的疲劳极限，表面层先产生细微裂纹，然后小块剥落，直至整个齿断裂。

4.齿面塑性变形

如压碎、趋皱。

如图 8-65（a）所示是齿轮正常啮合时齿轮之间啮合点和啮合力在同一条基圆共切线上，且啮合点受力方向一致；如图 8-65（b）所示是齿轮的齿面磨损、装配不当等原因导致啮合点和啮合力不在基圆共切线上，且啮合点受力方向不一样。

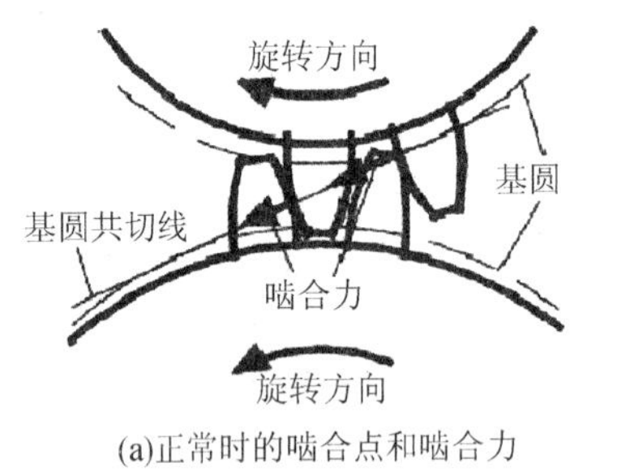

(a)正常时的啮合点和啮合力

(b)故障时的啮合点和啮合力

图 8-65　齿轮啮合点及啮合力

（二）传动齿轮箱的拆装

1.在船更换油泵或封油环

在船上更换油泵或在船上更换封油环，只需将油泵连接板和输入轴后端盖拆下即可进行。

2.在船上更换摩擦片

拆下输入轴(传动轴)后端盖,拆掉输入轴(传动轴)上的封油环,然后拆下连接罩壳,再拆卸前箱盖,将传动齿轮连同输入轴(传动轴)一同拉出,即可更换。装摩擦片时可用应急螺栓将活塞压紧,装配步骤与拆卸过程相反。

(三)传动齿轮箱的安装

内河船舶普遍采用四冲程柴油机,与齿轮箱安装在同一公共底座上,两侧支撑面螺孔应与底座相应孔配钻铰,并用铰制螺栓固定,不带罩壳时齿轮箱输入轴与主机飞轮同轴度和端面跳动不大于 0.2 mm,须仔细找正。带罩壳的齿轮箱,应先将齿轮箱罩壳与主机飞轮罩壳自由合拢并用螺栓紧固,再校正拧紧两侧支架螺栓。齿轮箱输出联轴节与中间轴(或艉轴)轴线间的径向跳动应校正至不大于 0.05 mm,法兰端面圆跳动应校正至不大于 100∶0.03 mm。安装完毕,从箱体侧盖加油口注入规定牌号的清洁机油,油面至油标尺上刻线。接好冷却器进出水管。

(四)传动齿轮箱的维护、保养和检修

(1)齿轮箱大修期为 10 000 h,出厂后有效封存期为 6 个月,如长期存放或停用,应及时检查封存保养。

(2)新齿轮箱首次运转 30 h 后应清洗滤清器,更换清洁的机油。

(3)为使齿轮箱正常工作,应按如下规定及时进行维修保养:

①每个工作日保养项目:

a.检查齿轮箱油面高度;

b.清洁齿轮箱外部;

c.检查油、水渗漏情况;

d.检查有无不正常杂音。

②每 1 000 h 保养项目:

a.清洗滤清器滤芯;

b.清洗液压控制部件;

c.检查进油部位封油环;

d.检查输入联轴节安装精度及齿形橡胶块;

e.检查输出联轴节安装精度及连接螺钉;

f.卸去侧盖板,盘车检查齿轮和离合器。

③每 5 000 h 保养项目:

a.检查、更换机油;

b.检查油泵;

c.检查并清洗冷却器;

d.拆检输入轴骨架式橡胶油封;

e.检查摩擦片、推力环及各密封圈。

④每 10 000 h 保养项目:

a.分解箱体、检查更换各处轴承;

b.清洗齿轮箱各部分及油道。

实操训练:齿轮箱的拆装与检修

1. 训练目标与要求

掌握齿轮箱拆装与检修的基本方法,了解齿轮箱内部结构组成。

2. 训练设备

船用齿轮箱一台、各种适用的扳手、螺丝刀等工具。

3.实操步骤

(1)传动齿轮箱的拆装

①在船更换油泵或封油环

在船上更换油泵或在船上更换封油环,只需将油泵连接板和输入轴后端盖拆下即可进行。

②在船上更换摩擦片

拆下输入轴(传动轴)后端盖,拆掉输入轴(传动轴)上的封油环,然后拆下连接罩壳,再拆卸前箱盖,将传动齿轮连同输入轴(传动轴)一同拉出,即可更换。装摩擦片时可用应急螺栓将活塞压紧,装配步骤与拆卸过程相反。

(2)安装后的检查:

①检查工作油管、润滑油管、各种阀件和仪表等设备的工作状态是否正常。

②把齿轮箱换向阀操作手柄推到空车位,盘车转动主机应转动自如。

③安装完毕,从箱体侧盖加油口注入规定牌号的清洁机油,油面至油标尺上刻线。

参考文献

[1] 韩雪峰,陈文彬. 船舶动力装置[M]. 大连:大连海事大学出版社,2016.
[2] 李春野,付克阳. 主推进动力装置[M]. 大连:大连海事大学出版社,2008.
[3] 魏海军,金国平. 轮机维护与修理[M]. 大连:大连海事大学出版社,2008.
[4] 吕凤明. 动力设备拆装与操作[M]. 大连:大连海事大学出版社,2005.
[5] 刘西全,刘正礼,船舶柴油机拆装与操作[M].大连:大连海事大学出版社,2015.
[6] 曾志伟,韦景令. 动力设备拆装与操作[M]. 武汉:武汉大学出版社,2015.
[7] 宿靖波,严俊. 机舱管理[M]. 大连:大连海事大学出版社,2010.
[8] 董胜先. 机舱管理[M]. 大连:大连海事大学出版社,2011.